大趋势

中国下一步

（增订版）

郑永年 著

人民东方出版传媒

东方出版社

出版说明

改革开放四十年后，中国期待再次进入一个"改革高潮期"。在过去的几十年时间里，中国深度卷入全球化浪潮，经历了高速经济增长、产业革命、社会分化和多元化等结构性巨变；同样重要的是，随着互联网和人工智能时代的到来，国民思想进一步解放，权利意识觉醒，复杂的社会矛盾也日渐突出。与此同时，当前的国际环境也呈现出高度的不确定性，中国的崛起和外部地缘政治变化无疑是同一个进程，互相影响和强化。如何在国内国际如此错综复杂的环境下找到改革的正确方向从而推进现代化的国家治理已经成为国家的一个重要课题。

这些年来，笔者一直在努力做的就是寻找中国改革的自身实践逻辑，并把这些实践表达为文字，以供作概念或理论上的思考。作者相信，所谓"正确"的道路就是要找到自身的变化逻辑。

本书中，笔者对中国改革和变化模式的逻辑讨论主要围绕政治改革、经济改革、社会重建和国际关系这几个方面展开，着重回答如下几个相关的问题：中国的改革已经做了什么？改革的现状如何？面临什么新问题和新风险？未来的改革作何选择？

笔者长期以来一直思虑中国问题。在过去的许多年里，笔者在国内外的各大学、研究机构、政府部门、经济机构等以讲座的形式讨论中国各方面的改革，在国内外学术期刊、杂志发表了数量不少的文章和评论。这些讲座的讲稿和文章都以不同的形式表达了笔者对中国改革的一些看法，这次根据主题汇集起来，遂成此书，以飨读者。

本书的出版要感谢东方出版社的许剑秋先生以及编辑陈丽娜、李鹏飞所做的研究性编辑工作，他们在收集和整理方面做了大量的努力。由于他们的努力，才能这么快与读者见面。

郑永年

2019 年 2 月

序言
国家与发展

　　不久前，匈牙利出身的英国史学家伊斯特凡·洪特（Istvan Hont）出版了其论著《贸易的猜忌：从历史的视角看国际竞争和民族国家》（*Jealousy of Trade：International Competition and the Nation-State in Historical Perspective*）[①]。在这本书里，作者对近代以来的西方政治和经济关系做了新的解读。尽管他充分肯定霍布斯在开创"新政治科学"上取得的划时代成就，但他认为霍布斯并非第一个现代政治理论家，而只是最后一个后文艺复兴的政治理论家。洪特所给的理由是：霍布斯拒绝将经济和商业社会性看作政治的主要决定因素。霍布斯的理论是反商业的纯政治学，他思考政治的方式是前经济的，因此也是前现代的。就贸易与现代政治之间的密切关系而言，现代政治学当为政治经济学，现代政治理论家的头把交椅则应当交给大卫·休谟，以及更系统地阐释休谟之洞见、奠定政治经济学基础的亚当·斯密。或者说，判分古今政治的界线为：是否将经济、商业视为核心政治事务（或国家事务）。

[①] Istvan Hont, *Jealousy of Trade: International Competition and the Nation-State in Historical Perspective*, Cambridge, MA: Harvard University Press, 2010.

本书要讨论的不是洪特的这本著作，或者他所涉及的学者的论述。笔者感兴趣的问题是政治和经济的关系，或者政府应当在经济发展和扶贫方面扮演一个怎样的角色。洪特这里所讨论的是西方学者对政治和经济的看法，这些不同的看法实际上反映的是西方政治和经济之间关系实际层面的变化。西方和中国文明的不同演化过程造就了两种很不相同的政治经济学模式，这两种模式直到今天仍然在影响国家在经济发展和扶贫等领域的作用。两种模式都有其优势和劣势，它们可以互相学习，以弥补自身的不足。

一、西方政治经济学：政治和经济的分离

无论东西方，政治经济学的核心就是是否把经济（商业）活动视为是政治事务和国家的责任。正如经济史学家波兰尼（Karl Polanyi）所指出的，在人类历史长河中，近代之前，不同文明曾经拥有过差不多的政治经济关系，那就是，经济从来就不是独立的一个领域，而是人类社会诸多个领域中的一个领域，并且经济领域和其他领域有着千丝万缕的联系，共生共存[①]。不过，西方近代以来，因为资本主义的崛起和迅猛发展，经济逐渐把自己从社会的诸领域独立出来，和社会隔离开来，最后发展成今天的新自由主义经济学形态。西方政治经济学的发展过程也是政治和经济的分离过程，这个过程直至今天仍然影响着西方社会的方方面面。政治和经济的分离既是西方经济发展的根源，也是社会问题的根源。而在东方尤其是中

---

① Karl Polanyi, *The Great Transformation: The Political and Economic Origins of Our Time*, Boston, MA: Beacon Press, 1944.

国，经济活动从来就被定义为政府责任的内在部分，政府把推动经济发展作为己任，同时也在这个过程中产生政府的统治合法性。尽管政府和市场的关系在不同历史阶段表现形式不同，但经济活动是政府的责任这一政治经济哲学从古代到当代没有发生根本性变化。在社会层面，老百姓的文化心理直到今天仍然对政府的经济责任抱有高度的认同。

如果把西方政治经济学的源头追溯到古希腊，那么就会发现，在古希腊，人们对经济的看法和中国并没有什么不同。在古希腊，家庭被视为是国家的基本单元和基础，而经济则是对家庭的管理。这点和中国古代哲学家尤其是儒家的看法非常一致。而且，这一政治经济概念到罗马帝国没有发生很大的变化[①]。迈入近代之后，这一概念开始在西方发生变化。简单地说，自近代以来，西方社会的政治和经济快速分离开来。这里有两个经验事实非常重要，可以说是促成了这种政治和经济的分离。第一，罗马帝国的解体和商人的崛起。第二，政治秩序的重建。

罗马帝国是政治、经济、宗教的混合体。帝国是通过政治手段（包括军事征服）形成和维持的，但在帝国境内的经济是"全球化"的，即帝国之内不同区域之间存在着广泛的贸易。帝国利用宗教得到扩张，宗教也利用帝国而扩张。罗马帝国的解体对经济和宗教等方面都产生了重大的影响。帝国解体之后，西方不再存在统一的政体和政治力量，原来帝国的土地被分割成数量庞大的地方性政体（或者小王国）。宗教成为最重要的力量。经济活动分散化，寺院经济就是表现之一。

到了欧洲称之为"黑暗时代"的中世纪后期，欧洲城市兴起。因为不

---

① 参见 Yongnian Zheng and Yanjie Huang, *Market In State: The Political Economy of Domination in China*, Cambridge and New York: Cambridge University Press, 2018，第一章。

存在统一的"中央政体"，城市表现为实质性的自治形式，而城市的政治主体便是商人。商人不仅在欧洲经济发展过程中而且在欧洲近代国家的崛起过程中都扮演了极其关键的角色。没有商人，很难想象一个近代欧洲。德国社会学家韦伯（Max Weber）对城市专门进行了论述[1]。商人（后来被称为"资本家"）履行的主要是经济功能，但经济功能导致了商人的政治功能。商人唯利是图，市场越大，利润越大。这就决定了城市商人发展到一定阶段就必然产生巨大的动力去冲破城市的边界，创造更大的市场。实际上，即使在城市阶段，商人的活动也通过贸易活动而超越了城市。政治人物（国王）的目的便是统治更多的土地和老百姓。帝国解体了，但政治的扩张性本质是不变的。和商人一样，大大小小的国王也有扩张的冲动。很显然，在扩张这一点上，国王和商人拥有了同样的利益，商人需要一个统一的"民族市场"，而国王需要统一的"民族国家"。两种力量的合一，便在欧洲造成巨大的"中央化"即中央权力的形成动力。欧洲近代的发展首先是中央化的过程[2]。

再者，政治力量和经济力量之间的交换更造成了欧洲的制度。国王要统一国家，商人要统一市场，两者走到了一起。但是，国王要统一国家钱从何而来？商人就变得很重要，商人不出钱，国王就没有钱来做统一事业。商人可以出钱，但又不相信国王。这样，交易就产生了。商人要和国

---

[1] Max Weber, *The City*, Glencoe, Illinois: The Free Press, 1986。这本著作在作者去世后出版于1921年，在1924年并入其巨著《经济与社会》。韦伯聚焦城市在西方经济发展过程中的作用。同样，在《中国宗教》和《印度宗教》等论著中，他也论述了东方国家城市为什么没有在经济发展过程中扮演如此重要的角色。

[2] 在这方面，可以参阅梯里主编的一本重要著作，Charles Tilly, ed., *The Formation of National States in Western Europe*, Princeton, New Jersey: Princeton University Press, 1975。

王签订"合同",保护自己的私有产权,"私有产权的保护"就是国王和商人之间的"契约"。但光有这个"契约"对商人来说是远远不够的,如何保障国王在国家统一之后继续履行这一"契约"呢?商人的第二步就是让自己成为国王政治权力的根源。这便是西方最早"人民主权"概念的来源。很显然,这里的"人民"并非今天人们所说的所有人,而是有钱的商人。如何实现"人民主权"?最后的结局便是商人占据"议会"。议会产生政府,也就是商人产生政府。近代欧洲很长时间里,议会就是商人的议会。在这个意义上,马克思把当时的西方民主称为资产阶级的民主,而政府只是资本的代理人。在这个意义上,在欧洲是商人驯服了政治权力,商人成为和国王分享政治权力的第一个"人民"群体。

不过,政治权力"中央化"的实际过程并非像这里所说的那样简单。因为这不仅是政治力量和经济力量之间的交易,而且也涉及其他各种力量,包括宗教、各种地方性政体和社会力量。欧洲民族国家的形成过程尤其是早期是极其暴力的过程。实际上,如何统一国家一直是从意大利的马基雅维利(Niccolo Machiavelli, 1469-1527)到英国的霍布斯(Thomas Hobbes, 1588-1679)的主题,对这个主题的关切产生了单纯的"政治学"。在马基雅维利和霍布斯那里,政治占据绝对的地位,为了国家的统一,国家什么手段都可以使用,"目标证明手段正确"。只有当欧洲国家实现统一之后,欧洲的学者们才开始讨论起政府在经济发展过程中的作用。因此,洪特的评价并不公平,因为霍布斯和休谟(David Hume, 1711-1776)和亚当·斯密(Adam Smith, 1723-1790)并不生长在同一个时代,每个时代的人面临的是那个时代的情况、要解决的是那个时代的问题。只有当马基雅维利和霍布斯的"国家统一"问题解决了,才会产生休谟和亚当·斯密的"经济发展"问题。

如果说马基雅维利和霍布斯开创了西方的纯政治学,休谟和亚当·斯密开创了西方的政治经济学，那么随后随着资本的继续崛起，西方又出现了纯经济学，也就是把经济从休谟和亚当·斯密的政治经济学中独立出来。休谟和亚当·斯密是典型的政治经济学家，他们不仅论述经济，还论述政治和道德。但后来的情况就很不一样了。如前面所说，资本依靠国家的力量而成长，但当资本成长之后，便走上了寻求"自治"之路，即要逃离政治的制约去寻求自身独立的发展。而资本寻求独立的过程，也造就了经济、政治和社会等诸关系的急剧变化。至少在西方，社会的命运和经济的这一"独立"过程息息相关。而所有这些变化也便是西方近代社会科学发展的根源。

商人（资本）依靠国家力量得到了统一的民族市场；商人也成为政治的基础，控制了政府过程。这样就造成了实际层面的政治和资本的合一。原始资本主义的崛起不可避免。在这个阶段，资本唯利是图，而整体社会成为资本的牺牲品。雨果、狄更斯、马克思等欧洲作家都深刻描述过原始资本主义崛起对社会所造成的冲击性影响。当社会忍无可忍的时候，反资本的社会运动变得不可避免。不难理解，社会主义运动起源于欧洲。社会主义运动不管其"初心"是什么，最终都以资本和社会之间达成新的均衡而终结。这个过程就是欧洲开始的"福利国家"的起源和发展过程。

从原始资本主义到后来福利资本主义的转型过程是一个政治过程，即政治力量、经济力量和社会力量三者互动的过程。这三者都具有促成这种转型的动力。就社会来说，最为简单，那就是追求至少是体面的生活，例如更高的工资、更好的工作和居住环境、更多的教育等等。也就是实现后来所说的各方面的"人权"。社会主义运动开始的时候人们所追求的就是这些具体的利益。不过，马克思当时认为只有推翻了资本主义制度、改变所有制结构，才能实现这些方面的利益，因此马克思提倡革命。尽管这种新意识在当时也为很多人（尤其是知识分子）所接受，但至少在欧洲并没有实现马克思所预见的革命，只是到了俄国和其他一些落后社会才发生革命。马克思过于强调社会力量的作用，对政治力量和经济力量的自身变化估计不足。实际上，当社会主义运动开始时，资本和政治都面临一个新的环境，也开始了自我变化过程。

资本的自我变化是有动力的。至少有两个动机：首先，资本需要社会稳定。资本必须在不断的投资过程中实现"自我发展"，因此，投资环境必须是可以预期的。为了稳定，资本是可以拿出一些利益来做交易的。在社会高度分化的情况下，单一的法治并不能保障社会的稳定。因此，资本也并不反对"保护社会"。不难理解，世界上第一份社会保障计划产生在德国俾斯麦时期，这份计划的目标是为了保障社会稳定。第二个变化动机来自资本本身的矛盾，资本一方面需要剥削工人，但同时资本又需要"消费者"。资本控制生产，但所生产的产品需要通过消费者的消费才能转化成为利润。消费市场包括内部的和外部的。当内部市场饱和的时候，西方资本主义就走上了对外扩张的道路，对非西方国家一方面获取生产所需要的原材料，另一方面倾销商品。"培养"消费者不是资本的善心，而是资本获利机制的一部分。但在客观层面，这个"培养"的过程也是满足工人阶层利益的过程。

政治变革的动力在于政治合法性基础的变化。近代以来，早期君主专制的基础是贵族，或者说传统大家族。如上所述，商人崛起之后开始和贵族分享权力，所以商人是第一个参与到政治过程的群体，也是近代西方民主化的主力。尽管早期的"选民"极其有限，主要是有财产者、向国家纳税者，并不包括工人、妇女和少数民族等，但选举逻辑本身具有"扩张性"，即从少数人扩张到多数人。随着选举权的扩张，政治权力的基础也发生变化。早期，政治权力的基础是贵族和商人，再逐渐地扩张到工人。这个扩张过程刚好也是工人阶级"中产化"的过程。当政治权力基础不再局限于资本的时候，政府开始偏向社会。这使得西方福利社会的发展获得了巨大的动力。二战之后相当长的一段时间里，基本上是政治力量和社会力量的结合促成了福利社会的大发展。

福利社会的大发展一方面强化了社会的力量，但同时也表明资本、政治和社会三者之间的失衡。至 20 世纪 80 年代，资本开始寻求新的方式来改变局面，这就是美国里根和英国撒切尔以"私有化"为核心的新自由主义运动的大背景。这场运动是对二战以来福利主义的反动。在资本看来，福利主义造成了资本空间的收缩、大政府和强社会的出现。不过，就内部私有化来说，这场运动的效果实际上很有限，因为在"一人一票"的选举政治环境中，"私有化"被有效抵制。但在外部则造成了前所未有的成功，即造就了长达数十年的资本全球化运动。资本的全球化使其逃离了本国政府和社会的控制，在全球范围内如鱼得水。结果很明显，即造成了新的资本、政治和社会之间的失衡，即收入分配的巨大差异和社会的高度分化。

法国经济学家皮凯特（Thomas Piketty）著《二十一世纪资本论》，论述了当代世界社会贫富悬殊的严峻情况[1]。作者发现，资本获利的比例远远超于劳动所得的比例。这个发现并没有什么新奇，因为从来如此，所不同的只是比例大小罢了，自然也没有人会否认皮凯特所描述的情况。不过，这本书的出版再次引起了人们对资本主义的反思。正因为如此，《二十一世纪资本论》引起了巨大的反响。但问题在于如何解决贫富悬殊的问题，使得人类社会能够继续维持作为共同体的局面，至少不至于解体。皮凯特强调政府的作用，甚至提出了全世界政府联合起来的设想。这本书也被视为是仅仅对西方资本主义做了政治解释。不过，在这一波全球化下，资本

---

[1] Thomas Piketty, *Capital in the Twenty-First Century*, translated by Arthur Goldhammer, Cambridge, MA: The Belknap Press of Harvard University Press, 2014.

已经再次占据西方的主导地位，皮凯特的设想过于理想。现实是残酷的，当全世界政府还没有能力联合起来的时候，全世界的资本早已经联合起来了。实际上，这次全球化就是全世界资本联合起来的结果，而全球性的贫富悬殊则是全世界政府缺少能力的结果。

历史地看，这里的关键就是西方社会政治和经济的全面"脱钩"。如前面所讨论的，西方民主已经经历了从传统的"共和民主"向当代的"大众民主"的转型。早期的民主是精英民主，即少数人的民主，或者少数人之间的"共和"。但自20世纪70年代以来，随着"一人一票"制度的实现，政治的"合法性"完全基于了"选票"之上。这一变化导致了几个结果：第一，政府和发展的分离。尽管经济议题总是西方选举的主题，但政府和发展之间的关联充其量也只是间接的，选票和政治权力之间则具有最直接的关联。也就是说，经济表现好能够有助于候选人，但仅此（"有助于"）而已，没有直接的关联。对候选人来说，有其他太多的方法来获取选票了。第二，政治人物即使想承担"发展"的目标，但发现缺乏有效的方法来实现发展目标。在西方，政府可以和经济发生关系的方法无非就是财政和货币两种。但是，当利率趋于零的时候，货币政策就会失效；当政府债务过大的时候，财政政策也会失效。西方政府现在倾向于使用量化宽松，即货币发行。但量化宽松本身并不解决问题，只是缓解或者推迟问题。第三，因为巨大收入差异造成的社会高度分化使得传统政党政治失效，政治失去了主体，越来越难以出现一个有效政府，更不用说一个有能力致力于经济发展的政府了。在精英共和时代，西方多党能够达成共识，因为不管谁当政都来自这个小圈子；在中产阶级为主体的社会，多党也能达成共识，因为不管左右，政党都要照顾到拥有最多选票的中产阶级的利益。但在大众民主时代，尤其是在面临社会高度分化的时候，政党之间只是互相否决，造成的只是更多的社会分化。

在这个背景里，人们不难理解今天西方盛行的反全球化、贸易保护主义和经济民族主义思潮和民粹社会运动了。所有这些都是西方社会内部政治、经济和社会失衡的产物。西方如何通过改革使得这三者重新回归均衡？这是需要人们观察的。但可以预计，在政府不承担经济发展责任的情况下，即使政府可以积极履行中间角色（主要是税收），而把发展责任简单地留给资本，要走出目前的不均衡状态，困难重重。

二、中国政治经济学：发展作为国家的责任

在东方，中国文明演化出了另一类政治和经济的关系。中国文明从来没有在知识层面把经济视为一个独立的领域，在经验层面经济也从来不是一个独立的领域。确切地说，经济从来就是国家治理的一个有效手段。在中国最重要的经济文献《管子》中，首篇《牧民》就论述了经济对国家治理的重要性。春秋战国时代的百家尽管有不同的看法，但对政府的经济角色并无异议，在这方面各派之间所不同的只是政府和经济的关系有多深的关系。自汉代的《盐铁论》以降，中国基本上对政府的经济责任以及政府如何承担这个责任有了共识。西方近代以来，很多学者把中国视为"水利社会"，并进而把"水利社会"视为中国传统专制主义（东方专制主义）的经济社会根源。这是单纯从近代西方经验出发的，正如前面所讨论的，自近代以来，西方走了一条政治和经济分离的道路。"水利社会"仅仅是中国政府经济责任的表现之一。

今天，西方把中国看成是"国家资本主义"。但实际上并不是这样。如果人们梳理一下从汉朝到当代中国的经济形态，就会发现，中国几千年来"吾道一以贯之"，存在着一个比较有效的政治经济体制。人们叫它"资

本主义"也好，叫它"市场经济"也好，中国一直以来至少有三个市场共存（或者有三层资本）的大结构。顶层永远是国家资本；底层的都是自由民间资本，像今天的中小企业；还有一个中间层面，就是国家跟民间互动合作的这一部分。在这个结构中，有些关系国民经济支柱的领域，国家一定要占主导地位，但是大量的经济空间要放给民间自由资本，同时在中间层，政府和民间资本积极互动，有合作也有竞争[1]。通过三层资本结构，政府维持政府和市场之间的平衡，履行经济管理的责任。

在中国那么长的历史中，只有四个比较短的时期走了极端，变成了经济国家主义化，即国家完全占了主导地位，市场被有效扭曲或者消灭。第一个就是两汉之间的王莽改革时期，第二个是宋朝王安石变法时期，第三个是明朝朱元璋的改革，第四个就是改革开放前的那段时期。在这四个时期，国家跟市场完全失衡，偏向了政府。除了这四个时期以外，中国的国家跟市场基本上都是相对平衡的。不过，也应当指出的是，即使是在这四个时期，政府的出发点仍然是更有效的经济管理或者更快的经济发展。

这三层资本共存的结构也决定了，在中国，市场一定要服从国家治理规则的规制。市场存在着，但不是西方早期资本主义那样的完全自由市场，而是被规制的市场[2]。近代以来，西方的市场尽管也是被规制的，但基本上还是资本占据主导的市场，即使政府也要服从市场原则。

在这个意义上，中国最好的经济学著作就是《管子》。如果要解释中国几千年经济历史，《管子》比西方任何经济理论都有效。例如，西方经济学讲供需关系，但供需主要是靠市场调节。后来的凯恩斯主义有点不一

---

[1] 这方面的研究参见我们最新的研究，Yongnian Zheng and Yanjie Huang, *Market In State: The Political Economy of Domination in China*, Cambridge and New York: Cambridge University Press, 2018。

[2] 在我们的书中，我们称之为"制内市场"，即市场存在于一整套政治规制之中。

样，即强调政府在这一过程中也要扮演一个角色，但市场仍然是主体。《管子》不讲"供需"，而讲"轻重"，但调节"轻重"的角色便是政府，而非市场。

近代以来，面临来自西方的挑战，中国各方面快速转型。但在很长的时间里，至少到1949年中华人民共和国成立之前，中国所要解决的问题便是"国家与革命"的问题，而非"国家和发展"的问题。这个顺序并不难理解，因为只有确立了政治秩序之后，经济发展才能提到议事日程上来。前述马基雅维利和霍布斯等把政治秩序置于优先的地位的主张即使放在中国的背景中也不难理解。

近代以来，在解决"国家与革命"问题上，中国各派政治力量都有自己的主张，但日后的经验证明，中国共产党是最成功的。这个关键便是中国共产党接受了马克思列宁主义。列宁的《国家与革命》要解决的便是在落后国家如何通过革命确立一个新的政治秩序的问题。毛泽东一代革命家通过"马克思主义中国化"把列宁的学说成功应用到中国革命，在和各种政治力量的斗争中胜出，确立了一个新的政治秩序。

建国之后，在一段时间里，毛泽东也曾经想继续用"革命"的手段来解决"发展"问题，但并没有预想的成功。改革开放以来，中国是当代世界少数几个最成功解决了"国家与发展"问题的国家。实际上，改革之所以成功，在潜意识上，便是对中国传统政府与市场关系的回归。从传统看，中国的改革不是"无源之水"，而具有必然性。这种源远流长的传统使得中国和其他国家区分开来。和西方区别开来，因为中国尽管向西方学习市场经济，但不会放弃作为有效推动经济发展手段的国有企业。或者说，中国不会变成西方那样的经济，使得政府不能有效干预经济活动。中国和苏联和东欧国家区分开来，因为中国不会像这些国家那样通过简单的政治手段（政治开放和民主化）和"大爆炸式"的经济手段（政府退出经济活动和激进私有化）来幻想谋求经济发展。中国也和很多发展中国家区分开来，幻想通过依赖西方经济来谋求发展。

今天，西方不承认中国的市场经济地位，主要是从西方的意识形态出发的。但另一方面，中国怎么变也的确不会变成西方那样的市场经济。中国还会继续是上述三层资本、三层市场结构，互相协调着往前发展。较之西方体制，这一结构有它自身的优劣。跟西方市场经济比较的话，中国一些经济部门主要是国有部门的效率会差一点。但这里必须指出的是，西方的公共部门（相当于中国的国有企业），其效率也是成问题的。再者，中国经济的效率和创新能力在其他两层，即底层的自由企业和中间层并不比西方的低。就中国的优势而言，中国三层结构经济体能够预防大的经济危机、能够建设大规模的基础设施、能够大规模有效扶贫等。西方资本主义，正如马克思分析的那样，不可避免地会爆发周期性的经济危机，比如20世纪30年代的"大萧条"，1998年的亚洲经济危机，2008年的全球性经济危机等。中国过去40年基本上没有经济危机，这跟这个政治经济体制的调控能力有关系。自改革开放以来，中国在很短的时间里已经取得了巨大的经济成就，从邓小平所说的"贫穷社会主义"提升为世界上第二大经济体。不过，中国对人类共同体更有意义的事情并不仅仅是中国已经有多少人致富，而是已经有多少人脱离贫穷。在过去的40年里，中国已经促成了7亿多人口脱离贫困。这个社会奇迹远比经济奇迹更为重要。如何理解这个奇迹？这就是这里所论述的中国文明的政治经济观念及其这一观念所演化出来的政治经济体制。

广义上说，东亚经济模式也是中国文明的衍生。东亚经济体包括日本、韩国、中国台湾、中国香港和新加坡被世界银行视为是"东亚奇迹"。人们发现，二战之后，在仅有的十几个逃避中等收入陷阱的经济体中，东亚就有这五个经济体。而这五个经济体就处于传统意义上的"儒家文化圈"

之内。在儒家文化圈内，一个普遍的意识就是，推动经济发展就是政府的责任。这五个经济体内对政府如何推动经济发展也有不同的看法，但没有人会怀疑政府要推动经济发展，它们的一个共识便是：发展是硬道理。进而，这五个经济体的政府不仅推动了经济发展，而且更花了巨大的努力，通过社会建设，培养中产阶级，实现了社会的转型。今天，其中一些经济体尤其是中国台湾因为效法西方民主，政府和经济开始分离，政府不能继续推进经济发展，结果造成了类似西方的问题。这个趋势也是值得观察的。

三、两种政治经济学模式的未来

今天，东西方两种政治经济模式都面临问题和挑战。无论从理论上还是经验上来说，西方面临的问题需要通过结构性再造来解决，而中国面临的问题属于在现存结构之上调整和改进的问题。

在西方，主要的问题是如何实现政治经济之间的再关联，也就是，政治如何再次对经济行使权力，使得经济在一定程度上配合政治的需要，从而在经济和社会之间实现再平衡。西方目前内部民粹主义崛起，对外经济民族主义崛起，主要是要解决内部经济问题。2008 年全球金融危机是西方经济结构失衡的产物，但这么多年过去了，经济结构并没有变好。主要的问题是，在政治很难作为的情况下，结构性调整光靠经济力量本身就很难实现。这些年来美国政府在经济上比较有所作为，包括再工业化、技术创新、保护本国产业等，不过，包括制造和中国的贸易摩擦在内的很多方法并不能改善内部经济结构，从长远来说也必然产生更多的新问题。北欧少数国家开始试行"一人一份工资"模式，但很显然这也不是什么新思路，而只是福利模式的扩大版。西方如何能够像当年建设福利国家那样再次进行重大的改革和调整来实现政治、经济和社会的再平衡有待观察。

对中国模式来说，经济发展一直是政府的责任，这一点不仅不会放弃，而且会更加巩固。中国可以改进的地方有很多，但主要是要围绕着三层市场之间实现平衡这一目标。无论是国家主义占据主导地位还是市场主义占据主导地位，都会导致失衡，从而发生危机。如何实现平衡？这需要产权、法治和政策各个层面的共同努力。就产权来说，光强调私有产权的明确和保护远远不够，国有企业的产权、国有和民营合作的产权和私有产权一样需要明确化，需要具有同样的权利。对法治来说，法律必须平等地适用于三层资本。应当强调的是，在这方面，现有的政治或者政策保护已经远远不够，而急需把政治和政策的保护转化成法治的保护。对政策来说，主要是根据三层资本的发展情况，尤其是失衡情况进行调整。这就决定了，政府在必要的时候对不同资本进行扶持和发展。需要进一步研究和厘清哪些领域需要以国有企业为主体，哪些领域可以大量让渡给民营企业，哪些领域可以政府和民营企业进行合作等问题。政府需要促成国有企业追求自身的发展能力，而不是通过现有的方法（例如垄断、政策寻租等）。政府更需要赋权社会本身培养自身的发展能力，包括经济和社会两个方面，使得社会有能力来平衡资本的力量，而不是仅仅依靠政府来平衡。

目　录

政治改革篇

经济建设篇

社会重建篇

政治改革篇

第一章　中国政治改革通往何方

一、中国改革三阶段的逻辑

中国改革开放 40 年的历史，可以说是整部世界近代史在高度浓缩之后，在短暂的时间里突然在中国大地放大呈现出来。今天和未来的人们可以在这 40 年的中国，或多或少找到近代以来的大多历史变革主题，无论是物质的还是非物质的。经济、社会、政治、技术、文化、生活方式等方面的急剧变化，使人眼花缭乱，在没有理解甚至意识到一项变化的时候，另一项就发生了。

在意识层面，所有近代以来的"主义"或者"意识形态"都可以在中国找到发展空间和相当的支持力量，正如在城市空间不断冒出来的各种奇形怪状的建筑物那样。不过，很多变化很可能仅仅是假象，有"乌托邦"，也有善意和良愿。

然而，不管怎样的变化，中国还是中国，并且越来越中国。在开放状态下，各种变革都成为可能，但各种变革必须得到中国实践的检验。诚如邓小平在改革开放之初就强调过的，实践是检验真理的唯一标准。人们可以追求各种自己以为是"真理"的东西，但是否能够成为中国的"真理"，就需要被中国的实践所检验。各种表象掩盖不了真实的中国，更不用说是替代了。

变革并非只是这 40 年的主题。无论是客观环境对变革所构成的压力，还是变革者的主观意愿，这 40 年远远比不上近代中国。那个时代，传统中国不仅被遥远的西方国家所打败，而且被昔日的学生日本所打败。因此，那个时代的人们呼出了"中国三千年未有之大变局"的感叹。人们也找到了被那个时代视为必然的变革方向，那就是从小农经济到工业经济、从帝制到共和、从经学到科学。

不过，所有这些变革并没有成功，中国陷入了长期的战争、革命与"继续革命"。等到下一次变革便是 20 世纪 80 年代的事情了。不过，也正因为近代变革没有成功，浓缩了的历史和变革动力最终在 20 世纪 80 年代爆发出来，造就了今天的中国。

变化的是中国，不变的也是中国。变化什么？变化多少？如何变化？如何在变化中维持不变？如何在不变中求得必要的变化？这些问题谁都可以试着回答，谁都可以有自己的答案，但最终决定这些答案的便是政治。政治谁都想参与，谁都可以凭自己的能力来影响政治，但政治必须有一个主体，没有了这个主体，不管什么样的变化最终都会归于失败。

近代中国方方面面的变革的失败并没有必然性，但从帝制到共和的失败，就决定其他方面失败的必然性。没有了变革的主体，谁来掌控变革呢？自 20 世纪 80 年代以来的变革是有主体的。有了这个主体，中国重新出发进行变革，拾起了近代留下的变革主题，一路走到了今天。

也就是说，在所有方方面面的变革中，政治变革不仅不可或缺，而且必须是主体。今天的中国进入了一个新时代，或者说一个转折点，政治的变革的重要性是显见的。当人们说今天进入了"新时代"，就假定了过去的一个"旧时代"的存在。所以，人们必须理解如何从"旧时代"走到"新时代"。"新时代"的"新"在哪里？在理解这个转型的时候，人们不仅要理解学术上所说的"宏大真理"（各种"主义"），更要理解"小真相"（即

实际所发生的)。

如果光看"宏大真理",就容易把自己的主观意志强加在客观的变革之上,就很难理解和评介客观的变化。在理解中国政治变革逻辑的时候,"小真相"甚至要比"宏大真理"更为重要。"小真相"发生在实践领域,正是众多的"小真相"才把"宏大真理"转化成为现实。

的确,学界关于"政治变革"的"宏大真理",并不能解释中国这40年的政治变革逻辑。大多西方学者认为中国没有政治变革,因为他们倾向于把中国的政治改革定义为西方式民主化。抱持这种认知的学者在中国本身也不在少数,很多人也是希望中国走上西方式民主化道路,并且在每一个发展阶段都是以"是否民主化"来评介中国的实际政治变革的。

不过,具体的政治实践则反映出全然不同的情况。在过去40年里,政治变革实际上是主体性变革。不承认政治变革就很难解释所有其他方面的变革和转型。中国政治不仅适应了由其他变革所带来的新环境和新挑战,而且还通过自身的变革来引领其他方面的变革。很显然,政治主体的这种领导能力,把当代变革和近代变革区分开来。

在下一个层面,在不同时代,人们对政治改革的认知的确是不同的,不同的领导层和不同的环境导致了不同的认知,不同的认知又导向不同的改革。这样,人们便可以区分出三个时代来,即20世纪80年代、90年代和2012年之后的"新时代"。这三个时代呈现出不同的政治思维和不同的政治变革逻辑。

其中,20世纪80年代和90年代尽管也有不同的政治变化,但都属于同一个变革范式,可以称之为"旧时代"。中共十九大提出"新时代"的概念,但从十八大到十九大是一个大背景,没有这5年的变化,很难出现"新时代",因此这个"新时代"要从2012年十八大算起。

1. 20 世纪 80 年代的政改逻辑

20 世纪 80 年代的政治变革逻辑是什么呢？政治变革首先取决于一个时代的政治思维。要理解一个时代的政治思维，首先就要理解政治思维者或者思考者。80 年代的政治思考者是邓小平、陈云、彭真这一代。尽管邓小平称这个群体为"第二代领导人"，但这个群体很难和以毛泽东为代表的"第一代"区分开来。他们同样积累了革命的经验和党内政治生活的经验。有了共同的经验，他们之间就可以有共识；有了共识，再有改革的集体努力。

就国内环境而言，这一代人所面临的主要问题是经济发展。中国共产党闹革命的目的也是近代以来所有政治精英的目的，那就是"富国强兵"。当这一代人走上政治舞台的时候，他们的共识便是要彻底改变当时仍然面临的"贫穷落后"局面。

就国际背景而言，美苏两大阵营仍然对峙，但英美开始了以"新自由主义经济学"为核心的经济变革，国际局势相对和平。新一波全球化开始，欧美呈现出很强的发展势头。邓小平的判断是："和平和发展是当代世界的两大问题。"中国领导层把这种国际格局视为自己的"发展机遇"。无论是关于"球籍"的讨论还是走向海洋文明的讨论，都是当时改革动力的直接反映。

计划经济如何改革？市场经济是改革方向吗？建立什么样的市场经济体制？所有这些问题都没有现存的答案。邓小平因此形象地把改革称为"摸着石头过河"。从 1978 年仍然流行的"计划经济"概念，到改革初期的"商品经济"概念，再到 1992 年中共十四大"社会主义市场经济"概念的确立，中国足足花了 14 年的时间。

在实践层面，中国参照的主要是苏联东欧国家的改革经验，尤其是匈牙利的改革经验和亚洲国家或地区包括日本和亚洲"四小龙"的经验。尽管经济"意识形态"的变革十分缓慢，但现实层面的变革方向是明确的，即走向市场经济，体现在从农村改革、经济分权改革再到城市体制改革的过程中。国家部委从 1981 年的 100 个（大多是主管国有企业的机构）减少到 1988 年的 41 个，更体现了市场化的大方向。

在进行经济改革的同时，领导层也在探索政治上的变革。从 20 世纪 80 年代初到 80 年代末，邓小平对政治改革发表了一系列的看法，可以视为当时领导群体的共识。总体来看，这些改革并没有受当时关于"政治民主化"的"宏大真理"的影响，而是为了解决当时中国政治实践所面临的问题。也就是说，改革不是为了实现"政治民主化"的理念，而是为了解决实际问题（"小真相"）。改革主要包括几个方面：

第一，法制。法制一方面是针对社会而言，另一方面是对党内政治生活而言。改革开放前的"继续革命"，导致法制的大破坏。

第二，干部类型和干部录用制度的变革。主要表现在干部的"四化"（革命化、年轻化、知识化和专业化）标准，以适应上述经济建设和发展的需要。

第三，党和国家领导体制的改革。这项包括几个方面。首先要解决领导人个人和体制之间的关系。其次，选拔中青年干部，解决接班人问题。再次，和接班人问题相关，也需要解决老干部的退休问题，例如设立中国共产党中央顾问委员会作为废除领导终身制的过渡办法。

到 20 世纪 80 年代中后期，政治改革聚集了相当的力量。这不仅因为中国社会有了民主化的要求，处于一线的年青一代领导层，也在不同程度上认为民主化是可以接受的政治改革。80 年代中期之后，政治改革加速。在领导体制方面，明确提出了"党政分开"的改革思路。这一思路认为类似"文化大革命"那样的大灾难的出现，是领导人个人高度集权的产物，而个人集权又是党政不分、以党代政造成的。

再者，政治变革不仅是为了保护已有的经济改革成果，而且也是为了克服改革的阻力和提供改革的动力。在社会层面，当时戈尔巴乔夫的《新思维》在中国社会具有很大的影响力，知识界的共识是中国要走西方式民主道路。

如果人们深入细节就会发现，20世纪80年代早期和80年代中后期的政治改革是不一样的。早期是为了解决具体问题（"小真相"），而中后期则滑向"宏大真理"（追求民主的价值）。总体来看，"小真相"的改革相当成功，党内政治生活正常化、干部录用制度和领导人退休制度都得以确立。但"党政分开"的改革不仅没有成功，而且"党政分开"的改革促使"党""政"成为"两张皮"。

此后很长时间的机构改革，基本上都是政府机构的改革，而党的领域并没有进行任何形式的改革。政府不断改革，党的领域没有改革，这就是一个大问题。尽管党的领导不能动摇，但现实中，因为没有进行党的任何改革，党的领导一直被弱化。在20世纪80年代后期，当党本身要通过"民主化"的改革来改变自己的时候，危机的爆发变得不可避免。

以"党政分开"为主题的政治改革，到20世纪80年代末戛然而止。"党政分开"在现实中演变成"党政分裂"。而这也是执政党的最大危机之根源。之后，邓小平重组中共领导层。尽管邓小平的侧重点仍然是"领导集体"，但无论是80年代的经验还是现实的需要，都已经在呼唤一种新的政治变革思维了。而这种新的思维，促成了政治变革从80年代转向到了90年代。

2. 20世纪90年代的改革逻辑

中国20世纪90年代的改革逻辑适用时间较之20世纪80年代长，涵盖了从1989年到2012年的23年时间。如果说把1978年开始的、由邓小平主导的改革开放称为"邓小平时代"，这23年可以说仍然属于"邓小平时代"。或者说，邓小平时代可以分为两个"小时代"，即20世纪80年代的"第一小时代"和从1989年起到2012年的"第二小时代"。

"三个代表"时期可以说是"第二小时代"的高峰期，而"科学发展观"时期则在延续这个"小时代"，同时开始纠正这一改革思路所出现的弊端。不过，"科学发展观"时期还没有形成改革的新思路，这个新思路直到中共十八大之后才开始形成。

从1989年结束到1992年中共十四大，可以视为新思维酝酿期。因为西方的全面制裁，内外部经济发展条件恶化，领导层暂时处于保守和防御状态。

但苏联解体和东欧剧变，很快促成了邓小平新的改革思路。新的改革思路把经济改革和政治改革分开来，并且把重点置于经济改革。苏联戈尔巴乔夫因为经济改革受既得利益集团的阻碍不能实施，因此求助于政治改革（即"新思维"），但政治改革很快就演变成民主化。西方式的民主化不仅导致了苏联本身的解体，更导致了整个苏联东欧集团的解体。

苏联解体对中共的冲击、影响和教训至少有二：第一，经济改革和政治改革不能同时进行，尤其不能期望用政治改革来促进经济改革。第二，政治改革的方向不是西式民主化，而是强化作为政治主体的执政党自身的建设，也就是巩固执政党、提高执政党的执政能力。

邓小平的判断是：苏联解体和东欧剧变，并不仅仅是因为民主化，更重要的是因为那里的共产党政权缺少能力发展经济，使人民满意。或者说，因为那里的共产党缺少统治合法性，被人民推翻了。

经过邓小平"南方谈话"，1992年召开的中共十四大充分体现了邓小平在考察南方过程中所形成的新改革思路。多年争论不休的"市场经济"概念被正式确立为"社会主义市场经济"，这个新概念的确立为经济改革提供了新的意识形态。

20世纪90年代后期，中国也努力加入世界贸易组织。为了和国际经济体系和国际组织"接轨"，中国修正了一系列内部法律、法规和政策，以符合市场经济的"国际要求"。内部改革和外部开放给中国的经济发展注入了强大的动力。在1992年之后的近20年时间里，中国平均每年实现了近两位数的经济增长。

在政治领域，20世纪90年代开始一直没有出现类似20世纪80年代那样的"宏大真理"，而是侧重于细节（"小真相"）的改革，而这些改革的意义并不亚于"宏大真理"，构成了邓小平遗产的重要（甚至最重要的）组成部分。这些"小真相"的改革包括几个方面。

第一，1992年十四大解散了中央顾问委员会，正式在制度层面解决了老人政治问题。第二，确立国家主席、副主席、总理、全国人大常委会委员长、政协主席等领导职位的任职规定。第三，年龄限制。公务员系统包括部级干部的退休年龄制度牢固建立起来。第四，集体领导和党内民主。尽管邓小平在1989年之后确立了"核心"的概念，但同时也强调集体领导和党内民主。最重要的莫过于"三合一"体制的确立，即党的总书记、党的军委主席和国家主席由同一人担任，以保障最高权力的集中和政治责任的明确化。在20世纪80年代，这三个职位分别由三个不同的人担任，并且国家主席和副主席的职位只具有象征性意义。

这种"三驾马车"的体制造成了权力行使的很多问题。应当说明的是，"三合一"体制的形成本身是对20世纪80年代"党政分开"制度的直接否定，而在局部领域开始走上了"党政一体化"的改革道路。

"三个代表"时代，有一项改革可以算得上在"宏大真理"层面，即1997年中共十五大提出的"法治"改革。之前，官方用语一直是"法制"。十五大之前，时任全国人大常委会委员长的乔石力推"法治"改革。在中国的政治语境里，"法制"和"法治"尽管只一字之差，但含义非常不同。

前者表明法律是执政党及其政府的工具，而后者则表明即使是执政党及其政府也都必须服从法律，无论作为组织还是个人。

但是，"法治"在今后相当长的时间里，仅仅作为一个概念或者理念而存在着，在实际政治生活中，"法治"并没有提到执政党政治改革的议事日程上来。只是到了2014年的十八届四中全会，执政党才形成了以"法治"改革为核心的总体改革方案。

还有一项改革尽管是为了解决具体问题，但也对执政党产生了深远的影响，那就是"三个代表"概念的提出。尽管这个概念的提出是为了解决新兴阶层的政治身份问题，但容许新兴阶层进入政治过程则大大扩展了执政党的社会基础。

2002年到2012年这10年为"科学发展观"时期。这个时期，在政治上的新探索很多，但出现的问题也越来越多，预示着旧的改革思路需要告一个段落了。

在社会经济层面，之前的经济优先发展政策很快演变成了单面向的"唯GDP论"，即过度强调经济增长而忽视社会环境问题。到这个阶段，各种问题一一爆发出来。领导层开始质疑之前的发展观，提出了"中国要追求什么样的发展"这一重要问题，并试图通过"科学发展观"来缓解和解决问题。

就机构改革上说，这个时期基本上承继了20世纪80年代以来的思路。"党政分开"不再提及，党政在实践上开始"一体化"，表现在上述"三合一"体制，也表现在省一级省委书记兼人大常委会主任的制度。不过，从1992年到2012年，每一次的机构改革都是政府（国家）机构改革，党的机构改革却没有提到议事日程上来。

这种"两张皮"的现象使得党政机构的发展很不协调。即使在"三合一"体制内部也如此。

在这 10 年中间，最重要的探索莫过于"党内民主"了。2007 年执政党十七大提出了"党内民主引导人民民主"的改革思路。应当说，这是对以往改革思路的改进。以往的思路并没有解释民主的发展路径，但十七大说清楚了。这个时期，党内民主最重要的试验就是党内票决制，尤其是在选拔领导干部时采用票决制。

这个方向也不能说错，因为当时人们对民主的普遍理解就是票决，或者选票制。不过，因为执政党并没有票决传统，不存在明文的票决规则，因此潜规则太多导致了滥用与不公。

在实践层面，对党内民主的探索也暴露了另一些甚至更为深刻的问题和矛盾，主要表现在两个大的方面：首先，为了体现党内民主，原先的"核心"概念被去掉。邓小平在确立"核心"概念时说得相当清楚，中共体制的运作需要一个核心，如第一代的毛泽东和第二代的邓小平，因为核心意味着政治责任。但 2002 年之后不再使用"核心"的概念。主要原因就是为了体现集体领导和党内民主。

其次，领导顶层实行分工制度，一人管一块。这种顶层分封制的确比较民主，但实际上很快就产生了一些恶果，一人管一块，又因为党的领导层不存在"核心"，那么每个常委具有了其管辖领域实际上的最终决策权。

这 10 年党内民主的探索，也涉及一个外在政治压力问题。在民主问题上，自改革开放以来，外在的压力始终是存在着的。西方自由主义是一种具有使命感的主义，具有很强的扩张性。和资本一样，自由民主如果得不到扩张，就会趋于死亡。在 20 世纪 80 年代，当中国刚刚改革开放的时候，自由主义力图在中国寻找发展空间，这就是为什么邓小平认为一些政治风波是国际大环境和国内小环境互动的产物。

20 世纪 90 年代，在苏联解体和东欧剧变之后，西方自由主义在俄罗斯和东欧寻找到了空间。中国因为内部改革和外部开放的一系列重大举措，在民主方面所面临的压力实际上并不大。但在跨入新世纪之后，中国在民主方面面临的压力再次加大。这个时期，民主在东欧的版图已经确立，这些国家或多或少都实现了民主，这样，西方自由主义再次转向中国。

在改革开放以来，中国领导层尽管都竭力反对在中国搞西方式民主，但他们也没有忽视探索中国本身的民主政治发展。这种探索在一定程度上缓解了西方对中国的压力。很显然，在西方成功地把中国经济融入以西方为主导的世界体系之后，很难容忍中国的非民主政治，甚至把此视为政治"威胁"。这种情况近年来随着西方民主出现问题变得越来越甚。

总体上说，从1992年到2012年的20年间，在政治领域，邓小平的"遗产"得以延续，在一些方面得到了加强。党内民主方面的探索加快，重要的问题似乎随着十八大的到来，都处于随时爆发出来的边缘，而有些甚至开始爆发出来。十八大因此开得非常艰难。所有这一切都预示着需要改变旧的改革思维，另外寻求一条新的改革思维。这便是十八大以后的事情了。

3. "新时代"中国的改革逻辑

尽管"新时代"这个概念在中共十九大正式提出，但十八大应当被视为这个概念的起点。或者说，这一概念是在十八大之后5年的改革实践基础上提出来的，而十八大之后的改革实践，是对之前所发生的情况的反应。

十八大之后，鉴于执政党党内越来越甚的腐败现象，领导层开始进行有效集权。当然，有效集权不仅仅是因为大规模反腐败的需要，更是进一步改革的需要。十八大之后的改革强调"全面"和"深化"。改革因此需要"顶层设计"。再者，改革越深化，所遇到的来自既得利益的阻力也就越大；要克服既得利益的阻力，也需要集权。所有这些方面的因素，有效强化了集权的动力。

对执政党来说，首先要改革的是政治领域。十八大以后，中国经济发展进入"新状态"。高增长不仅不可能，也不需要。而政治变革则紧迫起来，因为十八大之前所出现的种种政治状况，表明执政党面临着党内治理危机。这就决定了十八大之后的改革重点，就是党内治理制度的改革。

而党内治理制度的改革，正是20世纪80年代以来"党政分开"概念下所一直忽视的。十八大之后提出了"四个全面"，即全面建成小康社会、全面深化改革、全面依法治国、全面从严治党。很显然，在"四个全面"中，"全面从严治党"是最为关键的。在中国，中共是执政党和政治主体，一旦执政党出现了问题，其他所有方面的发展必然会出现问题，甚至可能酿成危机。

接下来的党内改革合乎逻辑。高层首先进行了权力重组，主要是成立了四个领导小组（十九大之后改为"委员会"）。尽管十八大时领导小组就已经存在，但新设立的领导小组和旧式领导小组，至少在两个方面是不同的。首先，旧式领导小组是非正式的，其组成成员和活动是不公开的。但新设立的领导小组是正式的，其组成人员和进行的活动是公开的。其次，新设立的领导小组（除了军事方面）的组长是习近平，副组长是李克强，其他几个常委被分配在不同的小组。这样，就改变了从前常委一人分管一块的局面，使得高层权力协调性大大提高，运作更为有效。

顶层权力集中至少在两个方面很快显出成效，即大规模的反腐败运动和政策的顶层设计。尽管自改革开放以来，反腐败一直在进行，但顶层的反腐败往往是最困难的。十八大之后那么多的高级别政治人物（包括前政治局常委和现任政治局委员）被查处，无疑是权力集中的结果。

在整个政治过程中，高层也重新确立了权力"核心"的概念。为了更多的"党内民主"等因素，自 2002 年中共十六大开始不再使用"核心"概念，使得高层权力扁平化。但扁平化带来了政治责任问题，即谁承担政治责任。"核心"概念的重新使用，不仅仅是权力集中的制度体现，更重要的是强调政治责任问题。很显然，在任何政治体系中，无论是总统制度还是内阁制度或者其他的制度，政治责任是最重要的。

不过，这个政治过程最重要的就是导致了新的改革思路的出现和形成，那就是中共十九大正式推出的"党政一体化"改革思路，正式改变了自 20 世纪 80 年代以来的"党政分开"的改革思路。这一改变无疑是一个漫长的过程。

中共十四大已经在实践层面开始进行局部的"党政一体化"改革。最显著的就是最高层"三合一"体制的形成，即党的总书记、党的军委主席和国家主席由同一人兼任，同时国家主席的职位从 20 世纪 80 年代的"虚位"转型成为"实位"。在省一级，省委书记兼任省人大常委会主任也是党政一体化的制度体现。不过，从理论上，执政党从未宣示从"党政分开"转变到"党政一体化"。实际上，尽管实践上行不通，并且已经发生变化，但在很多人那里，"党政分开"仍然是政治改革的理想。

在这方面，十八大之后最大的变化就是从理论上得到转变，正式提出党政一体化的改革理论。王岐山在这一理论形成过程中扮演了重要角色，其在主导反腐败运动过程中发现了腐败的深刻原因，腐败导致了党的衰败，党的衰败又导致更深刻的腐败。"党建"因此成为十八大以后中共改革的重中之重。"党政一体化"首先包含在王岐山的"广义政府"概念中。

2017 年 3 月 5 日，王岐山参加两会北京代表团的审议时讲了一番话，提出了一个全新的政治概念，即"广义政府"，之后新华社特意发表了一篇题为《王岐山：构建党统一领导的反腐败体制　提高执政能力　完善治理体系》的新闻稿。王岐山并非随性而发，而是指向了中国的政治制度建设，一种新的制度即"以党领政"原则下的"内部三权"制度已经呼之欲出。

王岐山是这样说的："中国历史传统中，'政府'历来是广义的，承担着无限责任。党的机关、人大机关、行政机关、政协机关以及法院和检察院，在广大群众眼里都是政府。在党的领导下，只有党政分工、没有党政分开，对此必须旗帜鲜明、理直气壮，坚定中国特色社会主义道路自信、理论自信、制度自信、文化自信。"

人们也注意到，王岐山讲"广义政府"，这不是第一次了。2016 年年底，在会见美国前国务卿基辛格的时候，王岐山就讲了一次，"完善国家监督，就是要对包括党的机关和各类政府机关在内的广义政府进行监督"，这就是监督全覆盖，比如，巡视组和纪检组派驻"不留死角"，也是在呼应"广义政府"。

正如王岐山在之后 2017 年 3 月"两会"的讲话所展示的，"广义政府"的意义远远超出了纪委系统，而涵盖了中国的整个政治制度。"广义政府"要解决的就是中国政治制度顶层设计问题，即党政关系问题。具体说来，较之 20 世纪 80 年代以来的改革，这里至少有两大方面的基本制度性变化：

第一，"广义政府"确立了"以党领政"的思路。"党政一体"是一个现实主义的概念，承认在中国的现实政治生活中，"党"与"政"根本不可分开的现实。既然现实分不开，就要走现实主义路线，另寻思路，那就是"党政一体"。这一新思路很快就体现在 2018 年全国人大常委会通过的党和国家机构改革方案。把党和国家的机构整合在一起改革，这是改革开放以来的第一次。

此前的改革都是政府部门的机构改革，党的机构改革从未提到议事日程。政府结构改革到了大部制改革已经走到了顶点，并且因为没有党的机构改革，也很难再走下去了。从这个视角来看，党政一体化的改革为真正的大部制改革提供了可能性。接下去的改革具有两个目标：一是实现"以党领政"原则，二是通过机构的整合提高治理效率。

第二，"内部三权"的分工合作体制。"党政一体化"的改革思路对那些接受了西方多党制概念的人来说很难理解，更难接受。自近代以来，包括孙中山先生在内的很多政治和知识精英，希望确立西方式的"三权分立"制度。孙中山本人确立的"五权宪法"就是把西方的三权和中国传统两权（考试权和监察权）整合在一起。

从台湾地区的经验来看，一旦实行了西方"三权分立"制度，中国传统两权边缘化，起不了任何有意义的作用，台湾地区的现状就是这样。中国大陆的现实是，中共领导下的多党合作制，并且不存在所谓的反对党，因此一个国家只能出现一个政治过程。在西方多党制下，同时存在几个政治过程，执政党有自己的政治过程，反对党也有自己的政治过程，政治就是以一个政治过程替代另一个政治过程。

在中国，随着监察权的正式到位，已经形成了党内三权分工合作的制度，即决策权、执行权和监察权。这意味着，尽管国家只有一个政治过程，但这个政治过程分成前后三段，或者说把一个权力行使过程根据时间先后分成三个阶段。

就中国机构来说，决策权包括中央委员会、全国人大、政协、社会组织等，执行权包括国务院、公检法等，而监察委履行监察权。"内部三权"也存在着一定程度的"制衡"，但不会导致"西方三权"那样的制衡——出现权力瘫痪现象。同时，"内部三权"也可有效防止腐败，建立清廉政府。

今天，如果"以党领政"和"内部三权分工合作"的体制建设成了，就可以为今后的长治久安打下坚实的制度基础。正因为如此，通过政治变革的制度建设任重道远，面临很多巨大的挑战，至少需要探讨如下几个方面的大问题：

第一，"内部三权"体制如何适用新的大环境，即今天的社交媒体时代？"内部三权"是传统精英体制，即皇权和士大夫阶层权力共享体制。但今天，人民不仅已经具有了民主意识，而且也获得了参与政治的手段和工具。如果不能充分考量到社会的民主意识和参与要求，"内部三权"建设会非常困难。

第二，"三权"之间的分工与协调如何进行？尽管"三权"是"党权"下的"三权"，但因为是"三权"，它们之间必须确立边界，没有边界，各权就没有办法正常行使。

第三，决策权的民主性和科学性如何保障？现在决策权体现在决策的顶层设计上，强调的是集权。但如何保障集权下的决策的科学性呢？这就需要引入民主要素。没有民主过程的集中很难实现决策的科学性。在这方面，决策权如何融合开放、民主、分权、集中等要素呢？

第四，执行权的有效性如何保障？执行权被决策权和监察权夹在中间，往往导致很难干活甚至不能干活的局面。要解决这个问题，就需要试错的制度设计，也需要行政责任承担的制度设计。

第五，监察权的边界问题。监察权是一个新权，需要很多时间探索其权力范围和行使方法。如果监察权泛滥，就会演变成"内部反对派"，形成"为了反对而反对"的局面，执行权必然不能运作。

此外，"广义政府"概念下的"党政一体化"还面临如何确立政府和经济、政府和市场、政府和社会的边界问题。如果不能确立边界和处理两者关系的有效方法，就会出现政经不分、政社不分的情况，同样会出现问题。因为"广义政府"并不是说整个社会都是"政府"了。

可以预见，如果这些关键问题解决了，"以党领政"基础之上的"内部三权"制度得以确立，并且具有持久的生命力；但如果不能解决，体制的变革仍然有可能再次回到 20 世纪 80 年代的模式。

二、中国不改革的政治风险

就改革的顶层设计而言，中共十八届三中全会所通过的《中共中央关于全面深化改革若干重大问题的决定》（以下简称《决定》），是改革开放以来最具有顶层设计性质的改革方案，它的确考量到改革的系统性和综合性，涵盖了包括政治、经济、社会、文化和军事等在内的所有主要领域的改革。

不过，《决定》毕竟是一个宏观的蓝图，需要很长的时间去实现。在实现这个蓝图的过程中，如果原来的顶层设计设想不当，或者执行不当，就会出现各种风险。就今天中国的现实来说，与改革所能产生的风险比较，最大的风险仍然来自于不改革。人们有必要从政治、经济和社会各个方面，来探讨改革或者不改革所面临的风险。

从政治上说，改革的最大风险就是"改革力度不足"甚至是"不改革"。尽管改革会带来风险，但从近几十年的中国实践经验来看，最大的风险来自"改革不足"甚至"不改革"。今天中国社会所面临的风险，大都是过去没有改革，或者没有足够的改革所导致的，例如经济方面的金融风险、地方债务风险、房地产泡沫风险等；政治领域的官员腐败、政府官员不作为、政府信任危机等；社会领域的社会分化、激进化甚至暴力等。从政治上说，因为"不改革"而产生的风险往往变得不可控，而由于"改革"而产生的风险，往往是可控的。

中国面临一种怎样的改革局面呢？十八届三中全会的《决定》，推出了总体改革方案。高层也一直在大力呼吁改革，社会对新的改革充满高度期待，但改革并不能马上见到效果并惠及社会层面。人们只听到了各种改革话语，但很难找到充满动力的改革执行者。中国所面临的问题是：谁来执行改革？中央政府是改革的设计主体，也是中央所及的一些领域的改革主体，但中央政府绝非是所有改革的改革主体。在更多的领域，地方政府、企业尤其是国有企业和社会，才是改革的主体。现在的问题很明朗，中央高层在呼吁改革，但各个部委没有什么大动作；地方政府、企业和社会对改革的执行，也没有什么大的回应。

为什么会出现这种情况呢？从政治上说，至少有四个重要因素影响着人们的改革动力。

首先是权力集中和改革之间的矛盾。中国早期改革的特点是分权，即把权力从上级政府下放到地方、企业和社会，让它们去执行改革。但现在的改革已经不一样，很多领域的改革需要集权。过去很长时间里没有改革或者改革不足，既"培养了"庞大的既得利益，也"累积了"巨大的改革风险。所以，新的改革设计和执行需要集权。原因很简单。如果没有一定的权力集中，既难以克服所面临的庞大既得利益的阻力，也难以化解所累积起来的风险。同样重要的是，改革必须要有人来担当和负责。改革是执政党的一种使命，它必须是一种责任制。历史上看，没有人负责的改革就没有出路。责任制则表明各级主要领导人，要亲自把改革责任担当起来。因此，根据这两个需要，在中央层面已经成立了全面深化改革领导小组，省一级政府也成立了省级全面深化改革领导小组。这个领导小组也可以理解成为"改革的责任小组"。

但改革从传统的分权转型到集权模式，也给改革的执行带来了影响。一是心理上的，从前的改革是分权式的，大家习惯了分权式的改革，现在要进行集权式的改革，就觉得不习惯了；二是人们对实际权力的考量，一些政府官员不知道权力的目的是什么，集权触动了他们手中的权力，就感觉到不自然。在这样的情况下，一些领导人和政府官员对改革并不热心，好像一集权，改革就不是自己的事情了，而是主要领导的事情。

其次，改革执行难和中国的人事制度有密切关联。改革需要执行，而执行是人去执行的。现行人事制度和改革之间存在着诸多矛盾。首先，没有像发达国家那样的"组阁制度"。组阁制度很重要的一个功能，就是政策的制定和执行。无论是总统还是总理，或者各级政府首脑，都需要一个强有力的政策制定和执行的团队，这个团队就是内阁。在一定程度上，中国没有内阁制度表明，各级首脑没有自己的政策制定和执行团队。

第三，只有人事退休制度，而没有人事退出制度。一个官员，如果不犯错误，就可以一直留在岗位上，不管其是否有能力执行政策。而要把一个办事不力但也没有犯错误的官员调离岗位，成本通常非常高。

第四，人事任命经常"系统化"，也就是不同"系统"（或者"口"）的领导人，对本系统的人事任命具有很大的权力，"系统"之外的干部很难进入。人事任命部门化，经常导致人事部门的既得利益化和利益的部门化。改革需要方方面面的配合，一些系统想改革，但别的系统不想改革，这就导致了内部消耗、改革不力的结局。

第五，今天的改革与反腐败同行。改革需要反腐败。腐败既影响到政府自身的社会治理能力问题，更影响到政府的合法性水平。最显著的就是导致了社会对政府官员的深度不信任。现在政府的难处在于，即使要进行一些有利于社会大众和社会整体的改革，可能也得不到社会的信任。就是说，在政府赢得社会的信任之前，推出再好的改革方案，也难以得到社会的理解和支持。反腐败显然就是政府重拾社会信任的一种有效方法。当然，反腐败更是市场秩序所要求的。腐败，尤其是官商勾结的腐败，往往破坏市场秩序。在中国，因为政府和企业之间的紧密关联，在一些领域已经出现了类似寡头经济的现象，这种现象必须通过反腐败来纠正。

不过，事物都会有多个方面。反腐败必然对改革产生一些"负面"影响。在各级干部官员当中，现在有一些人心里不定，担心自己会不会出事情。于是，他们就采取"静观其变"的态度，"不动"比"动"要好。这很容易理解。改革就表明要"动"，而"动"必然会触及身边的各种利益关系，那些利益受到改革影响的人会有抵触，经常会去揭改革者的老底，也就是通常人们所说的"整材料"。在这样的情况下，人们选择了"不动"。

同时，在反腐败的过程中，各级政府也在建立一些预防腐败的机制。反腐败本身不是目标，目标在于建立清廉政府。如何建立清廉政府？总体上，一个普遍的共识就是"把权力关在笼子里"。为了建立清廉政府，一些省份率先进行制度改革试点。例如，个别省份就已经开始进行权力的"负面清单"，明确规定省委省政府主要领导干部官员不能做什么。例如规定，省主要领导不管财政、人事、项目等大权，因为从以往的经验看，正是这些方面的大权没有受到限制，导致了地方官员尤其是"一把手"的腐败。

这样做具有足够的政治理性。但是"负面清单"的做法和改革往往是相矛盾的。如果"负面清单"过长，领导就不知道该做什么了。改革是要办事的，没有人办事，任何改革就不可能。实际上，主要领导通过"不办事"的方法来实现清廉，这又会是变相的腐败，甚至是更大的腐败。很简单，主要领导岗位是中国政治生活中最为稀缺的资源，站在领导岗位而无所作为，就是最大的腐败。再者，靠不办事来求得清廉，并不算有本事，真正的本事就是既办事，也清廉。

第六，"不改革"的风险也来自于改革的主体没有明确起来。现在总的趋势是，中央政府已经变成了改革的主体，而其他则是改革的对象。其实不然。单就经济改革来说，中央政府是改革的顶层设计者，同时有很多领域的改革，中央政府也是改革的主体，例如财政、税收、货币、土地政策等。但在大部分领域，尤其是地方、企业和社会层面的改革，中央政府并非是改革的主体，改革的主体是地方、企业和社会。

现在中央政府动起来了，但地方、企业和社会仍然无动于衷。于是，有关方面在大力呼吁要宣讲改革。不过，改革不需要做很多宣讲，要很多宣讲的改革就很难做好，甚至失败。要宣讲表明改革者并没有找到改革的主体，或者并没有为改革的主体找到足够的动力。20世纪80年代农村土地承包制的改革、村民自治制度的建立、20世纪90年代的国有企业民营化的改革，当时中央政府并没有什么宣讲，地方、企业和社会各方面自己就早已经动起来了，中央政府只顺水推舟。如果改革具有足够的自下而上的动力，中央政府就会处于一个比较主动的地位。

中央政府并非一定要接受各种自下而上的改革，而是可以根据国家和社会的长远利益，或者接受和支持某一种改革，或者拒绝和否决某一种改革。但如果自上而下的改革遭到自下而上的抵制，中央政府就会处于一个比较被动的局面。不过，中国也有自上而下的集权式改革的成功经验。最典型的就是20世纪90年代的"分税制"改革和中央银行制度改革。照理说，这样的改革很困难，因为要把财权和金融权从地方集中到中央来。但当时的改革者采用有效的策略，主要是政治权力、行政权力和利益重新分配之间的有效协调，结果也成功了。

为什么计划得好好的改革和改革的主体都动不起来呢？这是需要人们深刻思考的问题。可能有人会说，这是因为从前的这些改革主体，现在已经演变成为庞大的既得利益了。这话有一定的道理。但既得利益的存在，并不表明改革的不可能。20世纪80年代和20世纪90年代，方方面面的既得利益也是存在的，没有一个社会是不存在既得利益的。改革没有动作主要是改革者的策略问题。无论是80年代还是90年代，改革之所以能够推进并且成功，主要是因为改革者用有效的方式培养了新利益。

新利益成长起来后，是对改革者最大和最有效的支持，改革者可以使用新利益对老的既得利益构成压力，克服它们的阻力，从而推进改革。历史上看，很难找到通过依靠老利益来改革老利益的改革成功例子。中国现在主要的问题是法律、制度和政策层面都没有向新利益倾斜。没有新利益的出现和成长，改革者的权力再集中，也不足以克服现存既得利益。很显然，中国改革的前途，取决于高度集中起来的权力能否公平培养出新利益来。

三、世界范围内的权力危机

西方社会总是批评中共的"保守性"，认为中共缺乏西方所认同的"现代性"。但事实上并非如此，甚至完全相反。中共从其产生的第一天起就和国际背景分不开，中共内部的发展和变化也一直是和国际背景相关的。改革开放以来的 40 年时间里，中共内部发展和国际背景之间的关系发生了几次很大的变化。20 世纪 70 年代后期，中共主动开放，抓住国际机遇，赢得了发展的机会。但是在苏联解体和东欧剧变之后，中共转向应对危机。这段时间里，尽管也有制度变化，但主要是通过应付危机来巩固自己的领导权。从十八大以来，中共再次转向，根据国际形势的变化，不仅巩固了自己的领导权，而且把制度建设提到议事日程上来。

从这个角度来看，要认识中共十九大所发生的"自我革命"，就必须理解当今世界所面临的政治权力危机，尤其是政党危机。不理解世界性的权力危机就很难理解中共所进行的"自我革命"的世界意义。

今天，在世界范围内，政党及其权力都深陷危机。从欧洲、美国和很多发展中国家的政治现状及其发展趋势来看，在很大程度上，已经在世界范围内发生着一种可以称之为"核心危机"（或者"首脑危机"）的现象，无论对各国国内政治还是国际政治都带来了巨大的不确定性。而"核心危机"的核心便是政党危机。近代以来，几乎在所有可以称之为"现代的"国家，政党无一不是政治生活的核心，政党组织社会、凝聚共识、产生领袖、治理国家。但在今天，在所有这些方面都出现了严重的问题，政治危机也随即产生。

1. 西方的政治危机

在西方，今天的权力危机和民主政治密切相关，甚至可以说是西方民主政治的直接产物。当然，核心危机并不是说今天西方各国没有了核心，而是说西方所产生的核心没有能力履行人民所期待的角色和作用。今天西方的政治核心或者统治集团至少表现为如下几类：

第一，庸人政治。民主制度所设想的是要选举出"出类拔萃之辈"成为一个国家的领袖或者领袖集团，但现在所选举出来的领袖很难说甚至可以说绝非是最优秀的。退一步言，如果说所选举出来的政治人物是否"优秀"很难判断，那么从经验上看，这些被选举出来的领袖没有多少是有所作为的。再者，即使这些政治人物想作为，实际上也很难作为。这或许是因为领袖个人的能力之故，或许是因为领袖所面临的制约过多之故。不管是什么原因，结果都是一样的。相反，人们看到的是，不负责任的领袖越来越多。最显著的行为就是领袖们动不动就进行公投。西方代议制产生的原因在于，在现代大的环境，公民直接民主不可能，因此公民选举出他们的代表让这些代表来行使权力。这些代表也就是人们日常所说的政治精英或者统治精英。不过，因为这些"代表"之间达成不了政治和政策共识，政治和政策之争最终演变成了党争，领袖在面临这种情况时不负责任地诉诸公投，把事情交付给老百姓决定。这样，间接民主又转变成为直接民主。就其形式来说，公投的确是直接民主的最直接表现，但问题在于公民本身对很多问题是没有判断能力的，他们公投表决之后，对公投的结果又后悔。这在英国的"脱欧公投"中表现得淋漓尽致，西班牙加泰罗尼亚公投更是如此。更为严峻的是，公投经常导致一个社会的高度分化，社会处于简单的"是"与"否"的分裂状态。可以说，公投这一最民主的方式导致了最不民主的结果，往往是51%的人口可以决定其余49%人口的命运。

第二，传统类型的"出类拔萃之辈"正在失去参与政治事务的动机。就民主政治所设想的"政治人"理论来说，参与政治（即参与公共事务）似乎是人类最崇高的精神。从古希腊到近代化民主早期，这一设想基本上有充分的经验证据，因为无论是古希腊还是近代民主早期，从事政治的都是贵族或者有产者（主要是马克思所说的资产阶级或者商人阶层）。贵族和有钱阶层往往能够接受良好的教育，并且不用为生计担心，是有闲阶层，他们中的很多人有服务公众的愿望。德国社会学家韦伯（Max Weber）称这个群体为"职业政治家"。但在大众民主时代，"政治人"的假设已经不那么和经验证据相关了。从理论上说，大众民主表明人人政治权利平等，有更多的机会让普通人参与到政治过程中去。不过，很多政治人物不再是专业政治家，政治对他们来说是一份工作，并且是养家糊口的。与过去相比，政治的"崇高性"不再。并且在大众政治时代，政治人物所受到的制约越来越甚，在这样的情况下，很多"出类拔萃之辈"不再选择政治作为自己的职业，而选择了商业、文化或者其他领域，因为那些领域更能发挥自己的作用。

第三，代之以传统"出类拔萃之辈"的便是现代社会运动型政治人物的崛起。无论在发达社会还是发展中社会，这已经是非常明显的现象。当然，这种现象并不新鲜，从前也发生过。在西方，每当民主发生危机的时候便会发生社会运动。无论是自下而上的社会运动还是由政治人物自上而下地发动的社会运动，都会产生民粹主义式的政治人物。在发展中国家，二战之后反殖民地运动过程中，曾经产生很多民粹式政治人物。为了反对殖民地，政治人物需要动员社会力量，同时社会力量也已经处于一种随时被动员的状态。今天，无论是发达的西方还是发展中社会，民粹主义到处蔓延，有左派民粹主义的，也有右派民粹主义的。民粹主义式的社会运动一方面为新型的政治领袖创造了条件，另一方面也为各个社会带来了巨大的不确定性。

第四，强人或者强势政治的回归。民粹主义政治的崛起正在促使政治方式的转型，即从传统制度化的政治转向社会运动的政治。从社会运动中崛起的政治领袖往往具有强人政治的特点，即往往不按现存规则办事。破坏规矩是民粹主义的主要特征。这不难理解，如果根据现行规则办事，那么就出现不了民粹。西方民主政治一般被视为是已经高度制度化了，甚至是过度制度化了。不过，民粹主义式的领袖往往可以对现存政治制度轻易造成破坏。这一点美国特朗普的崛起表现得非常清楚。

2. 非西方的政治危机

非西方世界的情况也好不了多少，甚至面临着更大的危机。西方世界不管怎样，政治制度化水平相当高，政治力量或者政治人物很难轻易撼动现存制度。但发展中社会的情况就不一样了。在发展中社会，政治制度化水平往往很低，很多仍然处于初级建设阶段，政治力量和政治人物可以轻易破坏现存制度，导致更大的不确定性。对很多转型中的体制来说，面临着两个最大的不确定性：一是体制的西方（民主）化；二是体制转型失去了方向，旧的体制不可行了，新的体制又建立不起来，从而出现僵持局面。

这里我们可以举中国台湾地区的转型和俄罗斯的转型来说明。当然，体制的危机不仅仅发生在台湾地区和俄罗斯，也发生在广大的发展中国家和地区。这些国家和地区早些时候都实行西方式民主，现在都面临调整甚至转型，包括印度和土耳其。

台湾地区在"两蒋时代"实行高度集权的体制，取得了辉煌的经济和社会建设成就，成为亚洲"四小龙"的一员。但自李登辉时代所谓的"民主化"以来，中国台湾社会经济处于长期停滞状态。在 20 世纪 90 年代初，中国台湾的人均 GDP 所得水平和另一个"四小龙"国家新加坡差不多，但今天新加坡人均国民所得已经超过 5.6 万美元，但台湾只有 2.3 万美元。尽管新加坡只是一个城市，而台湾拥有农村，但这么大的差异的确能够说明台湾民主化对社会经济的负面影响。台湾如果不是在蒋经国时代已经提升为发达经济体，那么今天的状况会更为糟糕。

"台湾"所面临的问题并不是民主化本身，而是过度的西方式民主化，确切地说，是美国式的民主化。民主化以来，台湾政党之间互相否决，不管谁当选"领袖"，也做不了事情。经验地看，如果说台湾的民主化不可避免，但是西方式民主化是可以避免的。问题出在蒋经国时代的转型。

在蒋经国时代晚期，尽管国民党已经面临民进党的挑战，但其仍然掌控着各方面的资源，包括人、财、物。人才方面尤其显著，国民党几乎录用了社会上大多数最聪明能干的人才。遗憾的是，蒋经国没有设计好国民党的权力顶层，既造成了国民党的分裂，也造成了国民党和社会基础的脱节。也就是说，国民党的问题并不是民进党的挑战，而是自己断送了自己。国民党走到今天的地步尽管可惜，但也是预期之中的。

国民党的关键问题就是没有处理好"核心"与"党内民主"问题。蒋经国之后，李登辉被指定为"核心"，其之下有包括连战、宋楚瑜在内的一大批能干的政治人物。李登辉为了其"私心"（即实现"台独"的目标）就根本不想搞"党内民主"，不仅如此，李登辉还助力分化其之下的政治人物。当然，蒋经国挑选李登辉为继承人负有很大的责任。如果蒋经国时代开始搞党内民主，那么台湾就更有可能演变成今天新加坡那样的"一党独大"体制，不至于造成党内分裂，让位于反对党。

西方式民主化一旦开始，台湾就走上了"不归路"。这些年来，台湾政治人物之间的恶斗是出了名的，根本就产生不了权力核心，深刻影响着台湾的治理制度。在很大程度上，台湾已经进入"后权威时代"，即建立不起任何权威来。除非发生重大的危机，"乱世出英雄"，很少有人认为台湾会出现一个强势政治人物。这种政治格局不变，台湾的现状很难维持下去。今天，台湾已经远远被亚洲其他三个"小龙"所抛离。

俄罗斯的情况为我们提供了另一类型的转型，即失去了方向感。苏联戈尔巴乔夫的西方民主式的改革解体了苏联共产党。之后，叶利钦变本加厉，希望俄罗斯成为一个西方式"民主国家"。叶利钦时代的俄罗斯是典型的寡头时代，所谓的民主政治便是寡头政治。寡头当道，他们不仅主宰着国家的经济命脉，而且也是俄罗斯政治的实际操盘手。更为重要的是，寡头们没有一点国家利益观念。

普京可以说是崛起于国家危难时刻。2000 年，普京一上台就不惜一切手段整治寡头。首先，寡头们必须离开政治。当时寡头得到的明确指令是他们必须放弃政治野心，才能得到中央的保护，继续在俄罗斯生存和发展。在强大的政治压力下，很多不服的寡头开始流亡国外，有政治野心的则锒铛入狱。但是，普京不仅没有在制度层面解决寡头问题，反而以新的寡头替代了老的寡头，所不同的是新寡头在政治上是支持普京的。在普京治下，亲政府超级富豪成了新的寡头，并且成为克里姆林宫权力网络的一部分。

因此，这么多年下来，普京仍然没有能够改变俄罗斯最基本的问题，即经济格局的重塑，俄罗斯仍然是寡头经济结构。直到今天，俄罗斯依然是原料经济，经济结构单一，中小型企业发展不起来。在欧盟国家，中小型企业占国内生产总值的 40% 左右，但在俄罗斯只占 15% 左右。俄罗斯中小企业不发达，除了上述寡头经济结构之外，更有意识形态和政治原因。俄罗斯的一些较小的政党主张发展中小企业，但这些政党经常被执政党怀疑，认为他们有政治野心，因此正确的主张受到打压，不能转化成为有效的政策。在寡头经济和政治的双重挤压下，俄罗斯的中小型企业没有很大的发展空间。正如苏联时期，经济发展缺少动力已经成为俄罗斯的一个最严重的短板，就政治来说，可能是一个致命性的短板。

普京个人的成功不在内政，而在其外交政策。普京娴熟地动员和利用了俄罗斯民众多年压抑的民族主义。苏联解体之后，俄罗斯一路下滑。尽管俄罗斯走向了民主，符合西方的意愿，但俄罗斯民众很快就发现西方的虚伪性，即西方所关切的是一个弱化、不会对西方构成威胁的俄罗斯，而不是健康发展的、民主的俄罗斯。同时，以美国为首的北约则大肆侵入俄罗斯的地缘政治利益。普京经历了整个过程，深刻了解民众的心理。因此，他具有足够的勇气来反击西方，不仅在乌克兰的克里米亚问题上打了漂亮一仗，而且在其他方面的外交上（例如中东问题上）也赢得了民众的支持，甚至一定程度上得到了国际社会的认同。

不过，外交的成功对内政发展在很大程度上起到了负面作用。普京面临的两难是：西方越反对普京的外交，内部民众越是支持他。这样就进入了一个恶性循环，普京越是施展民族主义的外交政策，越能赢得国内民众的欢迎，尤其是小城镇和底层社会群体的支持；但同时，普京越受民众欢迎，越能掩盖国内不断积累起来的矛盾。也就是说，当普京可以从强硬的外交政策方面获取足够的合法性资源时，他无须通过内部的发展来获得民众的支持。不过，就俄罗斯内部发展而言，强硬外交并不是解决问题的有效方法。现在，在外交上，俄罗斯已经成为美国和西方的公开"敌人"，很难通过和西方改善关系来发展经济。美国总统特朗普意在改善和俄罗斯关系的努力受挫很能说明这个问题。

更为重要的是，普京所做的一切都不是确立和建设新制度，而是相反。为了掌握政权，普京进行了难以令人相信的政治操作。从总统变成总理，再从总理变为总统，就是一个最显著的例子。俄罗斯尽管有了"民主的"政治体制的构架，但极其脆弱。普京不仅没有巩固这一制度，或者改进这一制度，反而利用这一制度的弱点来强化个人权力。普京的一些做法，例如切断反对党和国外势力的联系，应当说是对的，也受到民众的支持。一个国家的政治如果受到海外势力的影响，那么必然出现社会政治的分裂，因为海外力量是不需要负责的。但其把反对党视为"敌人"，意识形态化，不听反对党的任何意见，包括建设性意见，这反而使得普京忽视了国家面临的很多问题。即使在普京的执政党党内，也没有确立任何制度机制来协调不同利益和意见。党内从地方到领导层，派系林立，不属于普京派系的人的主张经常受到怀疑和打压，而属于普京派系的则得到重用。

俄罗斯民众普遍认同不要盲目照搬西方制度。不过，自己的制度是怎样的呢？普京并没有做任何意义上的探索。近年俄罗斯有政治人物提出要恢复君主制度，普京也不表态，这是很能说明一些问题的。

不难发现，无论是体制内外，普京的所作所为不是以制度建设为中心，而是以个人权力为中心的，结果造成了制度弱化而个人权力强化的局面。无论是在戈尔巴乔夫时代还是在叶利钦时代，俄罗斯错失了制度转型和建设的机遇，今天的普京仍然在错失机遇。这些年，普京完全可以通过其所掌握的权力进行有效的制度建设，但普京并没有这样去做。结果，站在一个强大的普京背后的便是一个微弱的俄罗斯。如果普京能够支撑这个国家，那么普京之后谁来支撑呢？

因此，有观察家认为，在很多方面，普京的俄罗斯仍然没有走出苏联模式。尽管政权的支持率仍然很高，但这个支持率主要来自普京本人，而非体制。在苏联时代，政权的投票支持率几乎可以高达百分之百，也没有人预测到苏联会解体，但它最后的确解体了。有人会认为，这是俄罗斯文化的本质，即一种"危机产生强人、强人制造危机"的循环。不过，这绝对不是一种好的循环，而是恶性循环。历史地看，无论哪个国家，是否强大的最主要标志是制度，即一套新的制度的出现。强人的出现对这套制度的出现至为关键，因为新制度不会从天而降，新制度是需要强人去造就的。不过，强人的出现不见得一定会导致新制度的出现；如果强人只是为了自己，那么就很难把自己的权威转化成为新制度。如果这样，那么强大的只是这个强人，而非制度。

四、中国的改革现状

中国的改革现状如何？中共十八大以来，高层希望通过决策集权，对改革进行顶层设计，通过大规模的反腐败运动来克服改革的阻力，以"啃硬骨头"的精神全面深化改革。

据各方面的统计，自十八大到今天，已经出台了近 1500 项改革方案。从理论上说，这一波改革的确是史无前例的，人们也相信，如果所有这些改革一一落实和到位，必将重塑中国，不仅把国家的社会经济发展推到一个新的阶段，更把国家的制度文明提升到一个新的台阶。

但改革的实际情形又是如何呢？尽管不能说没有改革，但各方面的改革确实面临着执行困难的问题，这表现在以下几个主要的方面：第一，各方面的改革推进和执行程度不一、不平衡，一些改革执行了，另一些改革则没有；一些部门和地方执行了，另一些部门和地方则没有动静。第二，一些改革雷声大雨点小，做了一些，遇到困难就戛然而止，半途而废。第三，更多的改革一直只停留在纸面上，没有人去碰，也没有人敢碰。

总体上说，尽管各个部门、组织和单位改革的声音很大，但实际层面没有很大的进展。

为什么会产生这样的情形？可以从人和制度两个方面来讨论和回答这个问题。以人的因素来说，就是要问：是不是执行者不想改革或者执行不力？以制度因素来说，就是要问：改革不力是否遇到了客观制度的制约？

从笔者调研的情况看，尽管一些地方的确是人为因素造成的，但对很多人来说，他们并不是不想改革或不想落实改革举措，而是因为他们遇到了诸多制度性因素的制约，出现"想改革，但改革难"的局面。因此，这里主要想讨论结构性和制度性因素，如何对改革产生影响。

十八大以来，中国的政治制度开始产生结构性变化，至十九大这种结构性变化已经成形，并且表述在制度层面了。简单地说，中国形成了"以党领政"和"内部三权分工合作"的基本制度构架。在很大程度上说，这是改革开放以来，国家层面最大、最重要的制度变革和建设，也是执政党和国家长治久安的制度基础。

在这一体制下，政府的权力来自党，政府受党的领导。当然，这并不是说，党权是所有权力的根源。要回答这个问题，就必须看党和社会的关系。从理论上说，社会（或者人民）是党权的最终来源，这也是执政党的合法性基础。

在整个执政机器内部，尽管所有权力都来自党权，但党权被分解为三个相关但又相对独立的部分，即决策权、执行权和监察权。在多党制国家，每一个政党都可以有自己的政治过程，互相竞争。但中国是中共领导下的多党合作，国家只能存在一个政治过程。这个政治过程通过自身的开放性来消化多元的社会经济利益，把多元利益吸纳到这个政治过程之中。同时，为了实现政治过程的科学性和有效性，这个过程被分成三段，先是决策，再是执行，然后是监察。

"内部三权分工合作"体制本身不是本文要讨论的，但用"内部三权分工合作"的进展，可以透视出中国改革今天所面临的困难和挑战的制度根源。

1. 决策权集中是现实的需要

先来看决策权。十八大以来，决策权的集中是明显的。决策权的集中既是对十八大之前权力过于分散产生诸多负面影响的反应，更是现实的需要，包括全面统筹的顶层设计、反腐败运动、克服既得利益对改革的阻力，等等。

决策权集中也取得显著的效果，尤其表现在反腐败和消除寡头政治方面。但就决策本身来说，权力集中也产生了一些问题，主要表现在决策的科学性方面。就政策而言，科学性不仅仅表现在理论层面，即改革的理论逻辑，更重要的是要表现在实践层面，即改革政策的可执行性。但理论逻辑和实践逻辑之间往往是有很大差异的。

这些年的决策，也就是前面所说的 1500 项改革方案，尽管都是必须大力改革的地方，并且表现出紧迫性，但对政策的执行可行性和效果考虑不够周到。可行性和效果涵盖方方面面，这里只集中讨论改革的试错成本、附加值和政策信用度三个方面。

就试错成本来说，可以举自由贸易区为例，因为这个案例很典型。自由贸易区是十八大之后一个很大的改革项目，无论对国家的内部发展和外部开放都具有标志性意义，各方都给予很高的期望。不过，几年下来，尽管自由贸易区已经扩展到全国层面，有了 11 个自由贸易区，但实在很难说非常成功。自由贸易区对各地的社会经济发展影响并不大，更不用说在国家层面了。

而原先设想的制度创新的意图更没有体现出来。为什么会这样？这里就有一个改革试错成本的问题。任何改革都不是"免费的午餐"，都含有试错成本。没有人能够保证一项改革一定会是成功的，因此当试错成本过大时，改革的相关方就很难去推进改革。

以自由贸易区来说，当时制定了"负面清单"，希望有关方面把"清单"所要求下放的权力统统下放。但事实上，就改革相关方来说，这些权力实在很难下放，因为一旦真的下放了，就会招致过大的成本。财政部、商务部、海关、地方政府等都有自己的理由保护自己的权力。很难谴责有关部门，因为它们的理由也很充分。自由贸易区包括了上海在内的 11 个地区，这些地区无论对地方还是对国家都很重要，正因为这样，它们才被挑选为自由贸易区的试验区。

但同时，正因为这些地方对地方、对国家很重要，权力一旦下放，如果不成功，就会对整个国家产生极大的影响。很显然，设计自由贸易区改革时，并没有充分考量到试错成本的问题。如果让那些比较小的地方来施行，试错成本就会很小，成功的可能性反而会更大。

20 世纪 80 年代的改革之所以能够推行下去，就是因为当时的试错成本很小。深圳的改革能够成功，是因为深圳当时只是一个小渔村。成功与否，对国家、对地方影响并不大。中国改革到今天，并不缺改革，改革的广度有了，所缺少的是深度和力度。而具有深度、力度的改革必然涉及试错成本，这就要求改革设计者在设计改革时，充分考虑到试错成本的问题。

就附加值来说，改革也要创造附加值。这里涉及一个改革模式转型的问题。中国的制度优势就是集中力量办大事，往往用举国之力把一件事情做好。深圳是这样发展起来的，上海也是这样发展起来的。但问题在于，如果把什么样的改革都放置于这些地方，这些地方的改革的附加值就大打折扣了。这些地方已经累积了方方面面的巨大资源，再加上一些资源（即改革）也很难体现出附加值来。

尽管这并不是说把改革放在穷地方，就可以体现出附加值来，但这个经验现象的确表明，在设计改革政策时，必须考虑到改革的附加值问题。实际上，无论就试错成本还是附加值来说，十九大所提出的"自由贸易港"改革也面临同样的问题。

2. 监察越频繁执行权越难行使

政策的信用度是多年来被人们忽视的问题。所谓政策信用度就是国内外对特定政策的信任。政策信任度越高，政策的欢迎度就越高，政策的执行力度也会相对高。就这个角度来看，这些年来出台的新政策的频率过高，往往一个政策还没有理解消化，另一个新政策就下来了；一个政策还没有执行，更多的政策就接踵而至。这不仅造成大量政策堆积在官员办公室里，更造成国内外对政策的信任度低，形成"政策越多、信任度越低"的局面。在 20 世纪 80 年代，一个新政策出台，人们欢欣鼓舞，但现在新政策过于频繁，人们没有什么感觉，这必然影响到政策的社会环境。

再来看监察权问题。监察权在十九大正式成为"三权"之一，但其实在十八大之后已经开始试行，并且成长上升得很快，其力量充分表现在反腐败运动上。作为独立的一权，监察权仍然是新权，其运作还没有足够的经验。例如，监察权与执行权的边界是什么？是不是可以事无巨细地监察执行权？发现问题之后又如何处理？所有这些问题并没有现成的答案。

从监察权实际运作的情况看，已经发现了一些问题。例如有媒体报道，在一些地方，监察机构对官员办公室置放零食等都视为"违规"。又如官员的尊严问题，在一些地方，很多官员现在面对监察人员"如临大敌"，严阵以待。一旦监察机构进入检查，最重要的事情也得停下来，全面配合监察机构的工作。监察越频繁，执行权势必难行使。总之，如果监察权没有节制而泛滥，执行权就会受更多的制约，甚至被废掉。

这方面，中国历史上有丰富的经验。监察权自汉朝确立，一直存在到晚清。汉朝就规定监察只局限于执行权的六个方面或领域，出了这六个领域，其他领域不属于监察范围。如史学家钱穆所言，如果监察权滥用，就必然演变成"内部反对党"，并且为了反对而反对。监察机构的主要职责是发现问题，但如果为了发现问题而去找问题，那问题就来了。因此，在各个朝代，监察权都根据需要进行调整。

在理解了决策权和监察权之后，执行权的状况就很容易理解了。执行权被夹在决策权和监察权之间，当决策权和监察权强化时，执行权就受到巨大的制约。行使执行权也需要权力，当权力不足时，执行往往裹足不前。同时，执行官员也是理性的，在面对毫无限制的监察权时，他们自然也选择"不作为"，因为"作为"往往导致监察机构的关注。

实际上，要推进改革，就必然会造成一些人的利益损害。如果利益受损的这些人向监察机构申诉，执行改革者的下场不会很好。尽管"不作为"也会有后果，但比起"作为"带来的后果，他们宁可选择"不作为"。在一些地方，因为监察权的滥用，导致"告状的人多于干活的人"的局面。在这样的局面下，"执行权"往往处于闲置状态。

"内部三权分工和合作"对中国来说，是一个新的制度。从历史经验看，这个制度一旦有效运作起来，其生命力不可低估。任何一个新制度从确立到有效运作需要时间，"内部三权分工和合作"制度也是如此。"三权"之间如何分工？它们之间的边界是什么？它们之间如何合作？"三权"各权内部如何建设？如何对其他权力不造成不必要的干预？所有这样的问题都必须在实践中进行探讨。

五、制度建设：新时代的清醒判断

中国共产党历次全国代表大会召开，最重要的议题就是要回答我们从哪里来、到了哪里、往哪里去的问题，中共十九大也是如此。这三个问题是一个基本判断，而基本判断是最重要的。中国共产党是一个使命党，只有有了基本判断，中国共产党才能确定新的使命和未来的发展方向。

1949 年毛泽东领导的中国共产党完成了建立新中国这一近代以来最艰巨的任务，在新中国成立之后的 30 年里，一套国家基本政治制度得以建立。进入改革开放新时期后，邓小平提出了社会主义市场经济概念，这也是邓小平理论的重要内容。中共十三大提出了党在社会主义初级阶段的基本路线。1992 年邓小平"南方谈话"再次强调基本路线要执行一百年。

新时代，新判断，新使命。现在，中国发展到了一个新时代。新时代不是一个名词，它是中国共产党基于中国社会经济发展水平达到一定阶段，但发展还不平衡不充分的现实，所作出的新的基本判断。十九大报告中指出："中国特色社会主义进入新时代，我国社会主要矛盾已经转化为人民日益增长的美好生活需要和不平衡不充分的发展之间的矛盾。"与此同时，中国社会主要矛盾的变化，没有改变中国共产党对中国社会主义所处历史阶段的判断，中国仍处于并将长期处于社会主义初级阶段的基本国情没有变，中国是世界最大发展中国家的国际地位没有变。

尽管中国发展取得巨大成就，赢得了很多国际上的掌声，但是中国也看到自己所处的时代和内外部的环境。社会主义不是敲锣打鼓就能干出来的。中共领导层具有十分清醒的头脑，在充分肯定自身所取得的成绩基础之上，直面挑战并展望未来，对所面临的问题有着非常严峻和冷静的思考和判断。

习近平在十九大报告中描绘了未来蓝图：从十九大到二十大，是"两个一百年"奋斗目标的历史交汇期。中国既要全面建成小康社会、实现第一个百年奋斗目标，又要乘势而上开启全面建设社会主义现代化国家新征程，向第二个百年奋斗目标进军。

这幅蓝图的描绘就是基于基本判断。从经济上说，中国已经到了全面建成小康社会的决胜阶段。从这些年的政策讨论来看，中国的焦点已经是如何避免中等收入陷阱，把国家提升成为一个高收入经济体，即富裕社会。中国目前人均国内生产总值（GDP）超过 8000 美元，按照"十三五"规划，到 2020 年人均 GDP 要达到 1.2 万美元。但更重要的是，中国人民在满足了温饱、总体上实现小康的情况下，其他方面的需求，例如对美好环境、社会公平正义等的需求，也在与日俱增，进而显现出中国经济和社会、经济和环境或者物质文明和精神文明之间的发展不平衡，所以十九大报告中提出要"更好推动人的全面发展、社会全面进步"。

中国共产党在新时代作出的新判断，不仅关乎中国本身的发展，而且为世界上那些既希望加快发展又希望保持自身独立性的国家和民族提供了全新选择。

笔者一直以为，一个国家崛起的核心就是制度崛起，而外部崛起只是内部崛起的延伸而已。制度是人类文明的积累。对任何国家尤其是对发展中国家来说，制度建设是一切，所有其他方面的进步必须以制度的进步来加以衡量。尽管制度是人确立的，但制度比人更可靠；历史地看，制度更是人们衡量政治人物政治遗产的最重要衡量标准。

自从中国近代以来传统皇朝国家制度被西方一而再、再而三打败之后，中国的数代精英一直在寻找适合中国现实的制度建设。从晚清到孙中山再到国民党，期间经历了诸多失败。直到 1949 年中华人民共和国成立之后，中国才开始了没有外力干预下的内部制度建设。毛泽东等一代的政治功劳不仅在于他们统一了国家，更是确立了中国政治制度的基本构架。邓小平时代的制度进步尤其显著。正如前面所讨论到的，今天我们所看到的很多制度都是在邓小平时代确立起来的。这也是邓小平时代持久影响力的制度保障。直到现在为止，人们可以讨论如何改革或者改进这些制度，但没有人可以轻易否定和取消这些制度。这些制度一旦被党政官员和大众所接受，便具有了自我生存能力。

邓小平时代之后，中国在制度建设上又有很大的进步。为了加入诸如世界贸易组织等，中国实行了"接轨"政策，即改革自身的制度和制度的国际标准接轨。进步尤其表现在经济方面，整个社会主义市场经济的制度构架就是这个时期所确立的。同时，在政治上，1997 年中共十五大上，把"法治"写入党和政府的文件，并把"法治"确立为政治制度建设的目标。

尽管十八大以来外界关切的焦点在于中国轰轰烈烈的反腐败运动和经济的新常态，但如果站在未来的立场来看，十八大以来最主要的进步也在制度层面。甚至可以说，无论是大规模的反腐败运动还是经济新常态，都为其他方面的制度建设提供了一个环境和条件。当 GDP 主义盛行的时候，制度建设很难提上议事日程；同样，当腐败盛行的时候，政治体制和执政党本身的体制建设很难提到议事日程上来。

十八大以来制度进步并不表明中国的制度建设已经完成了。在任何国家，制度建设永远不会终结。如果有了"历史终结"的观点，那么就是制度衰败的开始。西方是这样，中国也是这样。正因为如此，十九大在"校正"了此前一些制度发展偏差的基础上，明确了未来制度发展的方向、目标和路径。十八大之后成立了深化改革领导小组，把中国各方面的改革提到一个新的高度。这次十九大成立依法治国领导小组。"依法治国"是中共十八届四中全会的主题，是中国最大的政治改革方案。毋庸置疑，依法治国领导小组的目的就是为了推进中国全面制度建设。可以预见，到中华人民共和国成立一百周年，一个以法治为中心的新型中国政治制度或者中国模式必将屹立在世界的东方。

第二章　作为使命型政党的中国共产党

一、 重新重视研究中国共产党

中国共产党不断探索和回答什么是社会主义、怎样建设社会主义，建设什么样的党、怎样建设党，实现什么样的发展、怎样发展等重大理论和实际问题，至少两个有关中国共产党的重要问题。第一个问题是，中国共产党是什么？这个显而易见的问题却没有显而易见的答案。另一个问题是，中国要建设什么样的党，如何建设，是一个开放性的问题。这就存在一个党对自身进行定位的问题。党如何定位自身？中国的社会群体怎么定位党？这些都是有待回答的具有重要政治意义的问题。

由于中共是中国的执政党，党的任何重大变化都会影响到政治权力在不同的政治群体和社会群体之间的重新分配。相比其他群体而言，一些群体将会受益更多。同样的，一些群体也许会成为这种变化的受害者。因此可以理解，不同的群体都提出了他们自己所认为的中共的理想模式。

此外，这两个问题对学术界也有重要的意义。近几十年来，关于中国共产党的研究正在逐渐淡化。现在，随着党的改革成为中国社会日益重视的一个议题，是时候重新重视研究中国共产党了。因此，以上的论述旨在提醒学术界：要回答以上这些重要问题，我们还远远没有准备好。

回答这两个关于中国共产党的关键问题。第一个问题是：什么是中国共产党？要回答这个问题，笔者将采用埃米尔·涂尔干（Emile Durkheim）的研究方法，即研究"作为事实的社会现实"（social facts as things）。试图提出一种文化理论，来解释作为一个事实和一个社会现实的中国共产党。要回答第二个问题，检视中国共产党是如何运作的，并且它为什么这样运作。本书不回答中国共产党应当走向何方。换句话说，这个问题将从实证意义的角度来回答，而不是从规范意义的角度来回答。

1. 共产党很重要

为什么中国共产党重要？在当今世界，没有其他任何一个政治组织能够像中国共产党一样，在国际和国内都拥有如此巨大的影响力。中国共产党是世界上最大的政党。2008 年，它的成员总数就达到了 7300 万之多，比法国和伊朗各自的人口还要多（法国是欧盟中第二人口大国，拥有 6400 万人口，而伊朗有 7100 万人口）。中国共产党还治理着中国这个世界上最大的国家，其人口多达 13 亿以上。

自从 20 世纪 70 年代末邓小平实行改革开放以来，中国取得了前所未有的经济成就，经济总量以年均 10% 左右的速度增长。就国内生产总值（GDP）而言，中国已经成为世界上第二大经济体，仅次于美国。此外，中国经济属于出口导向型经济，深入地融入了世界体系。无论中国国内发生了什么，都会产生相应的深远外部影响。中国共产党作为中国唯一的执政党，在过去 40 年所发起的所有重大改革中，都起到了重要的作用。因此，由于快速的社会经济转型所带来的一切后果，中共也是唯一可以承担它们的政治角色。

中国共产党于 1921 年在上海成立，在过去的一个世纪里，它历经了沧桑巨变。1921 年，中共是一个仅有 53 名党员的小党，20 世纪 20 年代和 30 年代，它经历了国民党反动派的政治攻击，但却顽强地生存了下来，

并在随后的几十年里大幅度地扩张。在革命领袖毛泽东的领导下，中共在
1949 年成了中华人民共和国的执政党。1949 年后，中共还在毛泽东的"继
续革命"中生存了下来，这些"继续革命"包括了"大跃进"和"文化大
革命"。在邓小平掌权之后，中国共产党开始在中国进行空前的社会经济
转型。

在过去的 40 年里，中国共产党自身则经历了更为剧烈的变化。截止
到 2017 年年底，中国共产党党员总数为 8956.4 万名；党的基层组织 457.2
万个，它们包括了党的委员会和基层党组织。许多企业、非国有部门的企
业也都建立了党组织。换句话说，党组织已经深入到所有类型的企业、机
构和社会组织当中去了。并且尽管中共依然保持着一个高度威权主义的结
构，但是它的人员构成已经发生了变化。新发展的党员通常更年轻，受过
更好的教育。

从政策层面来看，不仅对中国而言，即使是对世界来说，中国共产党
也正日益变得重要。随着中国经济的快速崛起，中国在世界政治舞台上也
扮演着重要角色。然而，国际社会却对中国发展的可持续性以及发展的方
向感到不确定。在对中国感到不确定的所有原因当中，最重要的无疑是对
中国共产党感到不确定。苏联和东欧的共产党都没有能够经受住当地经济
改革和政治民主化所带来的双重挑战。考虑到中国的社会经济变化在许多
方面都比这些前共产党国家更为剧烈，中国共产党能够在不断持续的转型
中继续生存下来吗？在学术界看来，这是一个合情合理的问题。中国共产
党曾经被认为是中国的先锋队，而现在，它逐渐减少的意识形态吸引力，
以及令人大失所望的领导干部队伍建设，都使得党的可持续性遭到质疑。
中国的对外开放政策和冷战后快速的全球化进程，都对党的领导方式的改
变产生了不断增大的巨大压力。党的改革看来是最符合逻辑且必要的了。
而确实，中国共产党的领导层也已经致力于采取不同的方式来进行党自身

的改革，以确保党的领导地位。

尽管中国共产党依然重要，但它还是给学术界提出了形式多样的思想困惑。学术界几乎没有关于中国共产党及其未来发展的一致意见。学者们在解释中国共产党的发展方向和党的本质的问题上，有着截然不同的看法。其中一个极端是，乐观主义者倾向于相信中国当下僵化的模式，最终将屈从于走向不可避免的民主大道。另一个极端则是，一些悲观主义者认为中国的转型已经陷入困境，同时还有人预测共产主义制度将不可避免地崩溃。两大阵营的学者似乎都有可靠的证据来支持他们的论点。结果通常使得读者们开始怀疑究竟哪一个阵营更加可靠，同时也增加了中国共产党未来的不确定性。

多年来，中国的学者们一直都在关注中国共产党的可持续性问题。自从 20 世纪 80 年代末的社会运动以来，许多学者频繁地预测中国共产主义政权的垮台。就在苏联和东欧共产主义崩溃之后，马若德（Roderick MacFarquhar）声称，中国走上和这些政权一样的道路只是个时间问题。1992 年，邓小平晚年的"南方谈话"激起了中国更为激烈的改革和更大范围的开放，但这似乎也没能使得学者们改变这一根深蒂固的成见。1994 年，金骏远（Avery Goldstein）认为："尽管学者们对当下政权的可能寿命抱有不同的意见，但有一点是一致的，即他们所争论的问题通常是：根本性的政治变化什么时候会发生，以及变化发生后会是什么样；而对于这种变化是否会发生，则几乎没有异议。"

尽管对中国共产党的学术预测经常互相冲突，却从来没有人作出过重要的努力，去提出一种理论来解释中国共产党。虽然现在有关中国的发展和中国未来的文献正在迅速增加，但在学术界，中国共产党的研究正在被边缘化。通常情况下，当学者试图检视中国的发展和中国的未来时，他们倾向于关注各种其他要素而非中共本身，尽管他们也承认中国共产党研究的重要性。大多数论证都集中在中国的经济发展，以及经济发展对其他方面发展的影响上，包括经济发展对中国共产党的影响。直到近些年来，才有人努力把中国共产党重新带回到讨论的中心上。学者们检视了中国共产党如何努力地在变化的社会经济条件下继续存在。很有必要看一看，研究中国的学者们的学术关注点是如何从中国共产党转移到其他因素上去的。

2. 中国研究领域中的中国共产党研究

正如何赛·蒙特罗（Jose Montero）和理查德·昆达（Richard Günter）所指出的，政党"是当代政治科学诞生之时就应当进行分析的主题之一"。在 20 世纪 50 年代和 60 年代，政党是社会科学，特别是政治科学中的一个主要研究对象。在西方产生了大量相关的研究成果，使我们能够理解政党是如何在政治发展的过程中演进的，政党又是如何与民主实践相联系的。特别值得一提的是，在 20 世纪 60 年代，比较政治学的发展学派的许多学者也在研究发展中国家的政党。这些研究受到了在西方语境下产生的概念的严重影响。政治发展进程中会产生多种危机，包括政治合法性，政治整合和政治参与，学者们认为，在很大程度上，政党应当对这些危机作出反应。也就是说，学者们是用研究发达国家政党的方法，来研究发展中国家的政党的。不过，也有一些研究致力于区分西方政党和发展中国家政党的不同，一些学者也试图弄清楚，究竟发展中国家的政党和它们的西方伙伴相比，起到了怎样的独特作用。西方研究政党的专家学者，经常从他们所理解的政党应有的典型功能，去理解发展中国家的政党。而对研究发展中国家政党的学者来说，情况则不同，因为他们更倾向于关注发展中国家政党的自适应能力（adaptive capabilities）和正在固定的规则。举例来说，塞缪尔·亨廷顿（Samuel Huntington）就把政党置于政治稳定的大背景中进行研究。在很大程度上，亨廷顿很少运用脱胎于西方政治发展经验的概念，去描述发展中世界的政党，而是通过政党的实际活动来研究它们。不幸的是，这些努力都没能最终形成一个有效的理论，使得人们可以用它来解释像中国这样的发展中国家里的政党。大多数学者在研究发展中世界的政党时，依然处在那些脱胎于西方经验的概念的阴影当中。由于他们过于寻求政党与民主之间的联系，他们倾向于将政党仅仅认定为社会群体进行政治参与的方式，或是统治集团用于应对快速扩大的群众性政治参与需求的一个工具。从某种意义上来说，政党很明显只是一个利益集团。根据乔万尼·萨托利（Giovanni Sartori）的定义，政党"是社会和政府之间的核心中介组织"。

自20世纪70年代以来，政党研究逐渐靠边站了。80年代，对"国家"研究的兴趣在比较政治学领域高涨，从而使得政党研究不再是具有支配地位的范式。出于对以社会研究为中心的方法的不满，例如，彼得·埃文斯（Peter Evans）和西达·斯考切波（Theda Skocpol）这样的学者，把国家重新纳入到他们的研究议程上来。以国家为中心的研究方法，强调国家本身和国家的各种不同的组成要素，例如行政管理部门、官僚政治和技术官僚。在对东亚发展进程的研究中，这一方法的运用显得尤为突出，像查默斯·约翰逊（Chalmers Johnson）和罗伯特·韦德（Robert Wade）这样的学者，都对所谓的"发展型国家"的出现和运作有着浓厚的兴趣，这些"发展型国家"建立在有效的官僚治理基础之上。不难发现，在以国家为导向的研究文献里，政党的角色被忽略了。即使提到了政党，它们的角色也只是边缘化的和补充性的。

以国家为中心的研究方法，意味着将国家和社会进行概念上的分离。虽然这种概念上的分离从理论上说是有帮助的，但它提出的问题并不比给出的答案少。在或多或少的程度上，国家与社会和利益团体（包括政党）相比，是更独立自主的。因此，它才能够制定政策并对社会和利益集团施行这些政策。但这是如何发生的？运用什么样的机制来执行这些政策？这些政策是在什么样的基础上形成的，又由谁来提出？在一个国家与社会相分离、国家更为独立自主的情况下，国家如何能够获取足够的信息，并且让社会遵从于它的政策？

这些问题和思考，让乔尔·米格代尔（Joel Migdal）、克奇利（Atul Kohli）和许惠文（Vivienne Shue）提出了"社会中的国家"（state-in-society）研究方法。这一方法认识到，国家是嵌入在社会中的，它们之间的不断互动是在共同转型的过程中进行的。他们认为，国家结构本身就是社会组织，也需要在不同的层级上进行分解式研究和分析。通过采用这样一种方法，这些以国家研究为导向的学者们似乎承认了周围的社会结构和社会力量在政治发展中的作用。然而，"社会中的国家"这一研究方法，迄今为止还没能将政党研究重新带回来。一些学者最近提出，由于利益集团理论的影响，"在当代民主研究里，强调政党将不得不引起争论"。尽管学者们开始意识到，在解释发展中世界的民主转型时，政党非常重要，政党是塑造民主政治的主要角色。但是新近的学术努力继续将政党研究置于选举这样狭小的背景中。这种学术偏见在研究后共产主义的政党制度时也非常盛行。

当最近几十年全球化进程加速发展时，使这种偏见变得更加令人困惑的是，一些学者更进一步地将他们的注意力从国家转移到非政府组织（NGOs）和不同形式的社会力量上，并以此作为他们分析的基础。其他人则提出，全球市场正在削弱国家的权力和功能。对这些学者而言，在一个全球化的时代里，民族国家本身已经不再重要了，更别提政党了。对许多学者来说，政党研究的衰弱是很自然的，因为政党正在逐渐变得无关紧要。政党无法成功地应对一系列的挑战，它们的许多功能，可以由其他较为非正式的社会组织的力量来更好地执行。比如通过广播媒体或互联网让政治家和公民直接进行接触，或是通过直接民主的创新形式。

尽管近些年来，少数学者"重新发现"了政党在维系一个民主制度运转和促进发展中世界民主上的作用，但是以政党研究为中心的政治科学时代已经消逝了。要把政治科学中的政党研究重新找回来，需要作出相当大的努力。这种范式转移在研究中国问题上也有所反映。在 20 世纪 50、60 年代和 70 年代的早期，中国共产党曾经是中国研究的核心。这是因为，在那时，中国共产党是主导民族国家建设和社会经济转型的唯一角色。美国学者弗朗茨·舒曼（Franz Schurman）注意到了中国共产党的重要性。在他研究中国共产党的经典著作里，舒曼描述了中国共产党所起到的如下作用：

中国共产党以革命的方式掌握政权并建立了现在的中华人民共和国……他们重建了一个伟大的国家，训练它的人民，改善了人民的生活状况，并为发展奠定了基础……共产党中国就像一座由不同种类的砖块和石头建造起来的大厦一样，不论这些砖石是如何堆砌起来的，这座大厦确实是树立起来了。把它凝聚在一起的正是意识形态和组织。

舒曼的这本书，反映出他相信中国共产党在建设一个新中国时起到了核心作用。在 1949 年中华人民共和国成立后的 20 多年时间里，在西方世界关于中国研究领域的学术著作中，中国共产党占据了大量的篇幅。这些著作研究的主题包括党内高层领导人的斗争、党员和党的组织、党的领导干部和官僚系统，以及党的力量对社会领域的介入等等。确实，在这很长的一段时间里，中国共产党就是中国政治的代名词。

从 20 世纪 70 年代末到 80 年代，西方的中国研究转移了注意力，研究中国政治的新方法也出现了。大部分这些新研究源于对结构因素分析的兴趣，这些结构因素包括了利益集团政治的模式，或是在决策过程中官僚机构所起的作用。还有许多研究与国家和政府政策的执行相关。绝大多数学者的研究兴趣则是国家和官僚政治，以及国家政策形成和执行的影响因素。从这个意义上说，这很明显地与之前以国家研究为主导的社会科学学科相类似。

20 世纪 80 年代末所发生的社会运动，引起了中国研究领域方向的重新调整，学者们将注意力集中到公民社会、新社会阶层和群体，以及中国非政府领域的发展。简言之，西方关于中国政治和社会发展的研究，将注意力指向了国家—社会关系中的后者，激发了有关社会力量和中国非政府领域发展的海量研究。对社会和社会现象的这种重视，起到了如下作用：它使得对中国国家和中国共产党的研究不再占据主导范式。或许，近些年的研究表明，国家作为研究的焦点，已经重新回归了，但是在很大程度上，中国共产党的角色依然被忽略了。缺少对中共角色的关注，大致是出于这样一种普遍的信念，即认为政党是过时的事物，并且在现代全球化世界里正面临着生存困境。这种观点的拥护者看到的是，党在不断发展的私营部门中逐渐缺位。他们认为，拥有巨大经济力量的新的社会组织和社会阶层出现了，它们随时可以转变为政治力量，从而挑战党的统治地位。他们还认为，中国的年青一代不再视党员身份为他们职业发展的先决条件，因为他们能够获得自己最感兴趣并且待遇丰厚的工作（包括民营企业和合资企业），而这并不取决于自己的党员身份。

但是，指出这一点很重要：在郑世平和狄忠蒲的书中都潜藏着政治发展的一种线性思维，即中国的政治发展意味着从威权主义到民主的转型，而政党的衰落意味着政治民主化的希望。当然，指出中国共产党应该朝什么方向进步并没有什么错，尽管这并没能解释为什么中国共产党继续像过去一样运作。

改革开放政策产生了其他的政治行为者，学术界对这些参与者给予了密切的关注，并检视它们对中国政治的影响，这项工作是非常重要的。同样不能否认的是，在应对社会经济转型，以及在处理自身转型中所遭遇的难以克服的困难时，中国共产党正面临巨大的挑战。然而，在过去的几十年里，中国共产党的快速发展和转型同样需要一种解释。中国共产党依然是中国政治最重要的行为者。事实上，把对中国共产党的研究重新找回来，将能够展现出党为什么，以及如何能够继续成为学术研究的焦点。

3. 转型范式领域中的中国共产党研究

那些对中国共产党发展持悲观态度的观点，是在转型范式中提出来的。转型范式假定，一旦一个国家从独裁统治中走出来，就将会有一个走向多元化和民主化的线性过程。在中国政治的背景下，民主化和多元化意味着党的威权主义的衰落。没有党的威权主义的衰落，就没有民主和多元化实现的可能。这种范式（思维方式）带有了浓厚的西方政治经验，并被运用于解释发展中世界的政治发展。在理解政党角色的时候，也是如此。要理解中国共产党在中国政治中起到了什么作用，首先有必要简单看看政党是如何发展起来的，以及政党在西方政治发展的背景下起到了什么作用。"政党"这个术语，是伴随着代议制机构的发展和普选权的扩大，在19世纪的欧洲和美国出现的，这个表述最早是用来指那些"在与一个或多个其他党派的竞选中，以获得公职为目的的组织"。一个政党由什么构成，学者们有不同的观点。在欧洲大陆，学者们通常认为，政党是党员们的工具，因而将关注的重点放在党的结构上。这尤其反映在德裔意大利学者罗伯特·米歇尔斯（Robert Michels）和法国学者莫里斯·迪韦尔热（Maurice Duverger）的著作当中。米歇尔斯基于他对德国社会民主党的研究，系统地阐述了"寡头统治铁律"。在他看来，党的领袖对官职有野心，党员有理想，而似乎没有什么东西能够阻止这种野心取代那种理想。迪韦尔热的观点与之类似，但更进了一步，他认为，全体选民都将不可避免地被融入党派当中。另一方面，在盎格鲁－撒克逊的传统里，通常认为政党的主要职责是回应选民的诉求。学者们也关注了政党的不同方面。哈里·艾克斯坦（Harry Eckstein）指出，西方的政党研究主要围绕着两个侧面展开：对党派"单元"的研究和对党派"制度"的研究。对前者的研究包括作为离散实体的政党的特征，即它们不同的社会基础、历史、目标和诉求、正式的组织和实际的权力结构；而对后者的研究则包括党的单元之间的竞争性互动模式。在西方，这几乎成了一个绝对真理，即哪里没有选举，哪里就没有民主。学者们将政党之间存在竞争性选举视为民主的一个必要条件。中国的政治发展也被从这个角度进行解读。当学者们讨论中国的民主化时，他们更多指的是一个多党制的诞生以及随之而来的竞争性选举。在民主的环境下，政党通常被狭隘地定义为社会群体进行利益整合或利益表达的一种机制。尽管这在西方政治发展的背景下确实如此，但在解释中国（以及事实上许多其他东亚国家）的政党制度的运作上，几乎无所助益。政党是西方政治发展的产物，随后这一产物传播到世界上的其他地方。当政党在中国出现时，它们所起到的作用，与西方政党起到的作用有着根本性的不同。

在发展中国家里，比如在中国这样的国家里，政党通常主导着国家。在发达的西方国家则并非如此，尤其是西欧和北美国家。在现代政党制度诞生以前，现代国家就已经在西方发展起来了。12 世纪到 14 世纪是现代国家开始形成的时期，19 世纪则是现代国家成熟的时期，在国家形成到成熟的这段时间里，国家经历了持续不断的转型。政党是这段漫长起源的后期产物。尽管政党的诞生剧烈地改变了现代国家，但是政党本身与国家的起源却没什么关系。换句话说，通过使政治过程民主化，政党的发展是为了使国家理性化；西方民主的发展历经了不同的阶段，政党的发展也是如此，政党的发展是与议会的崛起联系在一起的。

马克斯·韦伯（Max Weber）将政党的历史演进分为三个阶段：贵族团体（aristocraticclique）时期、精英显贵（small groups of notables）时期和大众民主（plebiscitarian democracy）时期。在早期，虽然政党旨在参与政治过程，但它们事实上只是"俱乐部"，只有一小部分的社会精英能够加入。第一种社会"精英"群体只由贵族构成，民主意味着在这个排他性的群体中分享权力，而与其他类型的社会精英无关。随着其他社会群体的政治参与要求不断兴起，这些俱乐部扩大了它们的社会基础，吸纳更大范围的社会精英成为它们的成员。政党成为不同类型的社会精英分享权力的机制。但是只有当政党进入了大众民主的阶段，并且竞争性选举变得广为接受的时候，现代政党才到达了成熟阶段。

大多数学者强调，政党是应对政治危机的最为有效的手段，这些政治危机是由政治发展所引起的。在西方，政治危机的主要形式特指合法性危机、整合危机和参与危机。所有这些危机，都为政党的崛起提供了条件，政党的崛起反过来又帮助解决了这些危机。在现代民主国家，民主意味着党派政治，并通过选举得以实现，而选举又是围绕政党进行组织的。在这个基础上，约瑟夫·熊彼特（Joseph Alois Schumpeter）认为，民主是政治精英通过选举竞逐政治权力的过程。政党的逻辑就在于选举。如果要实现有效的选举，那么就必须要有组织和平台，而政党则履行了这些功能。

但是，当我们检视中国（和其他东亚国家）的政党发展时，我们就会发现，必须要超越"政党是选举机器"这一狭隘的定义。简单来说，尽管在中国和其他东亚国家，"没有政党，就没有民主"依然是一个事实，但是政党的存在不仅仅是为了发展民主，同时还是为了进行民族建设（nation-building）和国家建设（state-building）。虽然政党在西方的演进历经了不同的阶段，但是政党主要是作为一种利益整合和利益表达的机制。在中国和其他东亚社会，尽管政党也履行这样的功能，但这些并不是它们的主要功能，它们最重要的作用是缔造一个现代形式的国家。事实上，在所有的发展中国家里，政党不仅仅是作为政治参与的机制和政治领导人获取权力的民主和政党的历史关联性，是在主要的民主国家中确立起来的。在英国，现代政党是在1832年改革后才出现的。在法国和其他欧洲大陆国家，政治俱乐部转变为大众导向的政党，是与1848年革命联系在一起的。在美国，政党直到19世纪30年代的安德鲁·杰克逊（Andrew Jackson）时代才发展起来。在日本，政党是在1868年的明治维新之时甚至之后，才从西方"输入"的。强调这一点很重要：在所有这些国家里，政党都帮助国家进行了民主转型的过程，并且它们的出现晚于现代国家。在现代政党出现之前，现代形式的国家就已经处在运作中了。这在日本也是如此，日本是第一个移植西方主要政治制度的亚洲国家。虽然日本的国家和政党都是从西方"输入"的，但是日本的政治领导人首先"输入"了国家，只有当他们建立起一个运行有效的国家机器之后，他们才输入政党制度。在所有这些国家里，政党都不是现代形式国家的缔造者。更重要的是，它们是国家建设、经济发展和社会转型的工具。国家通常由政党来缔造，这一事实对发展中国家的党—国家关系有着重要的影响，其中也包括中国。人们对中国政治发展的线性过程存有某种信仰，而前述事实则有助于我们重新思考这种信仰。事实上，这样的一种线性思考很大程度上受到了转型范式的影响，这一范式在学术界已经主导了几十年。

自从20世纪70年代末的改革开放以来，中国实现了史无前例的快速社会—经济转型。民主要素也出现了，例如村一级的直接选举和党内民主。代议机构，例如，全国人民代表大会和中国人民政治协商会议的权力也得到了加强。但这并没有削弱中国共产党的领导，相反，中共逐渐增强了其对中国社会的领导。中国共产党所采取的所有措施，似乎都展现出一种缓慢但却日益彰显的党的主导。为了回应快速的社会—经济变化，中国共产党试图使其统治机器臻于完美，以治理一个日益复杂的中国社会。尽管中国共产党依然保持着一个列宁主义政党的结构，但是通过引入现代国家制度，甚至在现行政治结构中容纳民主要素，中国共产党能够适应不断变化的社会—经济环境。中国迄今为止的政治发展已经告诉我们，尽管中国发生了巨大的社会—经济变化，但中国并不必然像西方所理解的那样，要朝着多元化和西方式的民主迈进。无须多言，有人会进一步认为"灰色地带"的观点有问题。"灰色地带"观点的核心是另外一个观点，它认为这些国家在转型过程中"受困"。"灰色地带"观点类似渐进主义。它隐晦地认为，转型的目标是西方式的民主和多元化。例如，柏思德（Kjeld Erik Brødsgaard）认为，中国的转型过程呈现一种曲折的模式，或是一种"进两步退一步"的模式。因此，当中国没有表现出迈向民主和政治多元化的迹象时，学者们更通常地会对中国的发展得出悲观的结论。例如，早些时候，裴敏欣还认为，尽管其发展的本质是渐进的，但是中国依然"匍匐"在通往民主和政治多元化的道路上；但是 10 年之后，他认为，中国已经落入转型陷阱，渐进主义将最终失败。不过，中国式的渐进主义也可以按照以下方式来理解：执政党在现行制度中逐步采纳所有的现代政治产物，例如法治、民主选举和代议制；然而，采纳这些的目的，并非是要将中国的政治制度转变为西方式的民主和政治多元化，而是要再造和维系现行制度。对渐进主义的这种解释，有助于改善我们对改革开放以来的中国政治的理解。它不仅引导我们去检视已经发生了哪些政治变化，而且更为重要的是，它引导我们去找出所有这些变化背后的逻辑。它还将帮助我们观察执政党的本质，并预测它的未来。当现行的转型范式不能够解释中国共产党时，我们就需要作出努力来提出一种新的范式。近年来，学术界开始努力检视中国共产党所发生的变化。但是，在很大程度上，迄今为止的所有这些作品，都落入了以上所讨论的范式窠臼内。大多数学者所关注的问题，都是在这种范式之下提出来的，例如：中国共产党在中国的转型中起到了什么样的作用，中国共产党如何限制了中国的民主化，以及中国共产党是否会将自身转化为一个民主的政党。笔者认为，尽管检视所有这些问题很重要，但更为重要的是，要解释这些变化背后的含义。为了达到这个目的，本书试图在三个层面上回答有关中国共产党的问题：第一，中国共产党发生了什么样的变化，以及这些变化是如何产生的？第二，为什么中国共产党会这样变化？第三，中国共产党的本质是什么？

通过回答这些问题，按照实际情况来理解中国共产党。笔者认为，尽管中国的政党概念是输入进来的，但是中国共产党却是中国文化的产物。与我们在西方所观察到的政党相比，中国共产党是一个完全不同类型的政党。在许多方面，它运用权力的方式和中国过去的皇帝非常相似。尽管中国共产党在改革年代历经了各种转型，但是它依然竭力保持其权力的持续主导。中国共产党的本质意味着，尽管党自身的转型与社会—经济的变化相适应，但是党主导国家和社会的结构几乎没有变化。通过这种途径，中国共产党也成了一个主要的结构性障碍，抗拒中国发展出一种西方式的民主政治结构。同时，民主的要素事实上总是以某种方式与中国共产党相兼容的，中国共产党必须，也愿意按照中国的社会—经济环境来进行民主化。

在前现代时期，"政党"对中国而言是一个外来的概念。它起源于西方，并逐渐传入中国。在过去的几个世纪里，政治思想、制度和实践以及法律准则和经济理论，从欧洲和北美的海岸来到东亚。西方的殖民和征服起到了矢量载体的作用，传播了有关政党和政党制度的观念。然而，现代政党并非是西方强权有意识进行输出的结果。它们之所以传播到世界的其他地方，是因为当地的政治领导人认识到了政党制度的优点，并将其引进过来。但是，他们并没有机械地照搬政党制度；相反，他们重新设计了政党制度，使其与他们自身的文化背景相符合，政党制度从而变成了一种人为设计的产物，而非一个纯粹引入的西方产物。在中国，当政党被文化重新设计之后，它们就变成了组织化了的"皇帝"。在本书中，笔者并不试图讨论西方政党制度是否与中国文化相兼容，对这个问题进行文化上的解释毫无作用，也毫无说服力。在结构层面，各种西方式的政党制度方案在东亚国家和地区已经存在并运作着，例如日本、韩国和中国台湾；而在操作层面，这些民主政体的运作在很大程度上都继续保留着儒家传统的特征。在中国，正是由于输入的政党制度失败了，才导致了政治精英们去探寻他们自己的政党制度模式。文化因素是很重要的，它们对中国的政党制度有着直接的影响。同样的文化因素对政党制度所产生的影响，可以是积极的，也可以是消极的，这取决于如何利用这种文化因素。因此，本书将政治精英视为文化和政党制度之间的一个代理人。虽然政党制度可以是被引入的，但它更多是一个政治建构的产物。一方面，正是政治精英们而非文化本身，决定了应当建立什么样的政党制度；另一方面，文化因素又限制了政治精英们在建设政党制度时所作的选择。在塑造政党制度模式的时候，文化非常重要。可以合理地认为，政党制度是政治精英为了回应他们所面临的政治环境而作出的文化自觉行动的产物。政治精英是建立政党的代理人，但这并不意味着他们可以随心所欲地建立政党。虽然政治精英能够选择不同的文化素材来构建政党制度，但是他们的可选项并非是不受限制的。这不仅仅是因为文化素材本身有限，而且还因为他们努力寻求对其他政治力量和社会力量的主导权，从而使得他们的选择本身受到了这种努力的影响。

一方面，我们假定政治精英是政党建设的代理人；另一方面，本书也进一步假设，政党是中国民族国家建设的代理人。中国的政党所起到的作用，与西方的政党非常之不同。在西欧和北美，政党是国家机构的一部分，也是政治发展的一个"自然"产物。此外，在从非民主政权转变为民主政权的政治转型过程中，它们起到了重要的作用。但是，在中国（以及可能在东亚的其他地方），政党更多是人为的，它们所起到的作用，远远不仅仅是一个政权转型的代理人那么简单。政党不仅仅是政治秩序理性化过程的代理人，更重要的是，它们是新政府的缔造者，甚至是新国家的缔造者。如此一来，政治精英们就必须通过同时"输入"西方的产物和"借用"他们自己的传统来进行创新。在这个过程中，中国的文化和西方的产物被创造性地融合在一起。这是一种新的政治创造物和一种文化的人造物，它结合了西方政治组织的权力和中国的文化素材。

二、中国共产党是使命型政党

在中国，"政党"的概念是近代从西方引入的，但引入之后其含义发生了重大的变化。在西方，政党是竞选"选票"的工具，在此之外并无其他功能。在中国，政党是政治行动的主体，而行动不仅仅是求生存和发展，而是引领国家各方面的发展。就是说，政党的现代性不是被变化着的环境所被动规定和界定；恰恰相反，执政党要通过行动来主动规定自身的现代性，追求和获取自身的现代性。通过不断更新和规定其现代性，执政党才能在不断更新自身的同时保持其引领社会发展的使命感。

确立新时期的新使命是中国共产党追求现代性的关键。在西方，政党主要通过选票计算来获取其合法性。也就是说，社会决定了执政党的现代性，而非相反。这里的逻辑很简单，因为选票是社会成员给的，社会性决定了执政党的性质。这也就是前面所讨论的今天西方政党危机的根源，"随波逐流"，政党本身失去了自己的发展方向；政党不仅失去了自身的凝聚力，失去了整合社会的能力，反而演变成为分化社会的政治力量。在中国，情况是相反的。中共的合法性是通过确立其使命、实现其使命来获取和实现的。换句话说，中共的合法性来自于其是否能够兑现向社会作出的许诺。这里的逻辑也明显，即执政党不仅要有使命，更要有能力实现使命。

所以，在每一个时期，执政党需要对社会经济发展现状作出一个"基本判断"，再在这个判断之上确立自己的新使命。中共历次全国代表大会召开，最重要的议题就是要回答我们从哪里来、到了哪里、往哪里去的问题。中共十九大也是如此。回答这三个问题需要一个基本判断，而这个基本判断对执政党的新使命是最重要的。只有有了这个基本判断，中共才能确定新的使命和未来的发展方向。

改革开放一开始，邓小平就规划中国现代化发展的"三步走"战略。第一步，从 1981 年到 1990 年，国民生产总值（GDP）比 1980 年翻一番，解决人民的温饱问题，这在 20 世纪 80 年代末已基本实现。第二步，1991 年到 20 世纪末，GDP 较 1980 年翻两番，达到初步小康。第三步，到 21 世纪中叶，人均 GDP 达到中等发达国家水平，基本实现现代化。邓小平也在 20 世纪中叶强调，中国要在 21 世纪中叶实现"民主富强"的国家。此后，因为中国的加速度发展，江泽民时期，执政党对 80 年代的规划作出修订，提出 2021 年中共建党 100 周年 GDP 较 2000 年再翻两番，基本实现现代化；到 2049 年中华人民共和国建国 100 周年时，建成现代化国家的"两个一百年"计划。

这次，十九大报告更描绘了走向未来的蓝图：从十九大到二十大，是"两个一百年"奋斗目标的历史交汇期。十九大报告中，对从 2020 年到 2050 年之间 30 年的现代化目标再作出两阶段具体规划：第一个阶段从 2020 年开始，在全面建成小康社会的基础上，再奋斗 15 年，基本实现社会主义现代化；而第二个阶段，从 2035 年到本世纪中叶，在基本实现现代化的基础上，再奋斗 15 年，把中国建成"富强、民主、文明、和谐、美丽"的社会主义现代化强国。这个将持续 30 年的新"两步走"规划，就是新时代中国特色社会主义发展的战略安排。

应当说，这幅蓝图的描绘就是基于上述基本判断。从经济上说，中国已经到了全面建成小康社会的决胜阶段。从这些年的政策讨论来看，中国的焦点已经从如何避免中等收入陷阱转移到如何把国家提升成为一个高收入经济体，即富裕社会。中国目前人均国内生产总值（GDP）接近 9000 美元，按照"十三五"规划，到 2020 年人均 GDP 要达到 1.2 万美元。这个经济目标尽管也不容易，但鉴于现在的发展势头和中共的强大动员能力，一般认为，这个目标并不难实现。

不过，如果要从中等收入提升到高收入经济体，困难是显见的。在东亚，到现在为止，能够逃避中等收入、进入高收入的经济体只有 5 个，即日本和亚洲"四小龙"（韩国、新加坡、中国的香港和台湾）。这 5 个经济体能够成为高收入经济体有其特殊的历史条件。首先，在这些经济体成长时期，世界（主要是西方）经济处于快速上升时期，并且它们都属于西方经济体，西方对它们"照顾有加"，至少没有设置多大市场进入障碍。其次，这些经济体的体量也比较小。再次，这些经济体的政府能够形成有效的经济政策或者产业政策，成为学界所说的"发展型政府"。但中国今天的情况很不相同。其一，中国的经济体量巨大。日本是世界上第三大经济体，但今天中国的经济体量是日本的两倍还多。其二，世界经济形势不乐观。西方到现在为止还没有彻底走出自 2008 年世界金融危机以来的阴影。从西方经济现状看，要恢复正常成长仍然需要很长一段时间。因为中国和世界经济的高度融合，中国内部的发展必然受制于世界总体经济形势。其三，中国和西方经济体之间经常因为各种因素（例如西方所谓的国家安全、意识形态和政治制度）而产生矛盾，西方不乐意对中国全面开放市场。不过，较之这些经济体，中国也有自身的优势。中国是个大陆型经济体，内部发展潜力巨大。同时，中国也在通过包括"一带一路"在内的策略大力发展国际经济、开拓国际市场。也就是说，中国有潜力逃避中等收入陷阱把自己提升为高收入经济体。但前提条件是具备一个有效政府。

更为重要的是，中国社会在满足了温饱、总体上实现小康的情况下，其他方面的需求，例如对美好环境、社会公平正义、政治参与等的需求，也在与日俱增，进而显现出中国经济和社会、经济和环境或者物质文明和精神文明之间的发展不平衡。所以，十九大报告中提出要"更好推动人的全面发展、社会全面进步"。

三、中国共产党对国家的主导

正如之前所述，中国共产党在寻求和维系其对政府的主导上，比中国历史上的任何一个皇帝都更有能力。在中国的治理体系里，自中央到省（市）、县、乡镇有两套平行的系统，也就是党和政府这两套系统。前者是党务系统，后者是政务系统。在中国的政治制度里，党和国家（政府）之间的关系是最为重要的。将党与国家的关系类比为所有者和管理人的关系，对于我们理解当代中国党对国家的主导，具有启发意义。党（产权所有者）对国家的主导，似乎是非常自然和符合逻辑的。改革开放以来快速的经济发展，为中国共产党创造了一个新的社会—经济环境。为了在这个新的环境中生存下来，中国共产党一直重新调整其与行政机构（国家）的关系。中国要想成功地向现代的有效治理转型，依然有赖于这些变化中的党—国家关系。由于党—国家关系一起构成了中国最重要的一组政治—制度基础，因而它们是所有政治活动的核心。党和国家的关系是理解中国政治的关键。无须多言，理解中国共产党及其在中国的未来也很重要。学术界作出了许多努力，将党和国家作为相互分离的政治组织进行研究，并探索它们二者之间的关系。出于分析的便利，学者们往往只是简单地将中国认为是一个"党国"。尤其是在国家—社会关系的框架下检视中国政治时，这一范式在中国研究领域主导了几十年。将党和国家作为一个实体来研究无可厚非，不过，在将党—国家关系进行分解研究的时候，我们会发现，党对国家的主导并非总是如此绝对的。党与国家之间的许多因素，例如功能分化，以及国家所具有的专业主义，都表明国家在党的面前并非一个无助者。国家的权力不单单是由党委派的；相反，国家拥有其自身的权力"场域"。

1. 党—国家关系的话语表述

正如在之前的章节中所论述的，从严格意义上说，中国共产党不是西方意义上的"政党"。在现代国家，政党是通过选举获取资格，以竞逐公共职位的政治团体。大多数情况下，政党是国家结构里的一部分；也就是说，政党只是国家的机构。但是在中国，中国共产党被视为是与国家本身相分离的，党领导一切。中国共产党的这一特殊角色，是由中国独特的历史经验所决定的。中国一直以来都是一个陆地强国。历代统治者不得不高度依赖于思想灌输和地方乡绅来维系统治。出于这一缘由，政治中心的权力通常是不固定的，也是非制度化的。现代威斯特伐利亚国家的中央权力在其境内疆域是均质的。与这种特质不同，中国的历史经验则是，中央权力呈现同心圆的等级结构，从中心向外围辐射。尽管中国作出了许多尝试来建立现代国家，但是中国依然远不是一个西方意义上的现代国家。中国缺乏现代国家的明确特征：法治。很大程度上，国家不能够执行赋予它的管理功能。在这种情况下，中国共产党成为支撑这一形似现代国家的最重要支柱。换句话说，中国共产党是中国国家的支柱。

中国共产党的一元化统治，或者说党对国家的主导，是党的历史发展的结果，因为党所领导和从事的革命和战争，要求党成为一个高度中央集权的组织。从 1921 年成立到 1949 年建立中华人民共和国期间，中国共产党是一个反对党。在 1949 年以前，尽管中国共产党在其事实上的管辖区内像政府一样运作，但是从根本上说，它是一部革命和战争机器。1949 年掌权后，党的领导层开始探索党和政府之间的合理关系。在领导人看来，党的角色是进行政治领导，而政府的角色是进行治理。例如，根据时任全国人大常委会副委员长彭真的看法，党对政府的领导是一种政治领导，政府对党没有组织上的从属关系。时任中国人民政治协商会议副主席的董必武也指出，"各级党委对各级政权机关的领导，应经过在政权机关中工作的党员来实现；其中如有党员三人以上，应组成党组以保证党的领导"。

但是，毛泽东时期的"继续革命"，没能够将党从革命党转变为正常的执政党。在进行了多轮政治运动后，包括"反右派运动"、"大跃进"和"文化大革命"，中国共产党日益变得集权化和个人化。为了保证党对政府的领导，党建立了许多（党内）组织，这些组织与政府相应机构平行存在。这些组织使得党能够对相关的政府机关实行直接的控制。一个以党为中心的政治等级结构形成了：党对所有国家事务做决策，党的各级权力都集中到当地的党委书记手中。

1986 年，政治改革开始成为党领导层的一项重要议程，邓小平反复强调党政分开的政治重要性。他认为："我们坚持党的领导，问题是党善于不善于领导。""党要善于领导，党政需要分开，这个问题要提上议事日程……党政要分开，这涉及政治体制改革。党委如何领导？应该只管大事，不能管小事……改革的内容，首先是党政要分开，解决党如何善于领导的问题。这是关键，要放在第一位。"

在邓小平改革话语中，党政分开居于中心地位。无须多言，这一论述是相当保守的，因为党政分开的目的是为了增强党领导的有效性。换句话说，它并不旨在改变党对国家的主导。这一改革话语的确立。到了20世纪90年代，如何加强党对政府的领导，成了改革话语的中心。

2. 干部任命制度

中国共产党打造其对国家主导的最为有力的手段，就是"党管干部"的制度，或者用西方更为熟知的术语来说，叫"干部任命制度"。干部任命制度的内容"包括了一系列的领导职位，党的机关行使权力，对这些职位进行任命或免职；包括了这些职位的一系列储备干部或候选人；还包括了作出适当人事变动的制度和程序"。这一制度建设是以苏联模式为基础，随着时间的推移而发生变化，尽管变化并不大。

干部任命制度是最为重要的组织支柱，它赋予了中国共产党在所有重要岗位上的主导性人事话语权。中国政治制度中最重要的两项原则分别是：以党领政和党管干部。中国共产党挑选出所有的政府官员；几乎所有的政府官员和所有的最高官员自身就是党员；在每个政府机关里，党员由党委组织起来，这级党委又隶属于上级党委。政府机关的等级结构上，附着着平行的党的等级结构，这使得党的领导人能够管理政府里的党员，并领导政府的工作，而不需要从外部进行干预。

现行的干部管理模式是"下管一级制度"，也就是说，每一级的党组织只负责下一级的政治任命。例如，所有副部级以上的职务（例如国家主席、国家副主席、总理、副总理、国务委员和其他职务）都处于中央政治局（更具体地说是常委会）的管辖范围内。在这种情况下，政治局首先挑选候选人，然后才提名给全国人民代表大会通过。

"党管干部"制度也是中国共产党控制国内地方主义的最为有效的手段。政治局和中组部牢牢地支配着省委书记和省长的选择和任命。为了避免省委书记和省长过度卷入地方上的既得利益，中国共产党实行了"干部交流制度"。这一制度使得中国共产党能够抑制地方主义。

改革开放之后，中国的意识形态成功地从阶级斗争的意识形态转向经济发展的意识形态，先是在邓小平手中，随后是江泽民手中；到胡锦涛时期又提出了建设和谐社会。如果没有干部任命制度，这一转变将无法实现。在改革的不同阶段，既得利益对变革的抵制必然都很强大。这一制度还使得中国共产党能够挑选出"恰当类型"的干部和政府官员，来执行其改革政策。因此，中国共产党就成为国家行政机关执行其改革政策的一个重要鞭策者。除了干部管理，中国共产党还帮助国家行政机关调动资源，这些资源是国家进行社会—经济转型所必需的。

干部任命制度代表着一种典型的弱国家和强政党现象，这对中国来说是一个两难困境。一方面，持续的一党执政抑制了强大的国家机制的发展，而强大的国家机制又是一个现代国家的前提条件；另一方面，没有党及其机关，国家行政机关就无法在任何事情上取得进展，更不用说执行改革性议程了。

3. 中央领导小组

虽然"党管干部"是一个总的方针，但是中国共产党也建立了各种"权力机制"，并通过它们来对政府施加主导。其中两种重要的技术和机制是：最高层级的中央领导小组，以及遍布整个制度体系的党组。

在中国的政治制度里，有两类领导小组，也就是中央领导小组和国家领导小组。这两类领导小组都是专门的跨部委协调和咨询机构，领导小组成立的目的是：当现有的官僚结构不能够在跨越党、政、军系统的事务上达成共识时，领导小组可以起到建立共识的作用。但是，这两类小组有着截然不同的功能。国家领导小组的重点，在于为政府协调政策执行；而中央领导小组的重点，在于为政治局提出和管理政策。通过中央领导小组，中国共产党有效地对政府施加了主导。

中央领导小组并不制定具体的政策；相反，它们通常为具体政策制定指导性原则。领导小组的任何建议，都有可能反映在决策过程中，因为它们代表了相关的党、政、军机关的领导成员的共识。

中央领导小组涵盖了广泛的重要问题领域，包括台湾问题、外交事务、财经事务、农村工作、党建工作、宣传和意识形态工作、外宣工作、党史工作和其他重要的新兴问题。因此，中央领导小组很难有固定成员。它们通常依赖于它们的办公室来管理日常运作、开展研究和提出政策建议。尽管中央领导小组的效率通常取决于其办公室的效率，但是其运作方式也为领导人个人（通常是一个特定中央领导小组的组长）提供了影响政策建议的空间。

在邓小平之后的时代，中央领导小组正成为一个日益重要的工具，用于协调多个部门的工作，以及确保党对政府行为的监督。而且，中国现在是一个多元化的社会，在作出重大决策时，不同的利益都必须予以考虑。在这种情况下，中央领导小组在协调不同的利益上起到了重要的作用。

4. 系统

与中央领导小组功能相似的另一个机制是系统。中央领导小组只存在于中央一级，但是系统同时还在地方层级上存在，例如省和市。和中央领导小组一样，系统的目的也是为了使党能够对政府施加主导。系统的含义是，社会被划分为不同的功能领域，党的相关职能机构和干部监督和控制着这些系统，这些系统涵盖了各级政治和社会领导层。

这里必须加以声明的是，系统也不同于党内与行政机关相对应的部门。系统里的党职领导层通常并不是正式的、法定的组织结构，一般来说，党职领导人的名字并不公开。而党内与行政机关相对应的部门，则是正式和法定结构的一部分。并且，正如他们的头衔所示，党内与行政机关相对应的部门的作用有限，也就是说，它们只是监督一个特定的行政机关。相比之下，一个系统通常监督着好几个相关的政府部委办局。

在中华人民共和国的早期，中国共产党在中央和省级建立了一系列的党的部门，例如中共中央工业交通工作部、中共中央财政贸易工作部、中共中央文教小组、中共中央农村工作部和中共中央城市工作部。这些部执行的功能和同级的政府是一致的。党内与行政机关相对应的部门完全模糊了党和政府之间的界限。政府职能被党的部门所取代。因此，在1986年到1989年间的政治改革中，党内与行政机关相对应的部门，成为主要改革目标。许多与行政机关相对应的部门被废除了，它们的职能被重新分配给相关的政府机构。这场改革对系统产生了重要影响。由于改革废除了党内与行政机关相对应的部门，党的领导层不得不加强系统在主导政府中的作用。直到今天，在党对政府的主导中，系统依然起到了关键的作用。

在中央层面上，每一个主要的系统都由一位政治局常委领导。在省一级，这一职能由省委常委的每位成员承担。主要的系统包括了：

军队系统。涵盖了所有的武装力量。

政法系统。涵盖了国家安全部、公安部、司法部和民政部；最高法院和最高人民检察院；全国人民代表大会；中国人民武装警察部队。

行政系统。政府被进一步细化为各种子系统，包括外事系统、科技系统、体育和公共卫生系统，以及财经系统。

宣传系统。涵盖了国务院的教育部、文化部；国家广播电影电视总局、国家新闻出版总署；中国社会科学院；新华通信社；《人民日报》和《求是》杂志。

统战系统。涵盖了中国人民政治协商会议；八大民主党派；中华全国工商业联合会；各种宗教、少数民族和海外华人华侨；国家民族事务委员会；国家宗教事务局；还有国务院侨务办公室、国务院台湾事务办公室、国务院港澳事务办公室。

群团系统。涵盖了中华全国总工会、中国共产主义青年团、中华全国妇女联合会，以及各下属工会、共青团和妇女组织。

组织和人事系统。主要是党的组织部和政府的人力资源和社会保障部，或各级人事部门。它们管理着以上所有组织里的干部。

5. 党组

如果说中央领导小组是党在顶层设计上对政府施加主导的机制，那么党组就是党为了实现同样的目的，而在所有政府机关和部门里设置的一种机制。虽然中国是一党制，但是这并不意味着党和政府之间没有矛盾。党制定政策，而政府负责执行这些政策。在这个过程中，矛盾就产生了。正如谢淑丽所观察到的，一旦党向政府委派权力，就产生了监督问题。党的领导人如何得知政府机构是否按照党的意志来执行政策？党组在其中发挥了关键的作用。

党组有时又称为党的"派出小组"（Party "factions"）或党的"中心组"。不要把"党组"与另外一个重要的机构"党委"或"机关党委"混淆起来。中国共产党在所有的政府机关里都建立了党组和党委。党委同样存在于其他所有的社会主义国家，而党组只在中国共产党里存在。党委隶属于党组织系统而非它们所附着的政府机关。至少在理论上，党委委员是由在同一政府机关里工作的党员选举产生的。党委关注的是党务工作，例如监督在同个机关里的党员的行为，发展新党员，指导政治学习和意识形态工作，并收取党费。原则上，党委不干预政府工作。党委向上一级党委负责。

相比之下，政府机关里的党组要比党委更有权力。事实上，党委处在同一政府机关的党组指导下。换句话说，党组事实上全盘负责政府机关里的行政工作。党组成员不是由同一机关里的党员选举产生的，而是由上一级党委派出的。例如，在国务院层面，各部委的党组都是由中组部和中央书记处派出的。在下级机构里，党组是由省级和地方党委派出的。各级党组向上一级党委负责，上级党委拥有下级党组的任命权。

党组是中国共产党的独家创造。它在中国共产主义革命的早期就存在了。党组制度的建立，是为了确保党对军队的领导。可以理解，在从事革命和战争的同时，中国共产党必须高度组织化。1949 年中华人民共和国成立后，党组制度继续保留下来。在中华人民共和国成立初期，中国人民政治协商会议在中国政治中起到了重要的作用。从中央到地方的许多政府部门，都由非共产党人士领衔。所有这些非共产党的党派，都在中国共产党夺取权力的道路上起到了重要的作用。因此，中国共产党必须以某种方式，与非共产党的党派一道，履行建立联合政府的承诺。然而，即便是必须与非共产党的党派组建联合政府，中共领导层也需要考虑如何真正掌握实权。在这个问题上，党组起到了重要的作用，它确保了中国共产党对政府和社会组织中非共产党党派及其党员的控制。例如，政府机关的党组书记通常也是这个机关的行政一把手。如果行政机关的行政一把手是非共产党员，那么其常务副职就必须是一位共产党员，并同时担任党组书记一职。

政府部门中的党组，通常由 4 到 5 位在这一部门中占据高位的党员构成。党组书记总是对部门的重要事务有最终发言权，并通常批准和发布重要的文件。党组的主要目的是监督它所属政府机构的一些重要举措（例如政策制定、政策执行和人事任免）。党组要确保所有这些举措都贯彻了党的意志。事实上，没有党的支持，这个政府部门就无法作出任何重要的举措。

6. 党和司法

前文提及的所有系统，都是党对政府施加主导的机制。在所有这些系统里，有两个系统对党和国家之间的关系尤为重要，也就是司法系统和军队系统。对这两个系统分别进行简要的论述，有助于我们进一步阐述党对政府的主导。为什么党要对司法系统和军队系统进行全面的领导，因为这是保证党拥有国家"产权"最为有效的工具。

中央政法委是确保中国共产党主导所有司法事务的最有权势的机制。中央政法委成立于1980年，是党内负责政法工作的特别机构。中央政法委书记由一名政治局常委担任。自从20世纪90年代初以来，政法委被高度制度化了。中央政法委书记直接向政治局常委会汇报工作，这一制度安排，保证了中央政法委通过连接党中央和政法一线，贯彻党的相关政策和协调不同政治和司法机关之间的关系，来实现党对政法工作的领导。和其他系统一样，中央政法委也行使着许多政府职能。它积极地介入司法工作，通常就案件处理给予相关法院指示。它有权与法院和检察院联合发布法律文件。在政治方面，中央政法委通常主动发起所谓的"严打"行动。

此外，大多数法院干部也是中国共产党党员，除了干部的党员身份，党在法院和检察院里也有党委和党组。还应当指出的是，中纪委和监察部合署办公，也就是说，自从1993年以来，两个机构是一套人马，两块牌子。因此，在司法系统里，党和政府之间没有真正的界限区分。

7. 党和军队

当我们检视党如何维系其对政府的主导时，党—军关系值得大书特书。很多人都感到很困惑。然而，有一点是明确无误的，那就是军队不属于政府。在中国社会，时不时有"军队国家化"的声音，意思就是军队应该处于政府的管辖之下，而不是在党的管辖之下。西方的学者也认为，没有军队国家化，中国就没有可能产生有意义的政治改革，尤其是不可能实现民主化。然而，如果我们仔细观察党、政府和军队的三角关系，就会发现问题不是那么简单。而对中国的许多学者来说，考虑的主要问题不是军队是否应当国家化，而是文官力量（党和政府）是否有能力继续对军队施加有效的控制，以及个人对军队的掌控是否能转变为制度性的掌控。

长期以来，党—军关系被认为是一种共生关系。这两个最有权势的政治组织之间的紧密关系，具体表现在许多明确的特征上，例如它们共同的意识形态和革命热情、它们相同和重叠的人事结构、几乎同等的政治地位，以及对政府和既得利益的共同心态。

这些特征是在党长期夺权的斗争中形成的，在革命和战争年代的生存和发展过程中，这些特征成了党组织的必然特征。共生关系的基础是意识形态，并强调社会的革命性变化。自从改革开放以来，共生关系中又加入了新的动力，中国共产党从一个革命党转变为一个正常的执政党，而军队现代化则将军队推向专业化和正规化。

相同且相互交叉的人事结构，为党对军队的领导提供了渠道，也为军队干预文官事务开辟了渠道。从领导层交替到对政府的影响，再到社会稳定，这些中国政治的许多关键领域里，都能够看到军队的身影。在后毛泽东时代，所有的文职领导人都必须动员不同的力量来源，以对军队施加影响。

1997 年，中国通过了《中华人民共和国国防法》，这一法律的通过，毫无疑问进一步加强了文官政府对军队的控制。然而，这并不意味着文职领导人就真正掌握了枪杆子。在 1992 年召开的中共十四大上，刘华清将军从政治局常委会的位置上安然退出。从此以后，再也没有军方人士进入过这个最重要的决策。后邓小平时代的所有军事改革，在很大程度上都将文官—军队关系制度化了，并使得党的领导人对军队施加了有效的控制。

军队的职业化使得中国人民解放军和西方的其他军事力量很相似。在民主国家，在事关国家安全和国防事务上，军队也对决策过程施加有力的影响。然而在中国，问题则在于，这是否将会最终产生政治上中立的国家化军队和军人。尽管这是一个合理的问题，但是探寻其答案还为时过早。在可预见的未来，党的领导人的任务，依旧是建立制度，以使得党能够对军队施加有效的控制，同时将党—军关系制度化。

8. 改革：党—国家关系的合理化

尽管党维系着对政府的主导，但是它也尽力将二者之间的关系合理化。多年来，党和政府对二者之间现有的关系结构并不满意。党和政府从中央到地方的平行架构，导致了政治低效和行政低效。因为党和政府之间界限不明，也就导致了二者之间的责任不明。党采用了许多措施来将党—国家关系合理化。同时，这些改革也旨在建立一种领导关系，使得党依旧维系其对政府的主导。

（1）三位一体制度

三位一体制度指的是，国家主席职位和中央军委主席职位，都交由党的总书记出任。今天，总书记（执政党的领袖）同时也是国家的领袖（国家主席）和最高军事指挥官（中央军委主席）。

为了试图将党—国家关系合理化，现在，国家主席和国家副主席成了中国领导层最重要的职位。尽管"党指挥枪"的基本原则大致上没有改变，但是这一权力现在以正式的公职固定下来了，并代表党来行使这一权力。这在中央军委这一制度安排上显而易见。尽管中央军委是一个机构，但是它有两块公开的牌子，也就是中共中央军事委员会和国家军事委员会。国家主席的职位和中央军委主席的职位，给予了党的总书记及其办公室执行政府职能的合法基础。在国家主席办公室和国务院总理办公室之间，存在着一种非正式的"职能分工"。国家主席办公室负责外交事务、国防事务、国家安全和公共安全；而国务院则负责经济和民政。像国防部、国家安全部、公安部和外交部这样的部门，虽然位于国务院系统，但是却是处在国家主席办公室的管辖之下。这意味着这些领域的重要决定，都是由党（总书记办公室）以国家主席办公室的名义作出的。当然，国务院必须负有执行这些政策的责任。

（2）党委书记兼任人大常委会主任

在省一级，党委书记同时兼任人大常委会主任。这一制度现在在绝大多数的中国省份和城市中得以确立。尽管通常将这一制度安排视为党增强对人大控制的努力，不过这背后所蕴藏的意味，也可以被理解为党—国家关系的合理化。

在20世纪80年代有关政治改革的讨论中，党政分开成了主题。如果党和政府变成了两个分开的主体，那么问题来了：党如何能够对政府施加领导？从这个意义上说，党和全国人大（以及地方人大）有着相似的功能。因为根据中国的宪法，全国人大和地方人大的任务是监督各级政府。因此，通过积极地介入全国人大和地方人大的活动，各级党委就建立起了一个合法的渠道，来"监督"政府并维系其对政府的主导。因此，这种新型的绑定关系，一方面使得中国共产党对省人大施加直接的领导，另一方面，毫无疑问，代表中央领导的省委书记，现在得以直面地方上的人民代表。在省委作出重要决定前，省委书记现在需要倾听代表们的意见，并对他们提出的意见予以考虑。

（3）给专业主义更大空间和更多自主权

在政府官员队伍中，意识形态上的可靠逐渐让位于专业主义。为了推动有效的治理，自20世纪90年代中期以来，中国共产党逐渐放松了对国家的影响，在国家的日常运营管理上，让专业人士享有更多的自主权。换句话说，国家在其自己的"场域"里变得有权力了。

多年来，国务院成为一个由专业人士执掌经济事务和社会管理的机构。总理、副总理、国务委员、部长和副部长们，现在都由专业人士出任。尤其是部长和副部长的职位更是如此。专业主义的兴起，很大程度上反映了在应对复杂的新社会和经济问题上，需要有专门技能的人才。

专业主义也同样被注入全国人大和地方人大。在很大程度上，全国人大的规模过于庞大，包括了3000多名的代表。它每年集中开会的时间很短，年会的时间通常是10天到14天。此外，会议的结构全程都是全体大会，并不适于冗长的商讨。为了克服这些不足，全国人大自20世纪90年代初以来进行改革，聚焦于扩大常委会和专门委员会。扩大后的全国人大常委会就像一个"缩小版的全国人大"一样运作。它较小的规模，使得其相比整个全国人大而言，可以进行更频繁和更有效的商议工作，而其规模又大到足以容纳不同的社会和政治基础，尤其是那些非共产党员的参与。这些人构成的团体，提高了每年向全国人大提交讨论的议案的质量，并在有需要的时候对全国人大的决议做进一步跟进。

同时，全国人大还有9个专门委员会，分别是民族委员会、法律委员会、内务司法委员会、财政经济委员会、教科文卫委员会、外事委员会、华侨委员会、环境与资源保护委员会和农业与农村委员会。专门委员会的人数还在继续增加。专门委员会的人员通常来自两个渠道：一个是之前在国家各个机关工作过的政府官员；一个是特定领域的专业人士。在立法过程和监督政府（国务院及其各部委）的日常运作中，这些专门委员会提供了专业意见和公职经验。专业主义使得全国人大成为一个有能力监督政府运作的机构。

中国共产党坚持不懈地在寻找一个可行的方案，来将其与国家的关系合理化。迄今为止，用"刚性灵活"一词能够最好地概括中国共产党的整体演进：其整个结构依旧维系不变，而它的内容则不断地历经着变化。因此，重要的是，尽管一党制的结构似乎没有变化，但我们却要根据其内容的变化，来观察中国新的党—国家关系。

四、当代中共的"现代性"

正是在这样的国际背景下，十八大以来中共进行了前所未有的"自我革命"。十九大会议期间，王岐山在参加湖南省代表团讨论时对十八大以来习近平的作为有一个评介。王岐山说："习近平从根本上扭转了中共的领导弱化、党建缺失、从严治党不力的状况，校正了中国共产党和中国的前进的航向。"这个评介应当说是非常恰当的。十八大以来中共正是在矫正"领导弱化、党建缺失、从严治党不力"的情况下重新界定和获取现代性的。多年来，我一直认为，十八大以来所提出的"四个全面"中，即全面实现小康社会、全面深化改革、全面建设法治社会、全面从严治党，最后一个"全面"即"全面从严治党"是最重要的。中国共产党是中国的政治主体。这一简单的事实表明，没有这最后一个"全面"，其他三个"全面"

就会无从谈起，因为前面三个"全面"都需要中共这个行动主体去实现。如果我们把前面三个"全面"理解成为中国的现代化过程，那么也很容易理解，如果没有中共本身的"现代化"，其他方面的"现代化"也就无从谈起。

在十八大到十九大的5年时间里，中国政治领域发生了诸多重大的变化。这里所说的"政治领域"的变化指的是在中共内部所发生的变化。中共是中国的政治主体，重大的政治变化都是围绕中共自身的变化，这一点并不难理解。再者，中共内部的变化也具有"外溢性"，导致了其外部各方面关系的变化，包括党政关系、党军关系、党和经济的关系、党和社会关系，等等。不难观察到，十八大之前中共所发生的变化大都是调整其外部关系，即执政党对社会经济变化作出"与时俱进"的调整和适应。而十八大以来所发生的变化主要是内部的，也就是这里所说的"自我革命"。党内所发生的变化已经远超出内部关系的调整，而是诸多重大关系的重新构造，涵盖了上至顶层权力运作机制下至党内政治生活准则在内的各个领域。笔者一直有一个观点，因为中国共产党是唯一的执政党，因此其面临两种选择，即"被革命"和"自我革命"。"被革命"就是由他人来"革命"，而"自我革命"则是自己对自己的革命。十八大以来中共选择的是"自我革命"。通过"自我革命"，不仅避免"被革命"，更是强化中共的领导力量。

在十八大至十九大的5年间，中共的"自我革命"表现为围绕着反腐败运动而展开的"破"和"立"两个方面。反腐败运动最早始于2012年底由政治局审议通过的"八项规定"，内容包括轻车从简、严格控制出访随行人员、严格执行住房车辆配备待遇等具体事项。到今天，这场反腐败运动普遍被视为是1949年新中国成立以来最持久深入的运动。根据中纪委网站十九大前发布的消息，5年里，共处分了200万名党员，约占中共全体党员的2%。其中，共立案审查副部级以上中管干部280多人，厅局级干部 8600 多人，县处级干部 6.6 万人。除了对高层干部反腐败外，推动全面治党向基层延伸，5 年来处分乡科级或以下党员 134.3 万人，处分农村党员干部 64.8 万人。

"立"的方面表现为从严治党的制度化。作为执政党，"从严治党"也一直都是中共高层所特别强调的。自 1987 年中共十三大以来，每次党代表大会报告都会特别强调"从严治党"。不过，十八大之后，更进一步提出了"全面从严治党"。这一概念是习近平 2014 年在中共群众路线教育实践活动总结大会中首次提出，并在之后成为"四个全面"中的最后一个"全面"。这最后一个"全面"实际上是最为关键的。针对党风党纪问题，2015 年中共修订印发了《中国共产党纪律处分条例》。之后，中共十八届六中全会更是通过了两个重要政治文件，即《关于新形势下党内政治生活的若干准则》和《中国共产党党内监督条例》。

对中共内部所发生的这些变化，无论党内还是党外，无论是海内还是海外，很多人很难理解，甚至很不理解。例如针对反腐败问题，就有很不相同的看法和意见。一些人认为，反腐败过度了、过头了。还有一些人认为，反腐败表现为"选择性"，即表现为"路线"问题。还有一些人简单地认为，之所以如此反腐败只是这一代领导人想建立自己的"丰功伟绩"罢了。当然，更多的人则持传统的观点，即反腐败就是为了中共的自我生存和发展。

不过，所有这些看法都忽视了中共反腐败背后的真正目的，那就是对执政党本身的现代化和现代性的"残酷无情"的追求。现代性问题已经不仅仅是执政党的生存和发展问题，而是中共的性质问题。对现代性的追求表明中共要对新时期的一系列问题作出确切的回答，包括中共是一个什么样的政党？依靠什么执政？如何获取合法性？如何执政？

如何解释中共的现代性？这个问题就需要把中共置于中国近代以来的

政治启蒙运动的历史及其演进中。作为一个近代政治组织，中共那样的组织在中国的历史上从来没有产生过，它是中国近代政治启蒙的产物，是在启蒙运动中萌芽、产生和发展起来的。

中外学界有这样一个共识，即中国传统政治体制和现代政治体制的最大不同在于，传统政治体制目的在于守旧和维持现状，而现代政治体制的目的在于转型和进步。传统体制也不是没有变化，但变化的目标在于维持现状，就是防止具有"革命性"的变化。汉朝之后，"罢黜百家、独尊儒术"，从思想上遏制了任何可以催生重大变化的因子。儒家成为唯一的统治哲学，而儒家的核心就是维持统治。德国近代哲学家黑格尔就认为中国没有历史。的确，从秦始皇帝晚清数千年，中国只有朝代的更替，但没有基本制度的更替。人们既可以说这是传统政治体制的生命力，但也可以说是数千年缺少结构性的变化。

现在的政治体制则很不一样了，主要是因为在启蒙运动过程中牢固确立了进步的观念，社会是可以有进步的，进步可以是无止境的。从孙中山革命到蒋介石的国民党再到共产党革命，数代中国人都在追求变化，都有一样的目标，即要改变中国，要有进步。在近代启蒙运动中，人们对从前维持旧体制的儒家个人伦理做了最激进的批评和攻击。不过，尽管从前的伦理不再可行了，但各派政治力量对未来是怎样的则没有共识。中国需要什么样的变化？如何追求变化？变化的目的是什么？各种政治力量都持不同观点。中国共产党选择追求最激进也是最深刻的变化，这也就是中共成立以来所追求的社会主义革命，用革命来推翻旧政权，彻底改造社会，确立一个全新的制度。自然，这里面也引申出今天中国所面临的种种"矛盾"，最主要表现为传统儒家哲学和马克思列宁主义之间的矛盾，前者的功能在于维持现状，或者为了生存而调适自己，而后者则是追求变化，而且是无穷尽的变化。

20世纪90年代中期以后，随着老一代革命出身的政治人物的去世，中共开始了一个巨大的转型，即从原来的"革命党"向"执政党"的转型。这个转型方向极其明确，但是对"何谓执政党"这个问题，人们的认识并不是很清楚，也不深刻。可以说，自从转型开始以来，无论在理论层面还是实践层面，对这个问题一直处于探索过程之中。不过，有一点是很明确的，如果一个政党为了执政而执政，那么必然导致执政党的衰落。这既明显表现在苏联和东欧共产党执政的历史中，也表现在今天西方那些根据选票计算其执政合法性的政党历史中。

那么，现代性表明什么？现代性不会从天上掉下来，也不会"随波逐流"而来？整个近代以来，现代性是通过"革命"或者"斗争"而来。今天，现代性意味着中共如何在向现代执政党转型过程中仍然不失其"革命性"。在成为执政党之后，在其传统意义上，继续的启蒙和革命显然已经很不适应。革命毕竟是要推翻现存制度，而执政则是要维持现行的体制。

改革开放后，邓小平所领导的中共重新界定了中共的现代性，即要解决普遍贫穷化这个革命原来的目标。不过，邓小平时代在重新界定中共现代性的同时，也努力保留着执政党的"革命性质"。邓小平所力主推动的"干部四化"就是很好的例子，即革命化、年轻化、知识化、专业化。"革命化"居首，还是头等重要的，即只有"革命化"才能促成执政党在达成其所设定的新的使命的同时实现现代性。但是，因为邓小平时代的现代性主要是由国家的经济现代性所规定的，执政党的现代性不可避免地要受这种经济现代性的影响。在经济领域，中国很快形成了GDP主义。就经济发展而言，GDP主义功不可没，中国在短短的数十年时间里彻底改变了"贫穷社会主义"。十八大之前，中国已经跃升为世界第二大经济体，最大的贸易大国；即使就人均国民所得而言，也从20世纪80年代初的不足300美元跃升到9000美元。更重要的是，中国促成了数亿人口脱离绝对贫困状态。这些成就被国际社会视为是世界经济史上的中国经济奇迹。

不过，GDP主义也深刻地影响着执政党作为组织本身，影响着其党员干部的行为方式。简单地说，执政党本身被严重商业化了。在十九大报告和修改党章的说明中，中共已经充分意识到商业化对党作为组织及其党员个人的负面影响。

简单地说，因为商业化，中共失去了其传统上的"革命性"。早在十八届六中全会上，习近平在其所讲的一段话中就很直观地描述出了执政党所面临的严峻局面。习近平说，"在一些党员、干部包括高级干部中，理想信念不坚定、对党不忠诚、纪律松弛、脱离群众、独断专行、弄虚作假、无赖无为，个人主义、分散主义、自由主义、好人主义、宗派主义、山头主义、拜金主义不同程度存在，形式主义、官僚主义、享乐主义和奢靡之风问题突出，任人唯亲、跑官要官、买官卖官、拉票贿选现象屡禁不止，滥用权力、贪污受贿、腐化堕落、违法乱纪等现象滋生蔓延。特别是高级干部中极少数人政治野心膨胀、权欲熏心，搞阳奉阴违、结党营私、团团伙伙、拉帮结派、谋取权位等政治阴谋活动"。这里所说的既有执政党党员的个体行为方式，也有他们的集体行为方式；既有地方层面的，也有中央层面的。这里涉及派系、集体堕落等等，而所有这些已经并非"腐败"这一概念所能涵盖的了。

再者，商业化更表现在执政党的外围组织，尤其是共青团的变化上。习近平对共青团也有过严厉的批评。在《习近平关于青少年和共青团工作论述摘编》中，习近平批评共青团，"空喊口号"，"形同虚设"，"四肢麻痹"，"说科技说不上，说文艺说不通，说工作说不来，说生活说不对路，说来说去就是那几句官话、老话、套话，同广大青年没有共同语言、没有共同爱好，那当然就会话不投机半句多。""如果青年在前进，而团组织没有与时俱进，不能成为青年的领头羊，反而成了青年的尾巴，那何谈扩大有效覆盖面？跟都跟不上！"人们把共青团的现象概括成为"四化"，即"机关化、行政化、贵族化、娱乐化"。可以说，类似的现象也普遍存在于其他组织中间。

无论是党内所出现的现象还是共青团所出现的现象，或许是现代商业社会的共同现象，或者说这些现象也具有"现代性"，不管人们喜欢与否。但不管如何，这是中共作为执政党必须避免的"现代性"。如果执政党迁就这些"现代性"，随波逐流，向这些"现代性"投降，那么其衰落变得不可避免了。

因此，中共需要通过重新确定自己的使命，复兴其革命性，再次界定自己的现代性。如上所说，毛泽东的设想是通过"继续革命"保持执政党的现代性，但其实验没有成功。邓小平所界定的国家经济现代性成功了，但执政党本身出现了重大问题。十八大以来，执政党通过大规模的反腐败运动，"去除"政党的商业性，通过确立新的使命和建设新的制度机制规范党组织和党员干部的行为来重新界定党的现代性。

五、如何认识中共的"自我革命"

中共十九大对中国和世界都是一件大事情。对中国本身来说，正如十九大报告所强调的，国家已经进入一个"新时代"。这是一个承上启下的时期，一个总结过去、直面现实和通往未来的时期。对国际社会来说，中国早已是第二大经济体、最大的贸易大国，不管怎样的内部发展，都会产生出巨大的外在影响力。自从 2008 年全球金融危机以来，中国一直为世界经济的发展贡献着最大的份额。尽管十八大以后，中国本身的经济在下行，但较之仍然没有走出危机阴影的西方经济，中国仍然是所有主权经济体中的佼佼者。无论从哪个角度来说，世界没有任何理由不关注决定着中国的十九大。

那么，十九大到底会如何影响中国和世界的未来呢？这就需要人们来解释十九大报告，因为这份报告就是未来中国发展的蓝图。人们可以从不同的角度来解读十九大报告，政治的、经济的、社会的、军事的、文化的、外交的，等等。因为十九大报告是一份高度综合的文件，多角度来解释不仅应当，而且必须。

不过，我认为十九大是中共在"新时期"最重要的政治大会，十九大报告的核心是政治，是一份政治文件，其他方面都有涵盖，但都居于次要和补充性的地位。实际上，其他方面发展规划会更详细地体现在政府工作报告中。在未来中国发展的很多问题中，政治是最关键的。我一直认为，尽管经济社会等方面的发展也很重要，但未来政治对国家的发展至关重要。也就是说，十九大报告的中心议题就是中共本身的现代化问题。我把十九大称为中共作为执政党进行的一场深刻的"自我革命"，通过这场"自我革命"，中共重新规定了自己的现代性。在这个基础之上，才可以讨论国家的现代化和中国对国际社会的贡献。

因此，在一个层面，这里的解读也可以视为是政治解读。不过，需要说明的是，这里的"政治"并不是人们平常所理解的政治，即日常政治生活中的政治。我认为，政治的核心是制度，制度决定政治行为。所以，这里的解读侧重于制度层面，也可以称之为制度解读。

那么，如何来解读十九大所发生的"自我革命"呢？我认为，这一解读至少需要涵盖如下四个大方面：

第一，十八大以来所发生的一切，尤其在政治领域所发生的一切。如果说"自我革命"，那么十八大以后就已经在发生了。尽管十九大之后的"自我革命"逐步展开，但十九大"自我革命"之所以有可能完全是因为十八大以来的"自我革命"。

第二，正式政治文本的和非正式政治文本的解读。最重要的政治文本是习近平总书记所作的十九大报告和有关修改党章的说明，也包括中共中央政治局召开研究部署学习宣传贯彻十九大精神会议之后由新华社在 2017 年 10 月 27 日发表的《中共中央政治局关于加强和维护党中央集中统一领导的若干规定》和《中共中央政治局贯彻落实中央八项规定的实施细则》。这类正式文本以后还会有，但主体议程和思想已经呈现在这些重要正式文本中了。此外，非正式文件的文本也很重要，因为这些非正式文件文本说明了正式文本产生的过程，其重要性不可忽视。这些非正式文件文本包括新华社所发表的两篇重要报道，即 2017 年 10 月 24 日发表的题为《肩负历史重任、开创复兴伟业——新一届中共中央委员会和中共中央纪律检查委员会诞生记》和 2017 年 10 月 26 日发表的题为《领航新时代的坚强领导集体——党的新一届中央领导机构产生纪实》。同样，此类有关正式文件形成过程的报道会继续出现，但不会离开已经表述的主体议程和思想。

第三，显性的和隐性的，或者直接的和间接的制度变化。有些制度变化是显性的和直接的，例如设立依法治国领导小组和国家监察委员会，但有些变化则是隐性的和间接的，不过同样重要。最重要的隐性制度变化是《中共中央政治局关于加强和维护党中央集中统一领导的若干规定》中确立的政治局委员每年要向党中央和总书记书面述职的制度。

第四，十九大中共"自我革命"的逻辑结果，也就是对未来的展望。同样，十九大对未来中国发展的影响是全方位的，但这里的讨论侧重于政治制度方面的变化。在强调"制度自信"的今天，人们迫切需要关切正在发生的制度变化。为此，我们需要在十九大全方位的报告中，从丰富的内容中提取和勾勒出未来中国政治制度的大构架。制度建设是十八大的主题，更是十九大的主题。十九大成立依法治国领导小组已经发出一个明确的信号，那就是要把制度建设提到最高议事日程上来了。

那么，就制度建设而言，十九大释放出什么重要的信息呢？简单地说，中共十九大"自我革命"所释放出来的最为重要的信息便是中共对自身现代性的重新界定。经过"自我革命"，这是一个新的政党，或者一个新时期的政党。

自改革开放以来，无论海内外都在讨论中国方方面面的现代化过程和所获得的现代性。不过，在很大程度上，人们一直忽视了中共本身的现代化和所获得的现代性。实际上，如果不能理解中共的现代化和现代性就很难理解其他方方面面的现代化和现代性。一个最重要的事实就是：中共是中国的政治主体，唯一的执政党。所以，讨论中国的现代化就首先必须讨论中共的现代化。如果中共没有现代化，那么就不会有国家的现代化；如果中共自身实现不了现代化，那么就会拖国家现代化的后腿；如果中共自身首先实现了现代化，那么就有能力引领国家的现代化。简单地说，中国所有其他方面的现代化包括经济、社会和文化等方面都取决于政治的现代化，也就是作为政治主体的中共的现代化。

六、"以党领政"体制的形成

在过去的几年中，人们一直专注于中共的反腐败运动，聚焦于哪天什么人被调查、什么人被抓的现象，再"深入"地探究这背后的中共"权力斗争"。但大多数人并没有意识到，大规模反腐败的过程也是制度建设的过程，尤其是中共本身的制度建设。十九大报告已经宣布中国会正式成立国家监察委员会。尽管这还没有引出学界和政策界很多的讨论，但这是一个极其重大的政治变化，即中国正在形成一个内部"三权"分工合作、以党领政的政治体制。

这个体制的形成和十八大以来的反腐败运动中所取得的经验有关。2017 年 3 月 5 日，王岐山参加北京"两会"代表团的审议时讲了一番话，提出了一个全新的政治概念，即"广义政府"，"广义政府"的意义远远超出了纪委系统，涵盖了中国的整个政治制度。那么，提出"广义政府"要解决和能够解决中国政治制度顶层设计的什么问题呢？这里需要回顾一下中国对党政关系的讨论和争论了。

党政关系可以说是近代以来中国政治最为核心的问题。在西方式民主政治在中国的实践惨遭失败之后，孙中山先生就提出了"以党立国"和"以党治国"的概念。这一概念之后就转变成政治实践，国民党和共产党尽管在意识形态上不同，但两党都是这一概念的实践者。

在很大程度上说，正是因为共产党对这一概念的应用较之国民党更为全面和彻底，共产党赢得了政权。但在 1949 年中华人民共和国建立之后，中共没有及时从革命党转变成为执政党，而进行"继续革命"，党政关系因此不仅没有得到及时的调适，更走向了一个极端。在改革开放之前，经常出现"党政不分、以党代政"的情况。改革开放后，中共高层对顶层体制进行了全方位的反思，其中最主要的就是党政关系。这显著表现在邓小平 1980 年 8 月 18 日在政治局扩大会议上的一次题为"党和国家领导体制的改革"的讲话（后收录在《邓小平文选》第二卷）。在这篇讲话中，邓小平提出了"党政不分、以党代政"的问题。之后，到了 80 年代中后期，在政治改革讨论最为热烈的那段时期，执政党提出了"党政分开"的改革理念。尽管作为一种理念，这个概念在当时广为人们所接受，但作为制度实践的情况则不一样了。包括邓小平在内的所有中共领导人从来就没有否定过共产党对政府的领导；恰恰相反，共产党的领导是他们一直所坚持的。从学术研究来看，人们可以说，当时的中共领导人的确意识到新中国成立初期"党政不分、以党代政"的危害性，决意要改变这种制度，但对党领导下的"党政关系"到底是一种什么样的关系并不很明确。在实践层面，"党政分开"更出现了很多困难，少则党政合作协调不好，多则党政处于对立面，甚至发生冲突，造成巨大的内耗。80 年代末之后，执政党不再提这个概念。

但这个概念的影响力是持续的。20 世纪 90 年代以来的学术界和政策界各种正式和非正式的讨论，例如"军队的国家化""司法独立""宪政"这些被视为是"右"的或者"自由化"的提法或多或少与"党政分开"有关联，因为所有类似提法背后的逻辑就是一样的，即把军队和党、司法和党、法律和党等分开来，甚至把两者对立起来。另一边，左派的反弹也很强烈，从他们的讨论来看，似乎中国应当回到改革开放之前的党政体制。

不过，学术和政策界左、右两派的表述都没有反映中国政治体制的实际运作情况，更没有影响到执政党本身对党政关系体制的探索。基本上，这些年的探索是沿着邓小平所确定的大方向行走的，执政党已经放弃了"党政分开"的概念，而形成了"党政分工"的共识。这很容易理解，因为中国是共产党领导的体制，在这个体制下，"党政分开"没有任何现实的可能性。不过，即使是"党政分工"，如何把这个概念转化成制度实践也一直是个"摸着石头过河"的过程。现在，经过这么多年的实践，大制度构架已经明了，即"以党领政"。

"广义政府"的一个理论贡献在于，执政党本身也是"广义政府"的内在一部分，而传统上执政党则被置于政府之外，似乎执政党是一个独立于政府之外的政治过程。"广义政府"的定义更符合中国政治的实践，因为执政党和其领导的政府处于同一个政治过程，并且是这一过程不同环节中的最重要的"利益定义者"和"利益相关者"。或者说，中共不仅仅是中国整个政治过程的主体，更是这个过程本身的塑造者。

在"广义政府"的制度下，如何体现"以党领政"体制呢？从制度设计和实践趋向来看，就是要处理好内部三权之间的分工、协调和合作关系，即决策、执行、监察。内部三权分工和合作体制是中国传统和现代政治体制的混合版。传统上，"内部三权"自汉朝开始一直是中国传统体制的最主要特征。在数千年历史中，不同朝代有所变化，但基本结构没有发生过变化。在近代，孙中山先生在中国传统中提取了"两权"，即考试权和监察权，并把西方的三权和中国传统的两权结合在一起，塑造了一个"五权体制"，即立法、行政、司法、考试和监察。孙中山先生尽管强调"以党治国"，但其所设计的这个体制过多地受西方影响，并没有充分考量到执政党在这"五权"中的位置，并且对如何把考试和监察两权有机地和前面的三权整合起来也欠缺考量。当然，这也是因为孙中山先生没有机会来实践其设计的"五权体制"，其所说的"五权体制"至多是一种理论设计。从今天台湾的情况来说，"五权体制"在实践中很难运作。民主化一来，监察权和考试权很快就被边缘化，形同虚设。更为严重的是，因为缺失执政党的地位，台湾实际上形成了"双首长制"，加上"立法院"的党争，民主化使得政府长期处于不作为甚至瘫痪状态。

而我们所说的"三权体制"可以说是根据传统和现实的制度创新或者再造。在十八大之前，执政党所要解决的是"党政不分、以党代政"的问题。邓小平在前引讲话中就指出："着手解决党政不分、以党代政的问题。中央一部分主要领导干部不兼任政府职务，可以集中精力管党、管路线、方针、政策。这样做，有利于加强和改善中央的统一领导，有利于建立各级政府自上而下的强有力的工作系统，管好政治职权范围的工作。"这里邓小平强调的是"党政分工"，并没有"党政分开"的意思。党要管政治，管决策，即党的自身建设、路线、方针和政策等最重大的问题，而政府则是管执行，即行政。尽管党政分工和合作关系仍有待改进，但在这方面已经积累了不少经验。

十八大以来，尽管没有公开明确讨论党政关系，但在实践方面则取得了相当的进展。可以从如下几个大方面来看：

首先，"以党领政"即党的领导位置的"法理化"。如上所述，提出"广义政府"概念意在厘清党和政、党和军、党和法等的关系。在"基层"方面则表现在党在企业（包括国企和民企）、社团组织、基层农村等组织中的正式法理位置。一个简单明了的事实是，既然党从来没有离开过任何组织，那么就不能忽视党的存在。一个理性的做法就是给党一个法理的领导位置。从这个角度来说，党便是"广义政府"的一部分。十九大报告和党章修改说明对党和其他组织和实体的关系说得非常明确，可以说涵盖了"以党领政"（党政关系）、"以党领经"（党和经济的关系）、"以党领社"（党和社团的关系）等等方面。

其次，监察权的建设。十八大之前，党的纪律检查委员会和政府之间的关系没有理顺和处理好。党的纪律检查委员会属于党的机构，其有足够的政治权力，但在执行过程中没有足够的法理依据（例如对党政干部的"双规"）。而设置在政府（国务院）的监察部不但权力不够，而且还缺少独立性，很难对政府实施有效的监督，往往是"左手"监管"右手"。近年来在北京、浙江和山西试点实行的国家监察委员会则是通过整合党政这两方面的组织，重建监察权。国家监察委员会从属于最高权力机关即全国人大，但独立于执行机关即国务院，在内部是独立一极权力。

再次，"大法治概念"的确立。中共十八届四中全会确立的"法治"改革中的"法治"并非学术界所讨论的狭义法治概念，即立法和司法领域，而是广义法治概念，因为其适用范围更为广泛，包括执政党本身在内的所有组织机构和个人。"大法治"极其重要，因为法要调节内部三权（决策、执行和监察）之间的关系。

"以党领政"体制下的三权分工、协调和合作制度构架基本确定。可以预见，今后相当长的一段时期里，如果不发生激进民主化或者革命，中国政治制度的改革、调整和调适都会在这个构架内进行。或者说，这三权的分工和合作构成了中国未来改革的宏观制度背景。

三者之间的关系，除了"以党领政"原则得到确立和体现之外，还有很多地方需要改进。例如，现在的执行权往往被"三明治"化，受决策和监察两权的制衡过多。一方面是决策权向行政权渗透，另一方面是监察权对行政权的监管。这种"三明治"化的情形往往导致了执行权的"不作为"。又如，监察权得到确立和扩张，但监察权本身如何制约呢？如何防止监察权的滥用呢？再如，监察权和决策权之间的关系又是如何呢？诸如此类的问题既是理论问题，也是实践问题。不过，这些问题的存在也表明，中国政治体制仍然存在着巨大的创新和发展空间。很显然，十九大决定成立的"依法治国领导小组"是推进大法治的主体领导组织，需要回答这些问题。

第三章　央地关系的"行为联邦制"
与改革新动力

一、央地关系与中国改革新动力

中国的改革目前面临困难的局面。一是改革缺乏动力。无论在经济、社会还是政治领域，改革越来越迫切，改革的需求越来越大，人们对改革的重要性也是有认识的，但对如何改革缺少共识，改革政策迟迟不能出台。二是在一些领域人们好不容易达成改革共识，推出了改革政策，但却缺乏动力来实施。这尤其表现在社会政策上。最显著的就是很多年来国家已经积累了相当的财富，想用在社会制度和社会政策上，但有钱却用不出去。三是在另外一些领域，因为有巨大的利益驱动，各级政府和部门都推出自己的"土"政策，纷纷进行"改革"，结果导致了无穷的问题。凡此种种现象都涉及中央地方之间的关系问题。

1. 中央地方关系为改革提供动力

这些现象的产生表明需要改革中央地方关系了。实际上，1949 年以后的中国历史显示，如果要寻找改革的动力，就不能回避中央地方关系。或者说，在进行任何改革之前，首先要改革的就是中央地方关系。也可以这样说，如果没有中央地方关系的改革，就不会有真正意义上的改革。

在毛泽东时代，无论是国家建设还是体制改革，都是从中央地方关系找到突破口的。"大跃进"和"文化大革命"时期，毛泽东发动了两次大规模的分权运动。中央集权体制的最主要的特点就是在运作过程中权力会不断往上集中，而一旦高度集中，地方和社会的发展动力就会被扼杀。当毛泽东认为中央官僚体制成了改革和发展的阻力的时候，他于是采用了分权运动，动员地方力量的政治策略。人们可以看到，在毛泽东时代，不仅省委书记能够影响中央决策，就连县委书记也是毛泽东的关注对象，和地方联盟来克服中央官僚体制的阻力是毛泽东所使用的有效方法。

也正是毛泽东这两次大规模分权运动使得中国的体制和苏联的区分开来，就是学界称谓的"中国道路"。苏联体制高度集权，地方政府微弱不堪，没有任何能力发动改革。当戈尔巴乔夫不能克服中央官僚机构对改革的阻碍的情况下，只好诉诸社会和民众，从而走上了激进的道路。不管人们对分权运动作怎样的评价，毛泽东之后的改革开放之所以成为可能，就是因为存在着巨大的地方改革和发展动力。

邓小平时代也是经历了两次大的分权运动。第一次是改革开放早期，确切地说是在20世纪80年代。经济改革是市场化导向，理想地说就是要把经济权力从政府分权到企业。但这只是一种理想，要实现还是不能忽视地方的作用。分权就成为当时的政府的改革策略。城市既得利益比较稳固，政府就先开始农村改革。而农村改革基本上是地方政府的事情。正是四川和安徽农村改革的成功为中国的农村改革找到了突破口。分权也是城市和工业改革的动力源泉。如果没有像"分灶吃饭"和"经济特区"等分权政策，很难想象城市改革的成功。

邓小平的第二次并且是更大规模的从中央到地方的分权发生在其"南方谈话"之后。20世纪80年代后期到90年代初，中国的改革出现了极大的困难，80年代初以来的改革动力似乎消失了。怎么办？邓小平又从地方找到了动力。南方视察的政治目标就是为了在地方聚集改革力量，而南方视察之后的大规模的分权又为地方政府提供了莫大的动力来进行改革和发展。当代中国真正大规模的发展和转型正是从南方视察之后才获得巨大动力的。

90 年代中期之后的改革也是从中央地方关系入手的。最典型的就是 1994 年的分税制和 1998 年的中央银行制度的改革，这两大改革直接影响到中央地方关系。这段时期是改革开放以来有关中央地方关系制度建设最重要的时期。此前中国也经历了中央地方关系的改革，但改革很少涉及制度层面的变迁。分税制和中央银行制度改革是制度层面的。实际上，在任何国家，尽管改革的动力往往是自下而上的，但国家层面的制度建设都必须自上而下来进行。90 年代的集权并不是像以往那样的简单集权，它是有选择性的集权，也就是试图集中应当属于中央的权力，而下放应当属于地方的权力。

这次改革的另外一个意义就是，当强人政治不再的时候，改革就要从制度入手。无论是毛泽东和邓小平，他们都具有政治强人的魅力，他们有很大的能力来动员改革支持力量，无论是地方力量还是社会力量。他们也能控制被动员起来的力量，就是说，地方动员和社会动员不至于走向不稳定。但是，在强人政治过去之后，政治人物要做到这一点就比较困难，制度性的改革因此变得非常重要。

这段时期还特别值得一提的就是军队和商业的分离。此前，军商关系变得异常复杂，产生了很多的问题。鉴于军队在中国政治过程中的重要性，外界甚至觉得中国没有任何办法来解决这个问题了。但很显然，当时的领导层动员了一切可能的制度力量，非常有效地解决了这个问题。这表明，既得利益并不是一个大问题，只要有足够强大的政治意志，中国的政治机制是有能力动员进行改革事业的力量的。

造成目前局势的是 20 世纪 90 年代中期以后的集权。当时围绕着分税制和中央银行制度的中央集权改革非常有必要，导致了很多领域重要的制度建设。问题在于，在这之后，改革没有深入，很多配套制度没有到位（例如中央和地方的权力和责任的分配）。更为重要的，每当地方出现一些问题，中央就用收权来解决。不用说政治领域的权力，就连经济、社会、环保等方面的权力都呈现出集权的趋势。这样就出现两方面的大问题：一方面，权力集中到中央，但责任并没有集中起来，于是造成了权力和责任的严重脱节。地方严重缺失承担责任的能力，尤其是财政能力，只好另外开辟途径，无限制地闯入医疗、教育和房地产等社会领域，造成了地方和社会的严重对立。另一方面，中央权力同样分散在各官僚机构之中（这是当时毛泽东所痛恨的情况），而各机构集中起来的无限的权力和财富并没有如领导层所设想的那样取之于民、用之于民，而是流向了形形色色的既得利益集团。

2. 如何突破当前改革困局

目前的改革困局如何突破？人们谴责既得利益所造成的改革困局，但是既得利益是客观存在物，不管人们怎样谴责，他们不会消失。改革毫无进展的主要根源在于政治意志力、改革的思路和改革的动员。利益的困局需要利益来突破。和以往的改革一样，不外是两种力量，即地方和社会。而突破中央地方关系的利益格局为首要任务。且不说改革者是否有政治意志能够真正放权或者赋权社会，如果中央地方关系没有改革，即使有了这种政治意愿，没有地方的配合，这一意志也很难变成政策和实现。

从实际情况看，各地方是有改革动力的。地方面对客观存在的问题，感觉到应付和解决这些问题的紧迫性。地方领导群体中也有很多想有所作为的。人们看到，无论是沿海的广东和浙江，还是西部的重庆，地方领导层都在不断寻找改革的出路，并且实践着不同的改革模式，各地在不同的领域和层面也取得了相当的经验。在各种不同的地方实践之间酝酿着新的改革动力。很显然，如果中央层面要促成新的改革动力来突破目前的僵局，地方力量不可或缺。或者说，只有当整合了现存的地方力量之后，中国才会出现新的改革动力，而要整合地方力量，改革中央地方关系势在必行。

二、央地关系的三层逻辑

近年来，无论是国内还是国外，人们一直非常关注中国的地方债务会否触发一场中国式的金融危机。一些西方人甚至预言，这样的一场危机一定会到来，只是时间问题。实际上，中共十九大之后，如何预防金融危机也是中国高层的最重要议程之一。现在很多地方主动暴露问题，无疑是积极的动作，问题早暴露总比晚暴露要好，正视问题的存在比忽视问题的存在要好。

越来越多的地方问题暴露出来，人们就开始一边倒地嘲笑和谴责地方政府。但问题在于，光是谴责地方政府够吗？无论在民间还是学术政策圈，地方政府多年来一直是遭谴责的对象。不过，光是改革开放40年来的历史就已经表明，尽管地方政府是很多问题的来源，但这些问题有它们的制度性根源，也就是由不合理的中央地方关系所引发的。

如果中央地方关系不能在制度层面加以改善，地方政府一直会"制造"出种种问题，不仅影响社会经济的可持续发展，也会影响国家的有效政治治理。

地方政府的种种作为，并不仅仅是很多人所认为的地方官员主观意志作为，而是中央地方关系的逻辑结果。今天地方政府所面临的债务问题（或者其他问题），都是当代中央地方关系（至少）三层逻辑的结果。

1. 央地关系的三层逻辑

首先，最重要的是政治逻辑。政治逻辑主要是围绕着 GDP 主义发生的。改革开放以后，为了改变往日贫穷社会主义的局面，中国把经济发展作为政府的头等议程。不过，经济发展议程很快就演变成为唯 GDP 主义，以 GDP 论英雄，这对地方政府及其官员产生了重大的影响。

在很长时间里，地方 GDP 的增长速度成为衡量地方官员政治业绩的最重要标准，即便不是唯一的标准。在很大程度上，地方政府演变成公司类型的政府，被学术界称为"地方发展主义"。当经济成绩可以转化成为政治资本时，GDP 数据的造假变得不可避免。

其次是利益逻辑。利益逻辑涉及作为组织的地方政府及其个体官员。地方政府如何推动地方经济的发展？在典型的市场经济体中，因为企业是经济发展的主体，地方政府必须通过法治建设、税收政策和劳动条件等改善投资环境，来吸引资本和劳动者。但在中国，地方政府拥有更为直接的手段，包括直接搞经济项目和工程、向企业提供廉价土地等生产要素、与企业共同开发项目等。

对地方政府来说，这样做可以增加地方税收；对个体官员来说，这样做可以创造很多有利可图的机会，即腐败。人们说，中国是"市长经济"，而非"市场经济"，这并非没有道理。那么多年里，每一任新的地方领导到任，都通过这些手段来应付地方经济发展问题。都会动用最大的资源来达到目的，而把问题（即责任）推给下一任领导。

再次，经济逻辑。经济逻辑最明显地体现在 1994 年分税制上。根据分税制的计划，中央政府根据各省 1993 年上缴的税收为基数进行税收返回。结果，1993年各省上缴的税收大增，目的是为了多分一块国民经济的"大饼"。一些地方自爆GDP造假现象是一个刚好相反的案例，但逻辑是一模一样的。

地方政府背负巨额债务，但不管债务如何沉重，地方政府是不可倒闭的，所以最终总会有"人"来救，即最终的责任还是由中央政府来担负。主动暴露GDP造假就是要解决一个"谁来负责"的问题，减轻地方政府自己的负担。再者，对新到任的领导来说，他们不用负很大的责任，因为这是前任历史积累起来的老问题。在十九大这个政治背景下，卸下历史包袱，轻装上阵，是新任地方领导的一个理性选择。

地方行为既然是中央地方关系的逻辑产物，要改变地方政府的行为，就须反思中央地方关系，并对此进行必要的变革。就其本质来说，当代中央地方关系所产生的种种问题，是政治逻辑和经济逻辑脱节的结果。

2. 央地关系运作产生的问题

中国在理论上是单一制中央集权体制，但就其运作来说，是事实上的联邦体制。更具体地说，单一制只是体现在政治层面，在经济层面则是事实上的联邦体制。地方政府政治权力的基础源自中央，但在经济上则依赖地方。在政治上，地方政府仅仅是中央政府的执行机构，但在经济上，地方政府则具有很大的自治性。因为中国地方差异巨大，在社会经济方面，地方政府必须具有这种自治性，才能对地方进行有效的治理。

1994年分税制之前，中央和地方之间实行的是经济上的激进分权，结果出现了很多问题，主要是地方政府"藏富于地方""藏富于民"，中央财政恶化，不仅影响中央政府在全国层面的统筹能力，也影响中央控制地方政府的政治能力。1994年分税制改革彻底改变了这种情况，从前是经济上中央依赖地方，改革之后则是地方依赖中央，即使是经济最发达的省份也是如此。通过分税制改革，中央政府实现了政治上和经济上的集权。

不过，政治和经济权力集中后，也出现了很大的问题，主要是中央政府在把经济权力集中起来后，并没有把责任也集中起来。地方政府失去了经济权力，但仍然要负责地方事务。地方政府的钱从哪里来呢？在很长一段时间里，土地和房地产是地方政府收入的主要来源。

必须指出的是，土地和房地产问题后来发展到如此严峻的程度，也是1994年分税制的结果，因为分税制事实上把土地支配权给了地方政府。地方政府也各显神通，发展出包括地方融资平台在内的各种推动地方发展、增加收入的方法。地方政府的做法也是理性的，一方面是地方建设和社会的需要，另一方面是政绩的需要。

同样重要的是，改革开放以来，地方政府的一些领域可以说已经发生了根本性的变化，对地方本身和中央地方关系产生了重大的影响，而这些变化被大大地忽视了。最显著的变化发生在地方政府组织机构领域。政府的层级增多、城市的层级增多、地级市和计划单列市增多，而且每一级政府都是几套班子齐全。

这些变化在很多方面并没有法律依据，地级市就是一个例子。在改革开放前，地级市并非一级政府，而只是行署。这些变化导致了政府规模的急剧扩大，政府支出增加。有学者说，和西方发达国家相比，中国政府的规模并不算大。这里的问题在于，西方发达国家实行福利制度，政府担负提供广泛社会服务的功能，政府规模的扩大是福利国家的必然产物。

但中国到目前为止，仅仅是达到人均国内生产总值9000美元的水平，社会保障水平远非西方发达国家的水平。也就是说，中国政府并没有提供广泛社会服务这方面的压力。除去社会服务方面的需求，中国政府规模无疑已经过大。在很多年里，政府规模不仅没有压缩，反而在扩张。只要"僧多粥少"的局面继续下去，地方政府肯定会成为很多问题的根源。

3. 重塑央地关系考虑的方向

要解决地方问题，就必须重塑中央地方关系。这里至少有几个方面是可以考量的。

其一，通过确立国家统筹制度，重建现代国家。现代国家最重要的标志就是公民的出现，就是生活在国家之内的所有居民都能直接得到中央政府的服务。这是中央政府政治合法性的社会基础。不过，中国目前只实现了市一级的统筹，连省一级的统筹都还没实现。中国要建设成为一个现代国家，国家层面的统筹不可避免，否则国民很难确立其深层次的国家认同。

其二，压缩中间层政府。中国数千年来维持了中央、省、县三级政府的体制。日本直到今天仍然维持着从中国借鉴的秦朝体制。中国越来越多的政府层级不仅没有强化中央集权，反而在体制内部有效弱化中央集权，同时增加了社会的负担。压缩中间层不仅有空间，而且有可能。例如，中国的城市不管大小一般都是"三级政府、四级管理"。

新加坡近600万人口只有一级政府，加上几个提供服务的市镇理事会，至多也是一级半政府。相比之下，珠海一个120多万人口的城市也实行"三级政府、四级管理"体制。无论是社会控制还是提供服务，新加坡都比中国有效，人们看不出为什么需要这么庞大的政府机制。

其三，除了纵向压缩中间层政府之外，横向的党政机构也可以压缩以减少支出。政府机构改革的其中一个目标便是精简机构，减少官员人数。这在过去数十年已经历多轮机构改革，该做的也已经做了。十九大提出"党政合署办公"的改革新思路，是很大的一个改革空间。这次如果能够通过"党政合署办公"，把中共机构改革和政府机构改革结合起来，统筹考虑，机构改革就可以进一大步。在地方层面，无论中共机构还是政府机构，两者都面临同样的具体问题，为什么还需要两套行政班子？两者的整合可以减少机构和提高行政效率。

其四，进行新的税制改革，为地方政府寻找新的税源。讨论了多年的房地产税应当加快实施。在任何国家，房地产税是地方政府的重要税源，也是地方居民为地方做贡献的义务。除了既得利益的阻力之外，今天的中国没有任何理由不实施房地产税。

其五，大力进行国有企业改革，使得国企成为真正的企业，减少甚至断掉地方国企对政府的依赖。在一些领域，国企的确应当做大做强，例如在一些公共事业领域。但国企应当从竞争性领域退出，政府改为通过税收体制和企业建立关系。市场化的国企改革不仅可以控制和减少国企债务，也可以控制和减少地方党政官员的腐败行为。

其六，更为重要的是，要在中央和地方关系方面建立政治责任制度。如上所说，改革开放以来，从中央到地方，在这个领域犯了不少错误。一些改革，例如设立计划单列市和地级市没有法律依据。这些错误都被忽视了。对中央和地方的领导层应至少做到一个任期进行一次大检查。随着监察制度的确立，经常被忽视的中央地方关系也应当引入被监察的领域。

数千年的中国政治历史经验指向了中央地方关系的重要性。大多数历史学家在论述中国兴衰时，都会把中央地方关系提到一个极其重要的位置。一个稳定的中央地方关系，不仅决定了国家政治是否稳定，更决定了国家的兴衰。

三、中国政治改革要从县政开始

迹象表明，中国很多县（市）级以下的区域已经进入无政府状态。这里的无政府当然不是说没有政府，而是说政府不能很好地履行政府的功能，如提供安全和服务、社会正义和公正等公共产品。这些年来很多腐败和不好的事情都发生在县（市）。很少会有人否认，县政是中国腐败的"重灾区"。古人对县政有经典的总结，"郡县治，天下安"。如果县政发生无政府状态，那么整个政权就会发生危险。人们无须从中国数千年的历史中寻找证据，国民党政权的解体实际上就是从县政危机开始的，县政危机也给中国创造了一个机会来改造县政。笔者认为，县政改革可以是中国总体政治改革的起点，并且是一个最理想的也是最具操作性的起点。到今天，没有人会否认中国政治改革的重要性，问题是从何入手。基层村级民主已经实施二十来年了，似乎已经走到了顶点，很难再自下而上地往上推。乡镇民主也已经做了些试点，但要大规模地扩展开来的可能性并不大。这不仅仅是因为各方面对乡镇一级政权是否要存在下去并没有共识，更为重要的是从村级民主实行的情况来看，民主可能解决不了中国的基层治理问题。况且，乡镇民主在法律上说还没有具备合法性。

在基层民主不能上移，缺失政治改革的动力的情况下，就要另外寻找其他的突破口，而县政改革就是这个突破口。

1. 县政的沿袭与发展

县政历来就是中国治理制度的核心。省级政权在元代前是中央政权的一部分（日本今天所用的"省"就是中央的"部"），元代以后成为地方政权，但其重要性仍然不如县。"虚省实县"是中国传统政治的常态。从传统意义上来讲，县以下实行自治制度（日本今天仍然延续这一制度）。乡镇政权是现代革命的产物，为当时革命动员、国家建设和改造社会所需。但到今天，这一级政权设置暴露出越来越多的问题。

在很多地方，乡镇政权本身已经演变成为无政府的根源。这些年来，人们对如何改造乡镇政权有很多的讨论。一些省份也进行了有效的改革，如撤乡并镇等。总体说来，如果省是中央的派出机构，那么乡镇应当更多的是县的派出机构。在乡镇政权定位不那么明确的情况下，没有很大的理性去花费很大的精力在这个层面进行大规模的政治改革，尤其是民主化。

虚省实县应当是中国政治改革也是中央地方关系的轴心问题和关键问题。如何"虚省"需要另文讨论，这里讨论如何"实县"的问题。

传统上，县是实的，县太爷是中央政权亲自选定的，县太爷和中央政府之间有直接的沟通管道。县政也因此是传统政治的核心。改革开放以来的趋势是实省虚县，到今天县政远远被边缘化，这是有很多制度因素促成的。

改革开放前的30年，县政在中国政治中有着同样显赫的位置。毛泽东本人对县政就非常重视，和县委书记沟通是毛泽东的一项重要议程。在制度层面，县委书记甚至可以成为中央委员。同样重要的是，中央实行"下管两级"的干部管理制度，就是说，县和中央之间还是有直接的沟通管道。

改革开放以来就不再是这样了。首先是干部管理从"下管两级"的制度改革成"下管一级"的制度。中央政府只管到省级干部，而县级干部完全在省级管辖之下。

2. 干部交流的弊端

现在的县委书记要见到中央高层领导人也不是一件容易的事情，县政和中央之间不存在任何制度性的关联。中央政府所能做的就是做些制度规定，如强化干部交流制度。

干部交流制度"一刀切"地在所有层级实施。这个制度的一个重要意图在于防止地方主义，而它也的确起到很大的作用，但同时也产生了不良后果，至少在县政层面。干部交流是自上而下决定的，就是省级政府决定县级干部交流。在一些地方，干部交流演变成了官职买卖，成了上级干部腐败的工具。很多县级干部为了政绩，形象工程不断。县政干部频繁地调换。

社会经济方面县政也被边缘化。因为单纯地把现代化理解成城市化和工业化，作为乡村象征的县自然得不到重视。实际上，很长时间里，国家政策很少有向县政倾斜的。即使是建设社会主义新农村也仅仅视为是农村经济发展，并没有把县政建设考虑在内。这一点，也表现在近年来的"省管县"政策。这些政策既没有有效地促进农村的发展，和县政建设更没有任何关系。看看有多少县级财政处于破产状态就知道问题的严重性了。在很大程度上，县政处于政治（行政）和经济双重破产状态。

20世纪90年代中期以后的"抓大放小"政策中的"放小"部分对县政也带来极为负面，甚至致命性的影响。所谓的"放小"就是民营化。这个改革设想具有战略意义，通过民营化大力发展中小企业，从而推进地方的经济发展。但是在实施过程中往往演变成恶性私有化。中小企业大多属于县（市）级政府。县（市）级政府本来就具有公司型政府特征。恶性私有化不仅导致了这一级大量国有资产的流失，更因为围绕着私有化，官员之间、官员和商人之间的纷争不断，内部交易，腐败升级。

3. 使县政拥有中心位置

县政政治和经济上在中国总体制度上的边缘化是很多问题的根源，县政改革也因此变成当务之急。县政改革的内容就是要使县政实质化，就是说要使县在中国的总体政治经济制度上拥有中心的位置。如何使之实质化？首先是要建立中央和县政的直接关系，把县政从省政那里解放出来。

中国有2800多个县级行政区划单位，在经济发达的东部地区的很多县的人口超过100多万，比世界上的很多小国家还要大；西部有的县尽管人数少，但地域广袤。如何建立和中央的直接关系，就要考虑县政主要领导谁来任命的问题。县委书记和县长数千人，中央政府要把这些人从选拔、管理和培训等任务担负起来并不是一件难事。近年来，中央党校开始培训县级领导是一个积极的发展，但还是不够。党的主要领导人需要把更多的精力投入县委书记和县长的培训和直接领导，犹如当年的黄埔军校那样。引入民主因素进县政也非常重要。从理论上说，现在的县级人大代表都是直选的。县（市）级领导和人民建立起直接的关系最有可能。当然，也可考虑是否在县政必须具备现在的六套班子。党政关系问题、行政和立法关系等都可以进行开放式试验。

在经济上，近年来已经提出省管县制度。这个新政策较之从前的政策比较重视县级经济。但是这个政策可能还不够。因为分税制以后，中国财政重心已经向中央倾斜。县级经济是农村经济的第一线。要有效促进农村经济的发展，不仅仅中央财政转移要向县级倾斜，中央税收也要向县级分权。现在税收财政过分集权，县级经济的发展缺乏资金和动力。这种情况只能通过经济分权来达成，而不能仅仅通过财政转移，因为财政转移强调的是二次分配，而不是生产。

无论从政治还是从经济上看，县政改革都具有巨大的优势。县政改革是可控的，分区域和逐步推进的县政改革不会影响整个制度的运作。这也同时说明，改革的成本也很低。一旦县政改革取得成效，其必然会造成强大的动力，向下推进乡镇政府的改革，向上为省级政府的改革提供压力和动力。最近中国中央领导层开始把注意力放在县级政府，再次强调县委书记的重要性。这里释放出来的信息很重要。人们也希望，对县政的重视可以超越经济的范畴，而进入政治领域。县政的经济和政治改革成功了，就会变成中国整体制度改革的基础和动力。

四、中国的县政改革和国家建设

今天的中国社会在县级以下的一些地方已经处于无政府状态。如果县政不加以改革，无政府状态就会蔓延开来，到最后会变得一发不可收拾。笔者认为县政可以成为中国政治改革的现实切入点。县政改革不仅仅是为了解决今天中国所面临的问题，更是为了未来的国家建设。

在传统中国，县政是整个政权的基石和支柱。在几千年的历史中，县级政府是最基层的政权。尽管20世纪革命尤其是共产主义革命重建了中国政治的整个构架，但没有任何理由来改变县政的核心地位。

辛亥革命后，国家政权力量才到达县级以下，即乡镇，同时在县级以上也设立了很多行政级别。多层次复杂的行政结构在革命和建设的早期起到很重要的作用，主要是政治、经济和社会多方面的控制和动员。

改革开放以来，中央权力大幅度下放到省级，县政成了各省的省内事务，再由省级政权往下分权。就是说，分权是一层一层地往下放。每一层级政府只和上下两级政府发生关系。

无论是往下还是往上，越级的关系很难发生。这就形成了一些外国学者所说的"蜂窝状"政府。从政策的决定和执行来说，这种政治结构无时无刻不呈现出其脆弱性来。

1. 中国各省间的关系微弱

包括世界银行在内的很多研究经常指向中国各省之间关系的微弱。例如长期以来，中国各省之间的贸易水平远远低于各省与海外的贸易水平。中国各省之间的整合度要远远低于欧盟主权国家之间的整合，也低于苏联解体之前各加盟共和国之间的整合。

实际上，情况比这个还严重。在各省之内，各县市之间的整合程度也非常成问题。中国学者所说的"诸侯经济"不仅仅存在于各省之间，也存在于各县市之间。在政治上，也有类似的情况。

经过世纪之久的革命和建设之后，中国要回归常态社会。常态社会强调的是治理，或者良治，县政方面也一样。在这方面，中国国内学者这些年来已经作了很多的研究，不同方式的县政治理也在不同的地方推展和试验。但应当指出的是，县政不能孤立于总体政治改革，县政不仅仅是县政本身的治理，而是涉及中国总体国家结构建设的问题。

首先是与政权的合法性有关的执政党及其政府和社会的联系问题。这里最主要的就是要寻找政权和社会的关联点。民主政治主要也是为了解决政权和社会的关联问题。

乡镇数量繁多，范围小，既不能构成治理单位，也很难和政权建立直接的关系。在常态社会，乡镇类似于社区，并没有必要成为一级正式行政建制。在富裕发达地区，乡镇人口较多，可以作为县的派出机构。乡镇改革在浙江等地的试验已经取得了不错的结果。

乡镇政权的存在在很多方面已经成为政权的负担。大量乡镇政权已经处于破产状态。能否取消乡镇政权或者重新定位乡镇政权，时机早已成熟，接下来就要看改革者的决心了。

2. 要求政府成为服务型政府

如何解决执政党和政府与社会严重脱离的情况？县政是关键。近年来，中国开始学新加坡的做法。在新加坡，所有政府官员和国会议员都必须定期和选民见面，倾听民意和收集民意，尽管不见得所有的提议都能落实下去，但毕竟是高度制度化的机制，能够把执政党及其政府和民众联系起来。

这是新加坡执政党长期执政的主要经验。中国也在学。在一些试点地区，县委书记和县长必须定期和人民见面。不过，在一些地方，这种连接往往变成了政治仪式，并无实质性的意义。

在新加坡，执政党每5年必须面临一次"大考"，即大选。如果功课做得不好，考试有可能通不过。中国的县委书记和县长没有这样的"大考"，他们不可能像新加坡官员那样行为，是预期之中的。但这并不是说，中国不可能找到这样一种人民和官员之间的制度关联。

在理论上说，县级人民代表大会代表是选民直选的。而且中国的直选民主只发生在县一级。要处理好县委书记、县长和人民之间的关系就要处理好县委书记、县长和县人民代表大会之间的关系。

理想地说，执政党通过人大系统来执政是比较好的。这方面的实践先可以在县级进行。县政的重要性也体现在政府的定位上。这些年来，人本主义是政府界定的核心。实际上，无论什么样的政体（不管是民主还是非民主），只要是以人为本的，都是具有强大的生命力的。人本主义要求政府必须成为一个服务型政府，而服务型政府的服务对象当然是社会，是人民。

提供服务过程中，县政的位置变得尤其显著。到目前为止，中央政府还很少能够为人民提供直接的服务。从各国经验来看，中央政府不是没有可能提供公共服务，例如医疗卫生、社会保障、教育和环保等方面，在很多国家都是由中央政府或者联邦政府直接提供的。

在中国，这些服务基本上还是由地方政府提供（当然是提供不足）。在很多场合是中央出政策，地方出钱。但即使是将来中央政府有能力直接提供这些服务，在中国的体制下恐怕也难以跳过县级政府。

在这方面，县政面临艰巨的转型任务。有些政府不仅仅不能提供任何服务，反而演变成一种变相掠夺，这是政府和人民紧张关系的主要原因。

3. 县级信息与中央脱节

从信息流通的角度也能说明县政对国家建设的重要性。县政必须和中央政府建立直接的关联，甚至说县政必须是中央权力的内在部分。这首先要从信息的收集、整理和分析开始。

在任何国家，真实的信息在现代社会治理中的重要性是不言而喻的。县级可以收集到最基层也因此是最真实的信息。尽管中国体制内部的信息传递有不同的管道，但很难说现在县级信息可以直接传送到中央政府。

在很多场合，县级信息到了中央要不毫无踪影了，要不高度扭曲。在中国高度等级化的行政系统里，县级的信息在往上传递过程中，被一级又一级地"审查"，到了最后即使能够上达中央，但已经不是原来的信息了。

当然，反之亦然，中央的政策到了县级，往往就变得面目全非了。原因在于在县政和中央政府之间有太多的行政"过滤器"。当中央权力被省市级政府阻隔的时候，县政就被边缘化；当县政信息被省市级政府过滤的时候，中央就很有可能变成"瞎子"和"聋子"了。

从长远来看，县政改革也涉及中国未来民主化问题。中国国家之大，地方复杂，拒绝走西方式民主道路有其很大的理性。

县政民主是民主化的最可行的选择。就是说，在很长一段时间里，只有县政才有可能实行直接民主，而在县级以上，实践间接民主。

除了选举，民主化的另外一个重要维度就是国家向社会的分权。而处于社会最前线的县政是国家向社会分权的最理想也是最具有现实性的政府层级。考量到中国的国家地域和人口规模等因素，一旦民主化，就会产生巨大的政治压力。

如果巨大的压力不能消化，那么总体政治社会的稳定就会成为问题。因此，作为民主的起点，县政能否建设好决定了中国的民主化成功与否。

五、中国的地方行政改革何去何从

在中国的政治环境中，因为社会力量的弱小，地方政府的有效运作是社会稳定的前提。如果不对地方政权加以大力度地改革，大规模的社会不稳定就会出现。一旦地方政府不论以何种方式解体，那么社会的无政府状态就变得不可避免。

首先是一线政府呈现出来的"黑社会化"倾向。这里有重庆打黑的例子，一抓可以抓出那么多政府官员来。更应当指出的是，"黑社会化"发生在政府的各个部门，尤其是在司法部门。一些地方的政府官员与黑社会成员，或者有千丝万缕的关系，或者成为黑社会的后台，甚至本身就是黑社会成员。可以相信，这么庞大的黑社会网络，并非在很短时期内可以形成，地方政府"黑社会化"是制度土壤上逐渐产生出来的。

和"黑社会化"紧密相关的是一些地方政府的集体腐败，也就是当地整个领导班子的腐败。集体腐败越到地方越严重。

自从改革开放以来，经济建设是中国政府的核心议程。经济发展本身并没有错。要改变落后的局面就必须发展经济，同时经济发展也能改善政府和人民之间的关系。一个无所作为的政府很难得到人民的认同。但是各级党政官员往往对经济发展这个主题作出错误的理解，盲目相信只要经济发展了，什么样的问题都可以得到解决；只要经济发展了，人民就会认同政府及其官员。20 世纪 80 年代盛行腐败促进经济发展的观点，20 世纪 90年代之后又有只管发展而不问后果的 GDP 主义的兴起。

1. 地方官员毫无士气

从现实情况看，黑社会和腐败对各级地方政府所造成的负面影响，远非经济发展所能弥补的。或者说，尽管经济发展给地方政府带来了一定的合法性，但"黑社会化"和腐败则在更加严重地和快速地削弱和破坏着政府的合法性。这些年来，地方政府和社会的矛盾高度紧张，一有机会，紧张关系就会以各种形式爆发出来。这种紧张关系尤其表现在一线政府，如县、县级市、市和乡等。一线政府必须和社会打交道，它们处于社会群体性抗议事件的最前沿。这里应当强调的是，一线司法系统所面临的困境。在任何国家，司法系统是保障最基本社会正义的最后一道防线。为什么需要政府？政府就是用来维持社会正义的。而在中国，很多指标表明，司法系统已经成为腐败严重的政府系统。也正因为这样，针对司法系统的社会暴力，无论是个体的还是集体的，越来越多。

针对地方政府的社会暴力不难理解，问题在于如何理解地方政府的"黑社会化"和腐败，及如何控制这些情形？地方政府处于中国政权系统的最前线，也就是说，它们处于政权的最边缘地带。因此，一线政府最重要也最不重要。说其重要是因为它们是和社会最直接的关联点，一旦出现问题，整个政权和社会的关系就会出现问题。说其不重要，是因为它们早被边缘化。边缘化的位置使地方官员容易产生异常行为。对他们来说，要升官，可能性几乎没有，他们注定是"小小芝麻官"。要说荣誉，无从谈起，因为一线政府在中国政治光谱中没有任何重要性。那么，他们要选择什么呢？很显然，他们选择了金钱和美女，选择了寻找腐败机会，等等。为了得到这些，他们不惜采用任何方式，包括黑社会方式。

很多年里，一些地方官员、一些地方政府受到社会的最强烈的谴责。但从实际情况看，这并无助于问题的解决。地方官员和地方政府感觉到被"妖魔化"了。一些地方，官员根本就没有"士气"。除了对私利的毫无限制的追求，根本不知道"做官"还有什么其他的意义。这种"土气"的腐败对整个政权来说可以说是致命的。

怎么办？应当从制度层面来加以解决。无论是"黑社会化"还是腐败，地方政府行为都是体制的产物，而非党政官员的个人品德等因素决定的。比如，地方党政一把手的腐败问题已经讨论了很多年，但就是没有能够找到有效的制度来制衡一把手。现在预防腐败和反腐败的机构越来越多，反腐败方面的制度建设不可说没有，但地方腐败却愈发严重。这表明要反思一些制度建设，并非设置了预防和反腐败的机构，就可以控制腐败等问题了。

2. 政权扁平化保证好的政策下达

改造地方政府应当是地方行政改革的主要内容。地方行政改革到现在为止已经经历了多次，但每次都是为了配合中央层面的行政改革。到目前为止，地方行政改革要不是为了精简机构和人员，要不就是搞大部制。这些当然很重要，但所有这些地方政府的改革，并没有被置于重建中央地方关系的大背景下。结果，地方行政改革忽视了最具中国特色也最具重要性的一方面，那就是缩短行政层次、减少行政等级性的问题。人们可以说，没有政权的扁平化过程，就不可能遏制地方政府的"黑社会化"和腐败。

中国传统社会强调"皇恩浩荡"，这看起来很封建，但对中央政府的合法性非常重要。"皇恩浩荡"表明"皇恩"能够到达社会的各个角落。为此，皇权需要把最基层的县官（县是传统中国基层政权）管起来。但现在的情况大不相同了。1949年后，中国从中央到地方设置了无数的行政层级。在改革开放之前，毛泽东凭借其对中央官僚体制的厌恶和对社会基层的直觉，以非制度的方式和县级领导（县委书记）保持关联。但改革开放之后，一切回归正常的官僚政治，政策在往下传递过程中，被各种中间层次政府所截留，到了一线政府，就消失得无影无踪。

在省和县之间，中国设置了太多级中间层次政府。对这些层面的政府缺乏研究和改革。它们在不用承担一线政府那样的责任的同时，可以利用手中的行政权力来攫取各种各样的利益。可以说，它们已经成为中央和一线政府之间政权内部最大的既得利益者。中国目前中央和地方关系中存在的诸种问题的根源，都和它们的存在有关；一线政府和社会之间的紧张关系，更和这些无须负责的中间层政府有关。

正因为这样，最近几年推出了"省管县"的制度实践。在海南，县、县级市和市，尽管继续属于不同的行政级别，但都由省政府管理。在浙江，省跳过市直接和县处理财政关系。不过，应当指出的是，"省管县"制度主要还是着眼于县级经济发展问题，还没有提高到行政改革的高度。就是说，这一制度的意图在于控制问题，而非解决问题。

理想地说，从中国几千年的传统经验来看，两级半政府就够了，即中央、市县两级，加上县的派出机构，乡（半级）。但鉴于各种因素，包括复杂的历史和地域广袤等，中国可以实行三级半政府，中央、省、县和市三级加上乡半级（作为县的派出机构）。而这里的省级政府，更多的是代表中央。在很长的历史时期，省就有这个属性，是中央的派出机构（所谓"行省"）。

一些大的市，包括目前的计划单列市，可以升格为直辖市，和省同一行政级别。鉴于中央权力每况愈下的情况，多设直辖市在今后不可避免。在这些大市变成直辖市之后，其他所有市就可以和县（县级市）属于同一行政级别。市管理城市，而县管理农村。而无论是市还是县，都要属于省（或者直辖市）直接管理。

1994 年分税制以后，中国大部分乡镇政府经济和财政上处于破产状态。这个问题也必须面对。在西部人口稀少的地方，乡级政权就没有必要存在。人口少，贫穷，一个"五脏俱全"的乡镇政府是不可持续的。而在东部发达地区，一些乡镇无论从人数和经济规模来说相当庞大，它们就可以继续存在。不过，它们也没有必要"五脏俱全"，而是作为县级政府的派出机构就可以了。

地方行政改革的主要目的，就是缩短中央和一线政府的距离，中央（或者代表中央的省）直接管理市、县级干部。这样做有很多优势：第一，有利于提高政策制定和执行的效率。第二，有利于行政的扁平化，市和县属于同一行政级别，减少政权内部的权力"掠夺"。第三，对中央政权来说，有利于收集社会意见或者社会对政府的反馈；对社会来说，有利于对政策执行的监督。第四，有利于城乡的统筹和整合。现在城乡分割得非常严重，由省政府直接管理县和市，对县市进行协调，非常有助于整合。

很显然，这样的行政改革不仅仅是行政管理学意义上的，而且是政治学意义上的。中央和一线政府行政距离的缩短，也意味着政府和社会之间的距离的缩短。没有社会基础，任何政权难以生存。而社会基础必须体现在制度设计上。人们一直在强调政权的社会基础问题，但忽视了制度设计。现行的中央地方关系的制度设计，有效地隔离了中央政权和社会的关系，削弱了政权的社会基础，如果不加以改革，中央权力的社会性就难以得到确立，而和地方一线政府行为相关的、越来越甚的社会问题，表明这个体制已经到了不可不改革的时候了。

第四章 "刮骨疗毒"式反腐剑指何处

一、腐败与中国的历史周期律

中共中央总书记习近平重提毛泽东和黄炎培著名的延安"窑洞对"，又引发人们新一轮对历史周期律的反思和讨论。当然，这也刚好契合了中共十八大以来势头越来越旺的反腐败运动。这种契合使得对周期律的讨论更具有现实意义。

自从 20 世纪 90 年代初苏联解体和东欧剧变以来，人们对中共如何走向未来的讨论多了起来。无论海内外，人们总是喜欢把中共和苏联共产党作比较，希望从苏共解体的历史中学到足够的经验教训，因为苏联模式对中共的影响的确非常巨大。不过，这种比较也容易忽视一个基本的事实：尽管从组织形式上看，中共和苏共有很多类似和相同，但两者都是各自历史文化的产物。苏共是俄罗斯文明的产物，而中共是中国文明的产物，两者所处的文化导致了彼此巨大的差异性。

把中共的前途放在中国数千年历史中来考察，更具有意义。从这个意义上说，毛泽东、黄炎培所讨论的中国历史周期律，对中共的参照意义远较苏共对中共的参照意义大。

历史的周期律问题是 20 世纪三四十年代很多学者所思考的问题。自从近代清王朝解体之后，中国的政治精英走上了一条寻求建设一个新制度体系的道路。总体上看，建设新制度体系是要向西方学，但也免不了要总结中国本身的历史经验教训。黄炎培所做的，也就是把那个时代人们所思考的问题带给了毛泽东。当然，毛泽东本人也不可能不了解当时人们的讨论，他所给出的标准答案，也同样是那个时代人们所思考的结果。

1. 历史周期律的三个阶段

当时的人们对中国历史的周期律，做了很多理论和经验层面的研究。总体说来，人们发现一个历史周期基本上会经历三个阶段：第一阶段就是新王朝的建立期；第二阶段就是在这个新制度下寻求发展的过程，也就是王朝走向兴旺或者顶点的过程；第三阶段是开始衰落直到解体阶段。三个阶段之间并没有非常明确的界限。

人们在研究历史周期律的时候，往往把重点放在最后一个阶段，即衰落和解体的阶段。实际上，各个阶段都是可以加以反思的。在第一阶段，是新王朝的确立，但不是新制度的确立；是旧王朝的再生产和复制，而不是旧王朝的转型和新制度的创立。当然，历朝历代的新王朝也会建立一些新制度，但新王朝的总体架构和前朝并不会有什么巨大的变化。在第二阶段，人们的注意力就是把新制度所能带来的"解放生产力"的作用用足，求得最大程度的发展。旧王朝被推翻，既得利益被解体，革命对经济造成的破坏等等因素，都有利于新王朝的经济发展。不过，这个时期的主题并不是改革和创新。随着王朝开始走向顶点，体制所体现出来的更大的特点就是保守，不求进取。既得利益开始壮大，不再是继续做大蛋糕，而是开始分赃。同时，既得利益也开始扼杀改革和创新，专注于维护自己的利益。当然，在这个阶段，也会出现一些为了朝廷的利益的改革者和制度创新者，他们提出各种改革方案，试图改变现状，实现朝廷的可持续统治。不过，所有的改革会触动既得利益者的利益，因此他们往往没有好下场。

第三阶段最有意思，也最具有借鉴意义。中国有一个传统，人们总是喜欢借古讽今，把现实和从前王朝的末代皇帝统治时期做比较。这个时期的变化和所体现出来的特点，可以分为体制内和体制外两个领域。体制外的力量开始从边缘地带崛起，从边缘崛起到最后夺取政权是一个非常漫长的不确定过程。如果仅从体制外的力量本身来看，夺取政权的机会实际上很小。中国数千年历史里，只有明朝可以说自下而上成功夺权，其他更多的都是被镇压。在王朝的解体过程中，尽管体制外的力量扮演了一定的角色，更重要的是王朝本身，也就是体制内的因素。没有体制内部的因素，外部力量很难真正动摇现存体制。

2. 王朝衰落的共通特点

每一次王朝衰落有几个共通特点：第一，王朝内部既得利益已经长大。这些利益都是新王朝建立之后成长起来的，在建设新王朝过程中也起到了重要作用，但已经失去了前期的进取精神。它们不再继续创造财富，而是开始通过掠夺方式获得财富，并且也掌握着国家的绝大部分财富。更重要的是，它们也开始扼杀一切改革动议，视一切改革者为敌人。一旦改革触动他们的利益，就会群起而攻之，杀之。

第二，在这个阶段，王权本身往往处于弱势状态，大多权力分散在既得利益手中及与其有紧密关系的官僚体系之中。既得利益大多是王室大员，但他们绝对没有王室的整体利益观念，仅视国家事务为皇帝个人的事情。他们能够对皇帝构成最有效的制约，因为这个群体往往是王权的内在组成部分。官僚系统也就是（宰相）相权方面，往往也和这个群体有紧密的关系。相权本来就是要为皇帝服务的，但这个时候，相权往往被各个既得利益所分解，成为既得利益的工具。严格说来，这个时候已经没有了明确的王权，王权被分解在体制内部的各个部门。

第三，国家和社会的关系进入恶性循环。皇帝要通过改革既得利益和官僚机构来消解体制外的力量已经变得不可能，往往转而依靠国家暴力机器（往往是军队或者特务组织），通过镇压的方式对付体制外力量。但这种镇压往往显得无效，造成更大、更多的对立，继续促使体制外力量的成长。在很多时候，皇帝连动员军队的权力也被既得利益和官僚集团所制约。

第四，随着体制外力量的崛起，体制内部的一些既得利益开始和体制外力量沟通甚至结合。当然，这些既得利益不是为了改革，而是为了寻求自身的安全，免除其个人利益或者家族利益受损。体制内从权力分散状态走向分裂状态。因此，体制内的一些既得利益实际上为自下而上的反叛提供了机会。体制内部的分裂是体制外力量崛起的前提条件。

体制外出现的反叛力量尽管具有很大的破坏性，但其本身往往不足以推翻现政权。在反叛力量崛起的过程中，有另外两个群体的加入极为关键，即知识分子和中下层的体制内部官员。这两个群体在反叛力量中起领导作用，往往是知识分子作为"智库"，而中下层官僚作为未来的掌权者。知识分子不难找，历朝历代，总有很多怀才不遇、对现状不满、希望出现一个好皇帝的知识分子。中下层官僚是体制内的一部分，知道体制如何运作、体制的问题出在哪里、如何在未来建设一个新王朝。同时他们又是一线政府官员（如果用现在概念来说），了解社会为什么会反叛、社会需要什么、如何动员社会等等。这个群体也决定了在推翻旧体制之后，所建立的新体制往往仍然是旧体制的翻版，他们所做的只是在王朝体制内部做些所谓的制度改善或改进。

3. 如何跳出"历史周期律"

对如何跳出这个周期律，毛泽东和黄炎培都指向了近代以来中国政治精英所追求的"民主政治"。毛泽东说："我们已经找到新路，我们能跳出这周期律。这条新路，就是民主。只有让人民来监督政府，政府才不会松懈。只有人人起来负责，才不会人亡政息。"黄炎培听了之后说："这话是对的，只有把大政方针决之于公众，个人功业欲才不会发生。只有把每一个地方的事，公之于每个地方的人，才能使地地得人，人人得事。用民主来打破这个周期律，怕是有效的。"

无论是毛泽东，还是黄炎培，在谈论民主政治的时候，实际上都指向了体制内、外的关系，或者说国家与社会、政府与人民之间的关系。这里面又包含几层意思。改革和变化的动力要从体制外而非体制内寻找。既得利益靠不住，因为既得利益所追求的都是私利私益。改革不可避免要依靠体制外力量。如果改革意味着克服既得利益，很难通过依靠既得利益来进行改革。但同时，改革又意味着不是自下而上的革命，问题在于要找到一条依靠体制外力量来推进改革的道路。

这个问题的提出和解决方法，唐朝思想家柳宗元在《封建论》已经做过论述。他认为，中国社会结构可以分为三层，即王权、大户和民。"大户"就是现在所说的既得利益和官僚阶层，"民"就是社会力量。在柳宗元看来，如果皇帝（王权）的改革行为遇到了"大户"的阻力，就可以依靠"民"来克服既得利益。

既要依靠体制外的力量来推进改革，同时又要避免自下而上的革命（或者社会运动），这是一件不容易的事情。动员社会力量搞不好就会演变成社会运动甚至革命，这需要当政者找到有效的方式来结合体制内外的改革力量。反腐败就是其中一种有效的手段。

在"跳出周期律"的内容中来理解今天的"反腐败运动"的意义就

不是一件难事了。在这个内容中，反腐败的意义已经远远超出了反腐败本身，而具有了反周期律的意义。人们总是从统治者的合法性问题来看反腐败。官员的腐败往往导致统治者的低合法性，甚至失去合法性。因此，历朝历代都需要反腐败。如果统治者失去了合法性，也即失去了统治国家的"天命"，体制外的力量就可以起而推翻之。不过，反腐败运动更重要的意义在于推进改革，即通过削弱和超越既得利益对改革的阻碍，把改革进行下去。

今天，既得利益无处不在，它们都以各种方式追求自己的利益。很难说，既得利益的存在是不正常现象。同样，在一些情况下，既得利益追求自身的利益也很难说是不合理的。不过，正是因为既得利益追求的仅仅是私利，往往和社会的整体利益相悖。再者，现在的既得利益已经长得足够大，演变成为一个个自我封闭的集团，有效阻碍着任何新利益的产生。如同传统社会，既得利益往往视任何改革为"敌人"，通过各种方式阻碍改革。从这个意义上说，既得利益已经进入政治范畴。中国社会现在一些主要的既得利益集团不仅仅是经济既得利益集团，而且在演变成为政治利益集团。正如在传统社会，如果这些集团分解了整个政权，历史周期律就不可避免地要重演了。

因此，人们可以把今天反腐败运动的意义，放置于反历史周期律的内容中来理解。不过，正如毛泽东、黄炎培延安"窑洞对"所揭示的，反腐败运动是否可以转变成为反历史周期律，还需要取决于两个重要的因素。第一，体制是否能够向社会足够开放，能否依靠社会力量。第二，能否建立一个新制度。如果反腐败运动的目标仅仅限于修补旧制度，可能仅是延迟历史周期律的发生。只有依靠社会的力量，在削弱既得利益之后，确立起一套向社会开放的新制度，才能真正跳出历史周期律。这也就是中国今天所面临的最大的政治挑战。

二、新时期的反腐意涵的新特征

中国新一代领导层和新一届政府产生以来，就开始了规模巨大的反腐败运动，至今仍在如火如荼地进行。自改革开放以来，历届领导人和政府都会发动反腐败运动。但一些敏感的观察家已经发现，这次反腐败从各个角度来说，和以往很不相同。这次反腐败的意涵，不是仅仅从其所已经达到的深度和广度所能说清楚的，必须把反腐败运动的深刻意义，置于中国目前所面临的政治大环境中来认识。

改革开放四十年来，中国的经济社会在转型，官场的腐败模式也在持续变化之中。发展到现在这个阶段，腐败表现出几个非常明显的特征：第一，腐败数量的巨大。早期的腐败是以万计数，现在是以亿来计数。第二，犯案官员的数量越来越多。中央提"苍蝇、老虎"一起打，但人们发现"苍蝇、老虎"似乎到处都是。第三，腐败官员的层级越来越高，从部长到政治局委员犯案者数量也不少。第四，腐败已经具有了集团的性质，不再局限于单独的个人。在地方政府这一层面，官员的集体腐败案在20世纪90年代中期就存在了，并且位数不少。发展到今天，这种集团性腐败已经发展到中央级别的官员了。

在一个层面，腐败的这些变化是可以理解的，主要是制度建设跟不上经济变迁。在过去四十年，中国的经济发展快速，今天的经济规模已是世界第二。但同时，中国并没有足够的政治体制改革，老的体制早已经弱化，新的、健全的体制还没有完全建立起来，因此，从总体上说，现行体制已经很难承担吏治的责任。例如，现在官员经济腐败的规模如此庞大，已经超出人类理性的计算。如果腐败几百万元，人们还可以用理性来解释。但是，那些规模大到以亿元计算的案件用什么来解释呢？不用说官员一辈子了，几辈子都用不完的钱财到底要干什么呢？

在这样的情况下，反腐败的意义可以说是不言自明了。大面积、大规模的腐败关系到执政党的合法性。"腐败要亡党亡国"是中共再三强调的。中国尽管没有民主国家那样的选举制度，但在政府和人民之间也存在着一种不言自明的"社会契约"。传统上，皇帝统治社会是"天命"，一旦失去"天命"就会被推翻。朝廷的腐败就是失去"天命"的一个重要指标。今天，尽管人们不相信"天命"了，但如果腐败不能整治，政权还是有可能不保。很多年里，执政党高层也一直在强调，官员的权力是人民给的。如果用不好人民所给的权力，人民是可以收回这个权力的。一句话，官员的腐败会单方面毁掉政府与人民之间的"契约"关系，从而失去合法性。

这个道理可能谁都懂，但对一些干部官员来说，并不想知道历史上经常发生的王朝更替对自己有什么关系？国家的兴衰与自己又有什么关系呢？很少有官员能够超越自己的、家族的和小圈子的利益去考量整个政党和国家的利益。尽管历届政府都反腐败，但腐败者照常我行我素，变本加厉，以至于发展到今天的局面。今天的腐败和以往的腐败有什么区别？这里的情况很复杂，简单地说，寡头经济局面已经基本形成并且成为腐败的经济制度基础，而一些经济寡头开始转向政治，既"玩"金钱又"玩"权力，从而严重恶化着中国总体政治环境。无论是政府本身的治理能力，还是老百姓对政府越来越甚的抱怨和不满，都可以在这里找到根源。因此，这次反腐败有了新的政治意涵，那就是反寡头。中国经济寡头的形成有其体制原因。计划经济时代，整个国民经济是官僚经济，各级政府管理所有经济活动。在这个体制下，国民经济被部门化，分成石油、电子、钢铁、煤炭、水利等领域，并且是从中央到地方的垂直治理。这是一种变相的"封建制度"。改革开放后，中国从计划经济转向市场经济，但经济管理的部门化制度特征并没有变，只不过是随着产业的变化，增添了新的经济部门，例如电信和金融等。

在 20 世纪 90 年代中期，中国政府对大型国有企业进行"抓大"的改革，就是组建庞大的国有企业集团，试图增强企业的国际竞争力。这个改革的本意没有错，并且从企业盈利的角度来看也很成功。不过，因为以市场为基础的现代企业制度建设没有到位，国有企业的不同领域形成高度垄断的局面。一个普遍的共识是，国有企业的高利润来自垄断而非市场竞争力。部门经济的高度垄断性便是经济寡头的经济制度基础。

除了经济制度基础，经济寡头的形成背后还有诸多政治因素。首先是高层领导人的背景。中国的领导层来自"五湖四海"，背景必须是多元的，这是治理一个庞大国家所必需的。但来自不同背景的领导人必然对政治运作产生不同的影响。很多年来，一些高层领导人来自国有企业，他们和原来的"领地"仍然保持着紧密的关系。并且因为中国的国有企业仍然保留着行政级别，主要国有企业（央企）老总本身也是政府官员，这就使得这种关系更加变得有机不可分。

政治因素则是中国的政治权力运作方式。为了便于管理，中国把治理功能分成不同的领域，即中国所说的"口"，例如党务口、政法口、宣传口等。不同的"口"由不同的领导人负责，并且往往是一个领导人在他所管辖的"口"内拥有绝对的权力。各个"口"之间只有分工，而缺少协调机制，往往形成"山头主义"。一旦经济寡头的情形和这种领导权力分工结合起来，经济寡头就拥有了无比强大的政治力量。

更为严峻的是，经济寡头开始试图干预国家政治生活。经济寡头不仅分割了中国的国民经济，而且在"富可敌国"的情况下，经常在政治上变得具有野心。从这次反腐败所发现的情况来看，这些寡头一方面通过各种关系向地方和基层延伸，其操作方式往往带有黑社会性质，另一方面也往上延伸到权力核心，干预国家政治。这种情况使得中国总体政治变得越来越复杂，越来越难治理。在中共十八大之前，中国发生了多少政治方面的事情，使得外界非常担忧中国的政治稳定问题。所发生的很多事情，和经济寡头向政治领域延伸是有关联的。

中国必须通过大规模的反腐败运动来消除经济寡头，尤其是防止其转型成为政治寡头。中国台湾"黑金政治"的教训要吸取，俄罗斯、乌克兰等一些后共产主义国家的共同政治教训更要吸取。台湾地区在民主化过程中，经历了很长时间的"黑金政治"，金钱操纵和影响政治合法化，造成了台湾地区今天的政治格局。俄罗斯叶利钦时代，在短时间里经济快速寡头化，并且具有了足够的实力来主导国家政治。只有到了普京时代，花费了很大的力气，才把这个势头遏制住。

今天的乌克兰更是如此，寡头之间的激烈争斗，引发地缘政治之争，把国家推向了解体的边缘。无论是俄罗斯还是乌克兰都说明了，政治寡头一旦形成，并且他们之间开始进行竞争，"民主化"就变得不可避免。但这里的"民主"仅仅是假"民主"之名实现寡头之间的恶性竞争。所有的寡头都会用异常漂亮的政治口号，通过欺骗民众来实现自己的野心。寡头政治下的政党政治就是寡头政党，政党只是名，寡头通过政党操纵国家政治才是实。不同的寡头不仅寻找国内的支持者，更是寻找外国的支持力量。结果，既牺牲了国内民众的利益，也牺牲了国家的利益。一旦寡头形成，民主政治只能是牺牲社会整体利益的劣质民主。

从这个角度来看，中国的反腐败运动不能仅仅停留在抓"苍蝇"和"老虎"的层面，要使反腐败运动更具有政治意义，必须深入反经济寡头，切断经济寡头向政治延伸的途径。或者说，反腐败就是要营造一个健全的政治环境。没有这个环境，民众对执政党的抱怨和对政府的不满会越来越甚，执政党和其政府的合法性也会继续递减。一旦寡头经济演变成寡头政治，中国就很难避免叶利钦时代俄罗斯的政治局面，更说不定是今天乌克兰的局面。寡头之争必然会造成执政党和国家的分裂。20 世纪 30 年代军阀割据的经验也应当很好地总结，军阀也是寡头。

更为重要的是，在营造健全政治环境的基础上，必须确立预防寡头经济和寡头政治的体制。首先要改革产生经济寡头的经济制度基础，对国有企业集团进行现代企业制度的改革。这个目标在 90 年代中期就已经提出，但这些年并没有什么进展。在一些国有企业集团演变成为寡头经济之后，这些年来讨论国有企业改革也俨然成为敏感的政治问题。反垄断、市场化、去行政化和透明化，都是国有企业集团可以引入的改革。

同时，国有企业集团也必须引入有效的人才制度，通过公开透明的方式向社会招收人才，而不能沦落为权贵交换"人才"的封闭的制度。应当强调的是，国有企业集团的"私有化"，无论是通过正在讨论的"混合所有制"还是通过类似 90 年代的"民营化"，都无助于消除寡头，相反，这种做法可能会演变成为"内部私有化"，从而加速寡头的产生和壮大。叶利钦时代的俄国是私人寡头，乌克兰也是私人寡头。

中国要确立专业的政治管理者。这方面，可以向中国的传统学习很多有益的经验。中国的传统制度设计切断了商人和儒家统治集团之间的关系。尽管掌握权力的人也会努力通过各种合法或者非法的途径寻求财富，但掌权者本身不会成为"商"的一部分。再者，商人的财富更不能直接转化成政治权力。商人的家族成员如果要获得政治权力，就必须通过和其他人一样的正常途径，把自己转变成为"士"而进入统治集团。这个原则今天也适用。把经济权力和政治权力隔离开来的制度，有利于清廉政府的建设，更有利于规制型政府的建立。

在现有体制下，国有企业的管理者可以直接转化为政府官员，也就是说经济权力和政治权力之间可以直接转换。经济和政治之间的这种关联既是寡头形成的制度根源，也是经济政治腐败的制度根源。同样，中国一直在致力于规制型政府的建设，就是要确立政府对企业行为的监管，但成效不大。这不难理解。在政治权力和经济权力可以直接转化的情况下，政府对企业的监管就会出现"左手监管右手"的情形，不可能有规制型政府。

中国的腐败发展到今天的局面，使得反腐败运动不仅仅是要解决执政党和政府的合法性问题，更是重建政治生态的问题。如果任由寡头经济演变成寡头政治，无论是中国经济还是政治就会变得毫无希望，社会成员即使不满，也可以抗议，但在寡头的主宰下也会力不从心，沦为寡头操纵的对象。因此，今天的反腐败应当也必须深入下去。当然，正如历次反腐败运动所展示的，今天的反腐败运动最终能否提升到制度层面，通过各种健全的制度来避免寡头经济和寡头政治，人们当拭目以待。

三、官员不作为是最大的政治挑战

中共十八大以后，发动了大规模和持续的反腐败运动，整治党政官员的腐败与"乱作为"现象，在短短几年里取得巨大的成就。不仅如此，反腐败早已经成为中共党建的最重要议程。

十八大以来，确立了一系列的制度反腐败与预防腐败，最重要的就是十九大正式成立的监察委，成为平行于执行机构的独立机构。不过，在整治腐败和"乱作为"之后，现在又走向另一个极端，即"不作为"。

"不作为"的后果很严重。有学者计算过，十八大以来高层已经出台1500多项改革，十九大确立了中国从现在到本世纪中叶的发展蓝图，分"三步走"，即到2020年实现全面小康社会，到2035年基本实现社会主义现代化，到本世纪中叶把国家建设成为富强、民主、文明、和谐、美丽的社会主义现代化强国。

中共是一个使命型政党，从现在到未来很长一段的历史使命已经确立，但谁来实现这些使命呢？这不仅仅关乎执政党本身的执政基础问题，更是实现各方面可持续发展的需要。只有可持续的发展，才能满足老百姓不断变化的需要。

实际上，"不作为"已经不是新鲜事。这个问题已经讨论一段时间，人们甚至已经提出，"乱作为"是腐败，"不作为"也是腐败。在一定程度上，"不作为"可能是更大的腐败。

多年来，在西方学界，人们经常比较中国和印度，提出一个很有意思的问题：腐败同样存在于两个国家，但为什么中国发展了，而印度没有发展？他们发现：在中国，官员既腐败又作为（corruption with delivery）；在印度，官员既腐败也不作为（corruption without delivery）。

这个观察不见得正确，更不能论证中国官员腐败的合理性，但的确可以说明一个问题：如果官员占着重要位置而不作为，损害的就是国家和社会的整体利益。因此，说"不作为"是更大的腐败，并非一点道理也没有。

那该如何整治官僚机构和领导干部的"不作为"呢？这里首先要理解不作为现象是如何产生的，如果走近中国的领导干部结构，就不难回答这个问题。一般说来，在今天的行政机构里，可以发现以下三个群体：

第一个群体可以称为"口惠而实不至"，热衷讲大政治和大话。简单地说，这个群体基本上是"玩虚的"。这个群体是少数。第二个群体是"不作为"的，他们可以准时上班、准时下班，上班时读书、看报、写文件，但没有行动，表现为什么也不想做、什么也不做，只是占着位置。

在很多行政机构里，这个群体是大多数。第三个群体也是少数，他们想作为，也是有作为的。

1. 三个群体三种结果

三个群体，三种行为，三种结果。人们可以设想，在正常情况下，第三个"作为"的群体应当得到"奖励"，第二个群体必须得到惩罚，而第一个群体为人们所轻视。不过，实际的情况往往不是这样的。

第一个群体的人往往得到提拔，因为他们没有实际行为，不仅不犯错误，而且由于很高调，往往会引起上级领导的关注。这个群体的人得到提拔，还有一个被错误理解的"政治上正确"问题。对上级来说，"政治上正确"主要是要把顶层设计的政策落实下去，把事情做好；但对这个群体的人来说，"政治正确"更多地意味着"唯上"，不管用什么方法，让上级领导高兴即可。

第二个群体的人"不作为"，这意味着平平庸庸，但也不会犯大的错误。这个群体中，一些人得到了提拔，有的则是原地踏步。这个群体中尤其是那些快要退休的人，则大多在等待"软着陆"，即在退休之前坚持"不犯错误"，安全退休。

而第三个群体，即"作为"的人，在一些条件下，有的也得到了提拔，但很多人出了问题，甚至进了监狱。

这三个群体干部的选择实际上是极其理性的。"玩虚的"还是少数，毕竟时代不一样了，人们有了自己的判断。而选择"平庸"，尽管属于无奈之举，但也是最理性的选择，因为谁也不想以"犯错误"或进监狱为人生终点。

为什么会产生这种现象呢？这里的情况很复杂。一般说来，就人性来说，不管什么样的体制，总会出现这三个群体。中国今天的问题在于，"不作为"的领导干部占了机关单位的多数。尽管人们也可假定人性因素在发生作用，但如果要促成领导干部的有所作为，就必须从体制的角度来分析。无疑，无论哪个国家，体制的设计就是要克服人性的弱点。

就体制而言，人们可以从十八大以来逐渐形成，到十九大正式化的"内部三权分工和合作"的权力结构来理解。从十八大到十九大，中国最具有历史意义的制度重建，莫过于"决策权、执行权和监察权"三权体制的形成。

尽管从理论上说，这"三权"自新中国成立之后一直就有，并且在改革开放以来一直在演进，但法理意义上的三权体制形成于十九大。十八大之后，"监察权"先在北京、浙江和山西等地试行，到十九大正式成为平行于国务院（执行权）的一极权力。

尽管所有"三权"都来自党权，但把党权的行使分为三个阶段，以实现权力行使的有效性和合理性。不过，这个"三权"体制因为刚刚形成，三权之间的边界和关系、运行规则、权力内部机制等方面，仍然有待在实践中加以探索和完善。从现状来看，还存在诸多可以进一步改进的地方。

就决策权而言，集中有其需要和必然性，因为十八大之前的过分分权导致了一系列严峻问题，包括大规模的腐败和决策的过度分散。但决策集中也有问题，主要是一些政策不够科学，缺少可行性。从前，中国的政策总是中央制定，下级政府根据地方情况因地制宜地转化成地方政策再落实下去。

今天，政策的执行者即下级政府不是不知道如何落实中央制定的政策，他们身处一线，知道什么样的政策可行，什么样的不可行。但是，一些地方机械地甚至错误地理解"不可妄议中央"的概念，不敢对政策做因地制宜的转变。"不可妄议中央"原来指的是在政治上和党中央保持一致性，这一原则被地方滥用和泛用，并且逐级下行，演变成谁也不敢对上级政府制定的政策提任何意见，哪怕是善意的和建设性的意见。

再者，政策缺少可行性，还涉及决策模式变化的问题。从前，政策都是地方先行先试，在地方成功后上升成为全国性政策，在全国层面执行。即使这样，在很多地方仍然必须修改政策，以符合地方情况。

但现在的很多政策是"顶层设计"，而"顶层设计"往往被理解成为"上级制定、下级执行"。"上级制定"又进一步演变为"领导制定"，"领导制定"演变为领导下面的一些官员制定。这不仅造成上下级政策交流不足甚至缺失，而且是封闭式的决策，缺乏实践性。

不管什么样的政策，如果地方的差异性被忽视，就很难执行下去。在地方差异性这么大的一个国家，这种决策模式是有问题的。

就监察权而言，尽管这是当代中国政治体制的一大创新，但这一权力在地方层面往往使用过度，甚至滥用。虽然中国数千年前就有监察权，但对当代来说仍然是"新权"，大制度确立了，很多须配合的制度并不到位，而且权力行使者经验不足。例如，对被监察者来说，纪委和监察两套机构不够整合，一会儿是纪委，一会儿是监察委，造成过度监察，被监察者应付不来。

此外，还有监察的权限问题，现在还不是很清楚什么可以监察、什么不可以监察。这在历史上也有很多教训，例如汉朝规定只有六个领域可以监察，其余的不可以。如果监察机构的唯一职责是找执行权或决策权的"错误"，那肯定是能够找得到的。历史学家钱穆称这种现象为"反对党"，并且是为了反对而反对。

在很大程度上，今天中国的地方已经出现这种情况。媒体不时报道监察过度的情况。一个不可忽视的情况是，如果告状的人越来越多，干活的人必然越来越少。尤其是今天，告状几乎是易如反掌，零成本，告状者不管是否了解真实情况，即使是基于谣传，也可以告状，即使是事后发现告状不真实，也不会受到处罚。这似乎刺激和激发了一些人告状的热情。

2. 欲有所作为困难重重

在这种情况下，就不难理解执行权难以作为的原因了。很多干部还是想作为的，但一旦有所作为，就困难重重，不仅要面对来自上级的众多政策、政策之间的不一致性、政策的地方化等问题，更重要的是，一旦想做点事情，就会触动其他人的利益，这些其他人就会变成告状者。因此，对想作为的干部来说，不作为便是最理性的选择。

"不作为"既不是大多数干部的本意，其结果也是对执政党、社会和国家的整体利益的损害。如何来解决这个问题呢？这是一个很系统的问题，不存在"万能药"，但如下几个方面是可以加以考虑的：

（1）改变决策模式，使其科学化。从前过分分权模式有重大缺陷，但过分集权模式也有其缺陷，这就必须通融自上而下和自下而上的两种决策模式。

（2）监察权明细化。要确立监察权的边界，不能什么都监察，以保证执行权的空间，避免监察权"为了找错误而去找错误"。

（3）要明确举报者（告状者）的责任，诬告必须承担政治和法律责任，以避免举报泛滥或滥告状。必须节制易如反掌的举报（例如网络的匿名告状）行为。

（4）制定一部《改革促进法》，赋予干部试错空间。没有人可以保证执行政策可以百分之百成功，如果不是为了自己的利益，改革出现一些差错，就不能承担那么大的责任。尤其要对"终身追究责任"明细化，谁也不想在退休之后被终身追究，也没有人想坐牢。这些方面，高层已经意识到了，所以出台了一些政策。

但这些政策仍然过于宽泛，不是很明确，很难落实，也缺少法律上的保障。如果把这些政策进行细化和系统化，通过法律和法规的方式表达出来，就可以为改革提供坚实的法律基础。

（5）改进行政法规，明确集体责任和个人责任。一项政策经过集体决策和通过，只要执行官员以公开透明方式、根据集体决策来执行，即使出现问题，不能算是个人的责任，而是集体的责任。

（6）在"党政联动""党政合署办公"的基础上，在基层实行"党政一体化"改革，真正实现"小政府"的目标，大量减少党政机关单位的数量和人员，在此基础上大幅度提高公务员的薪水。官员也是人，不能光用道德水准来要求和衡量他们。

如果没有一定的工资水平，他们一方面没有"有所作为"的动力，另一方面会通过各种非正常的途径或"潜规则"（包括腐败）来获取。

四、中国怎样反腐败才会有效

中共十八大把反腐败提高到一个新的高度，新领导层一上任即刻把反腐败提高到其最高的议事日程上来。反腐败方面的新发展对中国政治意味深远，具有多方面的含义。首先，把反腐败提高到执政党那么高的议事日程，从一个侧面说明了中国的腐败本身也已经发展到一个新的高度。十八大结束没有几天，就有多名高官被暴露出腐败案件。改革开放以来，这种情况很少见。其次，腐败的深度和广度，已经深刻影响了执政党的形象和合法性。很多年来，高层一直在警告全党，腐败会"亡党亡国"。现在，各方面都已经感觉到了，如果腐败不能得到整治，那么"亡党亡国"越来越具有现实性。第三，新领导层展示了反腐败的巨大政治决心，在最大程度上减少腐败对执政党所产生的致命影响，在最大程度上提高和巩固执政党的合法性。很简单，如果执政党继续腐败下去，哪有能力来实现民族复兴的使命。

不过，人们所面临的核心问题在于：如何反腐败才有效？反腐败早已经不是新鲜事。改革开放以来，每一届新领导层和新政府都是反复强调反腐败的，反腐败运动也从来就没有间断过。同时，中国也一直在向世界所有清廉的国家和社会学习，学习它们如何有效反腐败。到今天，能学的，已经学了，能做的，也已经做了，但为什么腐败还是继续存在呢？这才是需要人们深刻思考的。

一句话，中国并没有根据自身体制的特点，来设计反腐败体制或者机制。那么中国体制的最主要的特点是什么呢？如果说多党制国家的主要特征是外部多元主义，中国制度的最大特点就是内部多元主义。中国内部多元主义所面临的挑战，就是内部多元主义过度。这种内部多元主义如何表现在反腐败的制度特征上呢？又如何对反腐败产生着负面的影响呢？

概括地说，在反腐败方面，内部多元主义主要表现为反腐败机构过多，内部权力过于分散，不够集中。不仅党、政府、人大、政协等都设立了反腐败机构，主要组织和机构都有自己的反腐败机构。较之其他国家，中国的反腐败机构是最多的。

1. 太多反腐败机构相互掣肘

内部多元主义产生了诸多弊端。首先，内部反腐败机构过多的逻辑结果，就是反腐败责任极其不明确。这就导致了中国传统中典型的"和尚与水"的关系，即"一个和尚挑水喝，两个和尚抬水喝，三个和尚没水喝"。机构众多，又不互相协调或者协调得不好，导致了太多的权力内耗，各个机构之间矛盾重重。这种现象并不难理解，不同机构具有不同的利益。尽管各个机构名义上都是为了反腐败，但实际运作的结果却是权力的争斗，反腐败反而演变成每一机构的"副业"。这是所有官僚机构运作的逻辑。因此，只有把众多的机构整合起来之后，它们的利益才能一致起来。

其次，机构众多会给腐败提供很多机会。为什么？有三个方面的原因。一是机构众多，反腐败不力；二是反腐败责任不明确，使得腐败有机可乘。三是反腐败机构众多也导致了这些机构本身的腐败。因为这些反腐败的机构从属于不同的上级机构，因此，其他机构有多腐败，反腐败的机构也必然有多腐败，甚至更甚。反腐败机构往往掌握着有关腐败的信息，这些部门的领导人更有技术和手段不仅来进行腐败，而且能够逃避反腐败。

过去很多年里，中国各个反腐败机构派大量的干部官员到中国香港和新加坡去考察，学习他们的反腐败经验。也应当说他们学到了不少经验，但一旦放到中国内地的制度环境里，这些在新加坡和中国香港非常有效的举措便不再有效。所有到这两个社会考察的官员都忽视了最重要的一点：香港的廉政公署和新加坡的反贪局都很小。一个小小的反腐败机构就造就了一个清廉的政府。在这两个社会，除了人们一般所说的高薪养廉、政府透明等因素外，就反腐败制度本身来说，最重要的就是权力高度集中，责任高度明确，反腐败机构又直属最高领导层。一旦发现腐败，应当承担责任者就非常明确。也因为责任明确，反腐败机构在预防腐败方面更是尽职。当然，另一个特点是，无论在新加坡还是中国香港，社会力量参与反腐败也非常得力。

很显然，当内部多元主义导致着诸多负面效应的同时，外部多元主义缺失更进一步使得腐败不可收拾。外部多元主义并不是说中国要像其他国家和地区那样，设立反对力量或者反对党。反对党并非反腐败的有效机制。很多人相信，只有多党制才能反腐败。但从经验看，这种观点显然过于简单。世界上那些实现多党制的社会，也同样非常腐败，甚至更为腐败。从外部制约来看，社会的参与要比反对党的参与更为有效。反对党的参与就是要夺取政权，夺取政权之后也往往同样腐败。而社会的参与较少政治性，更多地是为了一个清廉政府，因此更能有效地反腐败。不过，在中国，社会并没有有效参与反腐败管道。一些制度例如举报制度一直存在着，但往往是名不符实，在很多方面还产生很多负面效果。应当指出的是，在互联网产生之后，这种情况正在发生很快的变化。不过，社会对反腐败的参与总体上看，仍然是需要通过非正式的管道。

那么，通过怎样的制度改革才能实现有效的反腐败呢？一句话，要大力减少内部多元主义，强化反腐败机构的权力。这方面，可以参照近年来大部制建设的经验，设立一个反腐败大部制，整合目前各个反腐败机构。当然，在这个机构内部可以设立不同的反腐败部门。同时，这个结构应当直属最高领导机构。

2. 面对大面积的腐败，如何入手

在反腐败的手段和政策层面，人们需要一些新思维。除非发动毛泽东时代那样的大面积的群众运动，全面反腐败不仅不可能，也很难有成效，更有可能产生巨大的反弹。毛泽东时代已经过去，那个时代所特有的群众运动也过去了。面对新时代，人们应当换一种思维。首先，反腐败要依靠已经开始出现的"竞争性政治"。近代意义上的政治已经在中国开始，那就是干部官员之间的"竞争"。目前的这种竞争，因为明文规则的缺失，仍然很不规范，但最终逐渐会规范起来。各国政治经验表明，政治竞争本身就会通过各种方式暴露官员的腐败。实际上，今天中国很多腐败案件的发生（包括那些在互联网上曝光的案件）与其说是反腐败的结果，倒不如说是"政治竞争"的结果。对执政党领导层来说，所需要的是要利用"政治竞争"这个大趋势，而不是阻止这个大趋势。

其次，更为重要的是要给清廉一个机会。很多腐败官员并不是一开始就腐败的，而是"屁股指挥脑袋"，到了一个腐败的环境，就不得不腐败。在党内，也并不是每一个干部都想腐败，也有一些干部不想腐败，但在腐败的环境里，"清廉"就成为一个人的巨大负资产。因此，应当考量的是如何给清廉一个机会？这是有可能的。例如可以通过人事录用机制，在任命干部的时候，可以问其是否愿意公开财产。如果不愿意者，那么不被任用。这至少可以避免"带病上岗"的局面，就是那些已经腐败的干部不再被继续任用。这部分人肯定数量很多，不可能人人都被查。但即使不去查他（她），至少可以中断其生涯。而那些愿意公开财产的干部，则可以被继续任用。

从具体的制度设计来看，也有很大的空间来改进反腐败的制度能力。首先，反腐败机构内部可以设立一个道德委员会。腐败既可以是狭义上的经济腐败，也可以是其他方方面面的，例如性贿赂、包二奶等。这方面可以经过道德委员会来处理。世界上很多国家都设立有针对官员操守的道德委员会。在中国，道德委员会可以强化党政领导干部的职业伦理。中国历来被视为是一个道德国度，对官员的道德压力不仅必要，而且也可以对官员产生巨大的道德压力。

其次，反腐败不能是"左手"反"右手"。目前，反腐败不力往往是因为"左手"反"右手"之故。大量的腐败都发生在"一把手"群体，也就是党的主要领导和其相关的领导干部。"党的领导"原则表明党的主要领导的重要性。在这样的情况下，如何反腐败？要通过制度设计。反腐败机构要错位设置，"下管一级"。和干部任命制度一样，对下一级干部的监督和检查要由上一级反腐败机构来做。也就是说，反腐败的权力不能由同一级领导干部来行使。同时，反腐败机构的工作人员的收入来源等，都要和同一级政府割离，保证他们不受同一级政府的影响。

中国的腐败已经高度社会化，侵入社会的各个角落。从各国经验来看，在如此广度和深度的腐败环境中，只有通过培养清廉干部，从精英开始，然后逐渐扩展到社会的各个领域，才会最终建设清廉政府和清廉社会。

在减少内部多元主义的同时要增加外部多元主义，即引入社会力量参与反腐败。但外部力量反腐败也必须体现为制度行为。例如，社会审计制度很重要，很多方面可以让专业的审计组织，尤其是那些具有良好声誉的审计机构来参与反腐败，这样可以避免内部审计的弊端。这应当是中国行政体制改革的一项重要内容，即政府向社会收购服务。

再如，要有效利用媒体的力量，尤其是新媒体的力量。媒体至少能够为政治和行政的暗箱操作投入一些阳光。媒体不仅仅可以揭露腐败，更可以产生强大的社会压力。腐败能够大行其道，招摇过市，主要是因为没有阳光。如上所说，中国的媒体尤其是新媒体，已经开始在揭露腐败方面扮演积极的角色。但这方面需要提高其制度化的水平，不能一直停留在偶然和自发的水平。如果没有有效的法制的支撑，社会自发反腐败所要承担的高成本和风险，会使得反腐败不可持续。

总之，反腐败是一项综合政治工程。要找到重大的突破口，制度设计最为重要。不能继续依赖于传统运动式的反腐败运动，不能继续依靠超越法治的政治手段，表面上轰轰烈烈的反腐败运动最终会导致更多的腐败。要遏制人性的腐败，一整套可以导致清廉行为的制度是根本。

五、十九大与反腐制度建设

中共十八大以来，中国最引人注目的莫过于反腐败运动的持续展开了。这场反腐败运动在广度、深度和高度等方面都是前所未有的。

其广度表现在反腐涉及的官员数量，数以千计的官员被审判，并且仍然不断有新的官员被调查。其深度表现在反腐涉及的各个"死角"，这次反腐败可说已经覆盖经济、社会、政治和文化等各个领域。其高度表现在反腐涉及的高级干部层级，所调查和审判的官员包括原政治局常委，甚至是现任政治局委员。

尽管自改革开放以来，中国取得了伟大的经济成就，但腐败一直困扰着执政党。多年来，党中央一直把反腐败与"亡党亡国"联系在一起。十八大之后更是进行了史无前例的反腐败运动，反腐的广度、深度和高度达到了前所未有的程度。

十八大以来的反腐败运动"苍蝇老虎一起打"。这里最为重要的是对"大老虎"的整治。在十八大之前，一个最显著的现象就是腐败的"团团伙伙"的形成和发展。这明显表现在包括高级领导干部腐败堕落在内的案例上。尽管这些案例发生在不同的领域，但都呈现出一个共同特征，那就是他们都各自形成了从中央到地方、横跨不同部委和不同地区的"团团伙伙"。

更为严峻的是，这些"团团伙伙"不仅仅涉及巨量的经济意义上的腐败，而且也深度影响执政党的政治，对执政党整体构成严重的政治威胁。在中共，人们对寡头政治似乎研究不多，但人们看看叶利钦时代的俄罗斯、今天的乌克兰等国家的现状，多少都能看到寡头政治对一个国家政治所带来的负面（甚至是毁灭性）影响。

中共是中国的政治主体，是执政党。在这个体制下，没有像腐败那样（尤其是领导层高级干部的腐败）导致执政党"自我击败"的有效因素了。数千年的历史也充分证明了这一点，历朝历代从辉煌到最后的消亡都是因为腐败。这也是毛泽东和黄炎培先生在延安窑洞进行的有关"政治周期律"对话的核心要点。

执政党也并非没有意识到这个问题。从毛泽东到当代，都是重视腐败问题，对腐败都是严厉打击的。但是，这里的核心问题是：如何确立一套预防腐败和反腐败的制度？这套机制并非一时三刻所能确立，而是需要长期的探索。其中预防腐败要比反腐败更为重要，因为反腐败是事后惩治，而预防腐败就是要防止腐败的发生。在这方面十八大之前有过很多深刻的经验和教训，主要表现在几个方面。

1. 深刻的经验和教训

第一，过度的内部多元主义，即反腐败机制过多、过于分散，而且缺少协调。从反腐败建制来说，中国从来不缺数量意义上的机制。从中央到地方的各级党委和政府、各个部委系统、各单个组织都有反腐败建制。例如党、政府、军队、人大、政协、教育、企事业单位都有反腐败的单位。不过，它们之间并没有有效的协调和合作。在实际运作过程中，如果各部门之间不能配合，不但反腐败没有有效性，更为腐败提供了制度空间。

第二，没有解决好"利益冲突"问题。一个简单的事实是，反腐败不能自己反自己，而应当由别人（即非利益相关者）来反。但在十八大之前一直没有解决好，反腐败往往是自己反自己，"左手"反"右手"。各部委、各级政府的腐败都是自己负责来反。

在各级地方党委和政府，这就造成"一把手"的专断与腐败问题。例如在省委，省委书记是第一把手，而纪委书记负责反腐败。尽管纪委书记不是省委书记任命的，但纪委是从属于省委书记的领导，如果省委书记腐败了，纪委书记如何反腐败？各市、各县都有这样的情况。在这样的情况下，实际上容易造成地方独立的腐败王国问题。

第三，没有充分考量到反腐败的法理基础问题。这里主要是指对被怀疑腐败的党政官员进行的"双规"现象。对党的干部尤其是高级干部来说，在绳之以（国）法之前先要受制于党纪，这样做实际上也是合理的。不过，在法学界和社会层面产生了很不同的意见，甚至误认为"党纪"在"国法"之上。

十八大之后在这些方面发生了什么变化呢？人们每天的关注焦点在什么人被"双规"调查，多少人已经被审判等问题，忽视了制度层面所进行的建设。如前所述，反腐败是事后惩治，是一种比较防御性的做法。对执政党来说，尽管在腐败的广度、深度和高度前所未有，反腐败本身也是目的，因为如果不反，执政党就会遇到大麻烦。

不过，从长远来看，反腐败只是手段，建立一个不会使人堕落腐败的清廉政府才是目标。而清廉政府毫无疑问需要一整套预防腐败的制度来实现。十八大以来的制度建设，主要表现在如下几个大的方面：

其一，反腐败机构的有效集中。十八大以来，随着反腐败运动的深入，权力逐渐集中在各级纪委手中，尤其是中纪委手中。全世界一个普遍的规律是，反腐败如果要有效，权力必须集中。从经验来看，集中的权力的确有利于反腐和廉政建设。

人们可以以中国香港和新加坡为例说明这一点。中国香港的廉政公署和新加坡的贪污调查局，其规模并不大，但权力高度集中，它们独立操作，并且对最高领导人负责。十八大之后的权力集中，改变了以往反腐败机构过多、过于分散的局面，其有效性从这些年反腐败所取得的成绩来说是不言自明的。

其二，"让别人来反腐败"。这主要表现在两个方面。从横向看，中央各部委的反腐败事宜现在由中纪委来实施，也就是由中纪委派出反腐败机构和人员，进驻各部委负责那里的反腐。各级政府也如此。从纵向看，反腐败实行"下管一级"，即省委一级的反腐败由中央纪委来实施，由此向下类推。这些制度彻底改变了以往"内部反腐""自己反腐"的情况。而"下管一级"的反腐败机制，更是和"下管一级"的干部任命制度统一起来了。

其三，中央巡视制度的复兴和实施。就中央地方关系来说，巡视制度是中国传统政治制度的一个重要部分，是诸多传统制度中很有效的一种制度。这个制度的确立至少可望发挥两个作用：第一，对腐败"不留死角"。第二，摆脱既得利益的困扰而对它们构成威慑。经验地看，任何地域性的制度一旦形成，时间一长，就会变成既得利益，就会产生腐败。而流动性强的巡视制度，就可以对之构成有效制约。

其四，强化反腐制度的法理性基础。这主要表现在正在建设的国家监察委员会。这些年来，这一制度已经在北京、山西和浙江等地进行了试点。十九大正式决定成立国家监察委员会，是一个重大的制度进步。这里不讨论这一新制度对中国整体政治制度的影响，而要强调的是，这一制度有利于强化反腐败的法理性。这一制度的建立，明显和十八届四中全会通过的以"法治"建设为中心的改革方案有关。

执政党也是"广义政府"的一部分。从实际运作来看，中国共产党纪律检查委员会和国家监察委员会是"一套班子、两块牌子"。这种整合或者一体化，有利于法治建设。这样，赋予国家监察委员会以法理权力来惩治违法的党政官员，避免了以往对党政官员进行简单"双规"所带来的弊端。

2. 反腐败与政治斗争

讨论到反腐败的未来，也有必要讨论一下围绕着反腐败所进行的有关"政治斗争"。反腐败是不是政治斗争？很多年来，"政治斗争"似乎已经成为中国政治的一个敏感词汇。海外经常用"政治斗争"的角度来看中国的反腐败，认为反腐败仅仅是领导人之间的权力斗争。

其实不然。正如本文前面所说的，在中国的政治话语里面，腐败经常被视为是"亡党亡国"。既然腐败会"亡党亡国"，为什么不光明正大地对腐败进行这种"政治斗争"呢？

任何政治制度里面都会存在不同形式的政治斗争。政治斗争容易出现问题在于一是没有规则，二是搞了扩大化。这是相辅相成的两个方面，没有规则（也就是没有法治）就会扩大化。扩大化不仅仅是党内政治斗争的扩大化，而且卷入了整个社会，过度政治化，影响到整个社会经济的运作，甚至会造成社会群体间的暴力。

民主政治也是一种政治斗争，即基于规则之上的政治斗争。但"一人一票"的民主政治很容易导向民粹主义，把政治斗争向社会延伸，涉及社会大众，也会导致过度的政治化。今天的台湾地区就是这种趋势。近年来，西方民主社会的这种趋向也变得非常明显。

西方多党之间的斗争表现为外部多元主义，政治斗争不可避免会向整个社会延伸。中国则是"内部多元主义"，可以把政治"关在笼子"里。就是说，在内部多元主义背景下，围绕着反腐败的政治斗争主要限制在政治精英圈里面，这是一个巨大的进步。

用"政治斗争"来形容日常政治生活当然不合适，因为党内对重大问题的讨论甚至争论，都是为了达成共识。没有这种共识，政治不会有效运作。但对腐败行为如果也搞"多元"，容许其生存发展下去，执政党本身的生存和发展就会成为严峻的问题。在这个意义上说，如果反腐败是"政治斗争"，只有通过这种"政治斗争"，执政党才能实现长治久安的目标。

第五章　技术赋权与民主政治

一、技术赋权的政治学：科学与民主

1. 老问题，新答案

科学和技术的进步是否会在中国引发政治自由化甚至是政治民主化？近年来，尽管科学和现代政体之间的关联性已成为社会科学学者的一项重要研究议题，但是，在中国的政治发展背景下提出这个问题，尤其富有意味和具有重要性。中国共产党长期以来所主张的意识形态合法性的基础是科学社会主义。事实上，中共与近代中国的其他主要政治力量没有太大的区别，它们都相信科技发展和政治进步之间的关联性。在大约一个世纪以前的五四运动时期，中国的知识界精英们就认为，只有"赛先生"（科学）和"德先生"（民主）才能使中国免于内部崩溃和外部侵略。在这场运动中，中国的精英们呼吁建立起一个科学和民主的"新文化"，并摒弃一切中国的封建传统遗毒。那一代人认为，应当全盘否定中国核心的传统和迷信的价值观念，因为它们是中国积贫积弱的象征和根源。另一方面，这场运动的追随者们也真诚地认为，应该全盘接受"赛先生"（科学）和"德先生"（民主），因为它们代表着理性、现代性和进步。

民主和科学之间具有关联性这一认识，来自于美国哲学家约翰·杜威（John Dewey），他在 20 世纪初访问了中国，并就实用主义和民主作了若干影响深远的报告。在五四运动时期，杜威在中国的追随者们由他的学生胡适牵头，试图将他的实用主义应用到他们追求民主的政治实践中去。根据杜威的观点，科学和民主是不可分割的价值观念。科学知识的传播，将促使人们去有效地分析和处理现实世界共同面对的难题，甚至去调解它们的利益冲突。

无须多言，中国政治精英对科学和民主价值观的理解方式，与杜威的并不一致。对后者而言，科学和民主都是人类追求真理的有力工具。但是对中国的精英而言，它们可以成为追求权力和财富的有效工具。并不难理解，为什么科学和民主成了现代中国民族主义的重要组成部分。只要它们能够使中国实现"富国强兵"的地位——这是现代中国民族主义的核心，人们就会追逐它们。

科学和民主很快就相互分道扬镳了，因为在帮助中国政治精英追求权力和财富方面，它们起到了不同的作用。在五四运动中对民主的激进解读，很快就导致了对民粹主义和无产阶级专政的信仰，这二者后来成为中国共产党意识形态的核心。在争取建立一个现代民族国家的努力中，中国的政治精英们，无论是国民党人还是共产党人，都逐渐地放弃了西方的自由主义，并转而诉诸民族主义。科学的命运则相当不同。尽管在五四运动中存在着许多争议，但是参加这场运动的所有各方，似乎都建立起了一种信仰，认为科学和技术必须成为中国民族国家建设的组成部分。这尤其反映在，中国共产党努力将"科学主义"和"社会主义"联系起来，建立了"科学社会主义"作为其意识形态的支柱。通过将这二者结合在一起，为中国共产党所追求的社会主义政治话语进行辩护，以认定其科学的本质或合理性。

随着信息技术的发端，有关科学与民主的这个世纪难题，与今日中国的相关程度不逊于过往。在"赛先生"（科学）方面，中国政府在拥抱信息技术时代上并不困难。确实，信息技术的发展被认为是民族国家建设的一项重要工程。伴随着科学和技术的扩散，作为一个民族国家的中国，不断地被"一个民族国家应该是什么"这一全球期望所重塑。自20世纪70年代末的改革开放以来，标准化和合理化就成了重建国家政治和经济组织的一个重要主题。一个明显的例子，就是重建国家干部制度、重建财政和税收制度，以及重建现代公司治理制度。政治合法性和当下政权的权威，渐渐以科学的名义得到辩护。科学管理事实上渗透到政治领域的每一个角落。完全可以这样认为：在20世纪80年代以来主导中国政治舞台的新一代技术官僚群体中，科学思维观念已经普遍流行了。这种思维观念，尤其反映在科学发展观这一新政策议程上，科学发展观是21世纪初胡锦涛时期的中国政府提出来的。

尽管世界性的科学文化对中国内政有着明显的影响，但中国却似乎并没有受到全球民主文化扩张的影响。学者们在许多国家都观察到一个普遍的文化模式，即随着现代和民主的政治安排在全球范围的传播，科学也紧随其步。科学和技术在中国的传播，似乎对民族国家及其机构进行了赋权，而非对个人进行了赋权。这使得人们开始怀疑，科学和技术的进步是否能够影响中国的政治变革和民主化。一些学者倾向于认为，科学和技术的发展成为特定政治群体的工具，用以保持和增进它们的利益，因此，它们本质上只具有工具性。

但是，这个问题并非仅仅这么简单。在社会力量和国家进行互动时，信息技术的进步也对社会力量进行了赋权。国家和社会都能够利用信息技术来支持它们自身。当代世界的许多例子都表明，组织较差的社会群体和缺乏组织的下层阶级，成功地发动了集体行动，挑战了组织良好的利益集团的权力。在这些案例中，信息技术使得边缘化的群体能够克服资源局限性和其他更为严重的阻碍来获得政治权力。印度尼西亚成功地推翻了苏哈托政权，就是一个令人瞩目和鲜明的案例。另外一个例子则是墨西哥的"萨帕塔效应"（Zapatista Effect）。自 1994 年以来，这些在恰帕斯州（Chiapas）反抗墨西哥政府的革命者们，实质上极大地受益于信息技术所支撑的分散的、廉价的、以自发组织为本质的通信。这样一个趋势在中国也发展了起来。尽管政府依然对信息技术实行严密的掌控，尤其是对互联网，但是社会力量也组织了成功的集体行动来扩大它们的政治影响。问题在于，如何来解释科学技术进步的政治影响。

2. 社会科学中的技术和政治

通常认为，科学和技术进步对政治所造成的影响，在社会科学中遭到了低估，也没有进行理论化的阐述。 这在中国政治的研究上尤其如此。虽然研究中国问题的学者们已经明确，中国共产党所宣称的"科学社会主义"是其政治合法性的核心，但是他们将科学的发展和社会主义当成了两个可以分离的研究领域。学术界有大量关于中国科学和技术进步的著作。同样的，也有大量关于中国社会主义发展的著作。 很大程度上，在研究中国的现有著作中，科学和技术进步对中国政治发展的影响被过度低估了。这似乎是无法避免的，因为在学术探究的传统里，"科学主义"和"社会主义"之间并没有本质的联系。在中国，将二者联系在一起的幕后逻辑是政治。

若干研究社会科学的一般著作中，尤其是和中国有关的著作中，涉及了这个有关技术与政治的研究。首先，信息技术对政治自由化和政治民主化的影响，必须通过国家与社会之间关系的变迁来检视。因此，研究后毛泽东时代国家—社会关系的著作日益增加，它们在这里就显得重要了。不过，信息技术与政治变革的关联，并不是这类著作所关注的焦点。一些学者开始关注，在促进国家与社会之间关系的变革上，中国的科学界作为一个强有力的利益集团，是如何起到一个重要作用的。他们关注的还有，这个团体的主要领导人是如何利用他们与最高领导人的关系网,来使得他们"科学"的建言能为中国作出重要的决策。在解释如下两个问题上,这些著作很有帮助,这两个问题是:科学界如何能够劝说领导人采纳一种"科学的"方法来发展,以及为什么在后毛泽东时代的中国,领导人对科学和技术的发展如此重视。但是,就算科学界在政治上正日益变得重要,这也并没有告诉我们,科学和技术事实上究竟如何影响了中国国家与社会之间的互动。科学和技术进步对政治的影响,不能如此过分狭隘地来定义。在促进中国的政治变革中,科学界很明显地扮演了一个重要角色。但是这种方式并不能够向我们展示,其他社会力量或团体是如何利用科学和技术的发展在政治中增加其影响力的。科学和技术的政治影响,远远超越了科学界的范畴。

第二类有关的著作,是研究所谓的技术官僚政治运动。技术官僚制度指的是一种治理制度,在这个制度中,受过技术训练的专家凭借他们的专业知识和在重要的政治经济机构中的地位进行治理。技术官僚政治作为一种治理制度的崛起,被认为是现代政治制度和政治治理的复杂本质的结果。自马克斯·韦伯(Max Weber)以降,学者们认为,当代政治是由两个群体的精英所塑造的,即受过技术训练的职业行政人员和职业的政党政治家,并且这两个角色有着不同的技术要求。因此,从定义上来看,与通过选举而获得权力的政治家不同,技术官僚是受过技术训练的精英,是通过遴选而获得权力的。技术官僚精英的招募和升迁,取决于普遍的、不受个人影响的和以成就为导向的标准。无须多言,技术官僚被认为能够利用他们的科学知识和技术方法来解决社会—经济问题。他们对待社会问题的科学方法是独特的,他们驾驭着科学的语言,只唯实不唯上。因此,技术官僚对技术事务更感兴趣,而非对政治事务,并且他们自身更加关注任务而非权力。

类似地，研究中国的学者们所关注的是，科学管理的思维观念如何影响了中国的精英政治，即改革政策如何导致了技术官僚政治的兴起。由于其所具有的优点，技术官僚政治成了后毛泽东时代中国领导人的可接受方案。旧时的革命家可以利用个人魅力和意识形态来鼓动群众运动，而新的领导人没有这样有力的资源，他们转向更世俗和更实际的政治权威形式。对技术官僚而言，不能把意识形态当成一种教条，指望它对眼前的政治和经济问题提供一种特效的、绝对可靠的解决方案。出于他们的实用主义，技术官僚能够克服困难来达成共识。他们能够"即便是在评价政治决定时，也是以实际的结果来评价，而不是以意识形态的价值来评价的。在提出一系列政策选项时（这些选项仅在付出、收益和可行性上存在差别），这种思维方式使得这些技术官僚更倾向于进行妥协和谈判"。

学者们发现，技术官僚运动对中国的精英政治产生了深远的影响，例如在提出决策的科学方法、建立一种科学的精英招募政策和党政干部的科学管理上。其他学者也在尝试详细地说明技术官僚运动对国家—社会关系的影响。他们发现，在接受资本主义和新兴社会力量上，技术官僚型领导人更加务实。这是因为，技术官僚能够拥有现代化的意识形态、对政治的厌恶之情、对自由企业制度的信仰和对发展的一种奉献精神。对于技术官僚型领导人来说，政治改革和民主化是工具性的，只要它们能够提高和巩固政权的合法性，就可以接受它们。

与那些把科学界当成一个利益集团的著作相类似，这类关于科学思维观念的著作，有助于解释为什么中国领导人最优先考虑发展科学和技术，以及这样一种思维观念是如何促进精英政治的变化的。但是，在探索中国的科学发展和政治变革之间的关联上，这类著作有两个主要的缺陷：第一，技术进步如何影响了国家和全社会（而不仅仅是科学界）之间的互动，这类著作并没有给予足够的关注。第二，它们没有将技术官僚型领导人进行区别对待。尽管基于他们的科学知识，技术官僚型领导人能够在解决问题时达成共识，但是他们有着不同的政治利益，这通常激发他们采取不同的方式来解决问题。

将科学界作为一个利益集团的分析方法，使得我们能够观察，科学界是如何自下而上影响政治变革的；而技术官僚政治的分析方法，则帮助我们探究，科学的思维观念是如何自上而下提供政治变革动力的。然而，这两种方法都不能向我们展示，国家和社会是如何在由现代信息技术所创造的新政治场域中进行互动的，以及它们之间的互动是如何影响了中国的政治变革的。

最相关的一类著作，则是有关媒体的一般研究，特别是专注于中国媒体改革的研究。正如在之后的章节中将要讨论的，研究媒体的学者们已经着重于研究如下问题：新信息技术的发展是如何为来自下层的政治参与者提供新的渠道，并如何由此影响了政治变革。对于在发达的西方民主制国家里研究公民参与的学者来说，这是一个主要的议题。尽管如此，他们的研究也有助于我们思考中国的媒体政治。

在研究中国的学者中，媒体改革也是他们的聚焦点。自从改革开放以来，中国的媒体发生了具有实质性的变化。从媒体方面来看，它长期以来面临着日益增长的市场化和商业化压力，因而不得不按照市场原则进行运作。从政权方面来看，中国共产党不得不改革它的媒体政策，以应对不断变化的社会—经济环境，并用以满足社会对信息的需求。学者们已经在观察，自上而下的媒体改革和自下而上的媒体商业化，将如何影响中国的政治变革。虽然有大量的著作问世，但是就媒体改革的政治影响而言，学者之中还没有达成共识。许多人认为，媒体改革增强了中国共产党的力量，而非削弱了它的力量；而另一些人则设想，这样的改革能够导致政治自由化。这类著作的研究对象涵盖了各式各样的媒体，包括纸质媒体（报纸、杂志和书籍）、广播和电视。这类学派的大多数学者关注的是传统的媒体技术形式，其中包括了出版、广播和电视，而较少关注最新的信息技术，亦即互联网。考虑到互联网本身极大地区别于传统形式的媒体技术，我们必须超越现有的媒体研究来详细地检视：作为信息技术的一种新形式，互联网是如何影响了中国的政治发展的？此外，研究中国媒体改革的学者，重点研究的是不同媒体界别如何与国家互动，但是，并没有过多关注信息技术本身如何能够影响国家与社会之间的互动。

不同形式的信息技术以不同的方式影响着政治。在本书中，笔者尝试探索互联网如何影响中国政治的发展。笔者将会展示，互联网是如何将自身与传统媒体（比如电视、广播和出版）相区别的。如此一来，笔者将能够论证，互联网作为信息技术的一种形式，本身能够对政治有着一种重要的影响。下一步任务，就是要探索互联网如何影响政治行为者——即国家与社会，以及探索这二者之间的关系。换句话说，本书尝试从三个维度来检视互联网对国家—社会关系的影响：（1）互联网如何影响国家；（2）互联网如何影响社会；（3）互联网如何影响国家和社会之间的互动。

3. 国家—社会关系背景下的互联网

研究中国的学者，事实上已经尝试过在国家—社会关系的背景下探索互联网的政治影响。然而，这些研究基本不检视互联网如何在国家—社会关系中引入变化，它们关注的是，国家或社会如何受到了互联网的影响。

第一种观点认为，互联网对国家进行了赋权。学者们从劳伦斯·莱斯格（Lawrence Lessig）、詹姆斯·博伊尔（James Boyle）和其他采用了米歇尔·福柯（Michel Foucault）关于正式和非正式强制形式分析方法的学者那里汲取了思想，来展示互联网如何能够对国家进行赋权。

莱斯格认为，在世界上的任何地方，政府都最有可能管控互联网，管控的方式是控制底层代码和塑造它运行的合法环境。根据他的观点，"代码"是四个基本要素的结合，即法规、社会规范、市场和互联网自身的结构；"代码"可以在网络空间塑造行为。代码编写者创设了大多数互联网特征，这些特征以允许或禁止的方式来限制其他行为。无须多言，总有办法来规避这些由设计者强加的限制。不过，有一点很重要，有效的控制之所以是可能的，恰恰是因为完全的控制是不可能的。要探寻网络空间是如何被管制的，那么，发现代码是如何进行管制的、谁编写了代码，以及谁在控制代码编写人，就显得非常重要。很明显，任何对互联网控制本质的深入调查，都必须延伸至政府的管控方式，即政府通过直接管理中间人，例如互联网服务提供商（ISPs）和互联网内容提供商（ICPs），能够间接管理互联网。

类似的，援引福柯的思想，博伊尔认为，国家能够在互联网中建立多种的"监督"技巧，并因而达到有效的互联网审查。根据福柯的理论，早期的现代国家以其内外的强硬手段对其国民进行正式的控制。国家对特定的行为设立了严格的控制，并对违反的行为以严酷的惩罚相威胁。相比之下，现代国家则让国民参与他们自身的政府管理。在这个过程中，它将外在的控制转化为内在的控制了。虽然，国家和公民社会、公共领域和私人领域都相互明确区分开来，但是事实上，这二者之间的相互渗透程度已经是前所未有地高了。公民不仅以投票和政治控制来治理他们自己，而且还通过他们自己符合道德的、天生的和情感上的经济，预先限制他们自身的行为，并缓和他们自身的冲动。因此，早期现代国家的严酷终归于不必要。现代国家不再实施命令、强荐和惩罚，而是说教、告知、劝说和劝阻。

遵从这一逻辑，一些学者认为，互联网很有可能加强中国的威权主义政权，而不是削弱它。在这些研究中，香提·卡拉希尔（Shanthi Kalathil）和泰勒·鲍尔斯（Taylor Boas）总结道："在互联网时代，威权主义国家丝毫没有过时。"这是因为，在规划互联网的发展上，以及在规定社会、经济和政治行为者使用互联网的方式上，威权主义国家扮演了一个关键的角色。中国政府扮演了互联网发展的设计者，这一事实使得非政府行为体较为无法施加政治影响力，因为互联网用户"也许会避开网上的政治敏感材料，并且企业或许会发现，相较于挑战国家的审查政策，与国家进行合作能够带来更多的利润"。华玉洁（Gudrun Wacker）在其关于中国互联网审查的研究中，得出了一个相似的结论。她认为，中国共产党能够采用福柯所说的"正式的"和"非正式的"手段，来控制互联网的政治影响。最近的一项实证研究似乎证明了这些早期的观点，这项实证研究是由"开放网络促进会"（Open Net Initiative）研究并发布的（"开放网络促进会"是由哈佛大学法学院、多伦多大学公民实验室和剑桥大学安全项目共同组建的）。根据这项研究得出的报告，"中国的互联网过滤机制，是世界上此类过滤机制中最为成熟的"。也有一种观点认为，互联网对社会进行了赋权。西方的决策者们，例如美国前总统乔治·沃克·布什（George W. Bush）和前总统比尔·克林顿（Bill Clinton）都认为，互联网将会为中国带来自由和民主，因为互联网带动公民组织的兴起。技术被认为能够规避审查和中央控制，并且即时通信能够跨越边界，传播真相、消息和勇气。这样一种信念也出现在许多学术著作中。一种流行的观点认为，互联网能够减少思想垄断和组织垄断的影响。迈克尔·切斯（Michael Chase）和毛文杰（James Mulvenon）声称，尽管政府有应对策略，但是国内外的异议人士也在广泛地通过互联网发出不同的声音。类似的，埃里克·哈维特（Eric Harwit）和邓肯·克拉克（Duncan Clark）一方面认识到对互联网现有的严密政治控制，另一方面，他们也指出，借助新兴的、可获取的信息技术，独立的团体也能够由此组建起来。 实证证据也支持互联网对社会赋权的观点。例如，杨国斌（Guobin Yang）基于自己的实证研究，发现互联网通过不同的方式对中国的民间社会进行赋权。首先，社会对互联网的使用促进了公共辩论和问题传播。互联网已经展现出其扮演中国政治监督者的潜力。其次，通过扩大旧有的联合准则、促进现有组织的活动并创造一种新的联合模式——虚拟社区，互联网塑造了社会组织。最后，互联网在抗争的动力中引入了新的要素。

毫无疑问，两个阵营的学者（对国家赋权和对社会赋权）都有他们自己的逻辑，且拥有实证数据来支撑他们的观点。我们可以鉴别一下导致这种观点分歧的两个因素：第一，在一些领域里，互联网对国家进行赋权，但是没有对社会进行赋权；但是在另一些领域里，它对社会进行赋权，却没有对国家进行赋权。第二，在某些领域里，互联网对国家和社会都进行了赋权。

两个阵营的学者都极大地低估了这两个因素。互联网不仅仅是国家和社会之间的互动所使用的工具，更重要的是，互联网是一个新的、尚未开发的政治场域，国家和社会都试图在这个场域里扩大它们自身的政治空间。这样一来，这二者之间的博弈并非总是零和性质的。在两个阵营学者当中存在的一个主要问题是，他们的观点中固定地存在着一个暗含的假设，即互联网的发展是国家和社会之间的零和博弈。在条件具备的情况下，互联网的发展能够在国家和社会之间相互进行赋权和改造。笔者的最初发现有四点：第一，互联网对国家和社会都进行了赋权，二者都从互联网的发展中受益。国家能够利用互联网来提升它的治理，而提升了水平的治理则能够对社会有益。第二，互联网的发展产生了分权的效果，也就是说，它的益处以分权的方式扩散。即使存在着"数字鸿沟"，但互联网的发展不仅使中间阶级和上层阶级受益，也有助于中下阶级努力改善自身经济和社会福利。第三，互联网为国家和社会靠近（或摆脱）对方创造了一个新的基础结构。这是开展政治的一个新论坛。与其他的环境相比，互联网更能够对国家进行约束。第四，互联网在国家和社会之间制造了一种递归关系，相互改造二者之间的互动。换句话说，国家和社会在互联网上的互动，最终重塑了国家和社会。因此，在中国，一方面，互联网是否能够导致民主，还言之尚早；另一方面，它在促进各方面的政治自由上（例如公开性、透明度和责任制），起到了重要的作用。这样的政治自由，也使得国家和社会都受益。

这样一种相互赋权和改造的观点，要求我们重新审视国家—社会关系。多年来，学者们以二分法来对待国家和社会。国家被认为是社会—经济转型的关键要素。强国家弱社会的情况，被认为是有助于社会—经济转型的；而强社会弱国家，则被认为是对这种转型设置了一个严重的结构性障碍。在以国家为论述中心的著作中，国家被认为是一个单一行为体，战略性地评估自身的情况，然后相应地采取行动来使自己的利益最大化。此外，国家的力量通常被等同于它对社会的独断权，即国家有能力忽视其他社会行为体或对社会强加自己的意志。国家中心理论对发展中国家（例如中国）的决策者和学者有着重要的影响。很明显，它深刻地影响了中国版的国家主义。通常，对于第三世界的政治精英来说，最简单的解决方案就是集中所有的权力来应对社会—经济转型，即便集权未必是一个有效的方案。

近些年里，学者们修正了他们先前的观点。他们发现，在真实的世界里，国家基本不是社会中唯一的中央力量，并且也几乎无法独立于社会力量。在许多政治场合中，国家权力的部分内容，更多的是国家借助其他社会行为体，或与其他社会行为体合作的能力，并且，国家与社会群体的明显分离，最终将使国家在许多场合中变弱而非变强。国家（政府）本身就是一个特定社会的一部分，它需要社会来实现它的目标。学者们逐渐意识到，在特定的条件下，国家和社会力量能够相互赋权，而国家和社会力量之间的互动（而非分裂），其效果是能够为双方一同创造更多的权力。

国家能力在大多数发展中国家都很重要，这些国家的政府往往都同时面临着社会—经济转型和政治自由化的任务。一方面，快速而可持续的经济发展要求一个强大的国家，它能够超越特殊利益集团的短视，制定长远的发展战略；另一方面，政治发展通常需要并依靠一个强有力的民间共同体领域和社会力量在国家组织里的联合。政治改革通常必须在一段时期里削减之前存在的国家权力，在这段时期里，这些国家正在推动经济转型，并提供有效的治理。然而，在特定的情况下，社会—经济转型和政治自由化并不必然是相互冲突的。例如，人们发现，向民主的转型并不必然减少国家的角色，也并不必然削弱国家的能力；相反，一个有能力的国家，是维持牢固的民主的重要条件。公民社会和国家的共同努力，或许能为政治改革的开展提供最有效的途径。强劲稳健的公民联合体，能够与强大而有弹性的国家携手共进。

国家在追求经济—社会转型中，必须要应对社会力量，而社会—经济转型通常也起到了国家和社会相互改造的作用。因为国家（政府）是社会的一部分，所以在相互互动的过程中，"国家也许帮着塑造社会，但是也受到其所在社会的不断塑造。社会对国家的影响，和国家对社会的影响是一样的，甚或可能影响得还更多。"

笔者认为，互联网提供了一个舞台，让国家和社会之间相互赋权。另一个事实是，在国家—社会关系的不同领域中，相互赋权的程度也是不同的，这是因为互联网在这些不同领域中的影响有所不同。相互赋权的观

点，并不意味着国家和社会之间在任何情况下在互联网上都没有利益冲
突。技术赋权也是国家和社会之间的一种政治形式。总有一些领域里，
国家和社会是冲突的。即使是在有利益冲突的领域里，谁将赢得双方之
间的博弈，依然不是一个直截了当的问题。有些案例中，社会群体在挑
战国家中落败，但是也有一些案例中，社会群体成功地挑战了国家。在
一个网络政治环境下，国家和社会之间的互动通常是递归的，并导致了
相互改造。

要理解互联网相互赋权和相互改造的本质，有必要将国家和社会区分
讨论一下。中国的国家（政府）几乎不是一个固定的意识形态实体或一个
无差别的、单一的、理性的行为者。国家（政府）由不同的部分组成，包
括党政的最高领导人、不同的政治派别、中央的党的机构和政府部门，以
及各级政府的相应结构（即省、市、县、镇）。国家的各个组成部门在不
同的政策领域里有着不同的利益和身份，包括在互联网领域的政策上也是
如此。中国的社会也是如此。和其他地方一样，中国的社会由不同的社
会群体组成，它们有着不同的利益和身份。互联网在促进政治变革中的角
色，取决于国家各分散部门和社会各分散团体二者在众多结合点上的互
动。国家的不同组成部门和社会的不同组成部分之间的互动，通常导致了
意料之外的赋权和改造模式。

由于国家和社会之间的关系特征是递归，因此，在判断互联网的赋权
效应时，互动战略就很重要了。国家的不同组成部门和社会的主要团体，
在互联网公共空间内使用互动战略进行互动，迄今为止，学者们在很大程
度上却忽视了这样的互动战略。笔者将会展示一项特定的挑战能否成功，
不仅取决于国家和社会互动的领域，还取决于这些行为者在应对对方时所
采用的战略。

二、互联网、政治自由化和政治民主化

1. 信息技术和政治变革

信息技术进步与民主发展之间的关联，正在成为学者和决策者中日益重要的研究领域。关于这个领域的大多数研究，都是基于民主的、发达的西方国家，它们主要关注的是，信息技术革命是否能够促进和改善当前民主国家的运作。一些乐观的学者认为，信息技术的进步和民主的改善之间存在着积极的关联。许多新的术语，例如"数字民主"（digital democracy）、"电子民主"（electronic democracy）和"网络民主"（cyberdemocracy），将互联网和民主紧密捆绑在一起的意味尤其明显，并暗示二者相互强化着对方。

同样，学者们一直以来都认为，信息技术将有助于威权政体向民主政体进行转变。在其研究第三波民主化浪潮的著作中，塞缪尔·亨廷顿（Samuel Huntington）指出，电视机在制造东欧转型的"雪球效应"或"溢出效应"中起到了重要作用。近年来，学者们认为，互联网在推翻印度尼西亚的苏哈托（Suharto）政权上起到了重要的作用。在威权主义的中国，学者们发现，互联网也许会对政府施加一个无法克服的威胁，这种威胁可能来自于民众、公民社会、市场力量和国际社会对互联网的运用。

另一方面，一些学者也警告说，互联网对民主发展的影响不应该被高估。在对 144 个国家进行研究之后，克里斯托弗·科德兹（Christopher Kedzie）发现，按照统计结果，网络连通性和政治自由之间有着重要的相互关联，但是他也指出，这些结果并不能决定性地确定其中的因果关系。类似的，根据皮帕·诺里斯（Pippa Norris）的观点，民主化和人均互联网

用户之间，有一个显著的相互关联。不过，她也指出，政治变革是互联网扩散的一个决定性因素，而非相反。

此外，信息技术，尤其是互联网，对威权主义国家的民主发展是否有影响，也有一些人持悲观的态度。这些学者认为，许多威权主义政府都非常成功地对新兴的信息技术施加了政治控制。互联网自然也不会是个例外。一些学者发现，像古巴和越南这样的威权主义政权，长期以来对其他信息和通信技术进行了成功的控制，并将这种控制转变为对国内互联网发展的强有力控制。面对来自互联网的挑战，这些威权主义政府采取了各种应对措施来作出回应，包括限制互联网联入、过滤内容、监控网络行为，甚或完全禁止互联网的使用。此外，威权主义政权通常试图用积极的战略来扩展控制，通过引导媒体的发展来促进政权自身的利益和关切。通过结合被动策略和主动策略，威权主义政权能够反击因互联网的使用而带来的挑战，甚至利用互联网来扩大它的可及范围和权威。 这在中国尤其如此。尽管境内外持不同政见者利用互联网来扩展他们的政治影响，但是政府似乎能够有效地控制这些影响。

如何来解读这两种不同的结论呢？迄今为止，中国政府将发展信息技术作为其维系经济增长的长期计划的一部分。为了实现信息技术的快速发展，政府作出努力来建立一个监管机制，以此来管理这个正在成长的部门。政府试图建立一个政治控制机制来应对各种意料之外的政治后果。政治控制机制的建立和成长，又导致了各种悲观的观点，这些观点不看好互联网对中国政治变革的影响。这些学者认为互联网对国家进行赋权，而非对民众进行赋权。

但是笔者认为，互联网为中国的政治行为缔造了一个非常不同的政治环境。在越来越多的案例中，社会群体成功地使国家改变了其不受欢迎的政策实践。

在信息技术如何影响了中国的政治变革。笔者回顾了现有著作，这些著作涉及的内容是信息技术如何影响了政治，然后再去检视中国的情况。虽然这方面的著作大多数是在发达的西方国家的背景下进行研究的，但是它们也有助于我们理解中国的情况。要探索互联网是否影响了中国政治，就要观察发生了什么样的政治变革，观察那些和互联网发展有关的政治变革。因此，定义什么是政治变革就显得很重要了。为此，笔者根据现有的著作来进行研究，并在政治民主化和政治自由化之间做一个区分。笔者将试图展示，信息技术，尤其是互联网，是如何推动中国的政治民主化和政治自由化的。

2. 信息技术和公民参与

在探索互联网的政治影响时，一个关键的问题是，互联网是否能够促进政治参与或公民参与？社会科学领域的学者，尤其是研究政治学、社会学和新闻传播学的学者，一直对信息技术对公民参与的影响抱有兴趣。然而，在他们中间似乎还没有达成什么共识，分歧依然存在。尽管大多数辩论都集中在发达的西方民主国家的经验上，尤其是集中在三边国家上（北美、西欧和日本），但是，它们对反映威权主义中国的互联网和公民参与也相当有启发意义。在详细阐述民主政治制度和中国威权主义政治制度的制度区别之后，我们将能够发现，信息技术如何能够在不同的政治环境下影响公民参与。有关信息技术影响公民参与的著作，大体上可以分为两类，即数字赋权（digital empowerment）和数字离散（digital disengagement）。

3. 数字赋权

20 世纪五六十年代，现代化理论非常盛行，这一理论认为，信息技术是政治进步，尤其是民主政治发展的一个前提条件。这个学派的学者认为，民主的发展需要特定的经济、社会、文化和技术条件，这些条件是通过经济增长、教育、工业化和城市化发展起来的。在衡量一个社会的社会—经济状况时，信息技术的进步和传播是如此重要，以至于一个国家所拥有的广播和电话的统计数值，对于民主的产生具有决定性的意义。

此外，信息技术被视为民主制度运行的保障。罗伯特·达尔（Robert Dahl）是当代民主理论的重要思想家，根据他的观点，民主运作的主要威胁，更多来自于信息和知识的不平等，而非来自于财富或经济地位的不平等。通过使政治信息更加随手可及，信息技术或许能够为政治不平等提供重要的矫正措施。达尔认为，信息技术提供了多种手段来减少政治不平等。信息技术的发展加强了获取有关政治议程信息的能力，这反过来促进了民众参与。信息技术也扩大了公民为政治过程做贡献的途径。它使得全体民众对公职人员的观察和监督总体上变得更加容易。由于信息技术扩大了信息和通信的流动，它使得政府更加透明，政府越透明，精英对全体民众所享有的信息优越感就越小。

同样，本杰明·巴伯（Benjamin Barber）声称，对信息技术的使用可以增强公民对民主事务的参与。巴伯在信息技术发展的"婴儿期"就提出了这个观点，他相信，将电信技术作为一种手段，用于解决大范围民主所造成的问题和创造沟通的论坛（如"市政厅"），是可能的，它可以摆脱空间上的限制。社区理论学派的学者，也很重视信息技术的这种角色，他们声称，信息流动中的技术进步提高了社区的质量，也促成了更强大社区的建设。

在经验层面，学者们发现，现代大众媒体有一个积极的作用，那就是支撑和促进公民参与。学者们展示了报纸是如何动员和强化选民的，以及新闻媒体如何能够帮助全体选民作出明智或理智的选择。现代化使人们拥有一群多样化和专业化的新闻媒体可供选择，报纸、杂志、广播、电视和现在的互联网，它们迎合了不同的市场，并为发达的工业化民主国家的公民提供了一个丰富密集的信息环境。对那些对公共事务感兴趣的公民来说，他们获取所需信息的代价大大减少了。现代化还导致了更高水平的识字率和教育，这增强了公民利用他们所获取的信息的能力。所有这些进步，造就了一个对公共事务更具有参与能力且更成熟的选民团体。

自信息时代到来以后，许多学者甚至变得更为乐观，他们相信，互联网能够对民众进行赋权，扩大他们的政治参与。政治家和公民之间的旧式沟通是单向的，出于其在沟通上的互动和互惠本质，人们认为互联网能够抑制这种单向沟通所带来的后果，相比之前公民只能依靠投票和代议制机制来行使他们的主权而言，网络沟通使得民主政府对它的民众更加负责。他们相信，互联网创造了一个技术环境，使熊彼特式的精英民主向直接的大众民主转变。换句话说，由于互联网使得政治过程能够直接和有效地回应公众意见和大众需求，从而克服了代议制民主的两个重要缺陷，即普通公民间接参与政治进程以及与此相关的精英主义，进而重振了民主的古典要素。在这个意义上，互联网本身可以被视为是民主化的代言人。

4. 数字鸿沟和公民离散

另一方面，就信息技术对公民参与的影响而言，也有人持悲观的态度。对这个学派的学者来说，信息技术的进步并不必定意味着人类境况的改善。信息技术能否促进公民参与，取决于信息技术运作的政治—制度环境。在陈述这些悲观观点的时候，有两个观点尤其突出。

第一，一些学者认为，新兴的信息技术，尤其是互联网，并不能改变权力和财富的不平等，后两者被视为是公民参与的主要障碍。他们主张，新兴的信息技术释放出了新的权力和财富的不平等，并因此强化了信息富有人群和信息贫乏人群、活跃者和冷漠者之间的鸿沟。全球鸿沟和社会鸿沟的扩大，意味着互联网政治以极不相称的方式使精英受益。

第二，许多其他学者质疑基于互联网的人类互动本质。他们认为，基于互联网的人类互动，往往阻碍公民参与，而非促进公民参与。

5. 数字鸿沟和不平等

互联网在政治—制度环境中运行。互联网能否促进公民参与，更多地取决于谁使用它，而非取决于它的技术本质。在信息时代到来之前，利益集团学派的学者们已经强调了信息技术（广播、电视等）如何能够促进政治参与。例如，大卫·杜鲁门（David Truman）写道："通信手段的革命"是利益集团制度发展的前提条件。大卫·杜鲁门更深入地评论道："麦迪逊认为，人口的散居是形成利益集团的障碍，而通信技术的革命确实在很大程度上表明了他的观念已经过时。"今天，学者们依旧强调，组织化的利益集团如何能够克服信息技术在政治上的分权效应。一方面，传统的游说团体和政党正朝着信息技术这个新场域来扩展它们的主导权，另一方面，传统媒体公司也将成功地开拓新技术，保留它们在广播时代建立起来的权力格局。

组织化的利益集团能够在虚拟的政治领域中重申它们的控制权，并通过设计互联网来建立它们的主导权。根据安东尼·威廉（Anthony Wilhelm）的观点，"设计"指的是"一种网络建筑，包括一个网络是否是互动的、温和的、安全的和未经审查的，它为非商业目的保留有足够的能力"。网络建筑可以促进或抑制公共交流。事实上，当下的许多通信手段都是由私有的跨国企业集团所拥有或控制的。由于企业巨头的主要兴趣在于大型商务和对富有的住宅客户开展服务，因此，互联网的分权效应可以轻易地被规避。尽管商业用途的网络在快速发展，但是家用的高级服务花费依然高昂，它们包括在线服务、电缆或卫星连接、数字广播、数字用户线和其他服务。订阅一份互联网服务供应、有线电视或直播卫星，需要相当一部分的花费。此外，作为一个高度组织化的利益集团，政府也能够设计互联网，使其对自己有益。例如劳伦斯·莱斯格这样的学者一直认为，政府最有可能管控互联网，管控的方式是控制底层代码和塑造它运行的合法环境。所有的这些制度因素，都能够轻易地减少互联网的政治潜能和公民潜能。

此外，信息富有人群和信息贫乏人群之间的数字鸿沟也阻碍了有效的公民参与。因为信息技术，例如电子邮件、新闻组（Usenet）和互联网，是不均衡分配、滥用的，设计来使得不对称权力关系具体化的，所以它为实现一个更加公正和人道的社会秩序施加了巨大的障碍，而非推动一个强健公共领域的发展。

一个人要有效地从事政治参与，就必须事先获得一些资源，例如一些技能和能力，这使得一个人能够参与虚拟的政治公共领域。但事实是，进入一个数字化公共领域的门槛很高，这包括获得或购买价格高昂的硬件，操作和驾驭新媒体环境所需的大众文化普及，以及有效参与公共领域讨论和辩论所需的高级阶段的学习，即沟通技能和批评性思维。因此，许多处在下层阶级的人无法参与公共交流和政治活动，也无法用自己的语言来发出他们的关切和需求。

数字鸿沟也使得数字化的公共空间变得排外而非包容。理想的状态下，民主参与必须是包容的：每一个受到特定政策影响的人，都有机会接近和利用必要的数字媒体，表达他或她的偏好并影响政策。信息技术的发展，使得接近数字媒体的人能够放大他们对公共事务的声音，同时也可能在进一步边缘化那些无法接近数字媒体的人。

6. 网络推动型人类互动的本质

信息技术对公民参与影响的悲观观点还有一个主要来源，它与网络推动型人类互动的本质有关。在这一点上，学者们关心的是民主商谈的系统化步骤可能遭受的破坏，因为数字化发展的节奏和速度在人类历史上是史无前例的。对一些学者而言，社会资本产生了参与式平等，而密集地使用信息技术可能会减少这种社会资本，从而使信息技术的使用抵消了在参与式平等中获得的任何东西。信息技术也许会加快政治的速度，破坏商谈，并通过民意调查来巩固针对政府的潮流。

罗伯特·帕特南（Robert Putnam）研究了电视机对美国政治的影响，他在研究中表示，看电视最多的人，在社交上是最不值得信任的，同时也是最不愿意参加社区生活的。在电视文化环境中成长起来的公民，相比他们的父母一辈，更不愿意信任别人、加入志愿团体和参与投票。电视也许会取代其他的休闲活动和户外的社区参与；在黄金时段收看的电视节目，大多富含暴力和犯罪信息，可能会产生一个"丑陋世界"（mean world）综合征；电视也许还会对儿童暴力（childhood aggression）产生尤其强大的影响。

信息技术的快速发展似乎恶化了这种情况。例如，本杰明·巴伯后来修正了他之前对互联网的乐观观点，并主张当代的信息技术也许破坏了政治商谈的质量和社会互动的本质。凯斯·桑斯坦（Cass Sunstein）主张，信息技术的革命导致了"公共媒介"（general interest intermediary）的衰落、公众（public commons）的失败和用于取代这些的政治通信制度，这个制度产生了碎片化和两极分化。

有效的政治商谈要求有一个健全的公民社会，而根据琼·柯恩（Jean Cohen）和安德鲁·阿拉托（Andrew Arato）的观点，公民社会的组成包括了社会化的结构、社团和现实世界中其他组织化形式的通信。在这个意义上，政治公共领域代表了公民社会中的重要渠道，在这个渠道中，个人和团体可以获得有关议题的信息，自主地讨论和辩论这些议题，并最终对政策议程有所影响。在这样一个公共领域里，相关的民众可以平等地相互谈论，并能够在公共事务上以最佳的方式劝说其他人。但是，信息技术似乎在破坏传统的、面对面的人类互动。根据巴伯的观点，虚拟社区的初始形态是抽象和不定形的，缺少面对面交流时的那种鲜明特征、背景环境和具体可感。他陈述道："也许，这些坐在电脑屏幕前的无数孤独个体之中，正在发展一种新形式的社区，他们仅仅依靠敲着键盘的指尖和由互联网定义的新网络联系在一起。但是那种'社区'的政治还没有被发明出来。"

数字化的人类互动几乎无法引发民主商谈。根据威廉的观点，在民主商谈里，一场政治辩论的对话者需要提供论据来支持他们的观点，这些论据可以在公共领域内得到主体间的认同。商谈要求在公共领域内进行辩论、讨论和劝诫。个人的思想或孤立的行动不能满足公共性（publicness）的门槛，因为它们没有暴露在他人的监督之下。此外，公共论坛的商谈式参与，不论是面对面的或虚拟的，都意味着参与的人需要花费时间来对另一观点和立场的价值给出反馈，而非仅仅不假思索地回答或表达自己的偏好。

在互联网上的人类互动中，所有的这些功能都无法执行。互联网被认为是一个非文明的环境，在这个环境中，在线交流更像是电视的声音字节文化，而非小镇集会或团体会议中占据主导地位的稳重讨论。在一个数字化的公共领域里，个人的兴趣主要在于为他们个人或私人的利益发声，对于通过劝说、谈判和妥协来适应别人的立场，却几乎不怎么关心。

7. 信息、集体行动和政治自由化

研究互联网对一般的威权主义政治制度、特别是对中国政治制度的影响时，既有乐观的观点，也有悲观的观点。新兴的信息技术提供了一个新的政治舞台，在这个舞台上，国家和社会竞逐着权力。在这场争斗中，宣布谁是赢家，谁又是输家，还言之尚早。国家（政府）、企业和其他组织良好的利益集团，毋庸置疑都在利用互联网为自己赋权。然而，也有例子表明，一些组织化程度并不高的社会群体和无组织的下层阶级，也成功地组织了集体行动，挑战了组织良好的利益集团的权力，尤其是挑战了国家的权力。在这些案例中，信息技术使得边缘化的群体克服了资源的局限和其他更为严重的障碍来获得政治权力。

因此，一个更为重要的问题是，社会群体，尤其是那些下层阶级中的社会群体，是如何成功地组织了对国家的这种集体挑战的？互联网和公民参与之间的关联，为我们提供了一个很好的视角来探索互联网的政治影响。

8. 自由化与民主化

要探索互联网对中国政治的影响，那么在政治自由化和政治民主化之间做一个区分，就非常有用。在这里，吉列尔莫·奥唐奈（Guillermo O'Donnell）和菲利普·施密特（Philippe Schmitter）给出的定义变得很有意义。根据他们的观点，政治自由化可以定义为"使某些权利生效的过程，这些权利保证个人和社会群体免受来自国家的专断或违法行为"。这是一个与威权主义的惯常实践相背离的过程和运动。这场运动的效果，是降低了个人表达和集体行动的代价（无论是真实代价还是预期代价）。一旦一些行为者敢于公开地行使那些权利，没有受到处罚，并且这样做已经是威权主义政权所能容忍的顶峰，那么其他人也逐渐可能敢于这样做。另一方面，政治自由化指的是，"借由民主化的过程，公民权的规则和程序能够适用于过去由其他原则统治的政治制度，或能够扩大并涵盖过去没有享受这些权利和义务的人，或能够延伸并涵盖过去没有公民参与的问题和机构"。

尽管从政治自由化向政治民主化的转移过程可以被视为是连续的，但是为了分析它们，这二者也可以被视作是两个分开的过程。虽然很难在自由化和民主化之间划定一个明确的界限，但是奥唐奈和施密特隐晦地指出了二者之间在性质上的一个差别，即民主化需要一个结构上的变革，但是自由化不需要。自由化可以在现有的政治框架内发生。正如他们所指出的：

威权主义的统治者兴许会容忍甚或促进自由化，他们认为，通过向个人和群体的行动开放特定的空间，他们能够减轻各种压力，获得所需的信息和支持，而无须改变权力的结构，也就是说，他们不需要就自己的行为对民众负责或是能够排斥民众要求按照公平和竞争性选举进行治理的诉求。

自由化可以在没有民主化的情况下存在，而一旦发生了这样的情形，那么就产生了奥唐奈和施密特所说的"自由化的威权主义"。尽管中国的政权依然是威权主义的，但是政治自由化时不时都在发生，这是由多种因素造成的，例如：一个改革派构成的领导层、新的社会力量，以及政权内部的权力斗争。在这一背景下，笔者认为，信息技术，尤其是互联网，为政治自由化提供了新的机会。如果没有像互联网这样的新兴的信息技术的存在，那么一些特定类型的自由化，例如政权的开放性、透明度和政治责任，将可能无从保障。

三、信息技术、国家—社会关系转型

1. 信息技术和政治变革

互联网开启了一个新的舞台，在这个舞台上，国家和社会都能够对自身进行赋权。它使得国家能够更加有效地向民众提供经济产品和服务，它还使得社会能够"呼吁"其利益，并推动国家政策的转变。在这个意义上，国家和社会在互联网领域相互赋权。此外，互联网也是国家和社会竞逐权力的舞台，从而也使得这二者相互对立。在竞逐权力时，有时候是国家获胜，有时候是社会获胜。由于信息技术的无限潜能，国家和社会在互联网领域的互动，往往变得日益复杂。尽管国家和社会竞逐着权力，但是他们也在相互改造。

因此，一个终极问题就是：信息技术是否能够推动中国的政治变革？"政治变革"是一个宽泛的术语，它意味着政治场域中的许多东西。就增加政治透明度和政治责任制而言，互联网还是推动了政治自由化的。从长远来看，这样的进步能够成为民主进程的一部分。所有的这些进步，或许会触发一场实质性的政治变革。

什么是政权变革？这是政治变革的核心。对中国来说，政治改革意味着什么？这两个问题是很重要的。一般意义上的政权变革意味着从威权主义向民主的转型，而中国领导人则在努力使这种转型过程变得可控。在这个过程中，互联网能够起到什么样的作用，在很大程度上取决于中国领导者对政治改革的看法。大多数国家都试图规范互联网，希望从这种新技术中获益，并减少其带来的不良后果。在规范互联网在中国所起到的作用方面，中国的社会主义国家是当今世界最为成熟的政治组织之一，即便中国政府几乎不可能"消灭"所有由互联网的发展所带来的不良后果。在引导中国的政治变革上，互联网是一个推动因素。互联网在多大程度上能够推动政治变革，取决于国家和社会力量在机会结构中的互动，机会结构是由社会—经济的发展提供的。通过分析互联网和其他社会—经济因素与政治因素的关系，我们可以对互联网在推动中国政治变革中的作用得出一个实事求是的评估。

2. 政权变革

政权变革是总体政治变革的一部分。正如前文所讨论的，存在着网络推动型政治变革。但是对许多人来说，问题在于，互联网会导致中国的政权变革吗？在过去的几千年里，中国历经了不断的朝代更替循环，这个循环一直持续到 1911 年的现代共和革命才结束。一个专制王朝政权被另一个同样专制的王朝政权所取代。今天，人们广泛认可的是，任何有意义的政权变革，都必须包含民主转型的一些形式。

那么，这就出现了一个有关民主的问题。通过观察现代民主制度的运行，我们很容易定义什么是民主，但我们会发现，很难明确什么样的政治变革能够导致民主化，什么样的政治变革不能够。政治变革的某些形式兴许能够导致有意义的政权转型，但是其他的则未必。政治自由化可能会导致政治民主化，也可能不会。中国的信息技术使得社会群体能够从事集体行动，就增加政权的政治透明度和政治责任制而言，这些集体行动推动了政治自由化。尽管这些集体行动未能触发政治民主化，但可以合理地认为，政治自由化也是迈向民主的政治变革的内在组成部分。

3. 精英的政治变革观

在有关互联网促进政治变革的一般性探究中，特别是有关政治变革的探究中，一个同样重要的问题是，中国领导人是如何看待民主的？精英的民主化观念制约了互联网在调节国家与社会之间关系中的作用，从而制约了互联网在民主化中的作用。领导人是网络集体行动成败背后的关键因素。如果领导人认为，一个特定的集体行动有利于"正确"的政策转变，就极有可能对集体行动采取合作甚至支持的态度。如果领导人认为，一个特定的集体行动破坏或威胁到了政权，那么就极有可能收紧控制，甚至会限制这个集体行动。究竟领导人将一个特定的集体行动看成是"正确"的还是"错误"的，取决于其关于政治变革和民主的观念。因此，当我们探究信息技术将如何影响未来的政治发展时，检视一下领导人的政治变革观念就非常重要。

事实上，"政治变革"对不同的人而言意味着不同的东西。对学界来说，"政治变革"通常指的是迈向基于大众政治参与的西方式民主的政治过程，通常指的是公开的普选。按照这个概念，像中国这样被西方学界视为威权主义的国家，政治变革就意味着削弱党的领导并对社会赋权。然而，这并非中国统治精英们的观念。政治变革，尤其是由政治改革导致的变革，并不是要削弱政权的权力，而是要增强它。在政治变革的过程中，社会可以得到赋权，但是国家对社会拥有的权力绝不能被削弱。

在整个改革年代里，中国的政治领导人强烈地反对在中国发展任何西方式的民主。他们认为西方式民主并不适合中国，他们从中国的近代史和苏联不久前的历史中吸取了教训，认为西方式的民主只会导致国家陷入混乱甚至分裂。

但是，中国领导层也认为，他们也不断地在考虑和重视政治改革的需要。中国的政治精英们不愿意效仿任何发生在苏联和东欧地区的共产主义国家的民主模式，或是近邻韩国和中国台湾地区所采用的民主模式。对他们而言，政治变革必须是可控的，由此产生的不良后果也必须是最小的。

在这一背景下，政治变革的特征是渐进主义的，进步是通过试错来进行的，它意味着政治过程不是突然对大众开放的。相反，它指的是一个可控的制度建设过程。

由于政治变革旨在增强政权的力量，领导人作出了所有的努力，来领导和指导国家的发展。但是，社会—经济变革通常导致了意料之外的后果。多半情况下，当现存的制度不再能够容纳社会力量时，领导人就不得不使用强制手段来应对自发的社会力量。政治渐进主义使得中国领导人能够不断地调整其制度框架，一方面用以确保经济改革，另一方面用以容纳由社会—经济发展所带来的巨大变化。

正是在这种背景下，国家试图将互联网带给国家的任何形式的不良影响最小化。和其他任何技术一样，仅靠信息技术本身，是无法决定国家政治发展的路径的。更重要的是政治和社会力量，它们在争取中国政治变革的日常努力中使用着互联网。信息技术在国家和社会力量互动的背景中运作。因此，像本尼迪克特·安德森（Benedict Anderson）和西德尼·塔罗（Sydney Tarrow）这样的学者，当他们看见了纸质媒体在社会力量兴起中的重要作用时，他们就去观察纸质媒体如何帮助民族主义思想的传播，或是如何帮助社会运动网络和社团的形成。多半情况下，社会运动是国家建设或民族建设的产物。在国家建设或民族建设过程中，如果忽视了其他重要因素，例如社会不满和民族感情，将会使我们的观点变成一种技术决定论。这种认识也适用于互联网在中国的情况。国家是中国最重要的政治力量，但它并非唯一的政治力量。快速的经济变化为新的社会力量让出了道路，而传统的社会阶层（例如工人和农民）的力量则受到了削弱。类似的，国家也不是互联网的唯一用户。尽管国家出于自己的目的，试图管控互联网的发展，但是其他社会力量也在利用互联网来争取他们自己的利益。互联网的作用在国家和社会力量之间的互动中呈现。

4. 政权变革的三种形式

带来政权变革的是国家和社会力量之间的互动，或不同的互联网用户之间的互动，而非互联网本身，因此，我们需要明确，不同的社会力量是如何与国家互动的？它们又是在什么样的机会结构中进行互动？凭经验而论，在当今世界，我们可以明确三种政权变革的形式，在这些形式中，互联网和其他信息技术能够起到作用。第一，政权变革的力量可以是外来的。在其最初始的形式中，政权是可以被外部力量消灭的，然后新的政权将会建立。从历史上看，在第二次世界大战爆发之前，西方大国的殖民主义和帝国主义在非西方世界创造了无数"外来"政权。在战后年代里，美国在日本一手操纵建立了一个民主政权。一个类似的进展发生在伊拉克，这发生在美国受到"9·11"恐怖袭击之后。尽管这样一种方案在今天的中国不太可能发生，但是这并不意味着外部力量在影响中国的政治变革上不再重要。信息技术确实能够推动这个过程，因为它能够对外部力量进行赋权来影响中国的政治变革，正如它对国内的社会力量进行赋权时所做的那样。

第二，政权变革可以自下而上进行，即政权被人民起义或革命所推翻。这是 20 世纪 80 年代菲律宾的例子，人民的力量推翻了马科斯（Marcos）的独裁统治。更近的例子发生在 20 世纪 90 年代末的印度尼西亚，人民的起义将苏哈托（Suharto）赶下了总统宝座。信息技术能够在这种方案中起到重要的作用。事实上，在推翻苏哈托政权上，互联网被认为起到了很重要的作用。

第三，政权变革的发生，也可以是领导人主动发起政治改革和政治自由化所带来的结果，正如在韩国和中国台湾地区发生的那样。

外来力量导致的政权变革，对中国人来说并非是一个陌生的概念。在中国漫长的历史中，掌权的政权频繁地被来自北方的民族推翻。国家统一是一种规范，但是分裂经常发生。尽管分裂通常导致外部侵略，但是外部侵略又能够引起中国的统一。在历史的许多时期里，中国只有通过"外来"力量才得以统一。

外部力量不可能像以前那样影响中国的政权变革，如今的中国统一在中国共产党的领导下，还拥有在世界上相对强大的军事力量。只要党和军队是统一的，外部力量就很难在中国制造政权变革。从国民党领导人蒋介石到共产党领导人毛泽东和邓小平，中国的统治精英们采取了各种可能的措施来防止内乱和外患的发生。对他们来说，这二者是相互关联的：一个分裂的国家会招致外部的侵略，而外部侵略又导致了国家的分裂。对内忧外患的担忧，是中国的政治精英不希望政权民主化的根本原因之一。

一个"外来"政权之所以不可能，还因为一个现代形式的民族主义已经在中国精英和普通民众中牢固地树立起来了。现代的民族主义概念在传统的中国并不存在。前现代中国高度发达的文化和意识形态，是文化自觉的主要形式。儒家学说被认为代表了一种普世伦理，它区分了一种"文明"的生活方式，通过教育、美德和善治，这种生活方式可以为任何人所享有。相应的，传统的中国国家从根本上不同于西方的民族国家。现代民族主义需要民族国家的意识作为其共同体的最终目标，而基于儒家思想的文化主义意味着认同一种普世文化的道德目标和价值。

随着现代民族主义的传播，中国从一个由文化定义的实体转变为一个由政治定义的实体。在19世纪和20世纪之交，中国的知识分子中产生了一个现代的国家认同。五四运动帮助培育了一种新的中国人意识，并艰难地尝试摧毁传统的儒家思想。20世纪30年代，中国国民党的统治阶级恢复儒家思想的尝试"流产"了。日本入侵中国，促使中国共产党将成百万的农民动员起来，汇入了现代民族主义的主流。即便是毛泽东也承认，如果没有外患，中国的现代民族主义很难形成。

改革开放之后，当代中国的统治精英们坚持不懈地追逐如下目标：让中国参与全球化并融入国际社会。他们认为，全球化和融入世界，是把中国建设成为强大和现代的民族国家的唯一路径。然而，中国的统治精英和知识分子从未忘记要以更大的努力来培育一种新的民族主义，这是一种新的国家认同，能够与不断变化的国内外环境相适应。因此，如果不对国内的情绪保持应有的敏感度，那么一旦中国在靠近国际行为规范上做过了头，就将在政治上付出昂贵的代价。

这样的一种环境决定了互联网如何能够对外部力量赋权来推动中国的政治变革。很明显，互联网或其他的信息技术将无法对外部力量赋权来变革政权。事实上，互联网在推动政治变革中的作用很大程度上受到了限制，限制其作用的不仅有国家，而且还有其他的民族主义社会力量。同样重要的是，新的中国民族主义在崛起。 正是一种新的国家认同和一种新的国家意识帮助民众自愿地抗拒外部影响。在很大程度上，这种自愿的抗拒，要比国家强加的任何措施都来得有效。更重要的是，中国政府和民众都在使用互联网推动这种新民族主义。互联网使得国家能够将其宣传扩展到海外听众那里去。现在，海外的民众也能够轻易地登上中国的官方网站，并因此受到国家世界观版本的影响。此外，互联网还是一个有效的工具，中国的民族主义知识分子和受过教育的民众，都能够利用互联网来表达他们民族主义的声音。

在这里，我们可以得出一个简单的结论：没有什么国外的异议团体或其他的外部政治力量能够利用信息技术制造中国内部的政权变革。当然，总体而言，这并不意味着外部力量不会对中国的政治变革有重要的影响。在驱动中国的政治变革上，外部力量以一种相当不同的方式在起作用。中国现在是世界体系的一部分，全球化为中国的政治变革创造了一个新的外部结构和机遇。中国持续调整自身来适应国际规范。中国在与国际社会的频繁互动中，逐渐地被国际规范社会化。信息技术，尤其是互联网，在这个过程中起到了一个日益重要的作用。

5. 信息技术与自下而上的社会运动

政治或政权变革可以来自于自下而上的社会运动。在中国漫长的历史中，一个政权被另一个政权所取代，通常是由于政权之外力量的兴起。换句话说，大多数政权都难逃被社会力量推翻的命运。一个经典的例子就是，经过长期而艰苦的斗争，中国共产党最终成功地推翻了国民党政权。在自下而上的革命中，信息技术能起到重要的作用。

在解释社会运动的兴起上，可以明确几个主要因素：第一是市场经济驱动型的工业化。欧洲意义上的工业化在中国才刚刚开始。改革年代前由国家主导的工业化和计划经济导致了工人对国家的依附。当前的这轮工业化，从根本上说与之前的不同。它是受到市场经济驱动的。一方面，非国有部门的企业按照市场原则在运作，另一方面，国家也试图将国有企业的财政负担转移给市场力量。

在欧洲，工业化创造了富裕阶级，但同时也创造了贫困阶级。马克思从工业化中看到了历史变革的动力，因为它产生了不同的社会阶级。由于不同阶级相互竞争经济利益和政治权力，历史才得以进步。在今天的西方发达国家里，工人阶级的运动在很长一段时期里是主导性力量。中国自1949年中华人民共和国建立后，对计划经济进行了30年的痛苦和不确定的实验，在这之后，中国领导人意识到，学习市场经济符合历史的需要。按照相同的逻辑，中国不太可能逃过在发达的工业化国家所经历的痛苦。尽管国家作出了一些好的努力，但是依然没能建立一个有效的社会福利体系和其他的相关制度来保障工人的利益。

除了工业化的痛苦之外，国家还面临着来自农民的压力。在西方，农民的地位被工业化快速地削弱，而在中国，这却不太可能发生。考虑到大多数人口依然是由农民构成，政府就不得不应对日益不满的农民。市场经济对中国农民的影响并不比对工人的影响少，市场经济已经导致了成百万农村人口的流动，他们在全国各地迁移以寻找经济机会。一方面，资本迫使农民背井离乡，另一方面，他们在所工作的城市中被视作是二等公民。他们有足够的理由来抗争和反抗受到的不公正待遇。

社会运动背后的第二个驱动力是全球化。全球化既可以作为社会运动的来源，又可以作为社会运动的工具。它将中国和世界经济联系在一起，而这超出了中国政府的控制范围。世界经济的任何波动都将无可避免地影响到中国。中国的整体经济依然处在全球化的早期阶段，但是在中国的一些地区，尤其是沿海省份，当地经济与世界市场的结合更加紧密。1997 年，当大多数中国省份并未受到亚洲金融危机的肆虐时，沿海省份却遭到重创。成千上万的乡镇企业在这场金融危机中倒闭。随着中国充分融入世界经济，外部的经济变化能够轻易地触发一场国内的社会运动。

一旦国内事件的发展产生了世界性的影响，现代信息技术就使得中国政府很难忽视世界舆论。因为中国现在是全球化的组成部分，中国的经济正日益依赖于世界市场和国外投资。

可预见的未来，一场全国性自下而上的革命不太可能发生。第一，国家的强制力量变得更加现代化了。军队更加专业，国家也建立一支快速反应力量。虽然这些力量的主要目的在于保卫国家，但是它们也在国内起作用，武警通常被用来维持地方的社会秩序。

第二，中国的政治结构在防止全国性动荡和不稳定蔓延方面有着自己的优势。中国是一个单一制国家，但是它事实上拥有一个行为联邦制结构。尽管它有着高度集权的表象，但是它的权力结构事实上是分散的。在中央和各省之间（或在省政府和在它之下的市政府之间）有着一个隐性的契约，后者必须对维护社会秩序负责。如果在一个特定的地区发生了骚乱，这场骚乱必须在当地控制住。国家不会容忍跨边界的骚乱。虽然农村和城市的骚乱事件会出现，但多是小规模的，是在当地发生的。很轻易地就被地方政府孤立和控制，不太可能会发展成为全国性的运动。

第三，民众对政权变革的观念已经改变了。许多民众事实上并不希望发生，像在俄罗斯、印度尼西亚等地发生的那样快速的政权变革。中国台湾地区的民主转型经验也对许多普通民众产生了负面的影响。历史上，中国的知识分子在传播革命思想和组织社会运动方面，起到了一个极为重要的作用。但是今天的知识分子却不这想，大多数知识分子在倾向上变得保守。即便是最激进的知识分子，现在也仅仅主张渐进的政治改革。大多数民众担心，在一场激进的政权变革后，国家将会陷入混乱。

在操作层面，大多数农村和城市的抗议者也是很现实的。大多数情况下，他们的目标更多的是满足自身的物质利益，而非其他。一旦这个问题解决了，他们愿意与政府进行"合作"。

在工人和农民的抗议中，互联网都开始起到一个重要的作用。尽管依然没有任何研究能够表明，互联网是如何帮助抗议的组织者动员工人和农民的，但是互联网很明显帮助民众制定了有关工人和农民问题的话语论述，并为政治参与提供了一个虚拟的渠道。多年来，"三农"问题、城市失业问题和社会治安问题，是网络公共讨论中的热门话题，甚至出现在官方网站上，例如强国论坛，这是一个由《人民日报》主办的网站。"三农"问题指的是农业问题、农村问题和农民问题，它是中国领导人的重点关切问题，因为快速的工业化导致了农村的衰败。类似的，在城市地区，经济改革和快速的工业化也制造了越来越多的失业问题。缺乏坚实的社会保障体系又恶化了这一状况。领导人更加努力地来应对这些农村和城市问题，以便社会稳定能够维系下去。有关农村和城市问题的政策话语在不断变化，互联网是这个不断变化着的话语的组成部分。网络政治参与通常给国家制造了密集的和广泛的公众压力，并推动国家调整其涉工和涉农政策。

然而，互联网对一场自下而上革命有所贡献的可能性也是微乎其微的。尽管互联网使得抗议的组织者能够进行全国性的动员，但是它也对国家进行了赋权，使其能够发动有效的动员来针对它的敌人。正如已经论述过的，网络的反对行为是可能的，但是一旦它们形成了，它们就有可能被视为国家的威胁。一旦国家形成了这样的看法，国家将会使用所有可能的强制措施来针对这些行为。在很大程度上，互联网使得国家能够更加有效地获得有关的社会要素信息，并因此调整其政策，或是采取措施来阻止抗议的发生。

6. 政治自由化与国家和社会的相互改造

中国更为现实的政权变革方案，是从渐进的政治自由化中发生变革。在政治自由化的过程中，国家和社会力量相互互动，它们的关系变得有相互改造性。

国家和社会在网络上的多个场所中打交道，在这些场所中，一些社会力量将自己的命运与国家的命运捆绑在一起，或是接受国家为代表全社会正当利益的恰当组织。

在政治自由化的舞台上，国家和社会力量之间的网络互动变得有相互改造性。这些互动中的一些有利于国家，一些则有利于社会。这样的互动能够产生一系列的后果，取决于政治和社会经济环境提供的机会结构。第一，国家能够将其自身的政治变革版本强加给社会力量，成功地改变了社会力量对其自身的认同，社会力量愿意接受国家为政治变革的代理人。第二个可能的结果是国家对社会力量的吸收。这意味着国家不得不调整其政治变革的进程，以便容纳社会力量。第三，国家在试图强加其版本给社会力量或容纳社会力量时，彻底失败了。在所有的这些可能中，尽管国家和社会之间的互动是复杂的，但是他们确实是具有相互改造性的。网络政治参与很重要，不仅是因为它能够对政权制造政治压力，更重要的是，它能够为特定的改革政策提供社会支持。

在中国，基于互联网的集体行动有着它们的局限，指出这一点很重要。虽然这样的集体行动能够推动政治自由化，但是迄今为止，它们还没能触发政治民主化。这是因为民主化要求政府发生一个结构性的变革，但是自由化则不需要。

基于互联网的集体行动正在很大程度上推动着政治开放、政治透明度和政治责任制。这些进步是政治自由化的重要方面。和信息时代之前的状况相比，政权现在对民众更加负责，并且，政权也比过去更加愿意改变其陈旧的政策和政治实践。这样一种变化，部分是由于新形式的集体行动的存在，它们使得社会力量对政权施加了压力。

仅靠现代信息技术本身，还无法导致中国产生有意义的政权变革。政权变革还必须有其他社会力量在场。改革开放政策、市场经济、全球化和阶级分化都是中国政权变革的孕育力量。所有这些力量，再加上现代信息技术，都能够产生政治变革的重要动力，并最终为中国的政权变革产生重要的动力，现代信息技术的政治影响正在展开。

经济建设篇

第六章　国企改革与经济转型

一、中国经济改革不进则退

如何深化经济改革是今天中国面临的一大问题。在 20 世纪 80 年代，中国的改革从经济开始。当经济改革遇到了困难的时候，邓小平提出要通过政治改革，一方面来巩固已有的经济改革成果，另一方面来促进和推动进一步的经济改革。在政治改革遭受挫折之后，经济改革自 90 年代初（确切地说是在邓小平"南方谈话"之后）变成了主体改革。经济改革非常成功，表现在很多方面。首先在意识形态上，改革者解决了市场经济的合法性问题。市场经济脱离了往日的"资本主义"和"社会主义"的属性，其工具性凸显出来。没有意识形态上的转变，就不会有思想的大解放。市场经济的合法性更体现在法律上，中国修订宪法，为不同的产权（包括私有产权）提供法律保障。经济改革当然也表现在制度层面，经过 90 年代的改革，中国确立了一整套符合市场经济的基本经济制度。

21 世纪初开始，在"和谐社会"的改革目标指导下，改革的主体转移到了社会改革，意在确立社会政策。社会改革成为主体性改革有其必然性。首先是要向社会还债。经济改革一方面为社会带来了巨大的财富，但另一方面也给社会造成了很多问题，例如，收入分配差异过高，劳动者工资过低，环保恶化，等等。要解决或者控制这些问题，已经大大超越经济改革的范畴，而必须进入社会改革领域。再者，中国的经济增长也需要进一步的动力。当以出口导向为主的经济发展模式出现很多问题的时候，建立消费社会就要提到议事日程上来。无疑，消费社会必须成为中国经济可持续发展的基础。

不过，在通过社会改革寻求下一波经济增长动力的同时，也不能忘记经济体制本身的改革。尽管社会改革成为主体性改革，但经济体制的改革并没有完成。社会改革的目的不是阻碍经济体制的进一步改革，相反是深化经济体制的改革。不过，现实并不是这样。在很多方面，经济体制改革仍然任重而道远。

1. 回归计划经济的话语开始出现

首先，在改革的话语上。中共十四大把社会主义市场经济写入党章，之后又写入宪法，市场经济的合法性问题早已解决。但现在社会各个方面纷纷出现市场经济怀疑潮。一些人，尤其是传统的马克思主义者，继续怀疑市场经济和社会主义是否可以并存，很多人把中国目前出现的种种问题归诸市场经济。市场经济解体了传统社会秩序，但没有能够产生新的社会秩序。收入分配差异越来越大，社会越来越分化，社会道德严重衰落。这些都是改革前毛泽东一代领导人要解决的问题，并且也的确是被解决的问题。因此，中国社会出现很多很大的声音，呼吁回到毛泽东时期。各种变相的计划经济时代的话语，又出现在经济社会改革的话语中。

为什么会发生这种情况？从中国经济改革的历程看，这并不难理解。在经济改革成为主体改革的年代，主导改革的都是具有自由主义倾向的政治人物和经济学家。他们在推动中国从计划经济转向市场经济的过程中，扮演了非常重要的作用。但是，他们没有考虑到经济政策和社会政策的分野问题，或者说他们无论从理论上还是从实际政策上，没有能够把经济政策和社会政策区分开来。结果，在很多方面造成了社会政策的经济政策化。就是说，在一些本应当属于社会政策的领域，经济政策畅通无阻，甚至推至极端。在西方，新自由主义发生在经济领域，而社会领域是受国家保护的，但在中国则相反。在经济领域，主要是国有部门，因为有国家力量的抵制，新自由主义很难发生作用；但在社会领域例如医疗、社会保障、教育和房地产等方面，新自由主义则大行其道，对社会造成了极大的破坏。

现在当社会政策成为主体性改革的时候，人们不仅忽然发现，社会领域已经被市场破坏得"体无完肤"了，更重要的是，进入社会领域，尤其是医疗、教育和房地产的既得利益已经变得无比强大，都阻碍到政府的任何改革了。于是乎，人们开始怀疑市场经济。再者，社会政策改革的一个最重要的方面，就是要实现基本社会公平和正义，国家和政府的作用因此凸显出来。很多人开始用社会政策的思维套用到经济政策上，怀疑经济领域的市场作用。这里就出现了一个认知误区，那就是，社会改革者和经济改革者一样，没有能够区分经济政策和社会政策。这里需要提醒的是，正如社会政策不能经济政策化，经济政策也不能社会政策化。在经济政策领域，不能无限夸大国家和政府的作用，正如在社会政策领域不能过分夸大经济政策的作用。

2. 社会领域和经济领域存在矛盾

实际上，在社会领域因为新自由主义入侵变得过度市场化的同时，在经济领域，中国面临的是市场化不足的问题。近年来，经济领域的市场化不仅没有深化，而且有减低的趋势。这尤其表现在国有企业部门。在计划经济时代，企业和市场没有关联。20世纪90年代，在实现企业公司化和法人化方面取得了很大的成就。但日后改革没有能够深化下去。国有企业的行为仍然不是市场主导的。这表现在多个方面，主要在政府和企业的关系上。政府仍然视国有企业为自己的"自留地"，政府可以随意向其属下的国有企业提取利益；国有企业也仍保持着行政级别。尽管很多国有企业想放弃行政级别，但政府不想放弃，因为政府想用这一政治方法来控制企业。另一方面，既然国有企业不是单纯的企业，那么它们就要利用政治和行政权力来搞垄断，形成人们所说的权贵经济，或者权力市场。

有报道说，民企500强利润总和不及两大央企（中国移动和中国石油）。应当指出的是，国企的大扩张并不是说国企的强大。国资委前主任李荣融曾经说过，中国国企只有500大，而没有500强。朱镕基总理设计的"抓大"战略就是要强化国企的国际竞争力。今天国企国际竞争力仍然微弱，"走出去"困难重重。但当国企在国内市场和民企竞争时，则显得"优势"十足。

这里有两个特殊的现象应该引起注意：一是央企化，就是地方政府都拼命想和央企发生关系。与央企结盟是地方的理性选择，通过这种途径，地方可以得到两方面的利益，即政策利益和经济利益。很显然，和央企结盟，地方很容易得到中央政府的政策利益。一些本来通不过的项目，一旦央企卷入，就很容易得到批准。同样，和央企结盟也可得到经济利益，这不仅仅是因为央企本身掌握着大量的资金，而且也是因为央企对中央政府的巨大影响力，通过央企，地方很容易融资。

二是一些民企也想和国企建立联系。这有些不可理解。民企和国企发生关系，和国企形成依附性关系，对民企来说，是无奈之举，和国企发生关联是民企寻求政治保护的一种方式。道理很简单，尽管民企有了宪法和法律的保障，但在实际政策领域，民企处处遭歧视。无论民企发展到如何强大，在权力面前都会显得无能为力。一旦权力要处置民企，民企没有任何抵抗之力。

更为严峻的是，中国的国有部门并非西方的公共部门。国企在很大程度上并不属于国家，而是属于掌管国企的个人。

如果说，在20世纪90年代国企和民企各自找到了自己的发展空间，各自创造着财富，那么现在的情形更多地体现为两者之间在抢夺财富，看谁抢得多。毫无疑问，面临强大的国企，民营企业纷纷败下阵来。"不安全"是民企的普遍感觉。这促使一部分民企开始寻找和国企联盟以得到保护，也有很多民营企业家出走。民企的出走构成了新移民潮的主力。

无论从哪个角度来说，中国的经济改革仍然有待深化。深化改革是为了实现可持续的经济发展和增长。社会改革必须进行下去，但社会改革不能替代经济体制改革。人们既不能继续用经济改革的方式来指导社会改革，也不能用社会改革的方式来指导经济改革。经济领域的市场机制和社会领域的社会政策必须互相配合，平衡发展。如果不能正确理解经济改革和社会改革之间的关系，改革不但难以前行，而且会不断倒退，而倒退是没有出路的。

二、中国经济转型及其风险

很多年来，中国政府一直在强调经济结构转型。在一定程度上说，中国的经济转型的确在发生，主要表现在净出口占经济的比例大大减少，国内消费或者内需的比重有所增加。考虑到大规模反腐败运动对政府消费的有效控制，民间消费水平的增加实际上很显著。同时，就业情况也比较稳定。不过，没有任何理由对迄今为止的结构性调整的进展抱轻松态度。实际上，结构转型仍然面临严峻的挑战。不仅如此，另一些方面的结构转型，可能是人们不想看到的，正在对中国的经济形态构成更为严峻的挑战。

先来看看中国所面临的经济减速情况。经济减速超过预期，如果不能阻止，有可能转化成为经济萎缩。

中共十八大以来，中国经济增长进入新常态，呈 L 型曲线，这乃为正常。没有一个经济体可以维持永远的高增长。通常，在经历了一段时期的高增长之后，就下行进入中增长时期。中国也不会例外。不过，问题在于经济增长要下行到什么程度。现在 L 中的横线已经变成了下行的斜杠线，尽管斜杠到什么时候能够到底，还不好马上作出准确结论，但这个趋势是明显的。以前说 7%GDP（国内生产总值）是增长的底线，但之后的经济数据已经下滑到 6.7%。实际上，各省的经济下行远超人们的预期。

东北几乎全面下行，中央政府注入大量资金拯救，但如果东北的经济结构不变（主要是国有企业过于庞大，民营企业缺乏空间），再多的资金可能也无济于事。即使是经济发展好的一些沿海经济大省也很不乐观。例如广东省，迄今为止也只有广州、深圳和佛山少数几个城市，勉强完成省政府确定的指标。中西部有一些省份发展不错，但这些省份经济发展起步晚、规模小，它们的高增长对国家总体的经济增长贡献，并不能和东部沿海经济大省相提并论。

在经济增长下行的同时，更出现了人们并不想看到的经济结构转型，那就是金融、互联网和房地产对实体经济的挤出效应，让实体经济所需的人才、资金及生产所需的土地房产等资源成本过高，使本来已经效益下降的实体经济难以支撑，创新的成本更是难以控制，经营环境变得更加困难。金融和互联网这两个领域的现象，也就是人们所说的"脱实向虚"现象。这些年中国政府大力提倡金融业、互联网的发展，并且对这两个领域（尤其是互联网金融）实行自由化政策，缺少或者没有政府规制，结果这两个领域成为暴富领域，吸引了大量人和财。

1. 经济形态扭曲

本来发展这两个领域是为了支持实体经济，但现实却已经走向反面。经济的互联网化无可非议。如果互联网业在聚集了大量的资金之后用于技术创新，也可以促成经济结构的转型升级。很可惜很多互联网企业却只是政策寻租，没有把大量的资金用于开发新技术。比较一下美国和中国的互联网业就可以知道。百度外卖、阿里巴巴收购肯德基表明了什么？简单地说，互联网经济（尤其是网购）导致了经济活动的转移和重新分配。互联网业实现了两个目标：第一，用新的手段（互联网）实现了经济活动的简单扩张，而非技术性扩张和升级。第二，有效地把经济活动从实体经济（例如万达广场）转移到虚拟经济（网购），互联网业已经把国家经济大半边江山，从正式经济转为非正式经济。

互联网业对经济活动的转移，对国家的税收体制也产生着很大的影响，即收不到税。很容易理解目前营改增所遇到的困难。国家如果要收税，企业收入就必须能够反映到统计上，而只有正式经济部门才有统计，国家对非正式部门的税收毫无办法。在这样的情况下，政府只能加重对实体经济（正式）部门的税收。营改增本来是要减轻企业负担，但执行的结果必然加重企业的负担，而未必能增加税收总量，因为中国的经济形态已经不一样了。

从2017年年底开始的房地产市场的剧烈变化，实体经济更是雪上加霜。房租的飞涨，大大增加了企业的成本。企业被迫纷纷离开一线城市，大部分都是中小型民营企业，但即使像华为那样的巨大型企业，也发现承担不了因为房价上涨而来的成本。很多企业家发现，做实体经济辛辛苦苦十来年，所得利润还不如炒一两套房。不难发现，金融和互联网企业越是兴旺的地方，实体经济越是显得摇摇欲坠。浙江就是很明显的例子。

再者，多层不良效益正在叠加，地方债务（含融资平台及地方国企）的增加及基础投资效益低下，不仅加大国有经济对经济资源占用的比重，而且降低收益率，加大了部分地区本已困难的财政支出压力。银行不良资产率在加速增加，目前部分银行将不良资产转移到账外资产（通过影子银行或信托），以减低报表的不良率。但这样做并没有实际效果，只是障眼法，更大的祸害是隐瞒实情，使中央决策层难以掌握实际数字，银行金融资产的风险在急剧增加，社会投融资平台接连出现兑付困难。

境外资本加速撤出中国。早些时候，人们发现香港富商李嘉诚开始从内地撤资。但李嘉诚的心态也是外商普遍的心态。境外资本撤出已经不是可能性，而是正在成为现实。从麦当劳和肯德基将其中国内地的资产出售，可以预见这一趋势，即国际大财团不看好中国。一些人将阿里巴巴收购肯德基，视为民族资本的胜利是缺乏理性的。就境外资本而言，不能仅从引进外资的统计数字上看，有很多境外资本是国内在海外的上市企业募集的资金的回流。

也需要考量到的是，美国加息的时间窗口，可能是在等待中国经济下行的时机。一般认为，美国加息主要考虑的是其内部经济因素。不过，在中美进行激烈经济竞争的今天，也不能忽视美国会针对中国的可能性。无论是针对美国国内问题还是针对中国，都会对中国经济产生很大的影响。如果美国集中多次加息，迫使人民币大幅度贬值，到时如果要保持人民币汇率的相对稳定，中国势必消耗大量外汇储备，同时迫使中国对外投资或债券利息等的成本迅速加大，在海外上市公司市值大幅下降。由于国际社会需求不振，人民币贬值并不可能带来出口的实际增长，这将严重损伤中国的经济。

2. 加大结构改革和调整

这个经济局面使得一些人对中国经济的未来，产生了极为悲观的看法。要改变这种局面，必须继续加大结构改革和调整。至少可以从三个方面来考量。

第一，加大政策执行力度，把执行放到重中之重。从十八届三中全会到供给侧改革，改革规划已经有了，但始终不见有效的执行。在执行过程中，尤其要注意改革目标与追求目标的工具之间的一致性。一些政策设计得很好，但执行却走向反面，主要是目标与工具之间的不一致性。在目标和手段相一致的情况下，如果能有效执行既定的政策，就可以实现十八届三中全会所确定的改革目标，即在经济资源分配方面，市场起决定性作用，政府起更好的作用。

第二，努力寻找投资空间。中国以往的经济增长大多来自投资。尽管要进行结构调整，但这并不意味着投资不重要了。实际上，投资会继续是中国经济增长的重要来源。消费型社会的建设和消费水平的提升，需要渐进的过程。劳动所得占 GDP 的比例仍然很低，居民存款率仍然很高，这些都决定了投资必须发挥其推动经济的巨大动力。问题在于如何获取新的投资空间。可以重新定义新型城镇化，把投资重点不是放在房地产，而是以质量为导向的城市建设，例如城市地下水管道、小区停车场、体育设施、医院、养老院和幼儿园的建设，农村的卫生、取暖、垃圾处理设施，等等。这些基本设施既是城市化和农村现代化所需，也可以消耗掉巨大的产能。当然，也可以通过对外的"一带一路"获取更多的海外投资空间。

第三，继续改善甚至修正顶层设计。在经济转型方面，人们一直关切投资与消费、出口与内需等方面的平衡，但忽视国有企业与民营企业、大型企业和中小型企业、生产性投资与社会性投资等方面的平衡。如果这些平衡不能实现，经济发展很难可持续。

这里尤其要强调社会建设投资。中共十六大、十七大开始进行社会建设，当时提出了"科学发展观"和"和谐社会"等政策概念。这个时期，除了"维稳"方面出现问题，在社会建设方面还是取得了很大的建设成就，包括在农村和城市推行低保，基本社会保障制度得以确立。但近年来，社会建设动力不足，这个领域又呈现出新自由主义的政策趋势，即政府不想担负更多的责任。

今天，中国的劳动所得在总体 GDP 中的比例仍然很低。国家的税收体系基本上仍然是亲资本和轻社会的，主要依靠增值税和营业税，以及企业和个人所得税，而没有开征资本增值税、房地产税和遗产税等税种。政府社会投入不足或者不愿意投入，或许是考量到政府的负担，但政府完全可以从这些新税种中取得收入，用于社会建设。如果没有劳动所得的提高和社会政策建设，消费型社会建设会变得遥遥无期。从各国发展经验来看，无论是早期的西方，还是后来的日本、新加坡和韩国，社会投入不足已经成为中国经济发展最大的瓶颈。

种种迹象表明，经济萎缩的风险正在增加，其直接危害生产、就业、税收，甚至是社会稳定，而中长期的危害则促成国家陷入中等收入陷阱。就此而言，如何拯救经济当是今天的重中之重。

三、中国国有企业的命运

今天的国企正在按照其自身的逻辑发展，但中国目前的争论过于意识形态化和政治化。

2008 年金融危机之后，中国国有企业开始大举扩张，这个势头到现在仍然很强健，没有任何减缓的迹象。同时，无论是中国国内还是国际社会，对国企的争论也多了起来。在中国国内，支持国企扩张的主要包括国企本身、从国企扩张获得巨大利益的相关部门，和那些把国企和中国社会主义等同起来（也就是从意识形态上相信国企）的社会群体。反对者也相当明显，主要是那些受国企扩张负面影响者（主要是民营企业），和那些相信西方自由主义的人。在国际社会，反对甚至恐惧中国国企的，是和中国企业存在着竞争关系的西方企业和它们各自的政府，当然也包括那些和中国有竞争关系的发展中国家的企业和政府；支持甚至仿效中国国企的是那些被称为"国家资本主义"的国家，主要是金砖国家。

无论是支持国企扩张还是反对国企扩张的群体，都在竭力掩盖着它们各自理由的利益因素，而从意识形态和政治层面来论证自己的论据的合理性。人们对国企的认识，显然不可能从这些几乎具有神学的话语开始。如果关心国企，无论是支持国企还是反对国企的，都要从经验出发。人们必须回答一个问题：如果按照现在的发展趋势，国企会走向何方？这也是大多数人所关注的问题。

达尔文发展出了"进化论"，讲生物的演化。实际上，生物也好，组织也好，都有其自身演化的客观规律。国有企业会如何演变，也可从进化论的角度来加以研究。也就是说，国有企业有其本身的发展逻辑，就像任何事物都有其客观发展规律一样。在实践层面，人们已经有足够的经验，无论是中国本身的还是国际的经验，来判断国有企业的发展逻辑。这种客观发展逻辑是不以人们的意志为转移的。

1. 中国国企走过艰难历程

要知道国企的前途，就要了解国企这些年来是如何得到发展的。中国的国企走过了一个艰难的历程。在改革开放前，国企的发展实际上有两个鲜明的阶段。在中华人民共和国成立初期，私营企业占主导地位，但国企在国家力量的支持下很快发展起来。在毛泽东所规划的新民主主义体制里，国有企业和私人企业是要长期共同存在的。但种种因素包括意识形态上私营企业缺少合法性、没有健全法律的保护、没有国家权力的支持，国企和私营之间的利益之争，私营企业很快就走向了终点。随着私企消失，中国很快就进入了一个全面计划经济时代。很显然，一旦竞争消失，企业也就不再成为一般意义上的企业。在计划经济时代，所谓的国企实际上是一个集经济、政治、社会和文化于一体的组织，或称"单位"。这种组织在动员国家资源，实现国家初步现代化方面起到了重要作用，但各方面的代价（资源、人力、生命等）是很高的。当然，最大的代价是人们后来所看到的普遍贫穷社会主义。

改革开放后，国企进入另一个大的发展阶段。但如果细分，这个时期的国企发展又可以分为三个阶段：第一阶段是改革早期的 20 世纪 80 年代，国企进行了一些内部改革，主要是分权，就是政府为了给企业提供激励机制，分权给企业。从制度创新来说，80 年代的主要成就不在于国企改革，而是容许在国有企业之外发展出一个非国有部门来，包括民营企业和各种合资和外资企业。这些新体制为日后的国有企业改革创造了制度条件。

第二阶段就是 20 世纪 90 年代中期开始的"抓大放小"的改革。到 80 年代末和 90 年代初，国企亏损，国家面临财政危机，国民经济运作困难重重。因此就有了"抓大放小"的改革，在组建大型国有企业的同时，把大量的中小型国企实行民营化。在"抓大"构架内，政府对大型国企实行企业化（或者"法人化"），就是把企业的政治、社会和其他功能分离出来，同时也把竞争机制引入国企，让其成为真正的企业。而"放小"构架内的民营化，大大推进了中国民营企业的发展。90年代中期到2008年全球金融危机之前，国企和民营保持了相当平衡的态势，并且两者都得到了快速的发展。这段时间，在制度建设上也有长足的进步。国家修订了宪法，承认私有财产的合法性。之后，又通过了《物权法》，对公民的私有财产提供法律保护。

第三阶段是在2008年之后，国企发生了很大的变化。2008年金融危机一爆发，中国政府推出了"四万亿"的救助计划，而这"四万亿"基本上都进入了国企领域，没有民营企业的份儿。巨额资本的流入，为国企的大扩张提供了强大的财政支持。从此，国企走上了大扩张道路。当时的决策层因为对金融危机的过分担心，只考虑到国家如何避免金融危机，而对国企大扩张的结果未有足够的考虑。因此，有关部门根本就没有告诉国企如何扩张，在哪些领域扩张，这就导致了国企的盲目扩张。国企领导层的唯一目标就是把国企做大。这就很快改变了90年代中期以来的局面。原来，国企被要求在具有国家战略的领域内发展和壮大，但2008年之后，国企到处扩张，哪里能盈利，就走向哪里。一句话，2008年之后，国企不仅侵入了原来民营企业的空间，而且很快就在原来的民营企业空间里占据了主导地位，因此也很快就改变了原来国企和民营相对平衡的局面。

2. 国企改革毫无进展

实际上，进入21世纪之后，有意义的国企改革毫无进展。企业化、竞争、效益等这些有意义的概念离国企渐行渐远。国企未来如何发展？如果现在的局面不改变，国企必然会经历如下几个主要阶段。

第一阶段，继续挤占民营企业的空间。经过30多年的发展，中国民营企业得到相当的发展。尽管从规模上不能和国企相比，但其数量庞大，仍然占据半壁江山。近年来的经验表明，民营企业是没有任何力量阻挡得住国企扩张的，民营企业的选择是出走。这些年，民营企业家大量出走。随着国企空间越来越大，民营企业的出走速度也在加快。

第二阶段，到了民营企业空间被全面挤占，国企就会实现全面的垄断。但这种全面的垄断局面，和计划经济时代会有所不同。在计划经济时代，任何形式的民营企业没有合法性。今天，国企扩张会导致全面垄断，但民营企业不会消失。不过，民营企业会不可避免地被挤到社会的最底层，成为地方小市场内的角色。一旦国企全面垄断，同样会出现计划经济时代国企的局面，表现为封闭、低效率、亏损等现象。

在这样的情况下，国企会进入第三阶段。民营企业衰落，国有企业效率低下，导致国家税基的大大缩小，国家有可能再次回到贫穷社会主义的局面。同时，政府不可避免要面临财政危机。在很多方面，这正在变成现实。今天一些国有企业想方设法，大力抵制任何有意义的改革。例如为了抵制中央政府有可能的改革，一些国企甚至不择手段，大力兼并亏损企业，把企业的亏损额搞得非常巨大，迫使中央政府放弃改革的努力。它们仅仅为了眼前的利益，而把自己的长远和国家利益置于不顾。曾经所出现的所谓的金融系统"缺钱"现象，更是国企（包括国有银行）制度运作的必然产物。

如果发生重大的财政危机，国企有可能走第四步，即私有化，就是政府通过变卖国有资产，来应付财政危机。

到时候中国会有什么样的私有化？从经验看，届时中国的私有化会出现三种形式：第一是俄罗斯式的寡头经济，即把资产变卖给现在掌握国有企业的权势阶层。因为民营企业已经非常弱小，它们不可能有钱来收购大型国有企业。实际上，目前中国的财富分配高度不公平的状况，已经为这种局面的出现提供了经济条件。第二是国际化，就是外国企业收购中国国企。如果这样，中国也会出现拉美化。在拉丁美洲，主要企业是西方资本控制。拉美化现象前些年中国已经有很多讨论，不过，讨论的核心问题是中国的收入分化方面，而没有把外国资本控制中国经济考虑进去。如果中国因为国企问题而出现大规模的财政危机，就有可能导致外国资本通过收购国有企业而控制中国国民经济的情况。第三是买办经济，即中国的权力或者各种资本，和外国资本结合起来控制中国国民经济。买办经济现在已经不再提及，但实际上在今天的中国是存在着的，只不过规模不是很大。但一旦出现大型国企的私有化，买办经济就有壮大的可能性。

今天的国企正在按照其自身的逻辑发展。但中国目前的争论过于意识形态化、过于政治化。在很大程度上，国企改革争论已经变成了禁区。左派把国企视为社会主义的象征，支持国企的扩张；自由派则相反，认为国企的唯一出路是私有化。这些争论的确迷惑了很多人，一些人选择相信左派，另一些选择相信自由派，而这场争论背后的利益之争则被人所忽视。不过，左派和自由派尽管出发点不同，结果是同一的。今天如果根据自由派的主张，实行国企私有化，必然导致俄罗斯式的寡头经济。同样，如果根据左派的主张，继续扩张国企，如同上面所分析的，也会导致寡头经济，或者更为糟糕的结局。

因为利益纷争，社会争论不可避免，但执政者必须有清楚的认识。无论是自由派还是左派，这两种国企发展主张都不符合长远国家利益。国企存在的意义在于"平准"经济、应付危机、基础设施建设、国防，等等。这些在《盐铁论》里面已经说得非常清楚，到今天仍然没有实质性变化。但国企的全面垄断又会造成无穷的恶果。对中国来说，理想的局面是实现国有企业和民营企业的平衡，从而使大型企业（国企往往是大型企业）和中小型企业（往往是民营企业）之间的平衡。只有国有企业和民营企业、大型企业和中小型企业协同发展，才不会导致大的经济危机。今天中国经济领域所出现的种种问题，大多都是这两种失衡的表现。如何实现这两种平衡？这便是中国经济改革所面临的最大挑战。

四、中国国有企业的边界在哪里

国有企业本来就聚集了庞大的资本，现在政府的拯救经济方案的庞大的财力又大多流向了国有企业。凭借越来越庞大的资本，国有企业在各方面的作为可以说是如鱼得水，畅通无阻。

自 2008 年金融危机发生以来，中国国有企业的发展呈现出两个大趋势：一是国有企业急剧地扩展到原来的一般性垄断行业。国有企业本来集中在电信、石油、矿产等被定义为国家核心利益的领域，但最近国有企业很快扩展到包括地产业在内的一般性垄断行业。第二个趋势也同样显著，那就是出现各种不同形式的国有化，国有企业用股份等手段渗透到原来非国有部门的企业。

金融危机一爆发，国有企业马上就有了用武之地。国有企业在执行政府的拯救经济过程中起到了很大的作用，也就是人们所说的"经济杠杆"。西方政府通常只有金融杠杆，而缺少经济杠杆。中国的经济杠杆主要表现在存在着一个庞大的国有经济部门，通过这个部门，政府就可以结合政治、行政和经济的方法把其政策推行下去。

人们既要承认国有企业在应对金融危机过程中的作用，但也要看到目前国有企业发展趋势令人担忧的地方。目前的发展趋势如果得不到有效的纠正，拯救危机者最终反而会演变成为其他各种危机的根源。

1. 导致产能过剩和变相的宏观调控

在很大程度上说，尽管可以把国有企业视为国家利益的承担者，但它们也不可避免地是巨大的既得利益者。因为国家要通过它们作为经济杠杆来实施危机拯救措施，它们也自然把危机视为一个极好的机会来扩展自身的利益。实际上，它们的利益的扩张已经导致了诸多消极后果，例如各级国有企业的盲目扩张已经使得很多产业出现了产能过剩。这迫使中央政府正在进行一波变相的"宏观经济"调控。

本来，金融危机给中国的产业升级提供了一个很好的机会，但因为各级政府在制定拯救危机方案方面缺乏科学性，庞大的资金的注入没有导向产业升级，所得到的只有产业的无限度扩张。更有甚者，很多地方把原来是宏观调控对象、需要淘汰的落后企业又救了回来。就是说，金融危机本来应当是淘汰落后企业的，但实际上则是保护了落后企业。很显然，这种低层次的产业扩张是不可持续的。

实际上，自20世纪90年代末以来，国有企业的发展非常迅速，规模越来越庞大，但同时国有企业也是各种经济和社会矛盾的一个主要根源。因为中国各方面的法制不健全或者得不到执行，国有企业的发展显现出三个主要的弊端：

一是发展毫无边界。国有企业可以借力国家庞大的经济能力和政治行政权力，再加上市场机制，这些都使得国企发展所向无敌。

二是没有外在的机制和手段能够有效地规制国有企业。因为政企不分，无论是政府的哪个部门要规制国有企业的行为都异常困难，甚至不可能。在政企不分情况下的规制往往是人们所说的"左手"规制"右手"。

三是国有企业内部治理机制的缺失。尽管是国家的钱，但国有企业的行为犹如独立的"小王国"，可以自行决定内部的工资水平，同时在很长时间里也不用上缴利润（现在即使国有企业开始上缴利润，但比例极小）。中国的国有企业部门已经大大超出了其他国家的"公共部门"的概念了，因为所有的公共部门是要受制于公共的监督的。国有部门因此是中国社会收入分配差异越来越大的一个重要根源。同时，因为是国家的钱，国有部门无论是对内投资还是对外投资，其决策往往缺乏经济理性。应当强调的是，所有这些过程中都可能包含着无穷尽的腐败。

国有企业的这些变化始于20世纪90年代中期"抓大放小"的改革。这个设想非常具有战略性。就"抓大"来说，中国需要一个相当规模的国有企业。这是中国的传统，从《盐铁论》到近代，企业的发展需要国家的支持，而国家也需要垄断关键的工业和商业。中国这么大的一个国家，不但要建设各种庞大的公共工程，而且也不断面临各种危机。国有企业的作用非常显然。在全球化的时代，国有企业也必须扮演另外一个积极的角色，即增加中国的国际竞争能力。

同时，"放小"的目标是发展一个同样强大的非国有部门。在当代，非国有部门从很多方面（例如就业、分配、效率和效益、竞争等）来说甚至比国有企业扮演更为重要的角色。从本质上来说，中国的经济问题不是要不要国有部门或者非国有部门，也不是国家所有制或者其他所有制的问题，而是它们间的边界问题。无论是哪一方，如果没有发展边界，侵占了另一方的空间，那么经济必然失衡，危机不可避免。从现在看来，无论"抓大"还是"放小"，在执行过程中都产生了一些问题，主要原因是它们之间没有任何边界。

2. 有别于西方的"国进民退"

有人说，这次金融危机之后，国有部门在所有国家都得到很大的扩张。这就是一些人盲目乐观，过早宣布市场经济和资本主义灭亡的原因。但实际上，在今天的世界，意识形态上的"社会主义"还是"资本主义"已经不再重要，重要的是如何在各种因素中间达到平衡的问题。无论是哪种主义，其实践走到了极端，必然导致危机。

中国目前的"国进民退"和西方的很不相同。没有任何一个西方政府像中国政府那样拥有自己的企业。并且在西方，"私有化"在意识形态上天经地义。就是说，西方政府很容易实施"退出"。实际上，西方各国也正在设想和准备各种退出机制。但中国则相反，"国有化"拥有意识形态的合法性，而"私有化"则是意识形态的敌人。等国有企业侵占非国有部门之后，要退出则是非常困难，如果不是不可能的话。从以往的经验来看，这种"退出"或者称为"民营化"过程往往又导致巨大的腐败。

毫无边界的国有企业因此既是中国的经济挑战，也是中国的政治挑战。国有企业不讲效率，不讲市场机制，因此也就没有有效的竞争能力，尤其在国际市场上缺失竞争能力。20世纪90年代设想的国有企业的国际竞争力没有能够实现，反而调转方向和国内的民营企业进行竞争。西方的企业经过这次危机期间的调整，在危机之后竞争能力会更强，中国的企业会面临更恶劣的竞争环境。

国有企业毫无节制的发展也会导致消极的政治后果。因为大力侵占非国有部门，本身又没有竞争概念，缺乏效率和效益，从长远来看，会遏制甚至扼杀非国有部门经济。国家的税基因此会很快变小。在这方面，中国历史上有很多的教训，税基变小的政治后果往往是不可设想的。

3. 阻碍经济和政治制度的创新

国有企业也在有效地阻碍着经济和政治制度的创新。国有企业好比农民的"自留地"，自给自足，不会受外在环境过度的影响。历朝历代垄断关键的工业和商业，政府所需资源大多来自这个部门。这导致了中国历史上从来没有发展出一个比较有效的财政、金融和信用等制度体系。在西方，因为政府没有自己的企业，其所需要的资源来自民间和社会，因此必须发展出一整套制度体系，一方面促进经济发展，扩大税基，另一方面又从社会汲取资源。中国的传统政治好像非常恐惧于和社会民间打交道，对民间经济的发展多有限制，也不放心。国民党甚至还搞过"党产制"，但结果还是不管用。

如果一个政权所需的资源需要从社会民间汲取，那么这个政权就要想方设法地发展和社会的结合机制。如果政权所需的资源来自自身，即国有经济，那么，这个政权会丧失和社会打交道的能力，或者这方面的能力发展不起来。这就会导致政治体制创新能力的缺失和社会的脱节。

因此，无论从哪个方面来看，人们实在没有理由因为国有企业的大扩张而感到乐观；相反，人们应当对国有企业目前的大趋势深感忧虑。设定国有企业合理的边界、政企分离、有效防止国有企业对市场的干预、改革国有企业内部的企业治理机制、建设国有企业的外部的监管机制等等，所有这些都必须通过有效的改革才能达到。有了这些制度，国有企业是国家强大的保障，但如果没有这些，国有企业会导致国家从兴盛走向衰落。

五、中国国有企业的出路在哪里

国有企业在中国经济中仍然扮演着很重要的一个角色。但是，近年来，国有企业越来越成为社会公众抱怨的对象。公众对国企的不满有其深刻的原因，因为国企的行为在很多方面，对中国经济乃至社会和政治带来了极为负面的影响。国企的进一步改革不可避免，不改革，国企不仅无助于中国的经济发展，也会对执政党的合法性造成巨大的冲击。

国企改革从 20 世纪 80 年代就开始了，在很多方面都作了尝试，但整个 20 世纪 80 年代并没有找到改革的突破口。真正的突破口发生在 20 世纪 90 年代，是在朱镕基任副总理和总理期间。当时政府的做法主要有三：一是国企的法人化和企业化。此前，国企很难说是企业，因为其承担了很多非企业的功能。在很大程度上，每一个企业就是一个小社会，不仅有经济功能，而且也有政治和社会功能。这种形态的国企当然和当时的计划经济体制是相吻合的。20 世纪 80 年代所做的只是放权让利，即政府把更多的利益让渡给企业，使得企业有动力去追求利益。这期间政府实行的法人化目标，是要把国企转型成为真正的企业。这个目标可以分解成不同的方面，目标的达成也需要一些时日。当时的改革强调的是把诸多社会功能从国企分解出来，这方面也的确做到了。

二是引进竞争机制。国企最大的难题就是缺失竞争机制。在 20 世纪 80 年代，在国企之外开始产生一个非国有部门。但这个非国有部门并没有对国企构成真正意义上的竞争。到 20 世纪 90 年代，大多数国企，尤其是中小型企业，处于亏损状态。20 世纪 90 年代开始对中小型国企实行"放小"政策，即民营化。民营化过程尽管出现了"国有资产流失"等在内的问题，但方向是对的。没有这个过程，很难想象那么庞大的国企能够走出亏损的困境。民营化大大提高促成了企业之间的竞争。更为重要的是，民营化对中国整体国民经济形态发生了结构性的影响，即达成了国有部门和非国有部门之间的大体平衡。而此前，国企占据绝对的主导地位。这种力量的平衡也反过来促成了两个部门之间的竞争。

三是组建大型国企集团，即"抓大"战略。"抓大"就是在关键的领域，通常是对国家具有战略意义的领域，通过组建大型国企来强化中国企业的国际竞争力。这个方向也是对的。作为一个后发展中国家，政府在经济发展过程中要扮演一个比发达国家更为重要的角色，尤其在国际经济领域。因为全球化，中国企业成为国际经济的一部分，但在关键的领域毫无竞争力，国家因此意图通过组建大型国企来参与国际竞争。

通过这些改革之后，国企已经今非昔比，在很多方面取得了很大的成就。国企已经挣脱了改制前的亏损局面，积累了大量的财富。国企的规模也越来越大。就规模来说，国企可以和全球最大的企业媲美。实际上，国企已经是海内外各方"倾心"的对象，纷纷想和国企"攀亲"。近年来的"央企化"（即无论是民营企业还是地方国有企业都想和国企发生关联，不管是自愿的还是非自愿的）现象很能说明问题。

1. 国企为什么遭社会抱怨

既然取得了那么多成就，国企为什么遭社会抱怨呢？

首先是国企开始偏离原来组建大型国企集团的目标。主要有两方面：其一是国企进入非垄断领域。原来的设想是要国企在一些关乎国家战略利益的领域实行垄断，并发挥作用。但近年来尤其是 2008 年全球性金融危机以来，国企大扩张，其触角已伸展到非垄断领域，国企大肆进入民营企业领域，占据了民营企业的空间，很快改变了原来国企和民营企业两个部门相对平衡的状态。因为国企都是大型的，它们空间的扩张表明中小型企业空间的缩减。如此，国企已经造成了中国经济结构的失衡。

其二就是国企"走"不出去，或者盲目"走"出去。国企的其中一个责任就是"走出去"，在国际市场上提高中国企业的竞争力。但这个目标并没有达成，西方各国大都以政治和国家安全为理由，拼命抵制国企的"走出去"行为。但在发展中国家，包括非洲、中东和拉丁美洲等，国企"走出去"又显得不够审慎，这里主要是能源领域。国企的投资很难说具有多大的经济理性，这些地方都是一些不稳定的国家和地区，使得民众有"走出去"了但"走不回来"的感觉。实际上很多国企"走出去"根本就没有经过科学的风险评估。

其次是国企内部变相私有化现象严重。国家管理国企的"代理人"对国企具有无限的权力，国企很容易演变成国企管理者的企业，而和社会甚至是政府无关。很多年里，国有企业盈利了，国企的管理者可以自行支配，进行内部分配。社会上的一些经营群体现在纷纷离开私企，甚至是待遇优厚的外企而进入国企，并非没有道理，即国企内部的待遇已经大大超越所有其他的企业。但若国企发生亏损，却向政府伸手，需要动用纳税人的钱来救济。

即使在"盈利"问题上，公众也并不相信国企真的是通过提高劳动生产率而获利，更多的人相信国企是通过垄断，凭借其行政和政治权力来聚集财富。这种聚集财富的方式已经出现了问题，而国企分配财富的方式更是缺少公众的监督。

也同样为社会所抨击的是国企越来越具有封闭性。改革开放以来，中国社会越来越具有流动性。流动性表明开放性的程度。一个组织流动性越强，开放性就越高。但国企已经在很多方面退回到从前计划经济时代的企业，这尤其表现在员工招收方面。很多国企招收员工都依靠关系（家庭、家族、亲戚、朋友等关系）来进行，很难说是人才。当通过关系而进入国企的平庸员工能够获得巨额经济好处的时候，那些被排挤在外面的社会成员显然就要表示不满。

2. 国企的出路在深化改革

国企的出路在哪里？一些人开始谴责改革，开始否认 20 世纪 90 年代所进行的国企改革。国企所面临的问题尽管和 20 世纪 90 年代开始的改革有关，但解决问题的方式并不是单纯地谴责改革，而是要进一步深化国企的改革。就是说，问题并不在改革的方向，而是改革没有得到深化。

如何深化？谴责改革的人很简单，想回到改革前的时代。但计划经济时代的国企模式已经破产，没有人相信回到那个模式能够解决国企问题。也有些人主张全面的私有化。但私有化既没有政策上的可行性，实际结果也不见得好。这在俄罗斯和东欧的国企转型过程中就可以看到。回到过去和全面私有化这两种选择都不具有现实性。

实际上，我们仍然有很大的空间来深化国企的改革：

首先，是进一步的企业化。要搞好国企就必须培养一大批具有企业家精神的管理者。企业化在 20 世纪 90 年代只走了一步，即法人化。这方面还需要深入。现在国企的管理者更像政治人物，而非企业家，管理者还是具有行政级别。这种制度安排既是政府控制国企的手段，也是国企行为行政化和政治化的手段。行政级别必须去除，使得企业管理者成为真正的企业家，而非政治人物。政府可以发展出其他的手段来管理国企。

其次，需要给国企设定一个边界。这是原初的设想，即国企必须限制在具有国家战略意义的关键领域。国企要从那些不具有战略意义和战略意义不明显的领域撤出来，把这些空间让渡给民营企业。国企的边界非常重要。没有边界，国企就会到处扩张。因为国企的特殊地位，没有其他企业能够与之竞争。这就出现了很多的问题。即使国企在边界内，也需要引入竞争来减低其垄断地位和提高竞争能力。国企之间的竞争也不是不可以的。只要是企业，就可以互相竞争。

再次，国企要保持开放性。目前日渐增加的封闭性对国企有百害而无一利。国企要管理得好，就需要同其他企业竞争人才，而开放性是保持和提升人才品质的唯一办法。通过关系网而形成的封闭性只会把人才排挤在外面。越是没有人才，国企越是会依赖其他资源，包括行政和政治权力，这是一个恶性循环，真正的人才才是国企的竞争力之所在。

最后，更为重要的是国企必须"国有化"。现在国企已经演变成为国家代理人的企业，和社会、公众关系不大。政府必须建立各种制度机制让社会监督国企，让民众参与国企。这在国际上有很多经验。在很多国家，公共部门的运作具有很高的制度性保障的透明度。可以设立专门的机构监督这个部门，也可以由议会对这个部门的运作进行监督和规制。不管怎么说，公共部门必须对社会和公众负责。没有这个环节，国企就很难产生出其社会责任来。没有社会责任，这个部门就会成为社会抱怨的对象。

在中国，国有企业并不是现代的产物，早在《盐铁论》中就已经论及国家垄断重要产业的意义，包括基础设施建设、国防安全、应付危机和平衡市场。历史发展到今天，所有这些功能还继续需要。实际上，就应付危机来说，这种功能需要不断强化。全球化在大大推进了国际市场的形成的同时，并没有使得国际市场更为强大；相反，国际市场变得越来越脆弱。既然没有国家能够逃避全球化，那么所有国家也要考虑如何应付日益增多的危机。这些都是中国国企的存在的理由。但是，国企必须改革，如果像今天这样任其发展，就会后患无穷。在西方，当"看不见的手"（市场）占据完全的主导地位，政府缺失规制能力的时候，危机必然发生。中国则相反，当国有部门完全占据主导地位，而市场无从发挥其作用的时候，危机必然发生。要避免危机，进一步的改革是唯一的选择。

第七章　中国政商关系的重建

一、商与中国政治

中国自中共十九大前开始，延续至今的对房地产、金融领域的整顿过程中，首当其冲的是那些被人们视为"大鳄"的企业或企业家。如果说十八大之后政治领域反腐败运动重点在"官"，那十九大前后反腐败重点已经覆盖经济领域的"商"。正如政治领域反腐败重点在于反对领导干部拉帮结派、搞山头、圈子和团团伙伙那一套，经济领域反腐败的重点也在于反经济寡头，尤其是那些由政商不分所导致的经济寡头。

无论是政治领域的腐败，还是经济领域的腐败，两者具有共同的根源，即社会的急剧商业化。中国数千年为农业文明。尽管一些朝代商业也兴盛，但没能发展成近代商业社会。直到改革开放，由于内部经济发展和外部全球化的影响，中国才进入真正的商业社会。

商业社会对商、对政治、对商与政治的关系都产生了巨大的影响。商业社会导致社会利益的高度分化，不同的利益须反映到党和政府的政治过程中。但如何反映到制度层面呢？这就是党内民主的内容。但因为对什么是党内民主、党内民主如何进行缺乏经验，很快就出现西方化的趋势，即以单纯的"票决"来决定党内权力分配。

如同西方商业社会的早期，经济领域实行的往往是"先发展后规制"

的原则。房地产、金融等所有领域都是如此。因为毫无规制，这些领域的发展在很长一段时间里完全处于"自由放任"的状态，这就使得这些领域很快就出现了"寡头"。"自由放任"导致寡头，这一点中西方没有什么不同，是普遍的经济规律。

关键在于如何解决所出现的问题。经济领域反腐败、反寡头，西方也发生过。经济领域的反腐败和反寡头也是一个永恒的任务，因为不同时代会出现不同的腐败和寡头。在西方，反腐败、反寡头之后，落实到制度上就是现代规制型国家的产生。

总体上说，不同的文明会产生不同的规制。一种规制如果不能同本身的传统文化相吻合，其失败的可能性要远远大于其成功的可能性。或者说，现代化的规制要考量自身文明的特点，用中国官方的语言来说，就是要有"中国特色"。

1. 中国历史上的政商关系

就政商关系而言，中国文明具有什么样的"特色"呢？中国文明有两个既优秀又具有现代性的传统，即"政教分离"和"政商分离"。"政教分离"即政治和宗教的分离，不是这里要讨论的内容。就"政商分离"来说，有几个重要的方面。

首先，在意识形态层面，中国文明很早就确立了"士农工商"的意识形态。士、农、工、商四个阶层，商处于最底层。当然，这不是说商最不重要。商是掌握财富的。就各阶层的政治影响力来说，次序便是士商农工，商仅次于作为统治阶级的士。农在意识形态上的地位很高，用今天的话来说，就是"领导阶级"，但数千年里，农是最底层、最辛苦的阶层。这样的意识形态的表述，只不过是历代统治者对农业文明的认同，或者"重农主义"。

其次，在实际操作层面，商不能直接转变成士，钱不能直接转变成权，尤其是商的意识不能成为统治者的意识。商人也有被皇帝录用从政的，尤其在早期。例如汉代的东郭咸阳、孔仅、桑弘羊，其中桑弘羊历来就被视为历史上最有才干的大臣。当然，皇帝使用商人是因为他们的能力，并不是他们作为商人的意识。桑弘羊等人所实施的政策是反商人的，与商人企业家争利。一些朝代对官位也有买卖发生，商人是"收购"这些职位的主体，但大多数是一些不重要的职位。皇朝这样做是为了解决财政收入问题，担任那些买卖官职的商人也会被同僚（通过科举考试当官的）看不起。

但是，朝廷也提供社会空间给商这个群体，满足他们的实际需要。这里主要有几个方面：第一，一些有才干的大商人直接为皇权服务，为皇帝或家族"打工"。传统上，皇帝的财库和政府的财库是分开来的，皇家拥有很多企业。经营和打理这些企业的往往是商人。为皇帝或皇族直接提供服务的商人当然能够享受"皇恩"，产生不小的经济甚至政治影响力。

第二，容许商人的下一代参加科举考试，鼓励他们用财富来为皇朝培养人才。皇朝对商人拥有大量的财富很不放心。一个方式是容许商人购买土地，商是可以流动的，但土地是不动的。商人购买土地之后，皇朝就比较放心，因为原则上，"普天之下莫非王土"。当然，皇朝也不容许商人购买太多的土地，因为这又会导致社会不稳定。但对商人投资下一代，皇朝则是乐意看到的。历史上，在一些富裕的地方，商人家庭甚至比士家庭培养了更多的士。

第三，商人拥有很高的社会声望，地方上的慈善社会服务基本上由商人提供，或士商合作提供。

从皇权的角度来看，传统数千年的政商关系不能说不成功。商从来没有挑战过皇权，而皇权一直能够维持其对商的有效统治。当然，从商业发展的角度来看，政商关系非常不成功，甚至是大失败。中国为什么没有发展出西方那样的近代资本主义？因素很多，政商关系也是其中一个重要的因素。这种关系维持了数千年的农业社会，扼杀了企业家的商业精神。企业家精神的缺失，和中国没有发展出近代资本主义是有关联的。在西方，企业家精神（无论在马克思意义上还是在熊彼特意义上）是资本主义精神的内核。

2. 政商合一成裙带资本主义

改革开放以来，中国政商关系基本上出现三种形式，这三种形式都出现了严重的腐败现象。第一，从"政"到"商"，即党政官员通过"下海"方式，转政为商。在这种方式下，党政官员充分利用其原来的政治行政资源来经商。第二，从"商"到"政"，商人进入全国人民代表大会、政治协商会议等政治系统，或者官方认可的社会组织（例如工商联和商会），商通过正式的渠道和政治过程发生关联，对政治发挥作用。

很多年里，商已经在各级人大和政协系统成为一股不可小看的政治力量。从一个方面说，这是政治的进步，因为商获得了正式的政治参与渠道。但另一方面，因为对商人的选拔（进入人大或政协）过程没有制度化，尤其没有公开化，往往简单地以一个人所拥有的财富来衡量，这里面的腐败也难以估量。

第三种情形更为糟糕，即政商合一，无论是通过正式还是非正式的方式。政商合一已经形成人们所说的"裙带资本主义"，政治权力和资本的合一不仅导致巨大的腐败，也造成巨大的社会不公平。

应当指出的是，在所有这三种情形中，所谓的政商关系并不是政府作为一个实体和商作为另一个实体之间的关系，而是政府官员个体和商人个体之间的关系。即使是在第二种形式中，一个商人能够进入人大或政协系统，往往是因为其与政府官员个体之间的关系，也就是哪一名官员看中了哪一名商人。如果是两个实体之间的关系，就可以制度化和法律化；但两个个体之间的关系很难制度化和法律化，而且这个关系也是不可继承的。因为是官员个体和商人个体之间的关系，他们之间的"交易"产生腐败，也就非常容易理解了。

二、中国政商关系危机及其根源

十八大以来，中国经历了一场持续高强度的反腐败运动，世界为之瞩目。腐败的发生有多种因素，但其中最重要的一个根源就是不当的政商关系。因此，中国领导层也一直把厘清政商关系，作为反腐败和体制改革的一个重点。

习近平近年来对中国的政商关系及其改革多次谈话或者讲话，其精神被人们概括成为"亲"和"清"两字。"亲"就是要"亲商"，但"亲商"必须保证"清"，即清廉、清白。"亲""清"两字简单，但要把这两个字转化成为制度现实并不容易。

在很大程度上，今天在世界范围内正在发生着前所未有的政商关系危机，不当的政商关系所导致的，不仅仅是传统意义上的腐败，还有政治危机。政商关系的改革无疑具有普遍意义。

在东亚，二战之后，很多社会发展出了被学术界称为"发展型政府"（developmental state）的政体，形成了特殊的政商关系模式。以日本和亚洲"四小龙"（韩国、新加坡、中国台湾和中国香港）为代表的经济体，在经济发展过程中，政府扮演了比发达国家更为重要的作用，尽管这种意在推动社会经济发展的政商关系的确很有效，但这些经济体也一直为腐败所困扰。

这种情况到今天不仅没有好转，反而在恶化。在韩国，政商关系已经造成了政府权力危机。不过，这并不是第一次危机，韩国多任总统都卷入商业丑闻，并因此而被治罪。中国香港曾经是法治的典范之一，商业透明化程度很高，但今天也为政商关系所困扰。最近前特首曾荫权因为不正当的政商关系而获刑 20 个月，这在香港的历史上十分罕见。

政商关系或者两者之间的互相利益输送，一直是香港市民所关心的议题。台湾在"民主"化之后，政商关系也没有得到改变。台湾地区前领导人陈水扁的腐败也与企业界有密切的关系。

就政商关系的紧密度来说，中国则更进一步。中国政府在经济发展过程中的作用，较之日本等更大，政府对经济活动的介入也更深。中国不仅有国有企业，而且中国类型的政商关系和亚洲其他经济体的也不同。在其他经济体中，人们把政商关系称为"政商联盟"，即"政"和"商"两大实体系统之间的关系，但在中国，政商之间的关系更多地体现为一种网络关系，或者中国称之为"江湖"的那种关系，"江湖"关系倾向于强调政府官员和企业家个体之间的关系，而不是两个实体系统之间的关系。

这种基于官员和企业家个体之间的关系更难治理，造成更大规模、深度和广度的腐败现象并不难理解。十八大以来，数量不少的干部甚至是高级干部的腐败，就源于这种政商关系，情况往往是，一个干部倒下了，后面就牵连一批企业家；或者一个企业家倒下了，后面就牵连一大批干部。

尽管人们都喜欢发财，但不正当的政商关系会导致各种问题，人们因此也一直普遍性地关切如何建立"正当"的政商关系。中国人对政商关系更是有彻底和深刻的见解。大家都知道，体现政治权力的是"官"，而"商"则代表财富。如果把"官"与"财"结合起来，那么就很可能演变成为"棺材"，也就是说两者的结合会导致很不好的结局，甚至是死亡的命运。无论是"死亡"还是"坐牢"都是"棺材"的命运。因此，习近平提醒中国的官员说:"千万不要既要当官又想发财。"

1. 现代社会需要怎样的政商关系

尽管"官"与"财"不当的结合会导致悲剧,但这并不意味着不需要政商关系。政商关系从古到今都有,也是需要的。在现代社会,在很大程度上甚至可以说,是否建立有效的政商关系决定了一国的成败。任何一个国家,如果缺少企业家群体或者不能有效发挥企业家群体的作用,那么谁来发展社会经济呢?

企业家群体历来就是发展经济的主体。二战以来,东亚模式的成功就在于建立了有效的政商关系。这个政商模式现在出现了腐败,并不是说这个模式从一开始就有问题,而只是说它没有与时俱进,进行改革和转型。

东亚政商关系模式在早期是被广泛接受的,这是因为几个要素:第一,早期的企业承担了很多社会功能,也就是企业的社会责任。日本和亚洲"四小龙"的企业所承担的社会责任要远远大于西方的企业。第二,当时经济发展的需要。在经济发展程度低的情况下,人民的希望是经济发展。因为企业在经济发展过程中的作用,即使政商关系出现了腐败现象,人民的承受程度也比较高。第三,最主要的是人民从经济发展过程中所得到的巨大利益。日本和亚洲"四小龙"的企业在推动经济发展、提升人民福祉方面起到了巨大的作用。

日本企业的终身雇佣制度、日韩大企业集团、中国台湾和香港地区的中小企业,都是这些经济体内催生中产阶级的主体。在这个过程,形成了我们上文所说的特殊的政商关系。

不过,现在人民对原来的政商关系不再能够承受了,或者承受度大大减低。这主要是因为政府、企业和社会三者之间的关系发生了很大的变化。就企业而言,1997—1998年金融危机之后,企业越来越倾向于采用新自由主义的发展模式。尽管这样做是为了应付与日俱增的国际竞争力，但企业也越来越唯利是图，不再承担原来所承担的社会责任。

就社会来说，在全球化和技术升级的过程中，人们看到的只是极少数群体获得了巨大利益，而大多数社会群体没有获得相应的利益，甚至成为受害者。就政府来说，政府一方面为了发展经济，经常为企业提供优惠的政策条件，另一方面没有能力来解决收入差异和社会高度分化等问题。

再者，社会经济发展到一定的程度，人民的政治意识不同了，现在的人民具有很强烈的权利意识，无论是对经济利益的分享，还是对政治过程的参与。在这样的情况下，政商关系经常超越一般的腐败问题，而转化成为政治问题，甚至是治理危机。

政商关系不仅不会消失，而且非常需要。这就要求政商关系与时俱进，根据客观环境的变化而及时改革和转型，否则不仅会导致腐败，而且更会导致其他类型的深刻危机。问题是如何改革和转型？

中国传统数千年在处理政商关系方面，有很多至今为止仍然有效的经验。中国文化很早就意识到政商关系的重要性，和其他文明比较，中国无论从意识形态上还是在制度设计层面，一直有"政商分离"的认知和制度设计。

在意识形态层面，中国确立了"士、农、工、商"的阶层意识，把"官"和"商"有效分离开来。尽管就实际重要性来说，排序应当是"士、商、农、工"，但商人在意识形态上没有天然的政治合法性，商人的财富不能直接转化成为政治权力。不过，这并不是说，政治过程是向商人关闭的，相反，政治过程向商人开放的程度，远远高于对其他阶层的开放程度。

商人本人不能把财富转化成为高级官位，但其子弟可以通过科举考试而进入政府，担任政府职位。科举考试尽管理论上说是向全社会开放的，但因为商人的优越社会地位，即接受教育的条件和机会，大量的科举考生来自商人家庭。

这里，历史的经验是商人具有参与政治的需求，必须提供给这个群体正常的参政管道；否则他们也会通过各种方式来影响政治，反而会导致更多的腐败。中国改革开放之后，历届政府一直重视企业家参政的要求，多次改革统战政策来满足企业家参政的需要。进入21世纪以来，随着"三个代表"理论的确立，企业家参政更是成为风气。

现在的各级人民代表大会和政治协商会议里面已经有很多的企业家代表，其比例甚至远远高出其他社会群体。不过，制度化水平并不高，企业级的参政水平也不高，他们的意见也不见得能够反映到政府的政策过程中。这里的改进空间仍然很大。

2. 政商关系需要怎样转化

在当代中国的政治环境中，更需要把政商关系转化成为两个实体系统之间的关系，而非停留在官员个人和企业家个人之间的关系。中国政商关系的主要特点在于政商网络关系，即政商关系发生在官员个人和企业家个人之间，并非发生在作为实体的政府和作为实体的企业之间的关系。

因为政商关系呈现出高度的个体化，这种个体化的关系很难制度化和法治化，因为因人而变、因人而异。这种关系也没有继承性，父辈的政商关系不能延续到子辈，这个过程为腐败提供了很多机会。如果是两个实体系统之间的关系，那么就可以根据法律规定政府和企业之间的关系应该是怎么样的，并且是透明化的，不会因人而变、因人而异。

"政"这一边也同样重要。很多腐败案例都表明，很多领导干部主动"勾结"商人，在向商人输送利益的同时向商人要好处，有些甚至单方面地勒索商人。这里涉及很多问题，但政府官员的薪水问题至为重要。

政商关系就其本质来说，就是两个精英群体之间的利益分配问题。政府领导干部也是精英，如果没有一份体面的薪水来支撑他们体面的生活，那么他们就会千方百计地通过不正当手段去获取金钱，例如，和企业家发生关联、滥用政府权力进行政策寻租，等等。

不过，政府领导干部的薪水水平也要考量到老百姓的接受度。华尔街高管的高工资导致了美国老百姓的不满，中国国有企业高管的高工资，也同样导致了中国老百姓的不满。这方面，中国既不能走新自由主义的高工资路线，也不能走忽视经济利益的道德说教路线。

中国政治制度的特殊性还需要加上一条，那就是对党政领导干部实行严厉的"党纪"约束。给公务员体面的薪水是前提，但人的欲望是无穷的，如果没有底线，那么仍然避免不了腐败。因此，必须确立严厉的"党纪"来调节领导干部的行为。监督也很重要。监督包括内部的和外部的。外部的监督比较好理解，即来自社会的监督，这方面中国具有很大的空间。

随着社会力量的壮大，他们对领导干部的监督要求也会越来越高。这个趋势已经在亚洲其他社会得到证实。政府内部监督，即政府各部门之间的监督，也可以通过各种方式而达成。中国尽管反对西方式的三权分立制度，但也在探索自己特色的内部监督制度。最近新成立的监察委员会就是要扮演这个角色的。

总之，从世界范围内看，不当的政商关系已经导致了不同形式的治理危机，甚至政治危机。每一个国家都需要根据时代的变化来探索新的政商关系，没有一劳永逸的制度，制度变革甚至重建是唯一的选择。中国亦然。

三、经济改革与中国清廉政府建设

一般地说，在讨论清廉政府的时候，人们大多会关注政治改革，而忽视了经济改革。但是，历史的经验告诉我们，经济改革甚至比政治改革更为重要。在任何国家，经济是一个政权运营的血液，控制了经济就是控制了政府。因此，经济制度决定了政治体制，这也符合马克思的经济基础决定上层建筑的理论。

经济改革如何使得政府变得清廉呢？可以从如下的具体制度细节来理解。首先，最重要的是实现政治和经济的分离，在经济和政治之间建立边界。无论是在什么制度下，政府和经济的分离是清廉政府的一个重要制度条件。如果没有这个边界，政府可以随意动用经济资源，腐败就会变得不可避免。正是在这个意义上，西方社会在民主化之前就确立了"私有产权"制度。私有产权制度可以说是商业阶层（或者资产阶级）和君主贵族之间（也就是统治者）的一种契约。没有私有产权的保护，君主贵族就可以任意动用资产者的资产，这就是腐败。当然人们不应当对"私有产权"做过于机械或者意识形态的理解。"私有产权"和民主政治一样，在一些地方是清廉政府的前提，但在另一些地方，即使存在着"私有产权"也没有出现清廉政府。这里，经济和政治的边界才是关键。也就是说，私有产权只是确立经济和政治边界的其中一种方法，也存在着其他方法。

其次，是预算制度的确立。经济和政治有边界，表明政府的运作必须"取之于民"。政府本身不是生产者，其运作所需要的经济资源只能来自社会。社会如何保证政府不会滥用其从社会吸取的资源呢？那就是预算制度。经验地看，所有清廉的国家都具有透明的预算制度。预算制度可以说是一种"数量化"的管理。

无论是经济和政治之间的边界还是预算制度，这两方面最重要的制度在中国仍然处于非常初步的阶段。经济和政治之间还没有任何边界。计划经济时代，政治和经济合为一体。改革开放以来，其中一个改革目标就是"政企分开"。尽管政治和经济分离的范畴远比政企分开广，但政企分开的确是朝着这个方向走的第一步。这方面也已经做了一些，例如民营化，宪法保护私有财产等。

1. 政治越界干预经济

不过，现实的情况令人担忧。首先是私有化。私有化或者民营化的确是政治和经济之间设定边界的一个有效方法。但民营化了并不是说政府和经济之间就有了边界。为什么？边界是否能得到确立还取决于两个因素：第一，是否存在着保护这个边界的法律体系，以及法律体系是否运作；第二，政治和经济之间的力量对比。改革开放以来，中国的民营企业得到了很快的发展，其在国民经济中的地位也越来越重要。中国在保护民营企业方面也有不少努力，例如修订宪法承认私有财产的合法化，也通过了《物权法》来保护私有财产。

但是这种法律上的保护并没有转化成为现实的保护，主要原因在于政治和经济之间的力量对比还是非常悬殊，中国还没有改变政治主导一切的局面，政治力量可以随意越过政治边界，闯入民营经济领域。民营企业不管多么强大，在政治权力面前显得无比渺小。一旦私有财产被政治权力盯上，就无可逃遁。这样，法律的信誉无法确立，民营企业很难通过法律来保护自己的边界，它们不得不求助于法律之外的手段，例如通过和政治权力结盟，收买政治权力（例如，最近出现的民营企业抱国企的"大腿"的现象），等等。所有这些也滋生出无穷的腐败现象。

同样重要的是，没有政治和经济的边界，连国有企业的产权也难以保护。国企和国家权力之间的互动也在产生着腐败。国有企业并不注定是要腐败的，例如新加坡也拥有大量的国有企业，但是非常清廉，就是说在新加坡，国企的存在既没有导致政治权力的腐败，也没有导致国企内部的腐败。这主要是因为新加坡的国企和政府之间存在边界，而这个边界能够确立的主要原因，一是国有企业的企业化，二是法制的保障。

但在中国，国企既导致了国家权力的腐败，也导致了国企内部的腐败。为什么？首先，国企还不是企业。20 世纪 90 年代中期开始，中国国有企业实行"抓大放小"的改革，实行法人化，也就是企业化。但这个改革只走了半步。到今天为止，国企没有完全企业化，因为国企老板仍然保持着行政级别。国企老板与其说是企业家倒不如说政治人物。这个行政级别是国企自己要求保留的，还是国家要保留这个以期对国企进行控制？国家要控制国企的因素可能更为重要。也就是说，国家政治权力和国企之间不存在明显的边界。

2. 界限不明导致一些国企腐败

这样，国企可以借用国家权力来发展自身，而国家也可以任意闯入国企而获得利益。两者的利益具有高度的一致性。这些年，在国家权力的推动下，国企大举扩张，这并不难理解，但是在这背后隐藏着多少的腐败因素呢？首先，国企已经变得过大而不能倒，大到可以影响国家权力的地步。也就是说，国企可以闯入政治领域，对政治权力的运作发生很大的影响。中国国有企业对政府的影响，犹如美国的华尔街对政府的影响一般。其次，政府官员可以闯入国企。政府官员控制着人事任命制度，各级政府官员可以轻易地把自己的子女、亲戚朋友安置在国企。也有很多干部在政府部门退出之后，直接进入了国企。无论从哪方面说，国企是中国目前最为封闭的一个系统。最后，是国企的内部腐败，也就是国企的内部私有化。国企在政治保护之下，不存在有效的监管制度，这是内部私有化的制度前提。国企盈利了，国企老总自己可以分配，但如果亏损了，就会向国家要钱。

不管怎么样，结果是显然的，那就是国有企业不能保护其财产，部分财产被形形色色的政治权力侵吞了。这就是腐败！当然，腐败是有代价的。人们说，国企老总是风险最高的一个行业，这是有原因的。查一下过去十来年里，有多少国企老总是以牢狱之灾收场的，就可以知道这个领域的腐败已经到了什么程度了。

预算制度方面的问题更为严重。简单地说，中国还缺乏最基本意义上的预算制度。预算最重要的就是数字细节，国家预算中要把每一分钱的用处说得清清楚楚。但中国的预算是没有细节的，所谓的预算就是大概给一个数，也不知道这个"数"的根据在哪里。"预算去了哪里"的问题更是没有人可以回答。不用举很多例子，光看看各级领导个人可以掌握的金钱数量就足够了。为什么一个官员可以贪污数以亿计的天文数字？这完全是因为对他们没有任何数量的约束罢了。

实际上，执政党也已经意识到，没有有效的预算制度，政府官员的腐败行为很难得到遏制。这些年来，无论是政府还是社会，很多人都在呼吁建立预算制度。有些地方当然也在努力使得预算更加公开化。但总体上仍然没有一个有效的预算制度，为什么建立不起来呢？这需要思考。

政治和经济的分离和预算制度，是清廉政府的宏观制度条件。要保证官员的清廉，还需要其他很多制度的配合。从其他国家的经验看，有两方面的经济制度非常有效：一是在发展早期的高薪养廉制度，二是收入的货币化。

高薪养廉至少在一个社会发展的早期是非常需要的。在西方，尤其是欧洲，很长的历史时间里是贵族或者资产者统治，他们从政的主要考虑并非经济收入。在后发展中国家，这个问题如何得到解决？如果从政者没有足够的收入来源来维持一个体面的生活，或者说不能有足够的正当收入，中国所说的"潜规则"必然流行，那就是权力"寻租"和腐败。这样后发展中国家就有了"高薪养廉"的实践，就是说给予公职人员较高的收入以支撑他们的体面生活，从而减少他们腐败的动机。

3. 如何避免腐败陷阱

"高薪养廉"的第二个重要考量是如何逃离腐败的陷阱。很多社会，腐败不仅发生在政府领域，还发生在社会的各个领域，可以说具有全社会性质。这样的社会就容易陷入腐败陷阱。如何走出陷阱？一些国家就转向了政治精英。即通过政治精英来塑造社会，就是说，首先塑造一个清廉的政治精英集团，然后再通过这个集团来塑造清廉的社会。当然，这与列宁主义不同。在列宁主义那里，强调的是政治精英集团的道德水平，例如大公无私的献身精神。但问题在于，道德的诉求可求不可得，也很难实现可持续性。这样，"高薪养廉"的经济方法就取而代之。至少从中国香港和新加坡的例子来说，这个实践是非常成功的。当然，高薪必须有一个限度，这个度是社会所能接受的，如果这个度超出了社会的接受程度，高薪的合法性就会成问题，这样也很难使得精英集团来塑造社会。

这里必须指出的是，到社会经济发展到发达的阶段，"高薪养廉"的效用就会逐渐消失，主要是因为全社会的平均生活水平都已经到达一个可以过体面生活的程度，也就是中产阶级社会。很多欧洲国家尤其是北欧国家，政府官员的薪水并不是很高，但也能保持清廉，这和全社会的高生活水平有关，因为到那个时候，从政也只是一种职业，人们无须通过权力寻租来过上好生活。

也应当指出的是，在新加坡，早期的"高薪"目标主要是用来"养廉"。当然，高薪也并不是很高。但近年来，新加坡的高薪的目标主要是要和企业界竞争人才。很显然，如果政府领域的工资很低，人才必然转入企业界，而政府很难找到有用人才。因此，政府部门必须有相当高的薪水来吸引人才。同样，这个"度"应当在哪里？这在新加坡也是有争议的。但不管怎样，如果政府继续要在引领社会经济发展方面起到一个重要作用，"高薪"仍然有其存在的必要，新加坡政府也不会因为社会的异议而放弃

"高薪"制度。

除了高薪制度，还有一个非常有效的制度就是官员个人收入的透明化，而实现透明化最有效的方法就是官员收入的货币化。货币化就是有效的量化管理。官员的消费水平和其收入水平应当是对应的。货币化有利于对官员进行监督。一旦官员的消费水平远远超出了其工资水平，人们就可以怀疑其是否有非正常的收入，甚至腐败了。所以，很多各级官员的工资是公开的，是可以供老百姓查找的。这方面，新加坡可以说做得最为彻底，新加坡的高级官员连公车都没有。这个群体的薪水很高，但所有的费用都包括在内了。

无论是"高薪养廉"还是收入货币化，在中国都不存在。在所有与政府有关的领域，包括医院、学校、事业单位，当然也包括政府本身，人们的基本工资仅仅占其实际收入的很小的比例，大量的收入来自灰色地带。可以说，中国的案例完全和"高薪养廉"、透明化相反。低薪必然寻租，寻租必然腐败。中国一位部长的费用和新加坡一位部长的费用谁高？从表面看，新加坡不知道要比中国高出几倍来。但实际上的费用，中国的要高出新加坡的多少倍来呢？中国的官员薪水低，但可能有很高的灰色收入或者另类收入，例如公车、医疗、养老、旅游等。从这个角度看，如果中国采用新加坡的高薪制度，实际上的花费也差不多。同样的花费，一个制度可以做到清廉，另一个制度则腐败。这是制度选择的问题。从这个意义上说，人们可以相信，中国的制度实际上是可以改善的。

在中国的经济领域，还要简单讨论一下"原罪追究"问题。今天，无论是企业家还是政府官员，凡是手中握有大量的财富的都感觉到很不安全。因此，一有机会，他们都想把财富通过各种方式转移到国外安全的地方。这里就涉及"原罪追究"的问题。这里已经陷入了一个恶性循环。

"原罪追究"的声音在中国一直非常响亮。近年来因为社会不公平的恶化，这种声音越来越响亮，这就导致了财富的加速流出。"原罪追究"当然是有道理的，因为这些人所拥有的财富大多是非法所得。无论从道德还是法律来说，他们都应当受到追究。如何跳出现在这个恶性循环呢？在西方等国家，历史上也曾经经历过这样一个阶段。一个通用的办法就是通过制定新法律，规定在某一时间段之前的非法收入，免除"原罪追究"，强制或者鼓励这个群体投身到办学、社会慈善事业，等等。这样既留住了财富，也有益于社会。然后，在这个时间段之后，对他们的收入通过以上所讨论的种种举措来监管。中国不妨从这些先发展的国家学习如何处理这个问题。要不这个恶性循环继续下去，要不对此进行"去道德化"处理跳出这个恶性循环。两者可能各有利弊，但从长远看，后者的利肯定高过前者。

四、政府理应培育企业家成长环境

就中国可持续经济发展来说，从来没有像今天这样需要确立一种有效的政商关系。旧的政商关系出现了重大问题，表现为不可以持续，而新的关系尚待建立。如果不能建立一种有效的新政商关系，下一阶段可持续经济发展就会出现重大问题。中共十八大以来，政商关系改革的目标也非常明确，要从"勾肩搭背"的关系转型到"亲清"关系。

现在的问题在于如何建立这种新型的政商关系。要回答这个问题，首先需要思考旧的关系是如何产生的。把旧的政商关系所体现的种种现象简单地统称为"腐败"，不足以找到解决问题的方法，更不用说确立新的制度了。只有找到了腐败的制度根源，才能构建既能预防腐败，又能促进政商关系的有效制度。

1. 政企之间的制度关系

政商关系的腐败并非简单个人层面的原因，而是植根于政府企业之间的制度关系。中国等级性市场体系是由三层市场组成的，并构成各自不同的政商关系。最顶层是在国民经济中占据主导地位的国有企业，海外称之为"国家资本主义"。最底层是由中小型民营企业组成的基层市场，海外称之为"自由资本主义"（或者亚当·斯密意义上的"自由市场"）。中间层是政府和民企的关联企业，或者关联市场，海外称之为"战略性资本主义"，或者"公私伙伴关系企业"，但也有学者常把此关系形容为"裙带资本主义"，或者"官商勾结"。

这三个层面的政商关系出现了什么问题呢？先说顶层的国有企业。国有企业和政府的关系非常特殊，因为国有企业本来就属于政府。不过，企业属于政府并非没有政商关系。实际上，这个层面的政商关系处理不好，其政治社会意义更大，因为国企所承担的功能不仅仅是经济上的，也是社会政治上的。在这个层面，企业的腐败至少表现在两个方面：

第一表现在人事关系方面。很多领导干部甚至是高级领导干部都来自国有企业。实际上，在改革开放以来，国企一直是一个重要的人才培养基地。很多学者把中国的官僚体系称为"技术官僚体系"，大多数技术官僚的工作背景就是国有企业。

从国有企业培养的高级干部这种提拔方式不仅没有问题，也是中国制度的强项，但有一个问题没有处理好，那就是被提拔干部和原来工作的国企之间的关系。这些被提拔的干部往往和原来的企业（系统）有关联，这有利于他们在成为高级干部之后培养和提拔自己的支持者。更为重要的是容易形成寡头政治，干预国家政治。

第二表现在国有资本运用方面。一些高级干部通过这种政商关系，把国有企业的资本以不同形式投向家族、亲族、朋友、支持者的企业，这是明显的腐败，造成国有资产的流失。也有国有企业在做企业投资决策时，仅仅是为了政治考量，缺乏理性，也造成了国有财产的巨大损失。这方面既表现在国内投资，也表现在海外投资。

底层是自由市场经济。这个层面的中小企业尽管其经济总量并不大，但承担着大量的就业人员，关乎一个地方的社会稳定。再者，中小企业对地方基层政府也有税收等方面的贡献。不过，因为这些企业经济功能强而政治功能弱，政府和官员不会在多大程度上理会它们。例如，中小企业不能从国有控制的银行得到有效的金融支持，基本上处于自生自灭的状态。在很多地方，如果法制不健全，地方的流氓地痞、豪强甚至个别政府官员会对小企业主有所企图。除此之外，这个层面的企业基本上处于"自由"的状态。

2. 不当政商关系引发反腐运动

政商关系最麻烦的是中间层的市场。在这个层面，政商关系不仅不可避免，而且很有必要。一方面，企业做大了，开始需要政府的支持；另一方面，企业做大了，政府也开始对企业不放心了，需要"关照企业"。也就是说，这里的政商关系往往由两方面因素的结合而促成，即一些企业家的"政治企图"和一些政府官员的"经济企图"。

当"政治企图"和"经济企图"结合在一起时，就演变成"权力"和"经济"之间的交易。这种交易既可以由企业家开始，也可以由政府官员开始。企业家的动机是多重的：通过从政府"寻租"把企业做大；在有效法治缺位的情况下，寻求政治保护；通过得到政府的一个位置（例如人大、政协、工商联组织等）追求社会声望，等等。

政府官员方面也具有很大的动机：直接的经济利益（向民营企业要钱、入股，甚至是公开地"抢钱"）、安排子女亲戚的就业、让企业家支付子女的就学费用，等等。也有一些政府官员用各种方式和民营企业"共同发展"，实现权钱的完全结合。

十八大反腐败运动以来所发现的各种案例，充分说明了这个领域形形色色的政商腐败关系，几乎每一个腐败官员背后都会牵涉出一大批企业，也几乎每一个腐败企业家背后都会牵涉出一大批官员。

正因为出现了如此严峻的问题，十八大以来才会发动持久猛烈的反腐败运动。很显然，国家可持续经济发展并不能建立在腐败基础之上。不过，"勾肩搭背"的政商关系由来已久，要厘清政商关系并不容易。在反腐败的强大压力下，导致了各方的"不作为"。

改革开放以来，就经济发展来说，中国一直是"四条腿走路"的，即地方政府、国企、民企和外资都各自扮演了重要的角色，成为推动经济发展的主角，但现在这些主角都不那么作为了。官僚不作为，他们不知道怎样和企业家打交道了，国有企业也有同样的行为。民营企业家或者因为失去了直接的政治支持，或者因为过去的不当行为，而对未来产生深深的担忧和不确定感，于是纷纷出走。这三者的行为所造成的总体经济环境，也影响到了外资的行为。

在任何社会，企业无疑是经济发展的主体。这些年来，人们一直在讨论中国是否会陷入"中等收入陷阱"的问题。根据日本和亚洲"四小龙"的经验，在逃避中等收入陷阱过程中，处理好政府和企业之间的关系最为重要。这些亚洲经济体之所以能够逃避中等收入陷阱，其中一个主要的原因在于政府的经济作用，而政府的经济作用是通过政府和企业之间的关系而发挥的。这就是学术界多年来所讨论的东亚"发展型政府"的由来。

不过，在这些经济体中，政商关系也产生了重大的腐败。日本早期的政商关系相当腐败，即政治人物、官僚和企业之间形成了"铁三角"关系，后来通过大力改革才改善了关系。韩国也有类似的情形，但缺少有效的改革，直到今天都没有解决好政商关系，导致历届总统都没有很好的"下场"。中国香港和新加坡则是两个相对成功的例子，比较好地解决了腐败问题。非常有意思的是，新加坡是一个国有企业（政府关联企业、政府投资企业）占据主导地位的经济体，而中国香港则是一个民营企业占主导地位的完全自由经济体。

3. 有效政商关系需要有效制度

新加坡的案例说明了，并不是国有企业都是会腐败的，问题在于如何设计一套有效的制度。不过，与新加坡不同，对中国来说，国企的最大腐败莫过于其成为政治寡头的经济基础。这方面，苏联和今天的俄罗斯有很多的经验教训。在苏联时期，强大的国有企业几乎垄断了国家所有的经济空间，造成了方方面面的垄断。苏联的国民经济最终在美苏冷战期间走向军事化，和国企垄断密不可分。

苏联之后，直到现在，俄罗斯仍然没有解决好这个问题。叶利钦时期由国企通过私有化转型成为寡头，对国家政治构成了威胁。今天的普京也只是通过打压"异己"的寡头，而支持"亲己"的寡头以维持局面。中国如果要预防寡头，要对国企"做强做大"做一科学和深入的认识。

"做强做大"并不是说国企要占领经济空间的各个方面，而是要在特定的领域，例如自然垄断、关键的产业、关乎社会公共品的产业，发挥强大的作用。即使是在这些领域，仍然需要建立反垄断机制。同时，国企也应当和民营企业确立边界。

4. 在中间层面，要建立"亲清"的政商关系就要处理好几对重要关系

其一，企业主和企业之间的边界。现在的情况是，企业家一出事情，整个企业就会受到影响，甚至被停业和关闭。如何使得企业不受重大影响？这方面国外有很多好的经验可以参照。

其二，企业和政府的边界，最主要的是要建立政府和企业作为两个实体之间的关系。现在的政商关系并不是两个实体之间的关系，而是企业家个人和政府官员个人之间的关系。这种关系表现为不可继承性，从而也是持续的腐败，因为每一代企业家都要通过自己的努力来培养和政府官员的关系。这客观上在各个层面造成了人们所说的"一朝天子一朝商"的局面。

其三，产业政策和企业的关系。政府掌握产业政策，企业执行。产业政策影响着国家巨量财力的使用，如果决策和执行不当会产生很大的腐败。政府官员要寻租，经常把资金投向与自己有关联的企业或者自己的"金主"；企业要寻租，寻找通过政府官员的关系来获取产业政策中的巨大利益。这里，建立公开、透明的产业制度及其产业实施制度是关键。

此外，政府官员的"下海"问题也是必须面对的。对现行官员必须实行严厉的管治，确立有效的"利益冲突条例"，防止官员对企业的利益输送。这方面，各地随着反腐败机制的建立，会得到相当的改善。不过，对一些退休官员在企业兼职的问题，可能需要考量。这种情况很难禁止，但或许我们可以利用这些官员的丰富经验来促进经济发展。这方面，很多国家也有很好的经验可供参考。

在底层中小企业领域，政商关系也极其重要。大多创新都发生在这个领域，是培养新企业和企业家的领域。政府的支持对这个领域很重要。第一，金融。金融业需要结构性改革，需要专门为中小企业服务的中小银行

或者金融机构。第二，技术创新的保护，表现在知识产权的保护。

现在中小企业的很多技术要不被抄袭，要不被大企业买断而"消失"。技术被抄袭就会影响创造者的动力，这点容易理解。大企业收购技术的动力则经常被忽视。这在互联网领域表现尤其明显，很多所谓的"风险投资"不是为了培养新企业，而是防止新技术对现存企业的垄断地位所可能带来的风险。因此，所谓的"投资"实际上阻碍了经济和技术的进步。

今天，中国已经进入从中等收入社会迈向高收入社会的过程，也是需要确立有效政商关系的时候了，没有有效的政商关系，这个过程会很难完成。

5. 如何重建政商关系

如何重建政商关系呢？这不是一件容易的事情。世界各国并没有一个理想的模式可供中国复制。在西方早期，诚如马克思所说，政府只是资本的代理，所谓的代议制就是资产阶级民主。后来随着民主化的扩展，尤其是大众民主的出现，政府的基础从资本转移到社会（选票），政府就不仅不能单纯地代表资本的利益，而且对资本的规制越来越多。今天，随着资本的全球化，西方政商关系也面临挑战。一些国家，例如美国，商人直接主政。但不管西方政商关系面临什么样的挑战，在法治的构架内演进是无疑的。法治本来就起源于政商关系，也已经成为西方政商关系的基因。

同样，东亚社会（日本和亚洲"四小龙"）在经济起飞的早期，曾经建立有效的政商关系，在官商之间打造权力合法化的桥梁，使得政府和商人协作，推动经济发展。但随着经济的发展和社会的变迁，一些经济体的政商关系也出现了重大的问题，韩国和中国台湾最为显著，政商关系造成政治腐败。

中国重建政商关系的过程可以参照其他经济体的经验，但也必然要考虑到中国本身的传统文化。其中最重要的是如何重塑"士"这个阶层（即统治阶层），以及这个阶层和其他社会阶层之间的关系。这方面，中共十九大所强调的"政治家集团"非常重要。"政治家集团"是中共对自身的认同，类似传统上士大夫阶层的自我认同。对于这个阶层，关键的问题在于建立自我认同，因为自我认同决定了其执政意志。

传统上，皇权通过意识形态、教育和科举考试等方法，成功地让从各个阶层（主要是士商）录用的官员建立这种认同感。官员来自不同的阶层，这在很大程度上保障了政府的社会基础，认同感又保证了官员对皇权的忠诚。如何在各社会阶层（包括商）录用人才，同时确立他们对"政治家集团"的认同，仍然是当代的政治挑战。

再者，在商业社会，商的作用不是历史上任何一个时期所能比拟的。不管政商关系会产生怎样的腐败，政商关系必然会存在，人们所要避免的只是腐败的政商关系。实际上，如果不能保证和维持企业家群体的企业家精神，商业社会的运转难以为继。可持续的企业家精神是一个社会可持续发展的保障。同时，要保障清廉的政商关系，法制不是可有可无的，而是前提条件。在中国的环境里，当务之急是把政商关系从个体层面转化到实体（组织）层面，必须以法制的形式明确规定政府和商的关系。

除了继续扩展企业家正常参政的渠道，也可以向传统学习，直接录用企业家进政府。商与"政治家集团"没有本质的矛盾，只要商对"政治家集团"有高度认同感。保持"政治家集团"的统治不再能够像传统那样排斥企业家，而是应当主动接纳他们。在全球化和资本过剩的今天，国与国之间的竞争越来越表现为企业家之间的竞争、企业家精神的竞争，重新梳理和重建政商关系，从来没有像现在这样紧迫和重要。

第八章 "一带一路"倡议与共享发展

一、如何理解"一带一路"倡议

全球化确实需要调整，但这个调整会不会导致逆全球化？如果说欧美的资本流向发展中国家，如中国，我们叫全球化；那么如果是美国和欧洲国家，通过某种方式使资本回流，算不算全球化？我想这也是全球化，只是方向变了。我们的"一带一路"也是全球化。

笔者认为全球化会继续。逆全球化只是说欧美的全球化现在进入了调整期。全球化过去已经创造了大量的财富，但是这些财富在流向不同国家、不同区域时，在不同社会群体之间分配不公平，导致了社会分化，以及非常大的收入差异。举个例子，美国在 2008 年金融危机之前中产阶级的比例大概是 70%~75%，但到现在已经不到 50% 了。这就是为什么特朗普会崛起。英国也是这样，英国有大量的福利，但是大部分老百姓没有享受到全球化的福利，只有少数人越来越富，所以现在美国有个新词叫"富豪社会"。

我们中国也一样，像珠江三角洲，农民工可能对全球化发展的贡献最大，但他们并没有得到应当得到的份额。全球化的大企业、大资本家，尤其是欧美大资本家反而得到了更高的份额，所以产生了收入不平等。中国香港、中国台湾、新加坡……都是一样。

1. 特朗普的全球化措施

从美国的角度看，下面几方面的措施特朗普一定会做：第一，改善国内的投资环境，以促进美国资本回流，吸收其他国家的资本到美国投资等。资本流向美国也是全球化的一部分，只是方向变了，这点我们要清楚。第二，弱美元政策。奥巴马政府前几年一直采取强美元政策，强美元政策对美国的收购不利，所以现在特朗普改为弱美元政策，刺激美国的出口。第三，再工业化也会是特朗普的选项。特朗普已经把以前奥巴马政府封存掉的煤矿又开启了，当然美国很多人反对，因为可能会有排放污染问题。第四，提高军费，因为军工企业会刺激生产。

特朗普将采取的这些措施，也会提供一个新全球化的视角，但这对中国会带来很大的压力，因为我们从 20 世纪 80 年代开始基本上都是接受西方，尤其是美国的资本到我们中国来。如果美国采取政策吸引资本回流，那中美之间下一步就是如何竞争国际优质资本的问题。我们现在的资本竞争不像 20 世纪 80 年代，当时我们什么样的投资都需要，而现在我们一方面是资本过剩国家，另一方面我们还缺少优质资本。资本，不仅是钱的问题，也包含了技术和附加值。现在我们要大量吸收欧美附加值高的技术资本，促进我们的产业升级。低附加值的资本，不能帮助我们完成产业升级。产业升级对珠三角尤其重要。从国家整体来看，尽管我们是第二大经济体，也是贸易大国，但我们的人均 GDP 还是很低。美国人均 GDP 已经有 40000 多美元，中美之间依然有很大的差距。

到 2020 年我们要全面进入小康社会，人均 GDP 要从现在的 8000 多美元涨到 12000 美元，平均每年要有 6.5% 的增长，这个增长也不容易。从人均 GDP12000 美元提高到接近 30000 美元的水平，我们要走的路更长。这个路要通过高端制造业和产业升级来完成。中央高层也看到了这些失衡，因为很多年来，我们的经济增长不是通过产业升级，不是通过从低端制造业向高端制造业的升级，而是通过房地产和金融经济来刺激经济发展。人均 GDP 要从现在的 8000 多美元到 12000 美元，并不是靠印钞票和房地产就能造出来，我们需要大量发展高端制造业，而这就需要优质资本。

2. 不能简单理解"一带一路"

很多人把"一带一路"简单理解成"我们走出去"，如果我们都走出去了，那我们还留下什么？我们工人就没有工作做了，这个问题我们要考虑到。笔者预计，全球化的下一波如果是逆全球化，那我们面临的是跟美国的资本竞争。前面几年很长时间我们没有感受到这个压力，因为美国主要是资本输出。但现在特朗普决心要再工业化，要吸收资本回流，对中国来说就是逆全球化，资本的竞争更为激烈。

中国自己也在做"一带一路"，"一带一路"很重要。笔者认为"一带一路"首要的目标是中国自己本身的可持续发展，而不是为了其他国家。"一带一路"是双赢，但首先是为了我们中国自己的可持续发展。熟悉世界经济史的人会知道，一个国家经济发展到这个水平，必须拓展国际市场。要解决原材料进口的问题、产品出口的问题，都需要国际市场。西方早就这么做了，西方最早搞殖民地主义，整个非洲大陆、美洲大陆包括亚洲都成为西方的殖民地，殖民地为了什么？就是为了西方国家自身国内的经济发展。但是中国不能这么做，所以我们要想另外一个办法，也即"一带一路"。

过去，中国也有一些资本走出去，走向非洲和拉美，西方人把我们这个行为称为新殖民地主义，笔者觉得很不可思议。讲一个简单的例子，西方人批评我们国有企业去投资，不讲人权不讲民主，腐蚀当地官员。笔者问西方人，鸦片战争的时候你们用枪炮打开我们的大门，你们在非洲大陆、在世界各地杀了多少当地人？中国至少没打死过一个当地人。我们用企业去打开他们的大门，比你们用枪炮打开人家的大门要文明得多。

笔者现在跟非洲朋友交流，他们也认为可以从中国的投资中受惠，中国也帮助他们建设基础设施，比如公路、铁路、学校、体育馆等。中国提供的这些社会服务，殖民地主义者从来不做。笔者觉得我们也没必要太多地关注西方人对我们的批评。"一带一路"就是这样的宗旨。我们现在确实有条件了，因为我们资本过剩，有产能，有技术。

我们要考虑怎样更好地融入世界经济体系。我们从过去的经验可以学到很多。尽管现有的国际体系不合理，但我们还是要加入，我们不会建立自己的集团，而是要改革现有的国际体系，使这个体系更公正更合理。很多人都认为"一带一路"是中国的战略，我觉得习近平总书记解释得很好——我们这个"一带一路"不是要去取代世界银行、取代亚行，而是要对它们进行补充。

笔者把改革开放分成三个阶段。第一阶段是20世纪80年代，当时我们是请进来，办法非常简单。我们打开自己的大门，让西方投资到我们国家来。在这个阶段，中国不会跟西方发生重大的冲突，因为我们是邀请人家进来。第二阶段，我们为了加入WTO也不会跟西方发生冲突，表明我们还是愿意改革内部体制的。现在我们进入了第三阶段，也就是要走出去。走出去比较麻烦，因为无论是非洲还是拉美，现在世界上每一个地方都有庞大的体制。最早的时候我们只能去不稳定的地方、西方人不想去的地方，这是没办法的办法。所以中国跟西方的竞争接下来会越来越激烈。

二、"一带一路"与经济和安全的"再平衡"

中国改革开放一开始，领导层很快就放弃了过去对东南亚国家推行的共产主义意识形态战略，把重心放到了发展经济贸易关系上。正是这一战略转移完全改变了中国和东盟的关系。之后的很长时间里，中国、东盟关系进入了一个黄金发展时期。

中国和东盟缔结了自由贸易协定。受中国－东盟自贸协定的影响，东北亚的其他两个国家，即日本和韩国也分别和东盟缔结了自由贸易协定。在自由贸易协定的基础上，形成了三个"10+1"机制，在此基础上又形成了"10+3"机制。尽管期间也产生了一些问题，但中国和东盟能够互相调适，不断提升双边的关系。

在西方，甚至在一些东盟国家内部，中国的崛起经常被视为是对东盟的威胁。很早就有人预测，一个崛起的中国迟早会和东盟国家发生冲突甚至战争。但中国把重点置于发展经贸关系的战略，不仅打破了这种西方式的预言，更取得了中国东盟双边关系上的实质性的进步。中国考虑到一些东盟国家传统上和美国具有战略关系这个事实，容许这些国家在和美国保持战略关系的同时和中国发展出深层的经贸关系。

再者，中国也考量到美国在本区域的实际存在这个事实，没有出台自己版本的"门罗主义"，试图把美国赶出亚洲区域；相反，中国希望美国继续在本区域扮演一个积极的角色。在冷战之后的数十年里，美国所卷入的很多区域（主要是南欧和中东），冲突和战争不断，但唯独亚洲保持着和平发展的势头。在很大程度上说，中国和东盟之间的和平是双方互相调适的结果，而中国的"重经贸、轻战略"的战略为这种和平提供了前提。

但美国的"重返亚洲"战略不仅导致了中国和美国之间的紧张关系，更导致了中国和东盟国家之间（尤其是那些和中国有南中国海主权纠纷的国家）的高度紧张。美国明言，其"重返亚洲"是针对中国的崛起的。尽管中国并没有要把美国赶出亚洲，但中国的崛起被视为是对美国的亚洲霸权构成威胁。这一（抱有恶意的）意向从一开始就决定了"重返亚洲"不会成功，因为这是美国西方国际关系"零和游戏"逻辑的延伸，并不符合中国本身的国际关系逻辑。

首先，鉴于中国的国家规模和其文明的特点，中国具有不可围堵的特点，并不是美国可以围堵和遏制的。历史上，中原曾经被北方少数民族所"征服"，但征服者最后反被中原文明所驯服，成为中国文明的一部分。近代以来，西方殖民者可以说是"打遍天下无敌手"，但唯独征服不了中国。中国没有成为西方的殖民地，如毛泽东所言，中国是"半殖民地"。

中华人民共和国成立之后，美国等西方国家曾经想围堵中国，但即使在很穷的情况下，仍然围堵不了中国。改革开放之后，美国等西方国家也并不是没有想围堵中国，只是有心无力罢了。诚如李光耀先生生前所说，西方围堵不了中国，西方的围堵只能给中国制造一些困难，拖延中国的崛起，但很难遏止中国的崛起。现在中国已经是世界第二大经济体，最大的贸易大国，更没有其他国家可以围堵中国了。

其次，美国"重返亚洲"战略的设计过于仓促，呈现病态。美国这一战略本身没有能够做到经济和军事之间的平衡。理论上说，美国的战略由经济和军事两部分组成，但这两方面都出了问题。具体地说，经济上就是跨太平洋伙伴关系协定（TPP）。美国并非是 TPP 的发起国。当新加坡等国家发起 TPP 时就邀请区域所有国家都来参与，只不过是没有多少国家感兴趣。但一旦美国进来成为主角时，TPP 具有了排他性，主要是把中国排挤在外，并且美国也明确扬言，TPP 主要是针对中国的，尤其是中国的国有企业。

因此，美国接手 TPP 之后，至少对美国来说，这更多的是一个政治协定而非经贸协定。也正因为此，TPP 没有对美国内部的因素有足够的考量，遭到美国国内的强烈反弹。尽管从经济上说，人们对美国当选总统特朗普退出 TPP 感到可惜，但从政治上说，美国的退出是必然的。

从军事上说，美国为"重返亚洲"战略寻找到了一个错误的基点，那就是南中国海问题。南中国海是中国和东南亚相关国家（而不是整个东盟）的古老历史问题。中国在南中国海的行动（包括人造岛礁）仅仅是对越南和菲律宾等国同样行为的有限反应。但美国"错误"地估计局势，不仅把这个问题搞成了中国和东盟的关系问题，而且也搞成了中国和美国之间的关系问题。其实美国的出发点是典型的美国逻辑，即要通过南中国海问题把中国塑造成东盟的"敌人"。

不管怎样，尽管美国的政治经济力量不再像冷战时期那样强大，但美国仍然是世界上最强大的军事大国。而这个事实促成了美国战略向更糟糕的方向发展。经济"重返"很难，但航母军舰很轻易地在本区域耀武扬威。也就是说，经济不行了，美国就过分强调军事上的"重返亚洲"，而这必然导致中国军事上的强烈反应，南中国海局势因此加剧。

再次，美国有意或者无意地向东盟国家传达出极其错误的信息。对中国的崛起，美国有恐惧，因此一直要防止各种来自中国的"威胁"。但同时，美国也有现实主义的一面，在逐渐缓慢地向中国的崛起作调整。很简单，无论在双边关系上还是在国际层面，中美两国一直在合作，也需要合作。不过，对东南亚国家，美国所传达出的信息则完全错误。美国对东南亚国家说，"你们可以大胆地对抗中国，而美国必将站在你们这一边"。美国的这种错误信息也导致了一些东南亚国家的错误判断。

美国的"重返亚洲"战略因此对亚洲区域的和平构成了严峻的挑战，尤其动摇了中国和东盟之间的经贸关系。很多年来，尽管中国和东盟国家之间因为南中国海问题而呈现紧张关系，但双方的经贸仍然进行。即使与越南和菲律宾，中国也没有中止和这两个国家的经贸往来。中国毕竟不是美国，没有对其他国家进行经济制裁的传统。不过，在话语方面，安全问题则成为中国和东盟之间的主流话语，而经贸话语消失了。反映在实际层面，人们越谈安全，越感觉到不安全。

很显然，如果美国把中国和东盟之间的关系重点脱离经贸而引导到战略上，那么不仅中美之间而且中国和东盟之间的冲突，从长远来看就会不可避免。经验地说，安全（尤其是基于军事之上的安全）往往是零和游戏，而经贸则是双赢游戏。或者说，军事安全是绝对的，一个国家的绝对安全就是另一个国家的绝对不安全；而经贸关系则是相对的，是钱多赚少赚的问题。

从这个意义上说，"一带一路"倡议是中国版的"再平衡"战略，意在把中国和东盟关系的重点再从安全方面拉回到经济贸易上。通过这些年中美两国的较量，不难看出中美战略之间的巨大差异。简单地说，美国是军事为主，经济为辅；而中国则是经济为主，军事为辅。美国军事为主是因为经济相对衰落，而军事仍然强大。中国经济为主、军事为辅是因为中国历史上总是商贸大国，而没有军事扩张主义的文化基因，其军事发展仅仅维持在有效国防水平。

在南中国海问题上，对美国军事上的"重返亚洲"，中国在进行了有效的反击的同时进行了有效的管控，防止发生公开的冲突。这些年来，中国的重点是"一带一路"，即经贸战略。在今天看来，这一战略在有效抵消了美国"（军事）再平衡"的同时，也促进了中国和东盟国家关系的可持续发展，为实现双赢局面创造了条件。

中国近年提出提升中国东盟现有的自由贸易水平，在过去"黄金十年"的基础上再创造"钻石十年"。这既符合中国本身的利益，也符合东盟的利益。就中国本身来说，需要实现可持续的经济发展，不仅要在今后数年里实现全面小康社会，而且要尽快把自己提升为高收入的发达社会。这需要国际经济合作。在西方经济走下坡路的情况下，中国迫切需要开拓发展中国家的市场，而"一带一路"针对的就是发展中国家尤其是亚洲的发展中国家。

就东盟来说，大多数国家仍然是发展中国家，有些甚至是低度发展国家，它们的要务也是发展社会经济。这些国家的很多政治问题都是因为社会经济的不发展而产生的。而中国所具有的产能、资金和技术等要素，都是这些国家经济发展所迫切需要的。在基础设施极其落后的情况下，这些国家的经济很难发展起来。

"一带一路"甚至可以说是中国为自己和发展中国家的共同经济发展而精心打造的。而亚洲基础设施银行、金砖银行、东盟基金等等都是实施这一战略的工具。随着围绕"一带一路"各种项目的落实，这个战略正在给本区域的经济发展注入新的动力。人们对"一带一路"沿岸、沿边国家的经济发展前景非常看好。

正如很多观察家已经指出的，"一带一路"在推动经济发展的同时，也必然会带来本区域的地缘政治的变迁。不过，由经贸发展促动的地缘政治变化，可望避免西方从前通过军事手段而实现的地缘政治变迁。至少可以如下三个方面来看：

第一，中国通过经济再平衡来化解美国安全再平衡所带来的巨大压力。可以预见，在特朗普时代美国还是会凭借其军事优势对中国构成压力。但是，从近年双方的较量来看，中国的经济再平衡会大大抵消美国的军事再平衡。一个显然的原因就是，没有经济实力支撑的军事再平衡是不可持续的，甚至是虚假的。再者，对东盟和其他发展中国家来说，最重要的是经济发展，而非军事。其实，对美国本身来说，也是如此。今天美国所出现的内部困局就是因为经济因素。

第二，中国通过经济再平衡把和美国的竞争再次引导到经济上来。在军事上，从历史上看，中国从来没有军事帝国主义传统，也就是说，中国不会有意图和美国搞军事竞赛。中美两大国之间的军事竞赛不仅不利于两国关系，也不利于区域其他国家。中国当然会发展军事进行有效国防，但中国所能使用的更有效的办法就是把美国拉回到经贸轨道上。经贸轨道上的竞争也不可避免，但经贸竞争不是零和游戏。

第三，更重要的是，中国通过经济再平衡而追求自身和他国的安全。这和西方美国传统上通过军事扩张的道路全然不同。经贸关系促成中国和其他国家之间互相依赖，而互相依赖则有助于和平。

三、对"一带一路"的初步评估

"一带一路"沿线牵涉到中亚、东南亚、南亚、中东、北非、东非及欧洲各国，规模极大。在一个层面看，中国国内各方面都在跃跃欲试，想要参与"一带一路"项目，所有 31 个省份都已经或者正在出台参与方案，涉及基础设施建设、产业投资、经贸合作、能源资源合作、金融合作、人文合作、生态环境、海上合作等各个领域。

近年来，中国经济进入"新常态"，增速放缓，经济结构需要调整，不可避免地使得一些产业面临需求不足和产能过剩的问题。中共十八大前中国取得了高达两位数的经济增长，意味着当时的产能可以支撑两位数的经济增长，现在经济增长下行到 6.5%~6.7%，出现产能过剩不难理解。

从中国经济结构调整的角度看，"一带一路"提供了向外释放这些产能的机会。这也是为什么这些年来，中国领导人一直在强调中国和其他国家进行产能合作的原因。对中国的许多企业来说，这应该是一个利好消息。

再者，中国拥有强大的基建方面的工程技术能力，如高铁、高速公路、电讯、港口、机场和输油、输气、输电，等等。实际上，中国经常被视为"基础设施建设国家"。

"一带一路"的关键是金融。注册资金为 1000 亿美元的亚洲基础设施投资银行和 400 亿美元规模的"丝路基金",支持沿线国家的重点项目建设,这也是"一带一路"发展的一个优势。"一带一路"项目从国际上的基金和金融机构等中介机构融资,可以平衡中国资本账户开放的一些风险。

产能、基础设施技术和资金,这些要素为"一带一路"倡议提供着有效的支持。同时,"一带一路"广受沿线国家支持,因为这一倡议符合这些国家的发展需要,很多沿线国家也有提升其基建设施的需求。不少国家是发展中国家,在基本设施建设上有资金和技术方面的不足,中国在基本设施建设的经验和工业生产能力,和这些国家的需求互补。除此之外,沿线国家建设的自由贸易区、跨境经济合作区以及各类产业园区,也是可以互惠互利的地方。

由于其牵涉众多的国家,庞大的资源投入和对国内各部门的重要影响,"一带一路"仍然需要重点厘清一些领域的问题。

首先,目前来看,主要是中国政府主导"一带一路"相关的政策和项目。中央的"一带一路"领导小组是由发改委牵头,发改委负责制定中央层面的相关政策,而各地有关部门也都准备了相关方案。尽管已经公布了部分清单,但对外界来说这些远远不够,仍然需要更多的具体细节。制定相关的"一带一路"具体行动方案是非常必要的,应至少包括具体的参与国家,重点瞄准的地区以及项目。

值得注意的是,在出台行动方案之前,中国方面应该与沿线国家进行充分的沟通与谈判,对对方关心的问题有所准备,可以避免出现中国"一头热"的状况,也要尽量避免把所在地国家仅仅定位为能源和资源供给国,因为这可能会引发当地的反感。重要的是,有关行动方案也应该考虑与沿线国家的发展战略相互对接,相互促进。

其次，"一带一路"的性质和适用范围需要进一步明确，和其他区域合作的组织和协议区隔开来。"一带一路"的优势是在经贸、金融、基础设施、第三方开发等经济领域的合作。然而，现在各地举办的各种活动包括智库的研究项目、会展活动等都被冠上"一带一路"的帽子。

这些活动讨论的题目往往涉及政治、安全、文化等，这就导致了一些不必要的负面效果。一方面，这样对"一带一路"过于宽泛的解读，沿线国家的政府和社会就会顾虑经济之外的问题；另一方面，过度强调"一带一路"的战略性质，其他区域经贸合作协议的作用会变得模糊。

比如不少东盟国家人士对"一带一路"与"区域全面经济伙伴关系协定"（Regional Comprehensive Economic Partnership，RCEP）之间，究竟存在着怎样的分工和合作关系心存疑问。这种情况往往会对未来的经济合作，带来不必要的困扰和阻碍。

第三，具体的政策落实层面，目前不少沿线国家不知道中国国内具体负责实施"一带一路"倡议的机构，究竟是哪一个单位。在"一带一路"领导小组的框架下，发改委是牵头单位，负责制定相关政策，但对沿线国家来说，还有很多部门也在对外宣传"一带一路"。

究竟是哪家有权威性的机构在协调"一带一路"的实施与方案制定，沿线国家并不清楚。例如，国家开发银行在"一带一路"相关的政策和项目上相当活跃，对沿线国家来说，发改委与国开行两者在"一带一路"倡议实施过程中的角色定位，似乎还不太清楚。另外，一些地方政府也在推动"一带一路"的项目，实施的原则究竟以哪个部门的规定为准是一个问题。

第四，除了各部门的协调问题之外，"一带一路"出现了企业缺位的情况。原则上说，"一带一路"应该是政府提出相关政策、企业作为主体进行经济上的合作，展开贸易，等等。但目前的情况是以政府的政策倡议为主，企业跟进有限，出现了主体错位的现象，其实不少企业包括民营企业存在着走出去的意愿。政府的角色就是如何通过相关政策，支持和服务走出去的企业。

企业始终是对外经济合作的主体，政府的政策应集中于如何解决企业走出去的障碍。比如最近德勤公司对 50 多家国企的一项调查显示，获取资金和风险管控是企业走出去的两个主要障碍。政府可以向对外投资的企业开放融资平台如丝路基金等，解决企业走出去的难题，同时政府也可以向企业发布投资指引，让企业了解存在的投资风险。

第五，评估未来各种项目的可行性是"一带一路"实施上的另一个关键问题。目前许多项目是以基础设施投资为主。原则上说，基础设施项目具有投资规模大、投资回收期长以及投资收益率低的特点。此外，有些发展中国家的市场波动大，对债务和外汇的管控能力有限。在这些国家的长期投资风险较大，这也是为何不少沿线国家存在基础设施投资缺口的原因。如果没有良好的项目选择与项目设计，私人资本参与投资的可能性不大。

如果从这些项目长期收益来看可以收回投资，中国政府或者国企的资金投入可以给其他投资者信心，从而有助于完成这些项目。但关键问题是，中国政府或者国企最终对这些项目的投资风险是否有相关的评估。如果政府投入资金的话，要做好承担风险的准备，政府可能需要支付项目建设支出。

此外，中国政府对单个项目有过高承诺的话（如印度尼西亚高铁项目中，中国承诺不动用印尼的国家预算、无须政府担保等），未来沿线国家其他项目的投资期望也会随之变化。这样的话，中国政府或者国企可能会随之承担更多资金方面的责任和风险。实际上这个问题已经出现，并且相当严峻。因为中方的条件过于优惠，有关国家开始在"一带一路"上搞"政策寻租"，即追求好处，向中国要钱，但不那么负责任。例如印尼的高铁项目进展缓慢，有一半的地都还没有征用完，工程一直推迟。这主要是因为中国的条件过于优惠，印尼各方无须承担责任，过于优惠的政策使得印尼感觉不到自己是"利益相关方"，工程的推迟损害的是中方利益，而不是印尼的利益。

第六，国企在"一带一路"的制度建设需要再思考。从 20 世纪 90 年代中期开始，国企开始"走出去"，同时也承担了不少战略性的海外投资。对战略性投资而言，经济的效益并不一定是主要的考虑。但"一带一路"主要强调的是经济上的互惠互利。

未来的国企投资主要方向还是要强调"在商言商"，让国企重视效益，同时，要把国企在市场的表现，和其管理层的激励机制挂钩。国企不应当是通过"一带一路"项目单向面地输出中国资本，而是要从中为国家赚钱。

目前来看，有两点尤其值得注意：首先，对项目风险的评估十分重要。国企的投资许多是高额的投资基本建设项目，牵涉到的风险不小。近年来，中国投资参与的一些大型基础设施项目，被所在国暂缓或以其他名义"叫停"。

此外，国际市场的商品价格的波动也会带来风险，比如全球油价下跌导致委内瑞拉的财力大幅下降，缺乏配套资金开展前期的基础设施建设，导致了中铁在委内瑞拉的高铁项目的亏损。还有所在国税率、税种、劳工、环保法律的变化，也会造成项目预期回报无法实现。还有，如何应对已经发生的风险，需要思考建立一个危机管控的机制。比如，在什么情况下，需要中止项目，什么情况下，需要诉诸法律程序，等等。

其次，除了加强项目评估外，对于对外投资企业的相关监管机制也需要加强。

近年来，国企在海外亏损的新闻并不少见。对国企的海外投资行为，需要监管来确保投资的回报。此外，有些企业在海外投资并购的项目金额巨大，给向这些企业融资的国内金融机构也带来了风险。

中国政府应该对"一带一路"的推进状况进行定期评估。例如，根据事先设定的日程表，当前的"一带一路"建设究竟推进到什么地步了？同时，是否能建立一个专门的知识库，总结一下过去对外合作、投资项目的成功经验和失败教训。这些经验教训可以分享给以后到海外投资的企业，提高企业对当地情况的认识。

四、"一带一路"与国际经济规则的"书写"

中国如何书写规则？这一问题近来成为学术界和政策界的一个热点话题。在很大程度上，这主要是受美国书写规则的影响。很多年来，无论是在中美双边关系上，还是在区域或国际舞台上，美国所关心的是如何继续书写国际规则来制约中国（或者其他国家）。美国并不掩饰其意图。

这首先表现在美国前总统奥巴马力推的跨太平洋伙伴关系协定（TPP）上。奥巴马明确表示，美国力推 TPP 主要是为了书写规则，并警告如果美国不书写规则，中国就会这么做。其次也表现在南中国海等战略问题领域，在 2016 年的香格里拉对话上，美国国防部长有一个很长的演说，对"规则"阐述得非常清楚，强调美国就是要在本区域确立"基于规则之上"的国际秩序。

美国的意图也非常明确，就是针对中国。当然，美国这里所说的"规则"是美国写好的规则。更具体一点，就是美国通过强化冷战期间书写好的规则（例如通过同盟关系），再直接施加于中国头上。

现在中国一些人把书写规则提高到中国对外关系的议事日程，主张由中国来书写规则。这无疑是受美国的影响，尤其是在特朗普签署美国退出

TPP 的总统行政命令之后，一些人就认为美国的退出对中国来说是一个绝好的机会，中国应该通过加入 TPP 来取代美国书写规则。这也是前一段时间，很多人主张中国加入 TPP 的主要原因。

还有一些人更主张通过中国倡议的"一带一路"来书写规则。"一带一路"现在已经有数十个国家加入。这些人认为，这是中国书写规则的好机会，有人甚至把"一带一路"称为中国书写规则的过程。

人们可以把书写规则视为美国霸权式的思维。不过，如果这种思维占据一个国家外交的主导地位，无论是 TPP 还是"一带一路"都会遇到意想不到的困难。

就 TPP 而言，稍加思考不难发现，中国加入 TPP 既不现实，也不符合中国的利益。这有几方面的原因。就中国利益来说，TPP 的高标准并不是中国现阶段所能接受的。在 TPP 谈判过程中，一些国家如越南、马来西亚等加入 TPP，并不是为了单纯的经济利益，更多的是它们的政治和战略考量。

中国如果加入 TPP 谈判，它的标准不断下降，中国在国际社会得不了分，反而被视为"低标准"的样本，或者被视为促成国际贸易组织"下行"的因素。其次，如果中国取代美国成为 TPP 内部的最大成员国，美国势必把中国视为直接的威胁，因为"美国一走，中国就进入"是这种直接威胁的最直接证据。美国的左派和右派都会这么认为。再次，特朗普已经决定退出 TPP，中国如果加入，也会很难与特朗普政府打交道。

"一带一路"和 TPP 最大的不同，在于"一带一路"是发展导向，而非规则导向。"一带一路"的实施当然需要规则，也必然会产生规则，但这里的规则书写方式与美国所说的"规则"完全不同，最重要的是涉及一个认识论问题，即如何书写规则。

从经验上来看，书写规则最重要的是"书写者"所拥有的实力。美国从前书写的规则有用有效，并不是说这些规则具有多大的理性和合乎逻辑，而是因为美国所拥有的实力。在 TPP 问题上也是如此。其他国家能够接受美国书写的规则，主要是因为这些国家可以从美国内部庞大的市场获取巨大的利益。如果美国没有这样一个庞大的市场，这些国家不会那么积极加入。

1. 美国退出 TPP 的理由

同样，特朗普退出 TPP 并非毫无道理。特朗普不是不想美国继续书写规则，而是认为 TPP "如此这般" 的规则，只能促使美国进一步的衰落。在过去的全球化中，美国的极少数既得利益获得了巨大的利益，但美国的民众没有获利，甚至成为牺牲品。

特朗普不是不要规则，而是要以不同的方式来书写规则。因此，他力主双边谈判。双边谈判也是书写规则的有效方式。在经济学意义上，双边谈判较之多边更有利于贸易国之间的公平贸易。等美国国内问题解决好和拥有了足够的实力之后，美国会重返国际舞台书写规则。

从历史来看，美国的内部实力使得其他国家接受美国书写的规则，更是赋权美国具有 "被朝贡" 的地位。美国之所以能够维持霸权，不仅仅是因为内部市场的强大，也是因为美国能够让其他国家分担负担。美国尽管批评甚至妖魔化中国传统的 "朝贡体系"，但美国本身实行的却是不折不扣的现代版 "朝贡体系"，只是美国的包装方式不同。

美国保护盟友，盟友则向美国 "纳税"。这种方式在冷战期间很有效，因为美国和其盟友面临着共同的 "敌人"，较小的盟友愿意向美国缴纳税金或保护费。冷战之后，这种方式变得困难起来，因为现在美国及其盟友并没有明显的共同 "敌人"。特朗普说得更直接，直接要求其盟友购买美国的 "军事保护" 服务。

从这个角度来看，中国今后很长一段时间的任务并非书写规则，而是注重发展，无论是国内层面还是国际层面。在没有得到足够发展或内部实力不足的情况下，即使书写了规则，也不会有用有效。同时，也要意识到，注重发展并不是说不要规则，而是说中国要通过发展来书写规则，发展的过程也是书写规则的过程。

2. "一带一路"是通过发展来书写规则

中国必须考量如何与国际自由主义经济体系继续对接的问题。自邓小平时代以来，中国已经走了三步：第一步，"加入"国际体系并"接轨"。第二步，在国际体制内部对现行体制进行改革，促成其更合理。第三步，创新和补充，即根据自己的实力对现存体制进行创新和补充，这一步主要表现在"一带一路"和亚洲基础设施投资银行（AIIB）等方面。

2016 年的二十国集团（G20）杭州峰会和 2017 年年初习近平在瑞士达沃斯的演讲，中国已经显示了和自由主义国际经济秩序对接的意愿。现在的问题是如何再进一步对接。

就发展导向而言，中国接受现行体制成本最低。中国要引领全球化，是中国本身的需要，也是国际社会的需要。在这个过程中，中国最主要的目标是要引导国际发展，推动全球经济的发展，而不是简单地书写规则，或者把美国西方书写规则的权力竞争过来。

从这个角度看，"一带一路"的目标是发展，并非书写规则，是通过发展来书写规则，而不是通过书写规则来实现发展。正是在推动发展的角度，很多人把"一带一路"理解成为区域和国际公共品。正因为是公共品，大国要多提供，而小国家一般会选择"搭便车"。

不过，中国已经意识到，较小国家也要通过参与"一带一路"来作出相应的贡献，否则"一带一路"就会像"朝贡体系"那样（无论是中国传统版还是现代美国版）不可持续。因此，"一带一路"表现出开放性、包容性和参与性等特点，尽管这是中国的倡议，但这是所有参与国的项目。

当然，在一些方面，中国并不要求参与国的对等开放，中国甚至可以单边开放。在一些领域如贸易，中国已经开始践行单边开放，例如"早期收获"。"一带一路"是中国的倡议，但其规则是中国在和所有这些国家互动过程中形成（书写）的，而不是中国先书写好了，再加于这些国家之上的。这种参与式书写的规则更能体现公正公平性。

在经济层面是这样，在战略层面也是如此。尽管战略层面因为涉及安全问题情况比较复杂一些，但道理是一样的。战略层面涉及两个重要问题：第一，中国是否有意愿提供更多的公共品？这些公共品包括区域传统安全、非传统安全、航海自由等；第二，其他国家是否愿意接受中国所提供的公共品？

现在面临的情况有两个特点：第一，中国还没有成长到有足够的能力提供这些公共品；第二，区域国家因为过去习惯了接受美国所提供的公共品，而对中国所提供的公共品抱怀疑的态度，甚至抱拒绝态度。不过，从动态角度来看，这不是一个可不可能的问题，而是一个时间问题，因为这是一个互相调适的过程。《南中国海共同行为准则》的发展就是一个很好的案例。

当然，如果把经济面的"一带一路"和战略面的《南中国海共同行为准则》放在一起来考量，这个过程就会进行得更快一些。"一带一路"是"做大饼"的项目，就是把各国的共同利益做大。共同利益做大了，各国在战略上的分歧就会缩小，也能增进互信。

从长远来看，中国和美国的竞争不是简单地谁来书写规则，而是制定规则的方式的竞争。美国在经济贸易上退出 TPP，表明美国自觉这种方式出现了很多问题；在南中国海问题上，美国试图把自己的"规则"强加给中国，更遇到中国的强力抵制，这也表明单边书写的规则出现了问题。

现在美国处于一个调整时期，等美国调整好了，就会再出发。从这个视角来看，对中国来说，这的确是一个机遇。不过，正如这里所强调的，这不是一个简单地接收美国"退缩"而出现的"规则"空间的机遇，而是一个探索不同于美国的规则书写确立过程。

和美国不同，中国一方面须更为积极主动，倡议国际经济的发展。中国现在是第二大经济体、最大的贸易国，中国有能力这么做。另一方面，中国须摒弃美国道路，即简单地把自己的规则强加给其他国家的霸权主义，而应当持开放包容的态度，通过其他国家的参与来形成规则和书写规则。尽管这样做会比较缓慢一些，但会更有效。在这方面，中国倒可以向大英帝国学习到更多的经验，而非美国。大英帝国维持了数百年，其衰落之后仍然给国际社会留下很多正面的遗产。

五、建设开放式的"新丝路"

新丝绸之路要做什么呢？就是要回归丝绸之路的本色，通过新丝路把中国建设成为经济贸易和投资的大国，也就是当代商贸大国。

中国如果要回答"做什么"，先要回答新丝路有关的国家"需要什么"。如果中国要做的也是有关国家所需要的，双方就有了巨大的共同利益，新丝路成功的希望就很大。但如果中国要做的并不是有关国家所需要的，就意味着双方没有共同的利益，新丝路就很难成功。

有关国家所需要的，就是中国规划新丝路的前提。这种需要是显然的。无论是"一带"还是"一路"，大多数还都是经济发展水平不高，甚至是很穷的国家，都需要发展和建设。就目前和今后相当长的一段时期的世界经济局势来看，没有其他国家能够有像中国这样的条件，来做如此宏大的区域项目。对中国来说，下一步的关键问题是，怎么做？

从政策层面看，中国必须超越老殖民主义和现代西方方式。中国规划新丝路表明中国要在这个过程中起主导作用，扮演主要角色。所以，首先要确定的是行为模式问题，中国既不能走老殖民地主义路线，也不能走新殖民地主义路线。西方老殖民地主义，从来就没有解决好非西方国家的发展问题。

新丝路很多相关国家，历史上都曾经成为西方的殖民地，但除了少数几个国家例如新加坡，无论是殖民地期间和殖民地之后，都没有解决好发展问题。从经济上说，老殖民主义者所关心的，只是为国内商品开拓新的市场，为国内的经济发展提供原材料。帮助被它们所殖民的国家，从来不是殖民主义者所考虑的问题。中国更不能走日本二战之前和二战期间在"东亚共荣圈"的漂亮口号下的侵略路线。

中国也不能走现代西方国家的路线。二战之后，非西方国家发生了反西方殖民主义的运动，原来沦为殖民地的国家纷纷独立。但是，西方殖民主义通过各种变换方式生存了下来，仍然主导着非西方国家的发展。也就是说，尽管非西方国家在政治上赢得了独立，在经济上仍然高度依靠西方国家。

为了通过经济方式控制这些国家，西方对这些国家的经济交往（投资和贸易等）附加了各种苛刻的先决条件，往往是后发展中国家根本没有条件满足的政治条件（例如人权、政治开放等）。如果不能满足西方所提出的条件，就不能得到西方的"帮助"。但是，这么多年下来，这种新殖民主义的发展已经被证明为虚伪，因为这种方式，实际上有效地制约着发展中国家的发展，使得他们始终处于贫穷的状态。

中国要跳出这些老思路。在规划和执行新丝路过程中，中国可以从美国二战后所实行的意在复兴欧洲的"马歇尔计划"学到很多东西，既要学其成功的经验，也要超越其狭隘的地缘政治概念。在帮助复兴欧洲经济过程中，马歇尔计划作出了巨大的贡献，也使得美国成为欧洲国家的领袖。不过，同时这一计划也是针对苏联的，是和苏联竞争的一部分，在客观上加剧了欧洲国家（主要西欧和东欧之间）的分化。前一部分，中国要学，而后一部分，中国要避免。

在新丝路规划和执行方面，中国的强势在于其所拥有的金融资本和其庞大的基础设施建设能力。中国现在是一个资本过剩国家，其资本（无论是民间资本还是国家资本）走向世界的规模越来越大，速度越来越快。同时，今天的中国也已经成为具有强大的从事基础设施建设能力的国家，没有一个国家具备像中国这样的能力。基础设施建设是中国过去30多年经济成就的一部分。在一定程度上说，中国也已经把这个经验整合到其"走出去"的计划中，例如在非洲、拉丁美洲、亚洲等地区，中国也在帮助那里的一些国家，进行大规模的基础设施建设。

在规划和实施新丝路方面，中国可以有效整合其金融能力和基础设施建设能力。目前，中国方面正在积极建设"亚洲基础设施投资银行"。实际上，中国可以在此基础上，设立一个非常庞大的"新丝绸之路开发基金"或者"新丝绸之路开发银行"，通过大规模的金融动员方法，来为新丝路做好坚实的金融准备。"亚洲基础设施投资银行"本意是好的，但仍然有诸多改进的空间。它过于聚焦于亚洲，过于聚焦于基础设施建设。再者，它也经常引出人们的地缘政治竞争的想象，例如和日本主导的亚洲开发银行进行竞争，等等。而新丝路开发基金或者开发银行，更具地域和发展领域的开放性，符合中国长远的国际发展目标。

中国是亚洲国家，强调亚洲的开发和发展非常重要。不过，亚洲的开发和发展，不能和其他地区的开发和发展割裂开来。新丝路开发基金或者开发银行可以整合中国的亚洲、非洲，甚至是拉丁美洲政策。现在中国对这些地区的政策都是分割的，甚至是冲突的，效率并不佳。早些时候中国也提出要建设"金砖国家开发银行"，后来也提出"中国—中亚国家开发银行"的设想。不过，实行起来比较困难。如果根据不同的需要设立不同的开发基金，就会演变成一个又一个互相不连贯的小项目，不仅可能造成资金的大量浪费，管理起来也非常困难。新丝路开发基金或者开发银行，可以把这些项目整合起来，形成一个宏大的国际开发计划。

中国实际上可以以新丝路为契机，在中央层面成立一个国际开发机构，来协调经济的"走出去"和海外的经贸活动。在现行体制下，国际援助和开发方面的权力，分散在不同的政府机构，例如商务部、外交部、地方政府、国有企业等，没有很好的协调性，效率不高，会经常出现问题。其他国家在上升成为大国之列的时候，都会设立类似的机构，有效促成国家的外部崛起。中国设立这样一个机构的时候到了。

从投资领域来说，在现阶段中国的投资对象是基础设施方面。例如中国和东盟（亚细安）之间，在过去很多年里开展互联互通方面的基础设施规划和建设，取得了不小的成就。在这方面，仍然有巨大的空间。总体上看，新丝路沿边和沿岸国家的基础设施仍然非常落后，中国的确可以帮助建设公路、港口等大规模的基础设施。再者，中国也为当地社会做了不少好事情，例如建立医院、学校和体育馆等公共设施，也就是帮助当地社会的社区建设。

不过，从过去的经验教训来看，做基础设施和社区建设还不够。开放不能仅仅局限在基础设施方面，而应当覆盖更广泛的领域，例如工业、制造业、农业等等。这些国家的开发和发展不仅需要基础设施建设，更需要经济平台（产业等）建设。同时，公共设施建设具有福利性质，中国不能获利，很难具有可持续性。中国必须考虑更多的互惠性质的建设，也就是当地社会和中国本身都能获利的建设。

如何使得中国本身和更多的当地社会成员，获利于中国参与的基础设施建设呢？根据中国自己的经验，可以在基础设施的周边建设产业园区等，既能解决当地的就业，也能促进当地的经济发展，是当地社会和政府都希望的一种方式。产业园区建设也就是经济平台建设。在这方面，中国是有巨大的能力做的，因为中国本身的崛起，就是通过大规模的工业化途径。

从战略上看，建设开放式的新丝路，有助于减轻其他国家的地缘政治担忧。中国传统的丝绸之路具有很大的开放性，今天必须保持开放这个优势。中国建设新丝路并非要和其他国家竞争地缘政治利益，而是要促进新丝路沿边、沿岸国家的经济发展。这既有助于中国本身的可持续经济发展，也有助于其他国家的经济发展，同时不会被其他国家视为战略威胁。

新丝路的开放性也应当反映在执行方面，那就是新丝路的开发应当是参与式的。这里至少有两层含义：首先应当是地方的参与，让当地社会和老百姓分享发展成果。早些年，中国在非洲、拉丁美洲等地的一些做法，就引起了当地人的不满甚至抗议，例如，中国公司乐意雇用中国工人而非当地人，中国公司没有对当地的环保给予足够的考量，等等。

近年来，中国能够考量到这一点，开始找到一种更具参与式的开发方式，让更多的地方因素和社会成员参与到项目中，情况有了很大的改变。这种参与式的发展要坚持下去。同时，在做新丝路的当地规划的时候，也可以开放给当地社会，尽量听取当地政府、社会、非政府组织的意见。尽管各方面达成共识要花时间，但在此基础之上的开发更具合理性，也更具可持续发展能力。

在第二个层面，开放式的发展指的是向其他国家开放。中国在新丝路建设方面占据主导地位，并不是说中国也应当垄断所有的项目。作为世界大国，中国应当持更加开放的态度，让那些有能力的外国公司，都能参与到这个大计划中来，共同把这个计划做好。中国具有开放的文化精神，有能力在自己主导的计划中容纳不同的利益，并且有能力协调不同的利益。

财富和资本不同，只有当财富进入市场领域的时候，财富才转变成为资本，财富才可以继续增加和扩大。中国已经具备了庞大的资本积累，尤其是国家资本，而现在这么庞大的资本大都存在银行，仅仅表现为现金。不仅财富没有扩张，反而面临缩小的威胁。在国内投资仍然有很大的空间，中国也不会中断国内投资。同时，中国的资本也会加快"走出去"，这就需要和其他国家进行经济交换。

同样重要的是，作为大国，中国也要承担国际责任，在自己发展的同时帮助其他国家的开发和发展，走共同发展、共同富裕的道路。新丝路的理念已经提出来了。如果中国能在这个概念构架下规划新丝路，中国离实现文明复兴和大国崛起的"中国梦"就不远了。

第九章　粤港澳大湾区的历史使命

一、粤港澳大湾区与"一带一路"的关系

2017 年 3 月 "两会" 时，李克强总理在政府工作报告中提到了粤港澳大湾区，十九大报告习近平总书记再次提到粤港澳大湾区。这对我们来说非常重要。我们可以借用习总书记所说的"四个伟大"来比喻大湾区，这是个伟大工程、伟大梦想、伟大斗争和伟大事业。天上不会掉馅饼，这些战略是要干出来的。

1. 如何实现粤港澳三地经济的可持续发展

可持续发展是中国大湾区下一步最艰巨的任务。香港作为"四小龙"之一，人均 GDP 最高，珠三角地区人均 GDP 也不低，下一步怎么发展，对三地来说都是非常严峻的挑战。总体上，大家都在讨论如何规避中等收入陷阱，中国大体上没有大问题，但如何进一步发展？大家看今天欧美的情况，这些国家和经济体达到高收入水平以后，下步怎么走的问题对他们困扰很大。

20 世纪 80 年代后，这些经济体因为参与全球化，收入分配问题、社会公平问题越来越严峻。若要保持社会的良好运行，必然要有经济发展。

我们今天看到西方有很多问题，比如民族问题，但主要还是经济问题。我一直强调，不管什么样的政体，民主也好，专制也好，权威主义也好，经济好的时候日子都很好过，经济坏了哪一个政体的日子都不好过。

以美国为例，2008 年以前美国中产阶级占总人口的 70% ~ 75%，但 2008 年到现在，20 年不到，中产阶级已经萎缩至不到 50%，这是说不过去的。这也是为什么美国现在出现民粹主义，出现特朗普。好多人没意识到这点，其实主要是美国的经济社会出了问题。欧洲是这样，中国香港情况也一样。

香港年轻人为什么走向街头搞政治？主要还是经济问题。香港 20 世纪 80 年代时，两口子大学毕业买房子还可以，现在买不起了。受过高等教育的年轻人因为对生活不满，就去街头抗议。其他地方也一样，欧盟也一样。怎么解决问题？

中国领导人强调，发展是硬道理。新加坡这些年为什么搞得那么好，主要是经济搞得好。笔者去访问台湾，台湾地区现在为什么搞得乱七八糟，主要是经济问题。当然这和台湾地区的政治民主化走错了方向也有关系。中国台湾 20 世纪 90 年代初期人均 GDP 和新加坡差不多。但现在中国台湾人均 GDP 是 23000 美元，新加坡已经 56000 美元了，台湾连新加坡的一半都不到。

珠三角地区的人均 GDP 已经跨越了中等收入水平，下一步如何发展？一靠制度创新，二靠科技发展。中国内地其他区域的发展，如果还依靠国家政策的话可以理解。但发达的粤港澳大湾区，如果还继续像 20 世纪 80 年代初一样，依靠国家的政策来实现可持续发展，那实在太说不过去了。

粤港澳大湾区是中国经济最发达的地区，应当追求自主发展，不要等、靠、要。2016 年笔者在 IPP 给中央写大湾区报告的时候，提出来通过大湾区建设来促进经济的可持续发展。当时，我们叫环珠江口大湾区，不叫粤港澳大湾区，实际上都一样。现在发展的瓶颈在哪里？我觉得制度创新是个大问题。中国大陆和香港、澳门是一国两制，实际上不是一国两制的问题，而是一个湾区里面一国 11 个城市的问题，每个城市都有自己的制度，行政分割得非常厉害，必然阻碍制度创新和经济发展。

笔者注意到，大湾区概念提出来后，每个城市都在搞自己的版本，而不是习总书记要求的多向合作，更多的是恶性竞争，每个城市都想多分一块蛋糕，但每个城市有没有通过鉴定自己的比较优势来做呢？笔者走了很多城市，现在还没看到。每个城市都要先占良机，笔者觉得这个可能通过制度创新可以达到深入合作。

粤港澳大湾区提出后，很多人对国外的三大湾区感兴趣，我想如果仅仅局限于纽约湾区、东京湾区或旧金山湾区，还远远不够，这只是个最基本的面。当然从这个层面看，大湾区也非常有意思，因为这些湾区都是比较自由的市场的经济体，通过企业为主体来达到整合，也是通过制度创新来达到整合。但是，我们这个大湾区有 11 个城市或 11 个主要的行政单位，政府之间如何合作非常重要，不解决这一关，企业很难达到自然而然的合作。就像十八届三中全会改革方案所说的，理想是企业起市场主导作用，政府起更好作用。大湾区要合作的话，政府起更好作用，我们要思考，什么样才算是更好的作用，而不是最坏的作用。

2. 我们如何达到国家统一

大湾区是一国两制。1997 年香港回归时，谁也想不到今天香港少数人居然要搞独立的问题。澳门的情况比较好，但也有潜在的问题。当今的世界，年轻人都搞认同政治，认同政治是政治经济学中非常重要的课题。认同政治就像瘟疫一样到处传，英国已经脱欧了，西班牙的加泰罗尼亚也闹独立。国家如何统一呢？这几年强调两个百年，现在已经从第一个百年转到第二个百年。第二个百年是什么呢？国家统一最重要，我们讲"中国梦"，如果国家没有真正统一起来，就无法讲"中国梦"，至少非常有缺陷。怎么使国家达到整合呢？粤港澳大湾区只是地区，这是第一步，第二步也要把福建、台湾包进来。所以，我们 2017 年的报告还有一个副标题——如何用社会的方法完成国家统一，笔者认为，这点非常重要。

无论台港澳，老百姓对国家的认同是实实在在的，国家不是抽象的概念，是很多物质利益作为基础的。笔者在新加坡工作多年，对李光耀的一句话印象非常深刻，他说你不能要求每个人都爱国，他凭什么要爱国呢？如果每个人都是利益相关者，那就爱国了。新加坡为什么要做公共住房政策，如果每家每户都有套房子住，老百姓就会爱国。李光耀说得很直白，比抽象地谈爱国主义有效得多。新加坡 80% 多的居民生活在公共住房里，只有 10% 左右的少数富人才买得起房子。

大湾区的整合就是一国两制，一国是前提，这些年纠正过来了。香港、澳门讲一国两制可以理解，但作为中国大陆应该强调是一国下的两制，不是两制下的一国，这个要搞清楚。如何促成一国呢？我觉得是需要反思的。我们提倡大湾区的时候，我的第一看法就是要把大湾区建成内部版的"欧盟"。我们现在去看看，无论是产业、金融、教育等各个方面的合作，大湾区之间的合作远远不如欧盟。

欧盟是由不同主权国家组成的联盟，我们是一国，是国家内部的区域，为什么我们的整合不如人家？这个需要很多思考。我们建立了共同市场吗？没有。我们有共同的金融市场吗？没有。香港有那么好的金融服务业，我们有没有组合起来？没有。广东为了帮助香港，自己没有发展金融业，结果这几年自己没发展起来，香港也不见得好多少。我们有没有像欧盟一样建立了统一的劳动力市场？没有。我们有零散的就业，但作为制度体系根本没有建立起来。我们有没有建立统一的教育市场？没有。广州、深圳、珠海没有多少好大学，但香港有很多好大学。粤港澳的教育合作是搞了一点，香港有些学校跑到珠海设个分院。我对这样的做法，一点不看好，真正的教育没有弄起来，既然一国之内，那么好的教育资源，为什么都不能整合呢？这不光是广东的需要，也是香港的需要。香港人口在萎缩，香港、澳门的高等教育，如果要可持续发展，离开了广东，离开了祖国，香港是没有前途的。台湾100多所大学，如果人口不增加，如果大陆学生不去的话，未来很多大学都会关门，香港情况也差不多。这是互相需要的问题，也是可持续发展的问题。

能否建立共同的房地产市场呢？香港的少数人有独立思想，我了解很多人确实为生计问题烦恼。大陆这边很多房地产开发过度，泡沫很大。但香港人买不起房子，到街上去造反。我们为什么不能建立统一的大湾区房地产市场呢？

笔者在英国待了3年，考察过欧盟各方面的制度体系。我们不要总看纽约湾区、旧金山湾区和东京湾区，这是非常低级的东西。我们要看欧盟怎么整合，其他各区域怎么整合，这是非常重要的一点。未来台湾也一样。因为中国大陆经济体量大，能消化很多问题，香港只有800多万人口，台湾人口只有3000万。我们反思这么多年海峡两岸暨香港、澳门的政策有一些失误，如中央政府与台港澳的对等谈判呢，这是美国人的做法，不是英国人的做法。英帝国建立起来比美帝国还强大，为什么呢？它实行的是单边开放政策，不是对等谈判。如果大陆与台湾谈，议题马上就会政治化，像服贸谈判就是很典型的例子。大陆实行单边开放就可以了，马上可以解决很多问题。表面上对等谈判是尊重台港澳，实际效果反而不好，所以我们要改变思路。

笔者在很多场合讲，大陆要做单边开放政策，因为我们已经是一国了。台湾就是中国的一个省级行政区，为什么要对等谈判呢？单边开放能解决很多问题，不用太政治化，太意识形态化。中国要学英国，不学美国，美国人过于小气，相互开放才开放。中国有个很好的传统，就是单边开放，那就是"朝贡体系"。"朝贡体系"当时也是非常好的体系，我们怎么通过改造，实现现代化呢？这个要考虑，国家统一的问题，我是觉得到2049年台湾、香港如果还继续闹"独立"运动，这实在说不过去。如果台湾不统一，何谈"中国梦"！要把这个事情提到议事日程上来，大湾区能解决很多问题。

3. 中国如何引导国际社会

中国已经是第二大经济体，如何去引导国际体系呢？三个看点：首先是与国际接轨，改革开放以来，我们加入了很多国际组织。其次是改革，很多是西方主导的。第三，用习总书记的话说，就是补充，我们应当为国际做更大贡献，尤其第三个补充最重要，那就是"一带一路"。习总书记强调了很多次，我们不是与世界竞争，而是新体制的补充。

大湾区更重大，与"一带一路"有更深的关系。大湾区本身可以成为世界级的、最有竞争力的国际平台。现在世界出现贸易保护主义、民粹主义，因为西方经济不景气，出现很大问题，但我们的判断是正确的，全球化是不可灭绝的，反全球化不是人类的出路，贸易自由化还是未来的方向。但是贸易自由化怎么推进？美国已经推不动了，更不说欧洲了。问题出在哪里？我觉得，这些年来西方，尤其是美国太强调规则。奥巴马当总统时提倡TPP，不让中国制定规则，美国继续制定规则。但这个方法现在已经没用了，2008年以后，世界经济不景气不是规则的问题，而是规则太多的问题。

现在很多规则都是阻碍了世界经济发展，世界经济面临的是发展问题，美国人判断错误。特朗普的判断是正确的，但方法太下三滥，大家不认同。中国怎么做？无论TPP、RCEP，都涉及很多国家内部，美国不搞

TPP 了，RCEP 我们就能搞成？印度不会让中国搞成的。大湾区是什么概念呢？大湾区是一个主权国家内部的一个经济大平台，要把大湾区搞好，不仅要看现在的几个湾区建设，更重要的是考虑把欧盟的经验、TPP 的好做法，放到一个主权国家，一个中央政府主导下的大平台来怎么营造的问题。从这个方面追求可持续发展，另一方面探索和引领这个世界的经济规则，一边发展，一边选规则。不是规则先选好了，再搞发展。这是两种不同的思路。

中国下一步要发展，要搞国际平台。我们已经有了好多自由贸易区，如上海、前海、横琴、南沙，为什么一直不理想呢？有一点就是制度的同质性，大家都一样，基本都是把"左手"的放到"右手"，把"右手"的放到"左手"，没有大的突破。如果把大湾区做起来那就不一样了，它制度不一样，我们叫"一国两制"。为什么广东 20 世纪 80 年代经济特区一上来就快速发展呢？主要在于引入香港的不同制度。同样的制度只有物理反应起不了化学反应，只有不同制度之间才会起化学反应。杭州说也要搞大湾区，笔者认为搞不了，不同的体制、不同的制度才有制度创新，其他地方很难。"一带一路"也一样，"一带一路"提出后，全国各省市都在争，甚至有人说"一带一路"古代就是从我这里开始的，现在讲这些有什么意义呢？我们不能今天还享受唐朝祖先的荣耀。

我们要着眼现实，要搞"一带一路"，一个最重要的就是经济总量。笔者去广西、云南看过，他们也在积极搞"一带一路"，但是搞不起来，因为经济总量小。广东是中国里面最有条件搞"一带一路"的，因为它本身不仅经济总量大，还是个交通枢纽，但是没有做起来。如果广东这样的省份不做"一带一路"，中国的"一带一路"不会走到任何一个地方去。

如果把大湾区建设作为平台，作为"一带一路"引导者的话，"一带一路"至少有 60% ~ 70% 的机会成功，其他边远省份做点边贸就可以了。

为什么这些年我们要花很大精力研究大湾区，就是把这个放在国家的、宏观的、未来三十年的发展层面来考虑，这才算是战略。

二、粤港澳大湾区战略不是一个经济发展项目

十九大已经开完，我们可以从不同的方面来解读它。十九大对国家各个方面的发展都很重要，尤其是习近平总书记提出了第二个一百年的规划。今天，我们讨论大湾区就要将其放在中共的第二个百年规划中。这个规划充分显示了大湾区建设的重要性和紧迫性。

中共要实现第二个一百年的宏伟目标，至少面临三大任务：第一个任务就是经济的可持续发展。十九大报告中，中国共产党的基本判断是，我们国家仍然处于社会主义初级阶段，我们仍然是最大的发展中国家。这两个判断没有变化。同时，报告指出，2035 年我们要基本实现社会主义现代化，这当然包括经济现代化。社会主义初级阶段的小康社会，"十三五"结束的时候基本上可以实现。

第二个任务，实现社会主义全面现代化。这里，除了经济上至少要变成一个比较发达的国家外，也包括制度建设。制度建设尤其重要。十八大以来，中央成立了深化改革领导小组；十九大也已经宣布，中央要成立依法治国领导小组。这两个小组都至为重要，后者的意义甚至更重大，因为其关乎中国的制度建设。

深化改革领导小组主要是经济建设层面上的，是为了全面贯彻十八届三中全会提出的推进各方面社会经济改革，让未来的经济取得可持续发展。依法治国领导小组主要是制度建设层面上的，这在某些程度上来说甚至比可持续的经济发展更重要。笔者一直认为，中国的问题归根结底还是

政治问题，而不是社会经济的问题。

在经济上，我们通过改革开放的努力，虽然还存在着很多可以改善、改革的空间，但基本的经济制度已经确立起来了，我们也已经加入了 WTO 等所有重要的国际经济组织。在社会方面，随着社会经济的发展，各方面的改善也在进行当中。

但是从历史和其他国家的发展经验来看，如何建立以法治为核心的一整套国家制度，才是最重要的，也是最困难的。我们讲中国模式，或者中国复兴、文明复兴，也都是要围绕着这个制度建设进行的。在这方面，接下来的很长一段时间里，一定要有一个很强大的领导团队来推行改革。

第三个任务是国家的统一。这也是非常重要的。如果国家没有统一，"中国梦"是不完美的。中国几千年来都是一个统一的国家，近代以来因为种种原因，到今天国家还没有完全的统一。国家统一的这条道路是漫长的。大家也看到，香港最近几年有少数一些人在闹独立。我们必须密切注意这些问题。而解决台湾问题也不容易。

1. 大湾区可成为强大的经济增长点

在大湾区的概念出现之后，已经涌现出各种的提法，包括像今天我们提到的把大湾区和大的城市群包括东京湾区、旧金山湾区和纽约湾区做比较。这种比较甚至学习都是可以的，但是笔者担心大湾区建设会慢慢变成一个经济发展项目，失去了它在国家、国际层面上应当有的意义。

第一，怎样实现可持续的经济发展。我们是马克思主义者，相信经济是重要的基础，政治是上层建筑。从 2008 年以来，国际形势的发展明确地表明了一点：当经济形势比较好时，无论哪一种政体，民主也好，专制也好，其他各类政体也好，社会都是稳定的；但当经济一有问题，哪怕是所谓最好的国家，像美国、欧洲老牌的帝国主义国家，都会出现很大的问题。

直到今天，西方还没从 2008 年经济危机的阴影下走出来，可持续发展是一个非常重大的问题。美国 2008 年以前中产阶级有 70%～75%，而今天却不到 50%，这是它最大的问题。如果中产阶级数量大，多党制没问题，一个党左一点，一个党右一点，但是无论哪个党执政都要照顾到庞大的中产阶级的利益。但当一个国家的中产阶级少于 50%，就会非常糟糕，社会也会变得非常不平衡、非常不理性。美国是这样，欧洲也是这样。这也是年轻人走上街头去抗议的理由。

我们国家的中产阶级规模还是很小。我们现在已经是第二大经济体，是最大的贸易国，人均 GDP 接近 9000 美元。未来中国的人均 GDP 要达到 1.2 万美元，进入全面小康社会。这个目标应当可以实现，只要接下来几年能够实现年均 6.5% 的经济增长就可以。但如果是要达到今天亚洲"四小龙"中最靠后经济体即中国台湾地区的水平，中国大陆的人均 GDP 需要从 1.2 万美元提升到 2.3 万美元，这个距离还很大。这样大的距离，要如何来实现？

我们从 20 世纪 80 年代的人均 GDP 300 美元发展到现在的 9000 美元，通过扩张性经济增长就实现了。接下来这么大差距的 GDP 要怎么实现呢？大家如果是从经济增长的根源去看，这几年还是出了很多问题。我们的金融投机型经济过度、互联网经济过度、房地产过度，导致了这些领域经济泡沫太大。一个国家经济泡沫肯定会有，但如果过大，就支撑不了可持续的经济发展。所以要实现可持续的经济发展，我们还是需要另外找新的增长来源。

房地产到今天已经发展到一个顶点，西方走了 150 多年的房地产发展之路，我们二三十年就走完了。根据国家统计局的数字，全国人均住房面积已经达到40多平方米，现在主要的问题还是住房分配不公平的问题。

此外，投机性金融经济发展得过早。西方的金融经济很长一段时间以来一直为实体经济服务，只是到了20世纪八九十年代之后金融经济才脱离了实体经济。这个教训是非常惨痛的，不仅美国的金融经济有非常大的问题，英国也是一样。中国的金融经济过早地脱离了实体经济。以前金融经济为实体经济服务，而现在所有的实体经济都跟着金融经济跑，这个趋势非常危险。这几年中央领导层也意识到这一点，开始整顿金融界。互联网经济也是如此，互联网经济要为实体经济服务。

怎么办？首先最基本的一个层面就是要寻找新的经济增长源。我个人认为可以从城市群建设这个角度来寻找，也可以从现在自由贸易区的角度去考虑。这次十九大报告里面提到了建设自由贸易港。汪洋任副总理时曾发表一篇文章，强调中国的全面开放。中国要全面开放，这不是一个概念的问题，而是如何实践的问题。粤港澳大湾区能不能成为中国最大的自由贸易区，这是值得大家去想象和思考的。

十八大以后，我们搞了很多自由贸易区，广东就有三个，包括前海、横琴和南沙。这些自贸区也取得了一些成绩，但遗憾的是，这些自贸区可能会越来越成为一个政策口号。各个地方政府都在争自贸区，却没有实质性进展。

为什么广东在20世纪80年代的改革开放那么有成效？我想，主要是不同的体制之间进行了整合，产生了化学反应。现在很多的自贸区建设，都是趋向同质性，就是同一个体制内部的资源不同的摆放，这样产生不了制度创新，只是一些物理反应而没有化学反应。广东的自贸区，因为它有"一国两制"，有不同的制度，它会产生一种化学反应，会产生一些新的制度资源，只有这样才能够发展得好。深圳是一个非常典型的例子，有很多的制度创新，这与很多的外来因素有关。从现在中国的实际来看，国家经济增长点并不是很多，比如珠三角、长三角和京津冀。京津冀在老的工业基础上，要从技术或者其他某一方面提升，是非常不容易的。东北的情况大家都熟悉了，老工业基地非但没有成为一个优势，反而成为一个劣势。

中国的经验是，从没有到有反而比较容易实现，但是从有到转型却很难实现。所以我们今天讲自由贸易区，核心是为了创新。横琴、前海、南沙这些比较小的自贸区，应当是整个大湾区的一个初步试点，以后还得扩张，不会仅仅停留在一个小的范围。这第一步走好了，至少中国南方，就有强大的经济增长点，凭借着它的扩散效应，能够辐射、扩散到临近省份。

第二，我们谈经济增长还要考虑到国际竞争。因为全球化，国际竞争不可避免，并且现在因为美国的情况不好，中国已经慢慢成为全球化的"领头羊"。美国现在很多人批评特朗普，但我认为特朗普的判断是正确的，只是他的方法不太好。美国卷入的国际事务已经很多，已经力不从心，用美国人自己的话来说，就是帝国扩张已经过度。美国如果是要再出发的话，就需要先解决国内的问题。用我们以前的话来说，它需要很长的一段时间来整顿国内问题。

中国现在提"一带一路"，各方面确实是要起到一个"领头羊"的责任。美国民粹主义运动领导人班农最近到处说，今后中国对世界最大的"威胁"，就是习近平总书记所作的三个半小时的十九大报告。班农从这个报告中看到，中国对未来是非常有规划的，而西方是没有规划的。今天西方主要的问题，不是缺人，也不是缺技术、缺创新，在很多方面西方都比中国先进；西方主要还是政治出现了问题，不能产生一个有效的政府。这也是西方很多人最担心的。

不同的人对中国共产党有不同的看法，可是无论如何，中国的政治主体是中国共产党。现在它变得非常强大，能够保障政治稳定。稳定是非常重要的，没有稳定就没有经济发展。西方现在政治秩序不稳定就是最大的结构不稳定。

同样重要的是，中国如何来引导世界？一方面，我们要走出去，建设"一带一路"；另一方面，我们能否创造一个自己可以掌握的世界级大平台呢？我的设想是粤港澳大湾区就可以成为这样一个平台。建设大湾区，不能光看东京湾区、旧金山湾区或者纽约湾区。这些湾区是最基本层面的东西。除此之外，我们还要去看欧盟、北美自贸区，甚至美国已经退出的TPP的一些好经验。

欧盟长期以来对欧洲经济的发展起到了巨大的推动作用。今天它遇到了很大的困难，它的问题在于它是一个由众多主权国家组成的一个联盟体，是一个高于主权国家的组织。欧盟议会只有一部分权力，而各个主权国家都不能放弃关乎主权的本质性权力，这就很难有效协调。但是粤港澳大湾区不一样，中央政府主导的"一国两制"能够起到一个有效的协调作用。我们可以把它作为世界上最好的经济平台来建设，一个自由贸易区的平台。从发展的角度看，这样一个平台甚至比我们走出去更有效。

很多人对"一带一路""走出去"都理解有误，认为我们光是走出去，不请进来。如果光走出去不请进来，就不能实现可持续的经济发展。比如我们今天需要"请进来"高技术产业，而不是像珠三角早期的低附加值产业。这样，我们需要一个平台供给最高端的国际资本。

无论京津冀也好，长三角也好，大家都在搞经济平台，中国国内本身就有很多的竞争，这也是正常现象。但这个大湾区比上海和京津冀的条件更好，因为这里有不同的体制，这是优势，尤其是有香港这样一个大的金融中心。十多年前，甚至更早前，很多人就开始讨论上海是否会取代香港，但到现在上海也未能取代香港。上海经济总量很大，这是优势，但一个金融中心并不是几十年就能建成的，而是需要一个漫长的过程。从西方的经验看，一个地方成为金融中心，需要很长的历史时间。上海需要很长的时间，但香港已经非常成熟。

2. 用社会经济的方法实现国家统一

第三点是国家统一的问题。2016年，我们提交的大湾区设想政策报告中，副标题就是"如何用社会经济的方法实现国家统一"。现在香港、澳门、台湾，都出现了一些问题。这次十九大报告中的涉台部分也提到，我们不会容忍任何一块土地从中国分离出去。在台湾问题上，应当尽最大的努力用和平的方法来解决。而社会经济整合的办法可能是最有效的。

很多年来，中央政府对港澳、台湾的政策都是对等谈判，但我觉得对等谈判效果不够好，主张我们可以单边开放。从英国历史上，大英帝国的时候，实行的就是单边开放，就是"你不向我开放，我也向你开放"的政策。因为大英帝国的经济体量大，很容易消除单边开放所产生的问题。中国大陆的经济体量很大，香港、台湾都是非常小的经济体，要对这些经济体实行单边开放。

一对一的对等谈判容易政治化。为什么上次那么好的和台湾的服贸协定失败了？主要是被高度政治化了。单边开放能解决很多问题，但是现在远远做得不够。到今天为止，这个大湾区内部的各种经济资源的配置远远不如欧盟，人员来往都麻烦。港珠澳大桥都已经造好了，谁去呢？很多容易解决的问题现在都还没有解决，比如两地车牌衔接、教育资源的有效整合、金融体系的衔接等。

广东以前为了香港的发展，不发展金融，结果自己没发展起来，却也没有对香港产生什么好处。又如，香港有技术，没有市场，但内地则有巨量的市场，未来怎么样建立一个共同的劳动力市场？欧盟各个国家之间经过共同努力，带来了很多方面的经济的整合，促进了经济发展。

因此，大湾区的研究要更细化一点。现在世界区域整合的经验很丰富，我们要"以我为主"把它们都学过来。很多整合经验都包括技术手段，而不是意识形态，我们完全可以学过来。

制度文明是最重要的一块。就制度建设而言，大湾区可以成为社会主义制度现代化的一个实验地。广东省从 20 世纪 80 年代开始已经从港澳台学到很多，那么下一步要继续怎么学？区域整合不是谁吃掉谁的问题，只要以"一国"为主，都可以把各地的经验吸收消纳进来，形成新的制度，而不是去简单地抄袭。再者，香港本身也处于一个关键阶段，是走西方的道路，还是在"一国"的构架下探索自己的道路？这关乎香港的前途。所以，无论从哪个角度说，大湾区不仅仅是一个经济可持续发展的问题，更是一个创新制度的问题。

三、粤港澳大湾区与制度创新

粤港澳大湾区由广东境内的 9 个城市和香港、澳门两个城市组成。这不仅仅是中国的巨大城市群，也是世界范围内的巨大城市群，这 11 个城市的国民生产总值相当于世界上第十大经济体。

为什么中国高层要提粤港澳大湾区？这里至少有几个层面的意义：第一，大湾区建设就是要实现湾区本身的可持续发展。第二，实现国家的进一步整合。第三，把湾区建设成具有国际竞争力的国际化经济贸易、科技创新平台。

如何实现大湾区内部的可持续发展？今天，广东全省、香港和澳门都面临经济发展和转型问题。广东珠三角已进行"腾笼换鸟"多年，尽管初见成效，但仍然面对巨大的内外部压力。中国其他城市群（主要是长江三角洲城市群和京津冀城市群）和世界其他国家都在加紧转型，并且在很多方面都比广东快速。

除了深圳，中国很多城市的创新能力已经或者正在超越广东的其他城市。香港和澳门产业单一，面临就业、住房等方面的巨大压力。尽管两地领导层决心大，多年努力转型，但都没有取得令人满意的成就。再者，尽管港澳两地都有自身的很多优势，但两地市场极其有限，优势不能充分发挥出来。通过进一步整合，可以促成11个城市之间的优势互补，各方面资源的有效配置。

大湾区的发展也要带动整个国家的发展。自改革开放以来，广东"先行一步"，一直在引领中国的发展，作出了巨量的贡献。广东的高速发展很显然也离不开香港和澳门的贡献。中国下一步的发展任务艰巨，不仅要逃避"中等收入陷阱"，实现"全面小康社会"，还要把国家提升到发达经济体水平。

从世界经济史来看，光是逃避"中等收入陷阱"就不容易。在这个过程中，大湾区如果缺少动力，整个国家的压力就会变得更大。对大湾区来说，不仅自己要达到高收入水平，也要对周边地区乃至整个国家起到辐射作用，也就是继续做经济发展的引擎。

就国家的整合和统一而言，大湾区建设也具有重要意义。近年来，香港少数人开始搞"认同"政治，甚至"港独"运动。澳门尽管情况比较稳定，但从长期看也不能忽视，因为少数人也开始搞"认同"政治。因此，大湾区建设不仅仅是要追求可持续的经济发展，也追求粤港澳地区的进一步整合和国家的统一，加快社会经济的整合，通过社会经济方法实现国家的真正统一。

"一国"和"两制"之间并不是平衡的，因为"两制"是"一国"之内的"两制"，大湾区就是在充分发挥"两制"优势的基础之上的"一国"建设。

1. "一国"之内的世界级经济平台

就国际性平台建设而言，大湾区有望成为国家主导的一国之内的国际经济大平台。特朗普当选美国总统后，美国退出跨太平洋伙伴关系协定（TPP），在客观上为中国减轻了国际压力。不过，如何打造新的国际合作平台对中国是个考验。中国现在已经是世界第二大经济体，最大的贸易大国，迫切需要推进经济全球化，在实现内部可持续发展的同时，引导国际经济的发展。这并不容易，区域全面伙伴关系协定（RCEP）在进行过程中，因为一些国家的阻力，进展并不会很顺利。

而中国倡议中的亚太自由贸易区过大，各国之间连基本共识都没有，相信也不会很容易落到实处。在国际层面上，从前西方国家领导全球化，但在今后很长一段时间里，西方很难继续扮演这个角色，因为主要西方国家都面临很大的内部问题。贸易保护主义、经济民族主义、反移民思潮的兴起是西方内部问题的外部反映，他们首先必须解决这些问题，否则很难在国际上有所作为。

在解决众多内部问题之前，西方希望在国际层面再进一步推进贸易自由化并不实际。中国通过"一带一路"引导国际层面的发展，做"领头羊"；不过，也要意识到，中国的主要任务仍然是国内发展。如果没有国内的可持续发展，中国的国际角色也很难持续。从前的大国（包括现在的美国）无一不是如此。

粤港澳大湾区可望成为"一国"之内的世界级经济平台。作为自由贸易区，大湾区已经具有诸多优势，包括巨量的经济总量、优质的基础设施、互联互通、世界级制造业基地、优质金融制度、优质服务业、教育科研等。湾区内部的一些城市创新能力已走到世界前列，例如，2016年深圳所获得的国际专利超越法国、英国；华为公司连续两年居世界知识产权组织专利申请量第一位。

不过，各地的优势没有整合与利用，也就是没有做到资源有效配置。其中原因很多，但可以从"一国两制"构架中来理解。第一，"一国"的意识不强。一旦涉及具体利益问题，内地、香港和澳门三地可能纠缠不清，谁也不让利，一点小问题可以纠缠多年而无法及时解决。第二，没有利用"两制"优势，各搞各的，造成重复建设和巨大的资源浪费。例如香港具有金融、教育和科研资源，澳门具有优质服务业资源，但是这些都没有和珠三角其他地方整合起来，通盘考虑。

广州和珠海多年来发展教育，尤其是在高等教育方面已投入大量人力物力，但发展效果并不符合预期。广东为什么不能充分利用香港的教育资源呢？在"一国"构架下，广东和香港的教育资源整合完全是可以做到的，只是人们没有这个思想意识。再者，是香港的金融制度资源。这个制度在香港已很成熟，在世界领先。这些年，广东为了照顾香港的发展，本身没发展金融体系，但广东也没充分利用香港这个金融平台，造成巨大浪费。

2. 行政主导地位过强压制企业作用

在大湾区内，行政分割过于严重，很多问题都是因为行政分割过于严重而造成的，也就是说，每一个城市都有自己的制度。不仅内地9个城市和香港、澳门之间缺乏有效协调，内地9个城市之间也没有有效协调。广东很多年前就开始做"同城化"的努力，在很多方面（主要是交通）

已经互联互通，但仍然有巨大的改进空间，尤其是在社会保障等社会政策方面，还没有有效地互联互通。

相对于中国其他地区，广东创新发展的主体一直是企业，政府起辅助作用，但因行政主导地位过强，企业和市场的主体地位没有凸显出来，企业仍然面临行政分割所导致的巨大制约。在世界其他大湾区，企业在湾区的经济乃至社会整合方面扮演巨大角色，但在广东，企业的这个作用被行政所分割，起不到整合作用。

怎么办？因为是"一国两制"，较之其他大湾区，粤港澳大湾区的整合有其难度。但因粤港澳大湾区存在一个强大的中央政府，行政分割所造成的困难也不是无法克服的。有几方面路径可以考量：

第一，优质城市建设。湾区可以对标国际一流城市建设来进行。很多年前，广东已经提出"叫板新加坡、首尔"等城市。"叫板"不仅仅是基础设施建设方面，更是"软件"方面的。湾区内部很多城市的基础设施已经跟上，甚至不亚于港、澳，但管理水平远远没跟上。这方面，湾区各城市通过服务业的整合快速得到提升。应当指出的是，广东现在的服务方式和水平本来就和港、澳经验相关。

第二，城市群建设。城市群建设已经提升为国家计划，湾区可以参考其他国家的湾区建设经验，例如东京湾区、旧金山湾区、纽约湾区等。除了要参考这些湾区的基础设施建设，更重要的是这些湾区如何克服行政分割的限制，让企业和社会在湾区整合方面起主导作用。

第三，湾区范围内的制度整合。这里要建设的是笔者称之为一个内部版的"欧盟"。欧盟具有很好的理念，有效推动了欧洲的经济社会发展。现在出了问题，并不是理念不对，主要是因为缺少一个强有力的中央协调者，因为欧盟由主权国家组成，各国之间的国家利益很难协调。

粤港澳大湾区则不同，有强大的中央政府作为协调者。湾区内部现在的整合情形远不及欧盟，例如在劳动力市场、人员流动、关卡管理、科研合作等方面，都离欧盟很远，甚至还没有开始。这方面，有很多湾区"共同市场"有待建设，包括共同制造业基地、共同金融市场、共同劳动力市场、共同房地产市场、共同教育市场、共同服务业市场等。如上所说，香港的金融、教育、科研优势，为什么广东不能用？如果这些湾区共同市场建成了，就可以实现湾区内部资源的有效配置。

第四，世界性贸易平台建设。在这方面，湾区要深入研究成功的案例，结合湾区的现实，打造世界级自由贸易平台。欧盟的经验、北美自由贸易区的经验、TPP 规则等都是可以借鉴的。这不是说把这些自由贸易区的规则简单抄过来，而是研究这些经验，把这些国际多边主义的规则内化，变成"一国"之内大湾区自由贸易区的规则。因为这些规则具有国际性，也比较容易为国际企业所接受。

而且，在"一带一路"的背景下，这样做尤其有意义。"一带一路"并非单向道，而应当是双向道。这表明不仅中国要通过"一带一路"走出去，国际大企业、国际技术、专业人才也要通过"一带一路"进入中国，成为中国和世界的永恒关联。从经济总量等各方面来看，大湾区在"一带一路"中的作用，不是中国其他城市群体所能比的。

第五，中央高层组织协调。鉴于"一国两制"的复杂性和城市之间的严重行政分割，这 11 个城市之间本身或广东省一级很难产生有效的协调机构。如果没有有效的协调，本来很容易解决的一些具体利益问题，就会被放大到阻碍湾区的整体整合。因此，可以参照京津冀协调模式，由高层组织协调机构。没有这样一个顶层设计，很难达成上述几个方面的目标。

四、粤港澳大湾区与中国的未来

2018 年是中国改革开放 40 周年纪念。我们可以把这 40 年称为"当代中国"。如果这样，当代中国的开放就是从广东开始的，就是从沿海经济开放特区开始的。在众多的沿海开放特区中，深圳是典型的代表。这是一个从小渔村到世界大都市的成功故事。40 年前，没有任何人会想到"北上广"三大一线城市会演变成今天的"北上广深"四大城市。

这个成功故事背后也折射出了中国复杂的政治史。从早期"新租借"理论到 20 世纪 90 年代的要废除"特区"，开放过程中的多元声音从来就没有间断过。当然，这些不仅是来自学者或者政策圈的不同声音，而且是反映了不同社会力量的较量。也就是说，一不当心，特区的发展方向就会出问题。在今天尤其如此。中国总体上还是一个比较贫穷的社会，民粹力量的社会基础雄厚，稍不注意，就很容易逆转事物发展的方向。

我们要从这个背景来看今天的粤港澳大湾区，可以至少从两个层面来看问题：

第一，就珠三角本身的发展来说。大湾区可以说是开放 4.0 版。20 世纪 80 年代的开放可以说是 1.0 版，90 年代初邓小平"南方谈话"之后珠三角很快成为世界制造业中心，那个时代可以说是 2.0 版。把"世界制造中心"改称"世界组装中心"更为科学。2008 年世界金融危机之后，广东实行"腾笼换鸟"政策，这之后可以说是 3.0 版。现在要进入了 4.0 版了。"腾笼换鸟"的过程很痛苦，但这么几年下来，取得了很大的成就，而且，这一政策也是客观条件所需。

那么，之前从 1.0 版到 3.0 版具有怎样的共同特征呢？认识这些特征很重要。认识到这些特征才会意识到 4.0 版的重要性和必要性。

1. 进步的渐进性。较之其他地区，这个区域一直在进步。尽管进步有时快，有时慢，但没有退步过。进步的速度既取决于内部环境的变化（例如意识形态、劳动生产要素等），也取决于外部环境的变化（例如 1997–1998 年亚洲金融危机和 2008 年世界金融危机）。

2. 经济形态以加工业为主体。从 80 年代的"两头在外"到今天，这个形态没有本质性变化。加工业使得珠三角吸收消化了大量的农民工，造就了中国新一波工业化。但从国际经济体系的角度来看，则造成了一个依附性工业体系。顾名思义，加工业就是为他人做加工的。这就是为什么说珠三角是"世界组装中心"更为确切。加工业的发达解释了原创性技术少而又少。即使深圳是今天中国最为发达的创新型城市，但大多创新还是停留在应用层面。应用就是对西方原创性技术的应用。很容易理解，应用就是对原创技术的依附。

3. 附加值较低。加工业主要利用的是中国廉价的劳动力和土地成本。在早期，劳动力和土地成本比较低的时候，产业的附加值比较高。但到现在，很多企业所能够赚取的利润越来越微薄，可持续性成为大问题。

4. 制度现代化不足。经济现代化并没有导致各方面体制的现代化。相反，因为现行体制在很长一段时间里发挥了正面的作用，到现在已经成为经济进一步发展的阻力。确切地说，珠三角的政府比较"亲商"，"亲商"推进经济发展，但"亲商"掩盖了政府本身也需要转型这个事实。很多地方政府都有所改革，但没有大的结构性改革。受制于总体大环境，地方层面的进步和更高层级的进步不能配合，结果地方只能半途而废。

5. 从城市化的角度来看，存在着两个特征，即大城市化过度，小城市建设不足；城市化过度，乡村建设不足。这是中国城市化的通病。我觉得，中国城市化的设计者主要是经济学家和工程师。前者看重的是经济效益，而后者论证的则是技术上的可行性。城市越大，经济交易越频繁，GDP 就越高。政治人物也往往看重政绩，但忽视了环保、社会公平、社会稳定等问题，发展不可持续。今天，大城市规模越来越难得到控制，中小城市情形恶化。

第二，就大湾区的发展来说，今天已经进入 3.0 版。香港 1997 年回归祖国，澳门 1999 年回归祖国，大湾区成功进入"一国两制"的 1.0 版。但回归并非"回归"的结束，而是"回归"的开始。所说的"回归"就是从英国人和葡萄牙人手中的"回归"，而香港人和澳门人的"回归"则刚刚开始。一回归就出现政治认同问题，并且愈演愈烈。为了解决围绕着政治认同的一系列问题，大湾区进入了以"更紧密贸易安排"为核心展开的 2.0 版，主要是想通过经济利益分配的方法来淡化甚至解决政治认同问题。不过，2.0 版在解决了一些问题的同时，产生了不少新的问题。在我看来，主要表现在几个方面。

首先，社会分化和收入差异加大。这是全球化时代的普遍现象。但就香港来说，全球化的影响要置于和内地的经济关系来讨论。"更紧密贸易安排"的好处主要流向了少数进入这个"安排"的群体，而大多数人没有得到足够的好处，有些甚至受到负面的影响。同时，内地本身的富人也涌入香港，尽管他们对香港的发展也作出了贡献，但对香港的中产阶级产生了"挤压"效应。双边的这种互动也导致了社会层面人与人之间的摩擦，认同问题更为突出。

其次，双边对等关系。为了尊重香港，北京和香港基本上处于对等谈判状态。但这里所能产生的问题是可以预测的。因为这对关系的高度不对称，香港很难消化来自内地的压力，尽管内地已经非常克制。再者，因为是对等谈判，一到香港，马上就转换成为政治。一旦成为政治，意识形态化不可避免，不但很难推进两者的关系，更恶化着认同问题。

再次，"好意成不了好事"，反而恶化问题。对内地来说，所有这些安排是为了香港的利益，但为什么香港的一些人不接受呢？这导致了对"一国两制"的重新解读。从前，人们一直以为"一国"和"两制"是平衡的，但现在的解读是"一国"优于"两制"，"两制"是"一国"之内的，因此"两制"应当服从"一国"。不过，在原则和理论上厘清两者的关系并不等于在实践上理顺了两者关系，原则和理论很难解决两者关系之间的诸多重大问题。

不管从哪一角度来看，粤港澳大湾区的确立表明"一国两制"现在要进入 3.0 版了，即大湾区时代。大湾区就是把珠三角的下一步发展和香港、澳门下一步的发展一同来考量。从这个角度来说，我们把大湾区称为"内部版欧盟"。

珠江三角洲是中国最重要的经济区域，而香港和澳门不仅仅是经济概念，而且也是政治概念，这些都说明了大湾区改革的成本很高，政策不能失败，只能成功，否则就会影响整个国民经济。也就是说，大湾区的改革只能做加法，不能做减法。

如果说大湾区是"内部版欧盟"，那么大湾区具有经济、政治和社会各方面的含义。从这个角度来说，我们要提出"大湾区不仅仅是什么"的问题。提出这个问题很重要，它会提醒人们在推进大湾区建设的时候，要避免可能出现的差错。

第一，大湾区不仅仅是经济项目。大湾区自然要通过全方位的整合来推进湾区的经济发展，以实现湾区的可持续发展。但如果把湾区仅仅视为一个经济发展项目，那么湾区的整合必然很难实现，最终反过来会制约经济的发展。这些年来，粤港澳三地也一直在努力推进三地的融合，但为什么三地融合非常有限，远远不及由主权国家组成的欧盟？这主要是因为各地政府都局限于一些经济发展项目，而忽视了体制上的整合。在没有体制创新的情况下，经济发展项目很快就会遇到瓶颈的。

第二，大湾区不仅仅是交通上的互联互通。大湾区内部的整合最容易被简单理解成交通设施的互联互通。这种物质意义上的互联互通自然很重要，但更重要的是制度上的互联互通。因为地方政府没有权限来做制度上的互联互通，他们因此只能把重点放在交通意义上的互联互通。但是，如果没有制度上的对接和互联互通，交通意义上的互联互通又能做什么呢？例如港珠澳大桥是典型的交通互联互通，但如果没有欧盟那样的通行制度，谁来使用这座大桥呢？又如港口和航空港之间的互联互通，但如果没有三个关税区之间的对接，如何实现货物自由通行呢？

第三，大湾区不仅仅是区内 11 个城市之间的合作，而更是企业、社会之间的合作。大湾区的主体是市场、是企业、是社会。当我们讨论大湾区的合作时，往往想到的是政府之间的合作，而其他方面的合作被视为是次要的。实际上则不然。在大湾区内，真正影响甚至阻碍湾区内合作和整合的便是政府的行政权力。如果政府成为湾区整合的主体，那么整合和融合可以推进一些，但不会有很大成功的可能，到了一定的阶段就会出现瓶颈。如何克服这种来自行政的阻力呢？要克服来自行政的阻力还是要依靠行政力量，即谁来统筹大湾区的问题。

第四，大湾区不仅仅是特大城市群，而且是分散性城市群，实现均衡发展。不可避免的是大湾区内的各个城市尤其是主要城市，包括广州、深圳和香港都会来争抢"老大"的位置。这种现象在"大湾区"概念提出来之后实际上已经在发生。尽管大湾区内各个城市比较优势不同，会形成自然的等级性，但这并不意味着所有资源都要置于这些主要城市。把资源集中在几个主要城市的做法已经导致了很多的问题，主要是大城市的规模失控，而中小城市则发展不起来，甚至衰落。大湾区既要追求基于比较优势之上的合理劳动分工，又要追求均衡的发展，尤其是社会公平，这样才会实现可持续的发展。

那么大湾区对中国的未来可以有什么样的贡献呢？如上所说，当代中国改革开放的历史离不开广东。广东人也一直自称是中国改革开放的"排头兵"和"先行者"，并且引以为骄傲。正如40年前，今天内外部环境的变化表明了中国又处于一个改革开放的关键时期。广东如何继续扮演"排头兵"和"先行者"的角色呢？广东要做什么才能扮演这个角色？广东如何与香港和澳门一起来扮演这个角色？这些问题都是没有现成答案的，需要人们的探讨。不过，如果从中国所面临的内外环境出发来定位大湾区未来的发展，那么如下四个方面不仅不容忽视，而且应当是人们追求的方向。

第一，一个世界级经济平台。把大湾区建设成为世界级经济大平台，既是湾区内部可持续发展的需要，也是对急剧变化的中国国际环境的回应。

就湾区内部来说，无论是广东本身还是香港和澳门都面临可持续发展的挑战。广东进入开放3.0版以来，尽管取得了一些成绩，但未来发展动力不足。数量型经济增长已经遇到瓶颈，而质量型经济增长模式有待发展。香港和澳门也如此，自回归以来，大多数产业已经转移到珠三角，本地产业结构单一，技术创新既乏力又缺少空间。湾区的融合就是要突破三地现在的瓶颈，把经济提升到一个新的台阶。欧盟的历史表明，整合和融合能够有效促进经济发展。欧盟能够做到，为什么"一国两制"下的大湾区不能做到呢？

就外部环境来说，中国目前面临着越来越严峻的国际经济形势。美国全面实行贸易保护主义和经济民族主义，和中国产生贸易摩擦。尽管贸易摩擦既非中国发动，在很大程度上说也是不可避免的，但中国必须避免中美贸易全面脱钩的情况。原因很简单，中美贸易一脱钩，那么中美关系就很有可能演变成为昔日美苏冷战状态，这对国际政治和中国本身的冲击将是巨大的。在美国不欢迎甚至禁止中国到美国投资的情况下，唯一的方法就是中国通过自己"单边"的开放政策，吸引和留住美国的资本。中国最近宣布的一系列开放举措就反映了这个方向。不过，要实现这个目标，中国需要做很多事情。其中，中国需要构建几个大的经济平台，就如改革开放初期的经济特区。粤港澳大湾区就是这样一个经济平台。平台必须具有强大的吸引力来吸引外资。这既是中国避免和西方发生冷战所需，也是中国的质量型经济发展所需。

第二，一个南方共同市场。建立南方共同市场也是实现内部可持续发展所需。发展既需要来自外部的竞争，更需要来自内部的竞争。中国近年来发展动力不足，一个主要原因就是内部竞争动力不足。在学术界，人们往往把地方政府之间的竞争视为是经济发展的一个重要动力。中国现在已经形成了京津冀、长江三角洲和珠江三角洲等几个大经济板块。人们也可以把这些经济板块理解成为大经济平台。要实现可持续发展，这些经济板块之间的竞争非常重要。这些板块之间存在着很大的差异，差异化便是进步的动力。很难对这些板块实行统一的经济政策，也不能用行政权力来促成这些板块的一致化。相反，必须强化这些板块之间的竞争。

在中国，往往出现一个奇怪的现象，即没有外来的压力就很难有进步。问题在于我们要等外来的压力吗？外在的压力，就如今天的贸易摩擦，对付不好往往就会演变成灾难。近代以来日本进步的动力表面看来自外力，但实际上是内力。来自外部的压力不可避免，需要理性应付，但创造内部竞争机制更为重要。如果内部失去了竞争，那么进步就会缺失动力。

人们往往担心内部的竞争会导致权力过度分散，从而影响国家的统一。就历史的经验来说，的确是这样。但今天的条件已经不可同日而语了。高度集中的中央制度构架，中央牢牢控制着的人事任命权、便利快速的交通、互联网和社交媒体等已经赋权中央政府。传统意义上的"分"在今天已经不可能。相反，今天人们所应当担忧的是过度集中所导致的地方竞争的缺失。

第三，一个全方面制度现代化的样本。大湾区建设不仅仅是经济发展，更是国家现代化所需。20 世纪 80 年代的人们曾经热衷讨论制度现代化，但后来重心转移到经济发展，久而久之，似乎经济发展取代了制度现代化。不过，在实际层面，国家面临的制度现代化挑战越来越严峻。制度现代化不仅关乎可持续的经济发展，更关乎文明的进步。衡量一个国家崛起的最主要指标就是一套新制度的崛起，经济发展是一个重要的方面，但其本身不能取代制度建设，尤其是新制度的创新。

制度崛起当然不是制度的西方化。近代以来，刻意追求制度西方化的国家没有几个是成功的，大多数都是失败的。成功的都是把自己的文化传统、国情和向西方学习有机结合起来的国家和地区。就制度现代化来说，大湾区最有利于制度创新。所谓的制度创新更有可能来自不同制度的互动。香港和澳门回归祖国以来，基本上维持着"一国"和"两制"之间的互动，就是说双方实际上维持在两个较为独立的"单元"。而大湾区内部的整合和融合就不一样了。大湾区就是"一国"之内"两制"的紧密互动，通过互动得到整合和融合。这种互动是化学反应式的，可以导向制度的现代化。

应当强调的是，最近以来因为香港内部的一些变化，尤其是少数"港独"力量的出现，人们对香港的看法趋向于政治化和意识形态化。不过，就制度现代化而言，香港和澳门远远处于领先地位。这两个地方现代化较之珠三角其他地方先行，并且已经把西方的经验和中国传统文化结合起来了。尽管这两地并非在所有制度领域都是成功的，也有不成功的地方，但总体上说，这两地可供珠三角制度现代化学习的地方仍然有很多。

第四，一个国家统一新模式。除了香港和澳门所面临的进一步整合问题，我们仍然面临着如何实现台湾统一的问题。尽管人们不排除"武力统一"的选项，但这一选项更可能只是对"台独"起到一个阻吓作用，而很难实际使用。如果是使用武力，且不说其他方方面面的影响，对中华民族必然是一个巨大的伤害。

不过，存在着其他很多实现统一的方法，那就是用社会经济的方法。欧盟就是使用社会经济的方法。欧盟出现了问题在于欧盟是由众多的独立主权国家组成的，缺少一个有效的协调者。大湾区则不同，已经同属一个"国家"，存在着一个强有力的协调者。再者，相对于港澳台，大陆（内地）是一个巨大的市场，两者之间不是一个对称的关系。不管港澳台如何看待大陆，但经济上大中华地区的整合是一个客观的现实。在很大程度上说，港澳台经济已经成为以大陆为核心的经济体的内在一部分。这就决定了，大陆可以实行单边开放政策来促成融合和整合。

单边政策有点像今天人们所说的"供给侧改革"，其有效性在于其无须通过和这些地区的双边讨论来决策和实施政策。尽管香港和澳门已经处于"一国"之内，但一旦启动内地和香港、澳门的双边谈判，事情就容易变得政治化。和台湾的情况也类似，早些年"服贸协议"的"流产"就是双边谈判的产物。而单边开放就是大陆实行单边政策来满足这些地方的需求。单边政策可以涵盖各个方面，包括投资、就业、教育、科研、租房、社会保障等领域。这些领域并非直接的政治领域，但对政治一定会产生影响。等这些领域整合了，政治领域就是"最后的一公里"。再者，无论从哪个指标来衡量，大陆经济体有能力吸收消化单边政策所可能引发的负面效应。

在我个人看来，粤港澳的整合是第一步，第二步是把台湾也包括进来。"一国两制"最先是针对台湾提出来的，是为了解决台湾问题。在实践层面，被先用于解决香港和澳门问题。"一国两制"实施多年，不能说它不成功。确切地说，这个政策很成功。世界上还没有其他国家使用这样的方法来和平地解决国家统一问题。另一方面也必须承认，"一国两制"政策需要与时俱进，根据客观现实的变化而调整。也就是说，"一国两制"需要进入 3.0 版。这个 3.0 版在香港和澳门成功了，那么就可以进而应用于台湾。实际上，南方共同市场的外延是可以扩大的。台湾的有识之士很多年一直在提倡"两岸共同市场"。以珠三角为核心的南方共同市场很容易扩展到福建，从而把台湾也包括进来。

当然，现实地说，即使实现了社会经济方面的整合和融合，"台独"势力或许仍然会存在。人们可以假定"台独"势力会继续存在，但如果实现了社会经济的整合和融合，那么"台独"者肯定是少数，并不难加以管控。一句话，社会经济方面变成共同体了，政治方面的统一就很容易解决。不管怎样，世界历史上，从古到今，国家统一都是充满暴力和血腥的，即使通过暴力完成了国家的统一，也难以避免"独立"力量的再次出现。从这个角度来说，我们有责任和义务探索一条新的国家统一道路。这是一份对人、对社会、对国家、对文明的责任。

社会重建篇

第十章　中国须警惕社会失序的风险

一、中国改革的两条政策思路

自改革开放以来，中国的主体改革一直是经济改革，政治改革和社会改革为辅。直到中共十六大才把社会改革提到议事日程上来。社会改革的目标主要有三：一是解决单面向GDP主义留下来的深层次经济和社会问题；二是为未来经济增长寻找新的资源和增长方式；三是为未来的政治改革奠定一个坚实的社会制度基础。

尽管各方面在推进社会改革上作了很大的努力，但效果很不理想，GDP主义还是继续盛行。从这些年的实践来看，在GDP主义指导下，很多政策措施在稳定了经济的同时使得社会不稳定化。或者说，经济的增长是以牺牲社会而达成的。不可否认，有关方面每出台一个政策总是抱着良好的愿望，只不过政策的实践往往和愿望相悖。为什么会出现这种情况？这就要从决策者的发展哲学或者指导思想层面来寻找。如果在指导思想方面出了问题，所制定的政策很容易出问题，甚至走向反面。

1. GDP主义曾发生积极作用

目前的中国，主要存在着两条政策思路：一条就是盛行多年的GDP主义。历史地看，GDP主义在改革开放的特定历史时期发生过积极的作用。

GDP 主义的核心就是用物质利益来刺激各级党政领导干部在发展经济方面的积极性。如果没有物质利益引导，就很难冲破原来僵硬的体制的束缚。西方盛行的新自由主义，到了中国完美地体现为 GDP 主义。GDP 主义首先进入经济领域。市场机制的引入、民营化（不管其发生怎样的问题）、新产权制度、劳动力的自由流动等经济自由举措，都对中国的经济发展起到了巨大的推动作用。但是当 GDP 主义闯入中国社会领域的时候，就产生了无穷无尽的问题。说穿了，GDP 主义就是要把中国社会货币化或者商品化。

在计划经济时代，中国的经济和社会领域是合一的，当时的经济政策就是社会政策。经济改革的一项重要任务就是要把经济政策和社会政策区分开来，成为两个不同的领域。这主要表现在国有企业改革上。法人化或者企业化改革目标在于使企业成为真正的企业，而非原来的社会甚至是政治单位。这方面相当成功，中国的企业已经甩掉了社会包袱。照理说，当企业从社会负担中解脱出来之后，国家就要建立社会政策，替代企业来负担社会功能，例如社会保障、医疗卫生和教育，等等。但这方面显然没有跟上。"抓大"政策产生了很多庞大无比的国有企业，它们有财力以不同形式继续承担一些社会政策功能。"放小"政策（民营化）则导致了原来隐含在企业制度内部的社会政策的全方位解体。而从国有企业之外发展出来的非国有企业的情况，和被民营化的企业的情况相差无几。

很难说，有关方面没有意识到问题的严重性，在建立社会政策（或者社会保护）方面也作了很多的努力。但严格地说，中国到今天为止还没有建立完善的社会政策制度，社会政策仍然从属于经济政策，前者是为后者服务的。

2. 牺牲社会来保障 GDP 增长

但更为严重的是经济危机对中国社会制度的冲击。每次经济危机发生，有关方面总是有意或者无意地诉诸牺牲社会的办法来保障 GDP 的增长。在 1997 年亚洲金融危机发生之后，很多人的眼光就转向了教育，希望通过教育产业化的方式来保证 GDP 的增长。即使在最典型的资本主义国家，教育也属于社会政策，需要政府或者民间的大力投入，但在中国，教育则出现了"产业化"倾向。教育系统的扩张，学生扩招，大学升级、合并和大学城建设等，都是围绕着 GDP 和经济增长展开的。GDP 主义侵入教育领域是中国教育改革出现问题的主要原因。直到今天问题还没有解决。

之后，GDP 主义又侵入了其他领域。医疗卫生是另一个社会政策的重灾区。这次全球性金融危机之后的房地产市场，更是把 GDP 主义推到了一个新的高点。政府的一揽子拯救危机的财力和宽松信贷政策的好处，很大一部分流向了房地产。在 GDP 主义的推动下，把本来具有很大社会性的房地产视为纯粹是经济增长的来源。

可以相信，如果不能改变 GDP 主义的状况，就会有越来越多的社会领域被商品化和货币化。中国社会本来就很脆弱，但现在是越来越难以支撑自身。例如，中国的中产阶级在改革开放之后开始得到发展，但到现在为止，这个阶层仍然是很小的一部分，这和中国缺失保护社会的社会政策有关。社会领域被 GDP 主义侵占之后，中产阶级没有生存空间。无论是教育、房地产和医疗卫生政策，方方面面的改革不是在培育社会和保护社会，而是在一次又一次地打击中产阶级。社会上所说的"房奴"和"孩奴"就是对中产阶级的真实写照。

也应当指出的是，GDP 主义在很多方面已经成为经济发展本身的阻力了。现在，它已经成为中国产业升级的主要的制度障碍和意识障碍。产业升级的过程是痛苦的，需要作很多的调整。在调整时期，不见得每年都能保障所规定的 GDP 增长目标。但是因为各级领导干部的政绩都是用 GDP 来衡量的，他们不会有任何动力去作调整产业方面的工作。相反，为了保障稳定的增长，他们会采用保护那些本来应当淘汰的落后产业。低层次的扩张式增长是地方官员最理性的做法。

3. 第二种政策思路

第二种政策思路就是通过社会政策的改革来寻找新的经济增长源。和第一种把社会商品化的思路相反，第二种思路就是要通过保护社会，建立消费社会取得经济和社会的可持续发展。应当说明的是，这样做并不是要回到原来的道路，把经济和社会政策合二而一。相反，这要求明确确立社会政策，用健全的社会政策消除资本和市场经济所产生的弊端，同时确定新的经济增长源。在这方面，目前中国社会存在着很大的认识偏颇。因为发生了金融危机，市场经济受到批评和攻击。极端者有否认市场经济的味道。的确，如果市场监管不严，就会导致这样那样的危机。但市场经济仍然是人类迄今为止最有效的追求财富改善人类生活的机制。

通过确立社会政策机制、建立消费社会来促进经济的可持续发展，并不否认资本和市场。教育、社会保障、医疗卫生、房地产等等领域主要是社会政策。但要想这些社会政策可持续，还必须要有经济政策和市场来保障。就是说，首先应当在社会政策的构架内实行有效的经济和市场机制。经济还是社会政策的基础，没有可持续的经济发展，不管怎样的政府都难以达成社会政策的可持续性。

自近代以来，资本和市场能够在西方社会生存和发展，和其社会制度创新分不开。在讨论西方制度创新的时候，人们往往放在经济、技术和政治方面的创新。实际上，社会制度的创新也同样重要。社会制度的创新主要表现在社会政策的确立。早期资本主义和市场经济也出现了无穷的弊端，才会出现马克思的资本主义要自我灭亡的预言。但正是社会政策的确立，社会得到最基本的保护，资本和市场才逃避了马克思所预言的命运。

中国的资本和市场要生存和发展，保护社会是前提。在很大程度上，第二种政策思维实际上也已经存在，主要体现在"和谐社会"目标的提出。但在实际政策层面，很多政府行为仍然受 GDP 主义所驱动，从第一种政策思路到第二种思路的转型还是困难重重。从历史上看，在任何国家，作这样的转型都是很困难的，甚至是通过长期的社会运动或者社会革命才达成的。但不管怎样，GDP 主义指导下的对社会的破坏必须得到扼制。如果社会一再被弱化，最高速的 GDP 最终也会变得毫无意义。

二、中国社会秩序的失序风险

今天，我国社会转型的方向面临越来越多的不确定性。从国际经验看，任何一个处于转型期的社会都会出现重大的社会问题。但如果越来越多的社会问题积累起来，最终就会造成社会失序的局面。保卫社会、重建社会秩序是唯一的选择。除此之外，别无选择。

社会建设的目的就是创造一个社会环境，容许不同社会阶层和谐共存。基本的社会信任为不同社会群体之间和平共存所必需。一旦基本信任流失，社会就会失去基础。这不仅适用于社会个体之间，也适用于任何一个组织、任何一个政府。

社会信任的缺失可以对整个组织体系的运作产生摧毁性的影响。2011年中国红十字会因为"郭美美事件"而引发了巨大信任危机，直接影响到这个组织的正常运作。政府方面也是如此，同年发生的温州高铁事件就是一个简单的例子。一旦社会对政府机构失去基本的信任，那么无论政府机构做得多好，政策也会变得无效。

很简单，社会支持什么，反对什么，都是建立在对决策机构的基本信任之上。个人也好，组织也好，都必须得到社会的基本信任。没有这种信任，任何社会秩序都会变成不可能。中国社会到底是如何失序的呢？

1. 中国社会失序的主要根源

任何一个社会，权力可以分解成为政治权力、经济权力和社会权力。它们是具有自己的边界的。无论从西方的历史还是中国的经验，政府权力站在哪一方，是资本还是社会，就会产生不同的政体，也会改变经济和社会领域间的平衡，从而对社会秩序产生影响。所以政府和政治权力很重要，是个平衡器。这三者一旦失去平衡，社会秩序的基础就会遭到破坏，社会秩序和道德就会解体。

中国社会失序的最主要根源在于经济领域和社会领域之间没有边界。中国经济奇迹的创造，政府是其背后的主要推动者。学术界把东亚经济体（包括早先的日本和后来的"四小龙"）称为"发展型政府"，即政府主导和引领经济的发展。和这些经济体相比较，中国政府在经济发展过程中所发挥的作用更大。要推动经济发展，政府不得不站在经济这一边，也就是和资本、企业家（无论是外来的还是本土的）结成紧密的关系。权势一体化不仅导致了经济和社会之间的失衡，而且也导致了政治和社会之间的失衡。

不难看到，我国的早期改革并没有把经济领域和社会领域区分开来，导致把经济政策简单地应用到社会领域，从而使社会领域过度市场化、货币化。在政治权力的扶持下，新自由主义很快就进入了诸多社会领域，包括医疗、教育和住房。在其他国家，这些领域都并没有被视为纯粹的经济领域，而是社会企业，都是要求政府大量投入的。但在中国，这些被视为单纯的经济企业，成为暴富领域。

20世纪90年代中期以后，医疗部门率先引入经济政策，医院成为暴富领域；1997 年亚洲金融危机期间，为了对付危机，有人建议将教育产业化，实际上中国的教育从此之后走上了激进的产业化道路；2008 年金融危机之后，经济政策导入了另外一个社会性很强的领域——房地产。在一个国家，如果医院、教育和房地产等具有高度社会性的领域成为暴富领域，这个社会肯定是不会稳定的。

GDP 主义就是社会的经济数据化。政治人物需要 GDP 数据，企业家需要 GDP 数据，经济学家、律师、教授等社会阶层需要 GDP，就连一般社会成员也需要 GDP。无论是组织还是个人，缺少了经济数据，就变得毫无价值。有的医生可以因为病人的钱不够而中止手术，有的律师可以为了钱而出卖灵魂，普通人因为担心被索取金钱而不敢扶起倒地老人，有的教授为了致富而把学术和教育当成了副业，这些都是各种变相的 GDP 主义的产物。

但是很显然，人的价值是不能数据化的，一旦数据化，人的存在就失去了任何意义，也就是"去意义化"。一个"去意义化"的社会便是毫无道德秩序可言的。这就是今天大家经历着的不信任、恐惧、孤独的根源。

历史地看，有效的社会管理取决于国家和社会的平衡。具体说来，社会管理有两种方式：一种是社会的自我管理，一种是社会的"被"管理。在我国，大家比较不重视的是前一种。传统上我们一直是一个家长式社会，历来强调秩序，但这个秩序往往是自上而下施加的。这种传统不仅没有随着社会的发展而变化，反而在得到强化。直到今天，一旦提到社会管理，很多政府官员自然地把它理解成为自上而下的控制。

国家和社会、政府和人民之间的关系基本上可以归纳为四种情形：（1）强政府、弱社会；（2）强社会、弱政府；（3）弱政府、弱社会；（4）强政府、强社会。很显然，最差的情况是弱政府和弱社会，而第四种情形即强政府、强社会是最理想的。

我国属于哪一种？很多人肯定会说是"强政府、弱社会"。但这仅仅是表象。实际上，在很多方面我国是"弱政府、弱社会"。政府什么都要管，好像是强政府，但因为很多方面管不好，老百姓又抱怨政策，这就演变成弱政府；社会没有空间，没有能力自我管理，这就是弱社会。政府官员经常视社会为自己的对立面，动用政府力量对社会进行管制。

所以，在社会管理上，我国政府的负担远远大于很多其他国家。政府什么都要管，但政府并不是永远有能力来管理社会的。

在社会管理方面，我们应当争取的是强政府和强社会。国家和社会、政府和人民不是一场零和游戏，而应该可以是双赢游戏。我国需要的是一个具有高度自我组织化能力的社会。如果社会自我组织化程度高，那么建立在这个社会基础上的政府必然是强政府。

改革能够重建我国社会秩序。从国际经验看，今天我国社会失序现象并不难理解。大多数西方社会在历史上的不同阶段也经历过类似的情况。如果西方社会发展和变迁一直很平稳，那么人们可能难以看到马克思、狄更斯和雨果那样的大家了。实际上，欧美社会在转型过程中所面临的危机远比当代中国严峻。长时期的大规模工人阶级运动就是一个例子。

现在大多数人从横向比较看中国，就是把中国和其他发达国家相比较，但忘记了一个社会发展的历史性。这既不科学，也不公平。到目前为止，几乎所有稳定的社会秩序都是通过改革而建立的。不管我国社会和其他社会有什么不同，我国也必然要走通过改革而重建社会秩序的道路。

三、中国必须进行一场社会改革的攻坚战

1. 解决经济改革的负面后果

本世纪初以来，在"以人为本"的亲民政策构架中，中国领导层逐渐

把社会改革摆在了改革的头等议程。社会改革的目标是建立一系列或一整套社会制度。这场改革的意义并不亚于 20 世纪 70 年代末期以后的经济改革。在很多方面，社会改革远较经济改革困难。对这场改革的意义，人们至少可以从三个方面来认识。

首先，社会改革是为了应付和解决经济改革所带来的负面结果。在前 40 年，经济主义可以说是中国发展的主题，经济发展就是一切。中国在短短时间里，创造了世界经济史奇迹。此前，没有任何国家能够在这样短的时间里帮助数以亿计的人民脱离贫困状态，能够帮助这样大规模的社会群体提高生活水平。

但经济主义在促进经济繁荣的同时也带来了一系列问题。各级政府 GDP 主义盛行，非经济方面的发展大多被大大忽视，导致环保恶化，资源大量浪费，贫富差异扩大和社会分化严重。这些由经济发展导致的后果，加上党政官员的腐败，反映到社会层面就是政府在人民眼中的合法性降低，群体事件开始出现，多数表现在各级政府和社会的不和谐。

很显然，经济主义的后果不加以纠正，经济发展就不可持续。这一点无须多说。这些年来中共领导层努力加以确定的"科学发展观"就是对这种单向面发展反思的产物。而社会改革是科学发展观的重要主题。

其次，社会改革要为未来经济增长奠定新的制度基础。总体上来说，前面 40 年的经济增长来源于经济制度的改革和创新。但迄今，经济改革的很多方面已经很难深入下去，说明过去的增长模式已达到了顶点。进行社会改革和建设社会制度的目标是推动中国从一个非消费型社会向消费型社会的转型。

笔者已经多次论述消费型社会是中国未来长期经济增长的最主要来

源。经济增长有两大来源，即投资和消费，而投资的最终目的也是消费。中国在过去 40 年里建立了一个外向型经济。增长来自投资，但投资是为外部市场服务，主要是西方市场，或者说中国的经济体基本上是为外国人服务的。这就是中国制造、西方消费的模式。

随着全球经济危机的发生，来自西方的需求骤然下降，中国这种发展模式的局限性一下子就显现出来了。中国要向消费社会转型，就必须建立一整套有助于消费社会发展的社会制度，例如医疗保险、社会保障、教育和环保，等等。没有这样一套制度，就没有可能出现消费社会。

金融危机也说明了，不仅中国增长模式已经缺失新增长动力，更表明这种模式下发展出来的经济体的脆弱性。人们一般认为中国是个大陆型经济体，就是说中国对外来危机应当具有很强的抵御能力。但实际上并不是这样。中国大陆型经济体的优势根本体现不出来，西方一旦发生金融危机，马上就会影响到中国。就是说，中国的经济体尽管从量上说非常庞大，但也非常脆弱，没有消化西方金融危机的能力。

根本原因在于中国还没有建设成大陆型经济体。中国只有沿海一带通过和西方市场的整合发展起来了，成为经济增长源，而中部和西部没有发展起来；城市发展起来了，而乡村没有发展起来。内陆和农村消费不足的根本原因在于经济发展不够。要发展，就必须把眼光从国外市场转向国内市场。社会改革和社会制度的建立既有助于减少区域间和社会群体间收入分配差异，也有助于在促进发展的同时鼓励消费。

第三，更为重要的是社会改革要为中国未来的政治改革做制度准备。中国的改革进程大致可以分为经济改革、再社会改革、再政治改革三个阶段。

从改革开放开始到 21 世纪初，一直是以经济改革为主。中共十六大以来，社会改革提到议事日程上来。从历史的角度看，中国的政治发展进程应当是基本国家制度建设在先，民主化随后。民主制度的有效运作不仅需要社会经济发展到一定的水平，更需要诸多基本国家制度成为其基础结构。

世界上，凡是基本国家制度建设得好的国家，民主化过程比较和平，新建立的民主制度能够有效运作。反之，在缺乏基本国家制度的情况下，如果发生民主化，就会出现无政府状态、社会不稳定和政治的恶斗。现在，亚洲很多国家所经历的民主危机就说明了这个问题。在过去40年中，中国已经建立了一套基本的国家经济制度，但社会制度则远远没有建立。如果基本国家制度中缺失了社会制度这一块，那么必定出现混乱频繁发生的政治局面。

这些年来，中国的社会改革雷声大、雨点小。医疗卫生改革已经争论了很多年，但还是没有一个让各方都能普遍接受的好方案。社会保障制度有了一些进展，但远离社会的客观需求。教育改革也缺乏一个好的方向；尽管国家税收能力大大提高，但收入分配和社会分化继续恶化。另一方面，社会群体事件的出现，加上国际经济环境的恶化，社会的不稳定因素还会增加。

无论从哪个方面来看，社会改革和社会制度的建设已经刻不容缓。但是，各方面的利益一直在这些问题上争论不休。在很多领域，一会儿集权，一会儿分权。尽管谁都说改革很重要，但就是解决不了谁来改革的问题。这背后无非是既得利益在抵制改革。

在任何国家，社会改革和建立社会制度都是一场攻坚战。在当今发达国家，社会制度的建立往往和持久的充满暴力的工人阶级运动，甚至革命联系在一起的。不难看到，从原始市场经济或者资本主义转型到现代福利型资本主义并非一个自然的过程，而是社会改革的结果。一些国家的政治精英能够实行"铁血"政策，超越既得利益，进行自觉的改革；但另一些国家的政治精英则受制于既得利益，没有能力进行改革，让暴力式社会运动和革命发生。

有一点很明确，到现在为止，所有实行市场经济的国家，一个良好的社会制度都是保障其市场运作和社会稳定的制度基础。

中国的社会改革如果继续流于形式，深入不下去，后果不堪设想。如前文所说，不仅应付不了已经出现的由单向面经济发展所导致的一系列社会问题，而且经济增长没有新的和持续的动力。

更为重要的是，中国的民主化可能会提前到来。改革开放已经造就了一个庞大的工人阶级队伍，一支比较独立的队伍。而农民工（工人阶级的变种）则更为独立。同时在全球化的今天，中国高度依赖于国际市场的事实表明国际力量很容易找到影响中国内部发展的途径和方式。多种力量结合在一起，释放出来的能量谁也阻挡不了。

2. 确定中央政府在社会改革中的主体地位

金融危机的确是个进行社会改革和建立社会制度的好机会。但现在看来，在这方面，有关方面并没有明确的思路，所推出的各种拯救经济的举措，其重点还是在原来意义上的经济增长模式上。例如外贸，还是想通过各种途径来促进外贸。但谁都知道，这种方式已经无效，大量的资金因为背后存在着庞大的既得利益而流向基础设施的投资。中央政府尽管也强调了民生经济，但因为其背后没有"既得利益"，资金很难流向民生经济。

要进行社会改革和建立社会制度，一要好的思路，二要坚定的政治信心，更为重要的是确定中央政府在改革中的主体地位。社会制度属于基本国家制度，其建立不可能自下而上。也就是说中央政府负有不可推卸的责任，不可以把责任推给各级地方政府。实际上，中央政府已经集中了足够的财力，现在也是时候把社会改革这份责任集中起来了。基本社会制度的确立既是执政党长期执政的社会基础，更是国家真正崛起的制度基础。这一关必须闯过去，否则，不仅中国社会变得越来越难以治理，国家难以长治久安，执政党的执政危机随时都会发生。

四、社会改革要实现"强社会"

近年来，随着中国社会不稳定因素的出现，各级政府把"维稳"提高到一个很高的高度。从中央到地方设立了一个庞大的维稳机构，各级政府投入大量的资源维持社会稳定。但很显然，维稳的手段缺少创新，不仅成本极高，而且出现越维越不稳的趋势。

这并不难理解。每一个机构产生之后，都会产生其自我利益。这种自我利益不仅会促使这个机构的无限膨胀，而且会与其设立的目标背道而驰。所以，有些维稳机构反而成为社会不稳定的根源。维持社会稳定是每一个政府的责任，但中国目前缺少那种制度创新的维稳手段，如果不能及时转型，不仅不可以持续，其后果也会不堪设想。从这个角度来看，这次中共高层所强调的重点，应是社会管理方式和体制的创新。

要创新社会管理，首先就要对社会管理的概念有一个理性的认识。历史地看，社会管理有两种方式：一种是社会的自我管理，另一种是社会的"被"管理。在任何社会，这两种情况都存在。在中国，大家比较不重视前一种，即社会的自我管理。中国传统上一直是一个家长式社会，这种传统不仅没有随着社会的发展而变化，反而在得到强化。一提到社会管理，各级政府官员很自然地把它理解成为自上而下的控制。

社会如果要自我管理，就要求给予社会很多空间，有了空间才能发展出真正意义上的社会；有了社会，才能发展出社会的自治组织或者自下而上的秩序。很多发达国家就是这种情形。

很多人把国家和社会、政府和人民对立起来。在对立的意义上，就会产生两个极端，要么只有政府，没有社会；要么只有社会，没有政府。两者似乎都是零和游戏。

只有社会、没有政府是另一个极端的典型，最糟糕的情况就是无政府状态，而最好的情况就是社会的完全自治或自发的组织。不过，从历史上看，完全自治的社会无论中外都没有出现过。凡是有人的地方就有政府，不管政府以什么样的形式出现。

在学术界，几十年来，人们对国家和社会、政府和人民之间的关系一直有很多争论。中国属于哪一种？很多人肯定会说是"强政府、弱社会"。但实际上，要回答这个问题并不容易。

无论在理论还是实践上，中国体现出典型的强政府现象。中国政府很强大，具有强大的社会动员能力来达成其政策议程，似乎能"从容"应付来自社会的各方面挑战。但是事实上，中国不仅社会很弱，政府也很弱。政府的很多政策推行不下去，往往停留在字面上。为什么会这样？

1. 弱社会不利政府

这和社会弱有关系。社会对政府很难施加影响力，中央政府只有依赖官僚机构来推行政策。但没有社会对官僚机构的压力，官僚机构就没有动力来实施政策。而弱社会本身更是没有力量来实施政府政策。中国政府的强大动员能力来自政治动员。不过，政治动员一旦使用过度，就会产生很多负面效应，其中最大的负面效应就是使得本来已经很弱的制度变得更加弱了。例如法制。法制是任何一个国家制度能力的保障。中国各种形式的政治动员经常是超越，甚至是破坏法制的。在很多地方，一些领导人尽管也强调法制，但往往更热衷于通过政治动员来做政策执行。

很明显，在社会管理方面，人们应当争取的是强政府和强社会。国家和社会、政府和人民不是一场零和游戏，可以是双赢游戏。中国需要的是一个具有自我组织化能力的社会。没有社会，政权就没有基础。如果社会是脆弱的，政府必然是脆弱的。

那么，如何实现"强政府、强社会"的目标？经验地看，这样一个社会必须是以下三种秩序的共存：

第一个也是最重要层面的社会秩序是社会的自我管理。社会如果没有自我管理的能力，什么都必须依赖政府，政府什么都管的话，必然超出政府的能力，管理也必然无效。要社会形成自我管理，必须赋予社会足够的空间。这就要求政府必须放权给社会。政府必须把那些社会可以自我管理的领域开放给社会本身。此外，政府也应当把那些自己管理不好的领域让渡给社会。不过，应当强调的是，社会的自我管理并不是社会的放任自由，政府要对涉及公共利益的社会领域进行规制。

第二个层面是政府和社会的伙伴关系。在一些政府必须参与管理的领域，也不见得政府要亲自管理，可以委托给社会组织来进行管理。就是说，政府和社会可以是伙伴关系。委托给社会管理可以减少管理的成本，使得管理更加可以持续。

第三个层面才是政府管理的社会秩序。尽管近现代国家最大的特征就是垄断暴力，使用暴力机器来维持社会秩序，但从大多数先进国家的经验看，政府在社会管理方面的作用主要体现在制度建设上，包括法制、社会制度（社会保障、医疗、教育、住房）等。使用暴力是维持社会秩序的最后一种不得不的方式，政府应当把重点放在制度建设上。制度是社会个体和群体活动的舞台。

在中国，政府显然把重点放在第三个层面。就第一个层面而言，尽管社会自治也具有意识形态的合法性，例如村民自治，但在政策层面，自治的范围非常狭小。因为不能充分放权社会，社会发展缺少空间。但在一些地方，领导干部把自治理解成为放任自由，缺失规制，导致黑社会性组织猖獗和无政府状态的出现。在第二个层面，政府和社会的伙伴关系不是中国的传统。传统上，社会历来就是政府的附属品，被管理的对象。政府和社会平等的观念的出现尚需时日。

很显然，前两个层面社会秩序的缺失和暴力机器的凸显，促使着国家和社会、政府和人民关系的对立化。而这种对立才是社会不稳定的真正根源。

2. 允许民营企业家入党是中共创举

不过，目前存在的问题并非没有解决的办法，更有效、更符合人性的途径也是存在着的。实际上，改革开放以后，中国在社会管理方面积累了很多很好的经验。

20世纪90年代，执政党通过把社会力量容纳进政权的政治过程来管理社会。这主要表现在容许民营企业家入党、参政。改革开放之后，中国的改革最成功的地方，就是容许在国有部门之外发展出一个非国有部门来，民营经济很快在很多指标上超越了国有部门。但是这就出现了一个问题：民营企业家怎么办？这是个很大的新兴社会群体，在社会上扮演着很重要的角色。对这个新兴群体，尽管当时社会有很大的争议，但执政党还是为这个群体开放政治过程。无疑，容许民营企业家入党是共产党最具有创意的决策。在整个国际共产主义运动历史上，共产主义的目标就是要消灭资本主义，消灭资本家。允许民营企业家入党，是中国共产党的创举，也使得中国共产党和其他共产主义政党分开来。这种实事求是的做法，使得执政党本身可以生生不息。

同时，这些年来，政府也在努力进行社会制度建设。社会政策多年来是政府的头等重要的议程，在一些方面也取得了很大的进展。

由此看来，"社会管理"和"管理创新"往哪个方向发展，应当是很清楚的。如果是在加快社会改革的基础上，继续走20世纪90年代的路，即把新兴社会力量吸纳到政治过程中，就会促使社会管理走上一个可持续的道路，促成政府和人民之间的良性互动，最终形成强政府、强社会的局面。但如果是继续甚至强化这些年的"维稳"思路，那么就会出现更多的问题，使得社会管理更加不可持续，政府和人民陷入不良互动，最终造成弱政府、弱社会的局面。

3. 实现"强政府、强社会"的路径

如何实现"强政府、强社会"的目标？一条有效的途径是把行政体制和社会改革结合起来。

政府向社会分权并不是一件简单的事情。这里有几个重大问题需要厘清：政府应当做什么，不应当做什么？什么权应当留在政府，什么权应当下放给社会？从各国经验看，有一些事情必须由政府来做，例如外交、法律、司法、国家安全、社会稳定、暴力垄断，等等。但在其他很多领域，尤其是社会经济文化等诸领域的权力可以下放给社会。尽管这些领域政府也可以自己来做，但还是下放给社会更有效。

必须指出，向社会分权的过程中，不能把社会想得过于理想化。很多人因为对政府行为不满，往往把社会过度理想化，相信一旦分权给社会，什么问题都会解决了。这样的想法也不符合实践。如同政府会犯错那样，社会也同样会犯错。同时也应当意识到，政府向社会分权并不意味着政府和社会完全不相关了。恰恰相反，政府一方面从直接控制和管理社会中退出，另一方面也必须对社会力量和社会组织进行规制，实行法治。

除了向社会分权，另一个重要的层面就是建设大社会。这至少有三方面具有同等重要意义的内容：一是培植新的社会组织；二是改革现存社会

组织（主要包括共青团、妇联和工会等，使其成为真正能够沟通党和政府与社会之间的中介组织，而不是简单地依附于前者）；三是实现社会对政府事务的参与。

社会的参与不仅仅是要实现公民的参政权，而且也要解决党及其政府官员和社会的脱节问题。现在社会上的怨气，很多是因为社会经济的转型给人们带来了很多的不确定性，也有很多怨气是冲着政府官员，是管理不当引起的。很多地方实行的是"城堡政治"，党政干部把自己关在"城堡"里面，拥有各种特殊的供应管道，不关心"城堡"外面所发生的事情。

怎么办？要发挥基层党组织和党员的作用。我们党现在有 8900 多万党员，比世界上很多国家的人口还多。人们不禁要问，这些基层党员在干什么？很显然，没有有效的机制来发挥他们的作用。党不能发挥他们的作用，他们也不清楚到底该做什么。如果这 8000 多万党员都能成为党联系社会的桥梁，执政党还有什么事情做不好呢？

因此，执政党要打开"城门"，走出去，沉下去，和群众打成一片。

党的开放政策也要有助于平衡好政府短期利益和长远利益之间的关系。现在世界的一个趋势是政府根据民调（民意调查）来治理社会，结果都造成了弱政府的现象。如果政府跟着民意走，肯定会迷失方向。民意的崛起在中国也已经成为现实，互联网、微博等已经成为表达民意的有效途径。中国的官员也面临一个很严重的问题，面对多元化的民意，一些人不敢决策，不敢负责任。

正如毛泽东所说，领导干部"既不要当人民大老爷，也不要当人民的尾巴"。

怎么办？这个问题也可以通过社会的参与来解决。政府实行开门政策，公开透明地倾听各方面的意见，明了什么是短期利益，什么是长远利益。也就是说，民意不是单方面的，政府必须积极参与民意的形成过程。

这样，一个符合社会长远利益的决策一旦形成，即使会影响一部分人的眼前利益，导致他们的不满，政府也应该努力执行下去。政府决策不能光是迎合社会的短期利益。

只有开放，政府才能接触社会；只有开放，社会才能监督政府。社会对政治的参与不仅仅是强社会的体现，而且更是强政府的体现。只有得到社会支持的政府才会是强政府；只有能够考量社会利益的政府才会是好政府。

第十一章　中国建成小康社会要做大中产阶级

一、中国新时期的内部风险

在中共十八大前后，人们对"中等收入陷阱"争论多年，现在不再争论，原因有两个：第一，这些年一些人过于乐观，认为中国已经避开了中等收入陷阱，已经位于发达经济体的低端国家。既然已经避开，那么就无须讨论了。第二，不能争论。中国并不缺乏悲观的人，但悲观论很容易被视为政治上不正确。不过，今天随着内外部环境的急剧变化，人们开始感觉到国家无论是离"中等收入陷阱"还是离"修昔底德陷阱"都不远了，如果没有强有力的政策，就会难以避免陷入。

那么，"中等收入陷阱"危机的核心在哪里？危机根源有很多，但主要体现为不发展的危机。改革开放以来，"发展是硬道理"一直是重要决策的首要考量。作为一个发展中国家，中国社会面临无穷的问题。这并没有什么好惊讶的，任何社会都是如此。但中国成功的地方就在于持续的发展，所有问题都是在发展过程中得到解决的。但是一旦发展本身出现问题，造成不发展的局面，那么所有其他问题都会浮现出来，不仅得不到解决，甚至会恶化而最终演变成危机。

如同其他的问题，"中等收入陷阱"也必须通过可持续的发展来避免。十八大之后，中国经济发展进入新常态，即从以往的两位数高增长下降到 7% 以下，即中速增长。这个转型不可避免，因为没有一个经济体可以维持永久的高增长，无论是环境、能源还是人力资源，都很难承受如此持续的高增长。更为重要的是，在高增长阶段，人们对一个重要问题关注不够，即需要什么样的高增长。如果高增长导致社会的高度分化、环境的恶化、资源的衰竭，那么高增长不仅不可持续，而且是"坏"的高增长。因此，十七大提出了"实现什么样的发展？"的问题，国家政策的重心开始转向社会分配。近年来，国家更提出了从数量经济到质量经济转型的政策目标。

但即使是中速增长，如果能够在今后 10 年至 15 年维持 6% ~ 7% 的增长，那么中国仍然能够避开中等收入陷阱，进入发达经济体。十九大规划了从 2017 年到 2050 年的国家发展远景，即到 2020 年实现全面小康社会，到 2035 年基本实现社会主义现代化，到 2050 年实现富强、民主、文明、和谐、美丽的社会主义现代化强国。

可以预期，到 2035 年中国大陆会提升为发达经济体，至少是今天"四小龙"经济体（韩国、新加坡、中国香港和中国台湾）的最后一位（中国台湾）的水平，即人均国民所得 2.5 万美元左右。大陆今天人均 GDP 是 9000 多美元，要达到台湾的水平还有很长的路要走，但若能够把自十八大以来的"一揽子"经济发展政策有效地执行下去，这个目标并不难实现。

那么，为什么现在人们担心"中等收入陷阱"的来临呢？这里既有内部官僚机构不作为的因素，也有外部国际环境变化的因素。官僚机构是政策执行者。为什么不作为？这里既有决策的原因也有执行的原因。就决策来说，这些年强调政策顶层设计非常重要，因为改革到了这个阶段，即"全面深化"阶段，部门和地方主导的零星改革难以为继。但是决策的"顶层性"往往导致一些政策缺少科学性和可执行性。例如自由贸易区的政策涉及面过广，没有充分考量到试错成本，导致很多权力没有能够充分下放下去。原因很简单，如果这些权力都下放了，整个国民经济就会受到影响。因为没有人能够保证自由贸易区一定能够成功，一些部门不敢下放权力，并非毫无道理。

又如精准扶贫极其重要，因为这关乎社会公平和稳定。不过，很多地方的政策设计又过于理想，近于"乌托邦"，把精准扶贫理解成为彻底消灭贫困。但事实是，即使是最富有的社会也仍然会有相当一部分穷人的存在，世界上找不到一个没有穷人的社会。为了实现一个没有穷人的社会，很多地方动员了最大的力量进行扶贫。但动员式扶贫很快就造成了扶贫人员的"疲乏"，在执行过程中演变成形式主义的扶贫。现在一些地方开始担忧，一旦政府停止"输血"，就会出现大规模的"返贫"。

再者，在决策方面，一些政府部门这些年表现出追求政策数量，而忽视政策质量的趋向。其中一个原因就是一些人从数量上来理解"全面深化改革"，追求决策的数量，以为政策数量越多，改革就越全面。实际上，"全面深化改革"并不意味着所有这些界定的改革领域，都具有同等的重要性和紧迫性。政策必须讲究"突破口"，就是从前所说的"纲举目张"。没有人可以不问轻重缓急而全面推进改革。

此外，政策的质量往往并不取决于政策的理论逻辑，而更多的是取决于实践逻辑，一个政策有很强的理论逻辑，并不见得具有实践逻辑。一个不符合实践逻辑的政策往往是不可执行的。政策过多、政策没有执行下去，这些就导致了政策信誉度的下降，出现了人们所说的"塔西佗陷阱"，即人们不相信政府所制定的政策了。

就政策执行难来说，原因也很多，但其中一个因素就是科学的权力监督机制还没有到位。无论是反腐败还是克服既得利益对改革造成的阻力，都要求权力监督机制的高度集中。为此，十九大在此前的地方实践基础上，设立了监察权，表明内部三权体制的到位，即决策、执行和监察。这个体制对中国的长治久安具有里程碑式的意义。不过，三权之间的边界、内部运作机制、三权之间的关系，这些都需要很长时间的探索。就目前来说，一旦监察权过度，或者说什么都可以监察，那么执行权就会被"闲置"。

在实践上，要改革或者执行政策，必然有犯错误的风险；一旦犯错误，就会被监察。在很大程度上说，如果监察机构的责任就是寻找政策执行者的"错误"，那么是一定能够找到的，就像在"互相否决"的多党制下，反对党一定能够找到冠冕堂皇的理由来反对执政党。目前的中国，在一些地方，告状的人可能多于干活的人，并且告状是零成本的。在这样的情况下，很多领导干部理性地选择不作为。尽管"不作为"也会有风险，但较之"犯错误"而带来的风险，"不作为"的风险仍然是低的。尽管中央也就此出台了文件，容许改革中的"试错"，但这些文件都不具有法律意义，很难改变执行者的实际行为。

此外，"中等收入陷阱"的风险因为国际环境和地缘政治，尤其是最近中美贸易摩擦等因素而在大大提高。

就内部来说，在目前的情况下，如何通过政策的变化，来避免陷入"中等收入陷阱"这一"颠覆性错误"呢？至少如下几个方面是可以考量的：

第一，要正确理解"顶层设计"。不能把"顶层设计"简单地理解成为"上级设计"，更不是少数人关起门来设计。有效的政策必须是自下而上和自上而下的结合，同时，没有大量的调查研究，很难有科学的顶层设计。

第二，决策需要从数量转向质量。尽管改革需要克服零散进行，需要全面推进，但必须在众多的政策中找到有效的突破口。有突破口和没有突破口的全面推进，效果是不一样的。

第三，中央政府要抓大方向，而执行部门要抓细节。现在很多政策过于宏观，过于理论化，甚至过于意识形态化，而缺少可执行的细节。没有细节的政策不仅很难执行，而且在执行过程中会走样。而政策的细节需要专业人才的参与。就中央与地方关系来说，很多政策更需要地方的参与。

第四，在很多领域，国家需要地方性政策。中国的国家规模就决定了地方的重要性。改革开放以来，如果没有地方的积极能动性，很难理解中国社会经济方面的巨大变迁。尽管在一些领域例如金融、法治等，中央政府的作用越来越重要，也就是说集权有需要，但很多政策领域仍然要求地方扮演主要角色，例如地方经济和社会服务等。这些领域，地方是主体，而中央是监管者。

第五，需要做政策检讨和评估。这些年在调整经济结构方面努力不少，但效果不那么理想。例如大家都意识到重点要放在发展实体经济上，要遏制过度的金融和互联网经济等，但这么多年下来并没有改变重金融和互联网而轻实体经济的局面，最多的金融力量也流不到实体经济上去。这是为什么呢？

第六，政策执行需要让各个行动主体行动起来。这就需要有选择性集权和有选择性分权，该集中的就集中起来，该下放的就放下去。十八届三中全会所规定的市场和政府之间的关系、国家和社会之间的关系需要转化成为实际可操作的政策。就行动体来说，这些年的局面是中央在动，但地方、国有企业、民营企业和外企都很难动，甚至没有动起来。改革开放以来，这些才是政策执行的主体。如果这些行动体不能动起来，那么政策仍然会停留在纸面上。

第七，重中之重就是建立十八届四中全会所设定的"法治政府"。无论是政府的合法性还是效率都取决于法治政府。就经济来说，法治政府就是规制政府，政府不仅要规制企业行为，也要规制自身的行为。尽管建设规制型政府早已经成为改革的目标，但迄今为止政府仍然是控制型政府。

这也就是为什么这些年来尽管政府本身提倡"审批权下放"但仍然难以下放的主要原因。在规制型政府下，企业的运行原则应当是"自由进入、市场先行、政府退后、有效监管"，但在控制型政府下，政府仍然站在门口，不让企业进入。社会方面也如此，如果政府不给社会发展的空间，社会永远不会成长起来。

简单地说，政府是一个（法治）构架，而不应当管那么多细节。细节属于市场和社会，没有市场和社会，就不会有任何可持续的发展动力机制。

二、中产阶级和中国社会的命运

中国社会科学院曾发布的两份报告非常耐人寻味。一份是关于中国的中产阶级的报告。研究者发现中产阶级的规模已经达到城市人口的23%。这个数字和很多国外研究机构的发现差不多。尽管也有人不相信中国的中产阶级已经达到了这个规模，即所谓的"被中产"，但即使是这个规模，中产阶级实际上是非常小的。因为这个数字所反映的只是城市人口，不包括广大的农村。如果加上农村人口，中产的规模则小得可怜。

另一份报告是有关中国暴力犯罪的，说2010年打破了2000年以来一直保持的平稳状态，暴力犯罪出现大幅度的增长。暴力犯罪表现为很多形式，但其中大部分都是与经济因素有关。报告认为经济环境变差不仅导致了犯罪案例的增多，而且使得犯罪分子的性情更为暴力。这份报告直接指向中国社会的不稳定性。实际上，无论是官方还是民间，越来越多的人现在开始担心中国社会是否会出现大规模的不稳定。

在很大程度上，中产阶级规模增长缓慢、暴力犯罪的增长和社会不稳定因素的增加，诸如此类的社会现象都是互相关联着的。

任何社会（包括西方民主社会）都存在着不稳定因素，如暴力犯罪和社会抗议，但为什么人们对中国社会失去稳定的担心远远甚于其他社会呢？不管怎样，中国政府在社会控制方面的决心、手段和能力要比其他国家高得多。但人们的担忧并非没有理由。说到底，中国的社会稳定缺失一个最重要的结构因素，那就是中产阶级的规模太小。在任何政治体制中，中产阶级是一个社会稳定的最重要的结构性因素。缺了这个因素，无论其他因素多么健全，社会的稳定就没有保障。或者说，如果有了一个强大的中产阶级，即使其他因素比较微弱，一个社会也不会出现大规模的不稳定状态。

过去40年中国经历了经济高增长和社会利益的多元化。但这些并不表明中国社会结构的转型。到今天为止，中国还没有形成"两头小、中间大"的橄榄型社会结构。财富过于集中，掌握在很小一部分人手中，中产细小，而人口的大多数都处于中下层。很多人仍然处于贫穷人口的边缘。所以有人说，中国的社会形态实际上更类似于"地雷型"。这是个最不稳定的结构。这说明了一个问题，那就是，中国以往的发展模式过度强调了经济因素而忽视了社会因素。

1. 没有中产阶级就没有民主

从比较的角度更可以看到这一点。人们可以从社会结构转型的角度来透视近（现）代社会和传统社会的不同。和所有传统社会不同，近（现）代社会最显著的结构特征就是橄榄型社会。这个社会结构是近（现）代化的最主要的和最了不起的成就。这个转型和中产阶级的形成主要有两个因素促成：一是资本主义或者市场经济，二是社会主义。简单地说，资本主义造就了中产阶级，而社会主义保护了这个阶级。资本主义和市场经济是人类社会迄今为止追求发展和财富最有效的机制。在西方，表现为自下而上的工业化直接导致了中产阶级的形成。很多历史学家包括摩尔（Barrington Moore, Jr.），在他们的著述中说明了这样一个逻辑：没有市场经济就没有中产阶级；没有中产阶级就没有民主。

这是对西方发展经验的描述。资本主义大大提高了劳动生产力，为社会带来大量的财富，造就一个中产阶级。但是，资本主义不能为中产阶级提供任何保护。很简单，诚如马克思所说，资本的唯一目的就是把所有社会关系货币化，包括中产阶级。如何保护社会？保护社会是社会主义在欧洲起源的最重要因素。如果没有社会保障、医疗制度、教育、劳动保护等社会主义手段，中产阶级就不可能生存下来。当然，如果没有中产阶级，政府的社会治理就没有稳定的基础。在西方，尽管政治上实行多党制，但就政策来说，则是"一党"的。任何政党，不管是左派的，还是右派的，如果不能照顾到中产阶级的利益，都难以执政。西方各国政党政府轮换频繁，但政策表现出惊人的连续性，同时政府的更换也没有出现社会的不稳定，这背后都有中产阶级的功劳。

在经济发展方面，中国一直被视为属于东亚模式。但在保护社会方面，中国似乎离东亚模式很远。以比较成功的日本和亚洲"四小龙"为例，和西方比较，这些社会都属于后发展经济，政府在促进经济发展过程比西方扮演了更为重要的角色；而和中产阶级的关系方面，东亚社会的政府也和西方的不同。政府不仅要创造一个中产阶级，而且也必须对这个中产阶级提供有效保护。在亚洲社会，政府花费很大的精力在促进经济发展的同时非常注意社会群体的收入公平，在欧美国家发生过的巨大的收入差异并没有在亚洲发生。

与此相应，在欧洲发生的大规模的劳工运动在亚洲社会也没有发生。这些都和政府的作用有关。在西方，中产阶级比较独立于政府，但在亚洲社会，中产阶级对政府的依赖性就很强。在很大程度上说，欧洲的社会主义是通过工人阶级运动自下而上地"逼"出来的，工人阶级通过"选票"或者"街头运动"等机制把自己的利益表达于政治过程之中，从而促成了原始资本主义向福利资本主义的转型。当然，也正是社会主义的产生才保护了资本主义和市场经济的继续生存和发展。但在亚洲，政府一方面大力采用资本主义和市场经济的发展机制，另一方面又自觉地引入社会主义机制来保护自己培养起来的中产阶级。如果说在欧洲，社会政策是自下而上社会运动的产物，那么在亚洲，社会政策是政府自觉的产物。这就避免了类似欧洲的大规模的社会主义运动。很多亚洲社会能够在短短几十年时间里走完西方社会花了上百年的时间才走完的道路，这和政府所扮演的角色是分不开的。

2. 当代中国忽视对社会的保护

从西方和亚洲社会的发展经验来反观中国，很容易看出中国现存发展模式的弊端。一句话，过分强调经济发展而忽视了对社会的保护。改革开放以后，中国走市场经济的道路。这不可避免，因为计划经济之下的贫穷社会主义既不可持续，也不符合人性。正是引入了市场机制，促进了经济的高速发展。但问题在于没有把经济领域和社会领域区分开来。任何政策的制定都是以经济增长为核心，就是人们所说的 GDP 主义。GDP 主义已经导致了一些严重的后果。第一是 GDP 主义进入很多社会领域，错误地把社会政策领域"经济政策化"。这个错误显然表现在教育和住房政策上。

1997 年发生亚洲金融危机。为了保 GDP 的增长，教育被当作经济政策来使用，很快就造成了教育的产业化和扩招。在任何社会，教育是需要政府和社会大量投入的社会领域，但在中国则"产业化"。无论政府还是商业界，都把教育看成是谋取经济利益的领域。中国教育目前存在的问题无疑和教育政策的"经济化"有关。对社会结构来说，则是人们所说的"孩奴"的开端。2008 金融危机之后，有关方面又把应当属于社会政策的房地产视为是保 GDP 的政策举措，结果就造成了现在的局面。

第二，GDP 主义盛行，社会政策就不可能建立起来。这主要表现在社会保障、劳动保护、教育公平、农民工权利等方面。很难说，有关方面没有努力去促成社会政策的形成，但在 GDP 主义指导下，任何努力都无济于事。没有社会政策，已经形成的中产阶级就没有保护机制，而更多属于中下层的人民更难上升变成中产。换句话说，GDP 主义是以破坏社会来保障经济增长的。

一些人认为，现在的中国处于中产阶级发展的黄金时期。如果从经济发展速度来看，或许这样。但实际的情况则不然。相反，中产阶级的生存空间正在受到各个方面的挤压，更谈不上快速发展了。在"孩奴"和"房奴"遍地的情况下，中产阶级何以能够生存下来？应当指出的是，国有企业的大幅度扩张也是中产阶级发展的阻碍，因为国企更多的是进行财富转移而非财富创造。

中国社会出现了一个非常荒唐的局面。第一，以 GDP 主义为核心的经济增长破坏了中产阶级的社会基础，而中产阶级的缺失转而又变成了可持续经济发展的瓶颈。没有中产阶级，哪来消费社会？没有消费社会，哪来可持续经济增长？第二，社会基础不稳定，中产阶级的缺失意味着收入差异和贫富分化。这就造成了社会群体之间的互相仇恨，穷人对富人的互相仇恨。暴力行为也很容易发生。第三，执政的社会基础变得狭窄。中产阶级是政治稳定的基础，缺失中产阶级意味着缺失执政基础。

中国社会的命运维系在中产阶级。从这个角度来说，中国政策的最高议程应当是确立社会政策，创造和保护中产阶级。无论是经济的可持续发展，还是社会稳定，或者执政党的长期执政，都取决于一个健全的中产阶级的形成和壮大。

三、中国的稳定需要大力扶持社会中间力量

为什么中国要大力扶持社会中间力量？道理很简单，中国目前的社会中间力量过小、过弱，社会发展长期以来处于一个失衡状态，社会稳定缺少社会基础。培植和扶持中间力量就是要追求社会的平衡发展，为社会创造一个自主稳定基础。这一点也已经为越来越多人所认识到，包括决策者。这表现在人们对中国的"包容性"发展模式和建设"橄榄型"社会的诸多讨论中。

把建设社会中间力量放置于目前中国的"维稳"困局中显得更有意义。因为社会出现越来越多的不稳定因素，政府的"维稳"任务显得格外重要。但无论政府的"维稳"努力有多大，技术手段有多高超，这些都是"外科手术"，只能产生一种机械的外在稳定。目前的"维稳"不管其内涵如何，主要表现为经济和暴力两种形式。

用经济力量来"维稳"，比较具有软性，但不可持续。"维稳"的经济学逻辑就是会鼓励和激发越来越多的社会力量，通过"不稳定"状态而获得经济利益。政府作为掌握国家暴力唯一合法的组织，暴力在"维稳"过程中也始终扮演着不可或缺的作用。当经济手段不能发挥作用时，暴力就变得不可避免。但历史经验说明，使用暴力会导致更多的暴力。

"维稳"的这个困局对维稳者本身也是一样的。对中央政府来说，稳定当然具有至高无上的意义，但对维稳者或者维稳政策的执行者就不见得了。中国已经建立了一套庞大的从中央到地方基层的维稳体系，并且被赋予了超出想象的政治重要性和与之相适应的公权力使用权。但是这套体系本身却缺乏监督，本身就有可能滥用权力，从而导致新的不稳定

因素。

在任何社会,"维稳"或者说人们常说的"法律和秩序"(law and order)是政府的重要职责。但是必须明确在"法律和秩序"过程中,社会能够做什么,政府能够做什么。社会本身秩序的存在是稳定的基础,因为这是一种内在的稳定。政府的"维稳"如果破坏了社会的内在稳定,就会导致社会更大的不稳定。政府在"法律和秩序"过程中主要扮演两种角色,一是为社会的自主稳定提供社会基础,二是防止社会内部的极端因素破坏社会的自主稳定。不能过分夸大政治在社会稳定过程中的作用。如果社会本身不能产生一种基于自身的秩序,那么政治往往是分化社会的力量,也是社会不稳定的力量。无论在民主社会还是在非民主社会,都是一样的。西方民主,尽管也不时会有极端的力量出现,但总体上是稳定的。西方社会的稳定主要不是因为民主政治,而是因为存在着庞大的中产阶级。中产阶级庞大,无论哪一个政党执政,或左或右,都要照顾到中产阶级的力量。在很大程度上说,是社会自身,而非政治稳定自身。中产阶级之所以是稳定的基础,不仅仅是因为财产问题需要稳定,更是因为遇到新的局面和问题,中产阶级会理性地思考,不走极端路线。这也就是中国传统上所说的"有恒产者有恒心"的道理所在。

相反,在中间力量弱小的社会,无论是民主政体还是权威政体,社会稳定则缺乏基础。在中间力量弱小的社会,一般情形是,各社会群体,经济上(收入和财富)高度分化,思想意识上高度对立,少有妥协的空间。如果存在民主政体,那么各派政治力量不仅没有能力整合社会,反而使得社会更为分化,它们各自动员支持力量和其他反对自身的社会力量进行斗争。无政府往往是这些社会的常态。如果存在权威政体,社会秩序往往是通过强权甚至暴力来维系的,就是说,社会秩序依赖的不是社会自身,而是外在于社会的政治权力。社会秩序则缺乏可持续性。

目前的中国社会表现形式比较特殊。改革开放以来，中国的中间力量如果从收入和财富来看在成长，但还没有成为主流社会。更重要的是，这个成长中的中间阶层在思想意识上没有能够确立自身的话语。同时，中国社会的富裕阶层和贫困阶层在收入和财富方面高度分化，在思想意识方面表现为对立。社会本身没有整合自身的能力，只依靠政治力量。这样就出现了前文所说的"维稳"局面。

如果这样的"维稳"局面不可持续，那么就要寻找另外的方法。怎么办？从长远来说，最有效的方法就是政府扮演一个积极的角色来建设中间力量，为社会的自觉秩序创造条件。一旦社会出现自觉秩序的条件，那么政府"维稳"的任务就只是"法律和秩序"的问题，也就不会出现像现在的"维稳"困局了。中国过去40年的改革开放历程已经为人们提供了不少宝贵的经验。

改革之初，邓小平提出"让一部分人先富起来，走共同富裕道路"的政策目标。之后，很快就形成了"小康社会"的概念。20世纪90年代以来，在一部分人首先进入小康社会之后，执政党又提出了"全面建设小康社会"的概念和政策。"全面小康社会"就其本质上来说，就是中国执政党的中产阶级观。人们目前所看到的中间力量就是这些连续政策目标的产物。

尽管政策方向很明确，但诸多原因使得中国离一个"全面小康社会"还有一定的距离。其中最主要的原因是社会政策改革进步缓慢，缺少有效的社会保护机制。改革开放政策培养出了一个中产阶级，也使得数亿人口脱离贫穷，但很显然，国家既没有保护中产阶级的有效机制，也不存在防止已经脱贫人口重返贫穷的有效机制。

市场经济是人类社会迄今为止创造财富的最有效的机制。市场机制可以产生一个中产阶级，却不能保护自己培养出来的中产阶级。在欧洲社会，保护中产阶级是社会主义的任务。社会保障、医疗服务、教育、公共住房等公共政策是欧洲社会主义的产物。从马克思所分析的原始资本主义过渡，到现在人们所看到比较符合人性的资本主义，不是资本本身的逻辑，而是社会主义运动的结果。从这个意义上说，是社会主义保护了资本主义。不难发现，在西方，一个比较理想的社会，往往是市场经济和社会主义结合得好的社会。市场经济为社会创造财富，而社会主义保护社会。一个被保护的中产阶级的存在，是发达国家社会稳定的基础。实际上，保护中产阶级始终是市场经济社会政府的一件具有重大意义的政治任务。因为选举政治的存在，所有政府必须采取有效的举措来保护中产阶级。而且资本者也认同这一点，因为一旦社会失衡，社会秩序遭破坏，资本的正常活动就会成为问题。

中国的情况又怎样呢？没有市场经济的引入，很难想象人们所看到的财富。一些人现在看到了众多的社会问题，就开始怀疑市场经济，这并不公平。中国的问题并不在于市场机制的引入，而是在于缺乏社会保护机制。市场经济发展了，但包括医疗服务、社会保障、教育、房地产等领域诸多社会政策要么建设力度不够，要么没有建立起来。更严重的是，因为GDP主义的盛行，各级政府往往和资本结合，通过破坏社会来完成GDP增长的任务或获取暴利。医疗、教育和房地产诸多社会领域，需要政府大量投入，但往往却成为谋取经济利益的领域。

因为缺少社会保护，中间力量不仅不能像经济增长那样得到成长，而且没有任何生存和发展的制度保障。任何因素的变动，都会轻易使得今天的中产阶级在明天就演变成为贫穷阶层。已脱贫的阶层也容易重新沦为贫穷。实际上，除了体系内部占据重大战略地位的少数阶层之外，任何阶层都随时可以演变为贫穷阶层。正是因为对自己前途的不确定性，中产阶级的中上层开始选择"退出"，即移民海外，寻求保护。不过，可以确定地说，无论是基于知识的中产阶级还是基于财富的中产阶级，他们的"退出"会深刻影响中国未来的社会稳定。在全球化时代，如果他们在内部不能得到保护机制，不能得到确定感和安全感，他们的"退出"很难阻止。

也就是说，要对目前的维稳政策进行反思。目前的"维稳思路"不仅不能推进改革进程，反而阻止和破坏社会产生一个自主秩序的可能性，从长远看，反而会导致更大程度和范围的不稳定。如果认识到中间力量是社会稳定的基础，改革也就有了明确的方向，也不难回答改革什么、为什么而改革、怎样改革等问题。要培养中间力量就必须继续创造财富；要创造财富就必须深化市场化改革。但同时必须加快社会改革，确立社会政策，保护社会。只有这样，中国社会才会进步，发展出一个可以持续的自主社会秩序，为政府的"法律和秩序"创造一个有机的社会基础。这样一个自主的社会秩序，也是执政党长治久安的社会基础。

四、培养中产阶级的关键不是"杀富济贫"

改革之初，邓小平提出"让一部分人先富起来，走共同富裕道路"的政策目标。之后，很快就形成了"小康社会"的概念。20 世纪 90 年代以来，在一部分人首先进入小康社会之后，执政党又提出了"全面建设小康社会"的概念和政策。十八大之后又把"全面实现小康社会"列为"四个全面"之首（另外三个"全面"即全面深化改革、全面实现法治建设和全面从严治党）。

尽管政策方向很明确，但诸多原因使得中国离一个"全面小康社会"还很远。尽管和日本与亚洲"四小龙"一样，也在数十年时间里创造了一个经济奇迹，但从实现中产阶级社会的方面来看，中国并没有很成功。日本和亚洲"四小龙"在经济起飞的 20 多年时间里，培养出一个庞大的中产阶级社会来，但中国在经历了数十年的高速经济增长之后，中产阶级的规模仍然很小。这里有很多原因，但其中最主要的原因是社会政策改革进步缓慢，缺少有效的社会保护机制。

在西方，一个比较理想的社会往往是市场经济和社会主义结合得好的社会。市场经济为社会创造财富，而社会主义保护社会。一句话，一个被保护的中产阶级的存在是发达国家社会稳定的基础。实际上，保护中产阶级始终是市场经济社会政府的一项具有重大意义的政治任务。

除了前文多次强调的社会改革和社会制度建设，中产阶级的成长还需要有效的劳动者收入政策。要走上邓小平所说的"共同富裕"的道路，提高劳动者工资很重要。中国社会群体收入差异很大，很分化。前文通过国家的二次分配方法并没有见效。二次分配当然需要进一步改善，但如果过分强调二次分配，就会走上一条"杀富济贫"的道路。这显然不是一个好的选择。比较有效的选择就是改善一次分配，而劳动者工资的提高是一次分配过程中最为关键的。"杀富济贫"是通过革命夺取财富，不是创造财富。贫穷社会主义也只是对现在的富裕者进行剥夺，对贫穷者本身也没有利益。"劳动致富"是整个中国社会所能接受的道德原则，也是基本社会正义的来源。从收入分配的角度来看，中国目前所面临的困境只是这样一个事实的结果：少部分人得到了与其劳动不对称的过高收入，而大部分人没有得到与其劳动相对称的收入。

改革开放之后，中国劳动者的廉价劳动力成为了中国的经济发展优势。正是这种廉价劳动力优势促成了中国过去 40 年的高速发展。但是，当这种优势发挥到极致而不能及时实现优势转型的时候，比如到今天，廉价劳动力已经成为中国最大的劣势，也极大地阻碍着中国进一步的发展。

少数人，主要是廉价劳动力的组织者和使用者，包括资方（无论是内资还是外资，无论是民间资本还是国家资本）因为获取了过度的利润而暴富，成为消费过度的一个群体。但是廉价劳动者本身，收入过低，最低消费严重不足，遑论各种社会福利。在大多数人没有致富的情况下，建立消费社会自然非常困难。建立消费社会就必须制定有效的社会政策和确立社会制度，包括医疗、社会保障、教育等领域，没有这些政策和制度，即使人们有了钱也不敢消费。这一点人们已经有了相当的共识，只需行动。另外，就是提高劳动者收入。不能从劳动获得相应的收入，人们自然就不会有消费能力。

一味依赖廉价劳动力也已经使得中国的产业升级困难重重。资方过度剥削劳方，通过压低劳动工资就能赚取巨额的利润。在这样的情况下，资方根本就不会有动力去提高技术和改进管理水平。过度剥削劳方尤其表现在外资企业。大量的外资到中国动机很单纯，就是要利用廉价劳动力。早期还有廉价的土地，现在土地价格上去了，只剩下廉价劳动力了。珠江三角洲40年前开始使用农民工，到现在还在使用大量的农民工。这表明什么？表明这40年里，技术上的进步很有限，也就是没有产业升级。而亚洲"四小龙"一般是每10年有一次重大的产业升级。今天的中国，廉价劳动力已经不是优势，而是劣势了。同时，大量廉价劳动力工厂的存在也使得劳方没有动力来提升自己的技术和技能。"劳动致富"是整个中国社会所能接受的道德原则，也是基本社会正义的来源。

这些问题因为和廉价劳动力有关，必须也只能通过提高劳动者收入，使得劳动力不再廉价来应对和解决。中国要向发达经济体学习经验。在任何国家，资方不会自动提高劳动者工资，压低劳动者工资是资本的本质。在西方先发达国家，长期的劳工运动，或者工人阶级运动在提高劳动者收入的过程中扮演了很重要的角色。资方和劳方的长期互动，主要是后者的抗争，西方发展出了很多劳资谈判制度，而政府亦介入其中。因为有民主（选票）的压力，政府不能简单地站在资方一边，因此成了协调者。劳动者工资的提高更促成了资方通过技术创新和提高管理水平来增加利润。没有劳方的压力，技术进步不会那么快。亚洲经济体也有非常丰富的经验。日本是第一个成功的工业化国家。20世纪经济起飞之后，政府实行了有效的工资倍增计划，再加上日本企业"终身雇佣制"，在短短几十年内成功培植了中产阶级社会，使得日本成为世界上最大的消费社会之一。日本之后，亚洲"四小龙"是当时收入分配最为公平的经济体，它们也通过不同方式成功培养中产阶级，建设消费社会。中国台湾和中国香港主要是通过大力发展中小型企业、提高公共服务水平和建设社会保障制度而达成。在新加坡和韩国，政府也起了非常大的作用。在新加坡，国家工资理事会起了很重要的作用，理事会主要由劳方、资方和政府组成，根据经济发展情况而制定劳动工资标准。政府的这种主动性有效避免了西方那样的劳工运动，既保证了社会稳定、经济的可持续发展，也为产业升级造就了有效的压力。

中国现在也想提高劳动者工资。中央政府已经制定了最低工资制。但很显然，这方面的阻力非常之大。不仅资方反对，连地方政府也反对。尽管近年来，对提高劳动者收入的讨论多了起来，但没有出现有效的政策和制度。

要实现劳动者收入提高的目标，政府可能必须重新考虑工会的作用。如果政府还继续站在资方一边，帮助资方压低劳动者工资，那么在劳动者、资本和政府三方之间，力量就会继续失衡。表面上，政府在经济发展过程中扮演着积极的角色，但从长远看是阻碍经济发展的，尤其是可持续的发展。道理很简单，经济的发展应当依靠的是技术和管理水平的提高，而不是人为地压低劳动者的工资。提高劳动者收入，会产生几个"有利于"：

第一，有利于减少基于廉价劳动力之上的出口，实现国际经济平衡。出口仍然很重要，但出口不能继续依赖于廉价劳动力，而应当是提高技术，来增加附加值。第二，有利于消费社会的建设，为中国未来的经济增长找到新的资源。第三，有利于为经济结构的调整提供经济上和政治上的压力。中国的收入分配不公很多都是结构性因素造成的，例如国有企业过大、垄断，而民营中小企业不够发达，等等。要提高劳动者收入，国家就必须从结构上下功夫。第四，有利于技术提升和产业升级。如前文所讨论的，如果没有足够的压力，资方就不会有足够的动力来提升技术，通过增加附加值来创造利润。任何一个国家，如果企业家光考虑着如何通过剥削劳动者而获利，那么这个国家就不会有进步。实际上，真正的企业家精神在于技术创新。第五，也是更为重要的，有利于实现"以人为本"的社会建设目标，从而实现社会公平，为社会稳定打下坚实的基础。对大多数中国百姓来说，"以人为本"并不抽象，实现邓小平当初提出的"共同富裕"目标就是他们所理解的人本社会。

五、中产阶级的焦虑如何消除

十八大以来，中央一直在集权，笔者觉得十九大以后应该做一个转型。笔者非常认同"四个全面"的提法，全面实现小康社会很重要，也很不容易。中国现在陷入中等收入陷阱的可能性仍然存在，我们必须避开这个陷阱。陷入中等收入陷阱的国家的情况是很糟糕的。泰国、菲律宾以及拉美的很多国家，现在的收入跟几十年前的收入差不多，政治腐败、社会衰败、暴力横行等现象一直存在，这些都是由于陷入了中等收入陷阱而导致政治社会太过于分化的结果。

为什么一直强调中产阶级的重要性？笔者不认为现代的政党是整合社会的力量，社会只能自己整合自己。西方社会今天所出现的问题，就是因为中产阶级变小了。西方以前的成功是因为中产阶级做大了。现在特朗普要在美国搞的那些东西，尽管很多人对他有意见，但笔者觉得他的判断是正确的，至于是否做得到则是另外一个问题。

在 2008 年世界金融危机之前，美国有 70%~75% 的中产阶级，但现在已经降到了不足 50%。欧洲也是一样。从前中产阶级很大，社会是一个橄榄型的社会，但现在中产阶级普遍变小。如果中产阶级占到 75% 左右，任何一个政党，无论是左派还是右派，都要照顾中产阶级的利益，就不会走向极端。但若一个社会，像泰国，50% 是穷人，50% 是富人，那么农民选出来的总理城里人不接受，城里人选出来的总理农民不接受，永远都会是一个斗争的局面。

所以，中产阶级是一切，今后考核领导干部的指标应当是是否把中产阶级做大了。珠三角、长三角这些地区人均 GDP 已经达到近 2 万美元了，但中国总体人均 GDP 是 9000 美元左右。从现在的 9000 美元到 2020 年的 1.2 万美元，这本身就要保证以后每年 6.5% 的经济增长率。但是，从 1.2 万美元达到台湾今天的水平，即 2.3 万美元，仍然需要相当长的一段时间。

发展才是硬道理。现在老百姓过惯了好生活，如果工资不增加，生活变坏了，就会非常不满意。为什么以前抓"大老虎"的时候大家很激动，现在不那么激动了呢？这是因为，很多老百姓觉得抓了那么多的"大老虎"跟他们也没有什么关系。有时老百姓去找政府办事情反而不方便了。虽然官员不腐败了，可是商人的生意更难做了。老百姓支持反腐败，但是他们也关心自己的经济生活是不是越过越好。无论是对国家还是对普通老百姓，今后的发展都是非常重要的。

这就要求适度地分权。一定要把发展经济的四个主体——地方政府、国有企业、民营企业、外资的积极性发挥出来。如果不发挥出来，中央的顶层设计就很难落地。

日本和亚洲"四小龙"当时能够避开中等收入陷阱有它们有利的条件：第一，它们的经济体量小。日本的经济体量很大，但是，日本现在的经济总量连我们的一半都不到。第二，日本和亚洲"四小龙"有很好的国际环境，西方一直对它们开放市场，因此它们没有遇到很大的阻力。日本和"四小龙"经济的上升时期，也恰逢西方处于二战以后长时间的上升时期，它们借了这个世界发展的"东风"，基本上没有很大的困难。但是，今天中国企业"走出去"进入西方的阻力就非常大。如果我们的地缘政治搞不好，以后这种阻力会越来越大。我们面临的国际环境并不好，以后还有可能会变得更糟。

当然我们应当对中国的经济发展保持乐观态度。比起其他经济体，我们已经进行了大规模的工业化、大规模的基础设施建设，有很好的人力资源，创新精神强劲。从各方面的经济要素来说，我们并不差。所以我们要做一些政治上的和政策上的调整，重新把经济推上去。

如何评价我们的制度进步？长期以来，我们光是用 GDP 来衡量我们的进步，GDP 总量和人均 GDP，这些当然很重要，不过，我们也不能忽视制度上的进步。从国家的长治久安来说，制度进步非常重要。

邓小平的影响力之所以大，就是因为他对整个国家的贡献主要是制度建设。今天，我们很多好制度都是邓小平先生建立起来的。现在所说的法制和法治，尽管还没有完成，但也是从邓小平开始建立起来的。如果邓小平没有这些制度建设，他就不会对今天的中国有如此大的影响力。我们要用制度来衡量。江泽民、朱镕基时期对中国经济制度的建设，胡锦涛、温家宝时期对社会建设、社保制度的建设，都有诸多贡献。

这一代领导人在十八大以后已经做了很多事情，所有条件都具备了，接下来就是要大力推进制度建设，实际上已经在做了。就拿反腐败来说，制度建设这几年进步不少。从前的反腐败并不是没有制度，而是制度建设的方向不太对，反腐败机构太多、太分散、太分权了。十八大之后，一切权力归中纪委。

现在，我们正在建设一个跟国务院平行的监察委，这是一个非常大的进步。监察委是国家广义政府的一部分，具有法律的权威和中纪委的政治权力，可能解决"双规"制度中存在的一些问题。"双规"制度有一定的缺陷，属于没有办法的办法。犯错误的党员干部也是人，很多问题是制度造成的，并非他们的天性就坏。我们要从制度出发，要友善对待，毕竟他们也是人。

中国这么大的一个文明古国，整体来说，我们还是要考虑未来政治怎么走的问题。笔者在开头说民主政治是中国改革要走的最后一步，但要实行什么样的民主呢？这也是笔者多年思考的问题。

近年来，笔者提出了"内部多元主义"概念。笔者把西方的多党制称为"外部多元主义"，你不认可这个政党就可以脱离，参加或组建反对党。笔者对西方基于"一人一票制"之上的多党民主持比较悲观的看法。以前，英国的反对派是忠诚的反对派，英国议会下面两个政党，就像中国传统的左丞相、右丞相，两个人提的意见不一样没问题，但都是具有建设性的意见。而现在的反对党和执政党是互相否决的，为了反对而反对，根本不讲任何道理，所以两党什么都做不成。

20世纪90年代初福山写了《历史的终结》一书，认为西方民主是人类历史上最好的也是最后的政治制度，但现在福山不这样认为了。西方民主下一步怎么走对西方来说非常关键，但到现在还没有明确的答案。

近年来，我们和一些欧美学者（包括福山）开讨论会的时候，也会把中国模式放进讨论中，看看中国的发展模式。中国模式怎样解读？笔者把它称为"内部多元主义"，我们是开放的一党制。我们有民主党派，不过不是严格意义上的政党，有点像社会组织，中国共产党也不是西方意义上的政党。

党内利益多元，这是客观的现实。所以，我们说党内民主要做好。内部多元主义就是党内民主，党要开放。像从前一位领导人所说的，党是铁打的营盘，而领导则是流水的兵。领导人、党员都是流水的兵，营盘要对所有社会成员开放，如果封闭起来，社会就会有很多麻烦。

为什么现在西方出现了那么多麻烦？理论上说，民主是有助于开放的，但实际并不是这样。现在的民主体制下都是强大的既得利益。美国的民主党和共和党有什么区别呢？他们都是既得利益，也是为既得利益服务的。特朗普很聪明，他看到了这一点。尽管他也是既得利益的一部分，但为了获得政治权力，他就"脱离"了建制，转向支持体制外利益。

所以，美国的这届总统选举并不是传统意义上的共和党与民主党之间的竞争，而是体制内外的竞争。欧洲也有类似的情况。笔者认为，西方民主不是像福山所说的"历史的终结"，还会有大幅度的变化。这个大家可以自己观察，因为任何政治体制的有效性是由其经济社会条件决定的。

中国现在怎么走？笔者个人是反对走多党制路线的。这不是理论问题，而是实践问题。简单地说，我们现在根本就没有这个条件。笔者最近在思考"50后""60后"这两代人的政治责任问题，我们在经济发展方面已经取得了巨大的成就，但怎么做制度建设，怎么实行党内民主？

现在，我们重新提出了核心的概念，这非常重要。1989年后邓小平将核心的概念解释得很清楚。邓小平认为，共产党体制要求有一个核心。第一代的核心是毛泽东，第二代是邓小平，第三代是江泽民。核心并不是简单的权力问题，更重要的是要表明谁来承担政治责任。如果真正认识到中国政治的逻辑，那么核心是非常必要的，这是政治的责任。下一步，我们要解决的问题是：核心如何和集体领导，和党内民主找到一个契合点？对此，我们要进行很多理论和实践上的探索。

社会建设这几年进步并不大。社会建设应该是今天中国头等重要的改革领域，决定了下一步经济改革和政治改革能否成功。我们现在面临的困难都是因为社会改革、社会政策没有做好或者做得不够。我们的经济一直在说要从出口导向转向内需社会，建立内需社会才可以实现可持续的发展。那么，为什么内需社会建立不起来呢？因为我们的中产阶级太小。

前文我们也分析了为什么我们的中产阶级比例还是那么小，因为我们的中产阶级没有社会制度基础。

比如在英国，老百姓的存款率很低，有钱主要用于消费。他们干吗要存款？房子很便宜，看病不要钱，读书不用钱，那么存钱干什么用？这就是社会政策在起作用。北欧社会更是如此，企业家的税收很高，达到60%，甚至更高。那里基本上实现了马克思所描绘的社会主义社会，大家住的房子门不多，小孩上学不要钱，看病不要钱，富人跟穷人唯一的区别是可能出差坐公务舱，红酒喝好一点，就这样一点点的差别。北欧国家的社会政策更是保证了清廉政府。新加坡、中国香港是高薪养廉，但北欧社会政府官员的薪水并不高，可以说是低薪下的廉洁，这里社会政策发挥了主要作用。

反腐败也不能光靠反腐败机构的设置，而是要通过包括公务员制度改革、行政改革、社会改革，完善一整套的政策来保证一个清廉的社会。朱元璋的反腐败够厉害，但是没用，因为没有一整套的系统。所以，社会改革是最重要的反腐败方法。

贫富差距大，社会不公平是社会建设问题。实际上，中国的中产阶级很可怜，买了房子变"房奴"，小孩上学变"孩奴"，一个人生了大病一家人几乎可以倾家荡产。而在欧洲，社会被社会政策保护起来了。其实，无非就是社会保障、医疗、教育、公共住房这些东西，该怎么做呢？我们算过，如果不包括农村，即使在不增加新房子的情况下，存量房就足以让每一个城市居民都有 40 多平方米住房了。现在还要大盖房子，为什么不像新加坡那样做公租房呢？北京、上海、广州、深圳这些城市，房价涨得吓人，而房地产的泡沫仍然巨大。

笔者一直在倡导中国要走分散的城市化道路。世界上一个普遍的规律是"穷人的城市，富人的乡下"。德国的城镇化非常高，但 80% 的人口居住在 2 万人口以下的小城镇。我们过去的城市化道路方向错了，把所有的优质资源全往那几个城市堆。在优质资源这样高度集中的情况下，要做好医疗改革，门儿都没有。所有人都想去北京上学，去北京看病，因为最好的教授、最好的医生都在北京，他们想去北京，这是人心所向，什么也阻止不了。资源太过于集中在几个大城市，大城市化的弊端很难破解。大城市的资源要分散，至少不能再继续往大城市堆了。

农村现代化也势在必行。如果现在农村的情况继续下去，农村流出性的衰落不可避免。农民有钱了就到城市去买房子，哪怕家里有房子也不住。政府对农村就那么一点投入，而且没有社会资本的流入。农村现在是单向地流出，要有双向流动，让社会资本也可以到农村去，这样才会平衡一些。光靠政府一家，政府资本进去了，能好一阵子；政府的资本一抽出来，情况马上又变得糟糕。这不是可持续的发展。

所以，社会建设是重中之重。社会建设做不好，以后政治开放更麻烦。中产阶级是很好的一个社会主体，但我们现在把它高度政治化了。总有人觉得"中产阶级"一定要跟政府分权，实际上则不然。像在日本和新加坡，中产阶级都是支持政府的。因为中产阶级是政府培养出来的，肯定是支持政府的，这跟西方的模式不一样。我们的很多学者和官员既不了解西方也不了解东亚社会，只会把一些现象做简单的"政治化"。社会成长了，政府的负担就会减轻。欧洲的一些国家，几个月没有总理也没有关系。日本大灾难的时候，政府并不作为，老百姓自己很作为。

我们是社会主义社会，社会主义就是以社会为主体的，但我们却忘了建设社会。我们对公务员、干部的很多考核，其他什么标准都不重要，就看看他们的社会建设做得怎么样。社会建设好了，我们就会有非常大好的明天。

第十二章　精准扶贫与社会保障制度建设

一、中国农村的贫困与治理

笔者自己来自农村，一直以来对农村非常关注。这几年笔者先后在南方的浙江、广东、广西等地的农村花了很多时间进行调研，考察农村的贫困现象。今天笔者想从基层治理与扶贫这个角度来谈一下农村的贫困问题。

1. 扶贫不仅仅是经济问题

这些年，中国政府发起了一场全国性的反贫困运动，即精准扶贫。从世界范围来看，只有中国共产党才能做这样的事情，其他国家没有一个政府可以这么做。尽管世界上大多数政府也认识到扶贫的重要性，但它们没有能力像中国那样做。从这点来看，精准扶贫运动体现出了中国的制度优势。

不过，扶贫不仅仅是一个经济问题，更重要的是一个制度问题。尤其是对农村来说，贫困是一个治理制度的问题。农村的贫困表明国家治理能力的不足，这对任何国家来说都是一样。真正让人脱离贫困，用制度来保障他们不再返回贫困，这对任何国家来说都是不容易的，扶贫是一项非常艰巨的任务。

从宏观上说，中国的扶贫非常有必要。从微观上看，现在的扶贫并不是那么有效，或者说，以我们的期望来衡量，扶贫的表现还不够好，存在大量的政策寻租行为。我认为，扶贫的方法和制度建设还需要结合起来。没有农村治理制度的建设，扶贫很难实现可持续发展。

首先，如何理解今天中国农村的贫困？我认为，有两个因素非常重要。第一个是普世性，主要是指全球化过程。大家可能会问为什么全球化跟中国的基层贫困能直接联系起来？这是因为 20 世纪八九十年代以后，全球化导致了农村的贫困。全球化对农村的影响主要在于全球化在农村劳动力与国际市场之间建立了一个最直接的联系，而这种联系以前是不存在的。全球化把农村的所有生产要素，包括劳动力和土地，跟全世界直接联系起来了。

（1）全球化与农村的贫困

就中国来说，在很长时间里，珠江三角洲每年吸引了高达 3000 多万来自全国各地的农民工，这些农民工把自己最廉价的劳动力投入全球化的过程中。中国早期的血汗工厂都跟全球化有关，中国成为世界制造业的中心，不是因为技术，而是因为中国农民的廉价劳动力和中国农村廉价的土地。诚然，今天我们的制造业中也有一些技术含量高的公司，如华为，但早期主要是靠劳动力和土地的要素优势。

当这些农民离乡背井到珠江三角洲一带打工后，他们确实能感受到更好的生活，因为挣的钱比务农要多得多。不过，根据笔者的观察，到外地打工不足以使他们脱离贫穷。尽管赚了一些钱，但没有制度基础保证他们完全脱离贫困。中国城乡二元的户口制度没有得到彻底的改革，很多人在珠三角打工十几年，一旦失去工作依然很可能要回老家。无论是生活在城市里的农民工，还是回老家的农民工，很多人都还是处于贫困边缘的状态，一旦失去工作，就会再次陷入贫穷。或者说，他们没有任何的制度保障。

当然，全球化导致农村的贫困是一个全球性的议题。西方发达国家，例如美国，在 2008 年世界金融危机之前，其中产阶级规模超过 70%，到现在剩下 50% 都不到，这个就是全球化带来的问题。多年来，大家都关注如何从全球化过程获取好处，但是忘记了小城镇，忘记了乡下。这也是现在西方民粹主义崛起的根源。中产阶级规模缩小了，甚至有些地方中产阶级变得贫困起来。

在这方面，特朗普的一些做法值得关注，尽管人们在价值观上不认同他的做法。比如他重新开放一些以前因为环保问题和气候问题关掉的小企业，像煤矿。这些企业都在小城镇，它们在全球化的过程中被忽视而导致了相对的贫困。法国等欧洲国家的情况也差不多。

（2）农村改革的失效

第二个因素是中国农村改革的失效。中国的农村改革在 20 世纪 80 年代最有效。从世界范围来看，80 年代中国脱贫的农民是最多的。80 年代的时候笔者自己也在农村，见证了两波改革：第一波的农村生产承包责任制，第二波的乡镇企业发展。为什么当时的农村改革非常有效？这两波改革，对农民财富的积累是有贡献的。或者说，这两波农村改革是"积累性"的。但是 90 年代以后，农村基本上没有很大的改革，除了政府取消农业税，向农村让利，农村本身没有多大的改变。农村土地制度改革到今天为止，仍然没有实质性的进展。

笔者创造了一个概念来描述当今的农村贫困，把它称为"流出性的衰败"。所谓"流出性的衰败"就是说农村的生产要素，只有单向流出，没有流入。农民一旦富裕了就会离开农村搬进城里，即便这些富裕农民在乡下重新盖个房子，但这不是其长期居住点。农村没有工作机会，年轻人就往外流出。现在中国农村的生产要素都是单方面流出的，社会资本进入农村是受制度限制的，而农村对人才没有任何吸引力。

政府在农村确实有投入，比如取消了农业税，但是农村自己基本上是没有任何投入的。实际上，资源一直是从贫穷的农村流向城市的，包括人、财、物。对农民来说，谁不向往城市生活呢？谁不向往把自己的后代送往城市呢？这样下去的话，农村的衰败是不可避免的。最近笔者也在考虑中国城镇化怎样进行下去的问题，因为这跟农村建设是非常相关的。如果城市化搞不好，农村建设也永远搞不好。我在思考如何建立一种资源分散性的城市化，而不是像现在这样把所有的优质资源都集中在城市，尤其是大城市。

今天的扶贫，我们可以把它简单地理解为政府对农村的投入，或者通过扶贫形式的财富再分配。这种再分配可以通过行政的方式，也可以通过税收的方式。

扶贫非常重要，因为它是中国共产党继续治理农村的经济基础，可以避免发生传统的革命或者社会动荡。笔者观察目前农村不稳定的社会基础在扩大，这不仅仅是因为经济上的原因，也因为现代教育和传媒的作用。

现在的农民跟20世纪五六十年代的农民不一样，他们也是受过教育的，其权利意识跟以前的农民不一样，尤其是第二代农民工。农民工回农村后，还是希望享受城市的生活，比如说要有洗澡设备、卫生条件，要有暖气、空调，但农村的条件确实有限。现在内地农村的环保问题越来越严峻，就是因为农民一家一户地在追求城市的生活方式。这从一个侧面说明了农民的权利意识在提升。

2. 贫困导致社会不稳定

这几年中国的社交媒体有很明显的变化。过去，中国的高级官员们若出了事情，网络上的讨论会非常激烈；但现在大家对此类问题都见怪不怪了。但是，一旦农村和基层出现一些社会问题，比如山东的辱母高利贷问题、四川的中学生自杀问题，任何一件事都有可能成为全国性的大事。底层出了问题就会引发全国性的怨愤，这是为什么？

现在政府维稳的能力在提高，但是政府除了传统的维稳形式外，也没有新的形式。这里的问题是，政府的维稳能力跟老百姓的动员能力之间的平衡怎样去把握？政府24小时都盯着也很累，而且也不会很有效。

农村的贫困会导致不稳定，没有人会怀疑政府大量投入的重要性。但若从基层治理层面去看待贫困问题，就会发现矛盾：一旦政府减少了投入，贫困又会重新出现。扶贫只是一种缓解作用，不是在根本解决问题。

所以笔者一直想把扶贫放在中国的基层治理制度里面。农村治理所面临的局势是非常严峻的。农村的治理究竟应当怎样进行？

这个问题看着简单，但笔者想了好久，并不好回答。因为现在很多地区基层组织不能发挥正常的作用了。所以，一些农村出现了"黑社会化"，甚至黑白不分的现象。当然，"无政府状态"也是一种治理状态，只是说这种治理状态不是我们所认同的。一些地方黑社会的治理也是治理，黑白勾结的也是治理。

中国基层"霸"字流行，这是很长时间以来的一个现象，也是大家一直在讨论的，即"恶霸"很多，如"区霸""校霸""路霸""水霸""电霸""地霸"……这是很成问题的。这些"霸"也是老百姓所痛恨的。所有这些"霸"随意欺负老百姓，是农村稳定的一个恶瘤。

因为有这些"霸"，扶贫的经济利益或者其他一些利益，一到农村都会被这些"霸"所捕获，应当流向农民的好处都被这些人捕获了，却流不到农民那里去。也因为这些"霸"，现在我们执政党很难像过去那样深入民间了。

3. 农村的扶贫与反腐败

从这个角度来说，我们应当在农村做三件大事情。第一件是大力扶贫，这件事情正在做。政府的投入非常重要，没有投入的话，矛盾会越来越激烈。全球化的趋向是不可改变的，而全球化会继续影响农村。中国也是一样，中国如果要成为全球化的"领头羊"，全球化这些因素对中国农村的负面影响一定要重视起来。

第二件是中国农村的反腐败。笔者认为，今天拍"苍蝇"的效用会高于抓"老虎"。"大老虎"已经抓了很多，也会继续抓下去，但对老百姓的功效没有那么大。"打老虎"式的反腐败对老百姓没有什么直接的影响。笔者最近去各个地方观察后发现，反腐败刚开始时对老百姓非常有用，但是几年下来一些老百姓就开始问他们到底得到了什么？领导干部腐败的情况的确有所好转，但是反腐也导致了一些领导干部不作为，导致老百姓去办事情不方便。

所以老百姓也在问，这样反腐败下去跟我有什么关系？而底下的那些"苍蝇"或者"霸"，跟老百姓的生活是有密切关系的。因此，执政党在打"老虎"的同时还是要把这些恶霸打下去，把基层的腐败反下去。

第三，更重要的是基层的改变，尤其是要改变资源单向地从农村流出的情况。政府应当通过土地制度和其他制度的改革，允许各种生产要素实现双向流动。无论欧美还是其他国家都是这样。当城市化达到了经合组织（OECD）国家的水平，也就是在70%左右的水平时，社会出现的现象就是"富人的乡下，穷人的城市"。因为穷人需要城市，城市生活非常方便。如果社会环境改善、公路修起来、学校办起来、服务业也有了，小城镇的生活会非常好。

如果中国现在不改变这种单向的流动方式，光靠政府一家去做扶贫，无论投入多大，效果都不会太好。所以，政府资本要和社会资本结合起来——当然也要预防社会资本的负面作用，因为资本的本质是剥削农民，这一点要我们通过各种制度把它规制好。但我们应当鼓励社会资本流入农村，跟政府资本结合起来，来促进农村本身的发展。

这样多方面的结合，就可以使中国农村的腐败控制在我们可接受的程度内。甚至最后也可以出现我们现在提倡的"美丽的乡村"。中国出现像欧洲那样理想的乡村，也不是没有可能。

二、中国的"精准扶贫"可持续性研究

"精准扶贫"是近年来中国高层的重要政策议程之一。自改革开放以来，扶贫成就一直是中国的骄傲。在短短数十年里，中国已经使得近7亿人口脱离绝对贫困，是世界反贫困史上的奇迹。不过，新的反贫困运动仍然必须进行，因为全球化已经在全球范围内导致收入分化和社会不公平，社会矛盾激化，出现不稳定。

从这个角度来看，精准扶贫是中国政府保护社会的最基本手段。也就是说，扶贫的基本目标是实现基本社会公平和正义。任何社会都需要寻找有效的手段去实现社会公平与正义，但世界上并不存在一种普遍有效的手段。

就中国来说，扶贫这个"抓手"极其重要，经常被视为是中国制度的强项。尽管这么多年来，中国在扶贫方面取得了很大成就，积累了宝贵经验，但每一个新阶段，当出现新贫困情况的时候，就要寻找新的方法。

不过，任何一种特定的扶贫方法，在执行过程中也会出现问题，需要

随时加以纠正。近年来的精准扶贫方法也不例外。一个显著的问题就是，精准扶贫能否实现原来所设想的基本社会正义呢？从这些年的经验来看，已经出现了一些问题，有些地方这些问题甚为严重，如果不纠正，不仅难以实现基本社会公平和正义，反而会恶化形势。

1. 精准扶贫过程出现的问题

在"精准扶贫"中，最重要的就是对"贫困"的鉴定。有几个因素表明这是一件相当困难的事情：

第一，信息问题，如何收集、鉴定、处理信息。在农村并不存在精确的信息，例如有关资产（房屋）、牲口、土地、家庭成员、健康、教育等方面的信息即使存在，但鉴定者具有很大的主观性。

第二，基层政府和社会往往脱节，没有足够的能力掌握精确的信息。因为精准扶贫是自上而下，官员最终需要依靠地方"强人"来掌握、鉴定和处理信息。这种情况就非常有利于地方强人。近来，有关部门也引入外来人员对实际贫困进行调查。不过，这里出现的问题更多。

一方面，因为并不存在对这么大规模的扶贫进行科学调查的人才，实际上往往派毫无实际经验的大学生入村调查；另一方面，因为问卷调查的设计者完全脱离中国农村的现实（尤其是农民的理解水平），导致农民无法回答表中的问题，从而变成调查者自行填表。因此，有人戏称，精准扶贫已经演变成为了"精准填表"。

第三，正因为农村存在"强人"（甚至"村霸"）因素，扶贫往往演变成扶"富"，即扶贫的大部分好处流向了地方"强人"（干部、干部家庭成员或者亲戚朋友、"村霸"等）。在基层，"黑白两道"经常竞争分配来自上面的利益，甚至导致冲突。"扶贫"演变成"扶富"的另一个因素，是对脱离贫困时间上的限制。

扶贫追求效率，就是要促成贫困者尽快脱贫。在执行过程中，扶贫者对那些真正需要帮助但很难脱离贫困的家庭或者个人并不感兴趣，而只对那些很快就可以脱离贫困，甚至并不是那么贫困的家庭和个人感兴趣。

第四，扶贫烦琐的手续。一般情况下，在中国社会，贫困并非是一件"光荣"的事情，但鉴定贫困则有做不完的手续。因为得到的好处并不多，即使是贫困户对此也不那么感兴趣。在基层，老百姓普遍相信，真正大的利益不会通过这种正常方式来分配。

这些因素无疑会影响社会公平的实现。此外，精准扶贫也产生着新的问题。因为精准扶贫基本上是一种财富再分配，就存在着一个分配给谁的问题。因为是通过分配方式进行，经常会导致村民"阶级"的再分化，产生新一类型的社会"不公平"，表现在不同宗族之间、家族之间、村民群体之间。

一旦涉及利益分配，这些传统的因素和新产生的因素都会卷入进来。这样很容易产生新的"认同"政治。在很多地方，社会对基层干部的信任度本来就不高，"精准扶贫"是一种新的政治，搞不好会造成新的隔离和新的对立。

这种情况在少数民族地区更会造成新的民族对立。新疆、云南、四川等少数民族密集的地方，精准扶贫很难逃避民族矛盾，这对民族干部是一个很大的考验。不难理解，这些干部要面临"照顾哪一个民族"的问题，即使民族干部在分配扶贫资源上不偏不倚，做到尽量公正，但不同民族成员总会有不同的看法。

一些民族成员会问，为什么这个民族得到的多而我们这个民族得到的少？他们总是相信民族干部把大量的好处分给了自己所属的民族，而自己受到"歧视"。实际上，这种看法在基层很普遍。因为干群关系的紧张和互不信任，很多人都会认为，只要和"上面"（指政府和政府领导干部）有关系，就会得到好处，否则就没有。

也必须注意到的是，精准扶贫很难覆盖到另外一个庞大的群体，即农民工。中国农民工的数量，比较有共识的估计是有 2.7 亿。这个群体也很难说都是贫困人口，实际上他们因为外出务工，经济情况比留在农村的人口会好一些，因为有能力的人才出去打工。不过，也不能否认他们之中很多人已经沦落为城市新贫困人口。因为他们生活在城市，在农村推行的精准扶贫不会考虑到他们。同时，他们也没有城市户口，在城市推行的精准扶贫也不会考虑到他们。

今天，第一代农民工逐渐老去，在城市里的是第二代和第三代农民工，他们在城市出生、长大和生活，没有农村生活经验，没有任何回到农村的意愿，即使回去了也做不了农活。也就是说，不管怎样，他们中的大部分都将长期生活在城市，但没有城市户口。在很大程度上，这个群体甚至较之农村的贫困人口和城市的（具有城市居民身份）贫困人口更为重要。一旦他们沦为城市贫困人口，他们便有了很强的政治意识。

此外，精准扶贫的实施机制也需要改进。因为是国家动员型的反贫困运动，可持续性往往成为一个重大问题。这里有几个问题需要考量：

第一，基层干部考核问题。基层干部是实施精准扶贫的主力，为了有效推进精准扶贫，在很多地方，脱贫成为考核干部的最重要的指标。一般情况是，在贫困现状不能改变的情况下，干部就不能被提拔，不能换岗。这导致了至少两个合乎逻辑的结果。首先，这种巨大的压力为干部造假提供了有效的动力机制。一些干部抱着"赶紧脱贫和赶紧走人"的态度，在扶贫方面造假。尽管现在也在实行扶贫的责任制，干部在提拔时，上级部门可以回溯到他们以前的成绩，不过很多干部只看眼前的利益，而不会考虑长远的利益。其次，与之相关的是，干部往往采用"用尽现有所有资源"的办法来体现自己的政绩。因为要尽快脱贫，干部往往千方百计动员一切可能的资源，而这种动员是否可持续不是他们所要考虑的，这样往往把"债务"和问题留给后来者。

第二，干部任期过短，也造成短期行为，不利于扶贫的可持续性。近年来，干部加速轮换，往往两年左右就被调离。一些干部赴任的时候，带去很多项目（往往通过政商关系，例如带去一些商人搞当地建设），但还没做完就被调离。这种因为频繁人事变动所造成的浪费和腐败是惊人的。

如果让他们在一个地方继续下去，的确有做好的可能。因为是短期，一些干部就变得好大喜功，不讲市场规律，一会儿叫农民种植这种经济作物，一会儿叫农民种植那种经济作物，造成了农民和国家双方的损失。因为不讲市场规律，所生产产品往往卖不出去。由干部推动的农业生产项目全国到处开花，但比较成功的例子并不是很多，更多的是失败的例子。

2. 扶贫的可持续性

对任何国家来说，扶贫都是一个永恒的事业，因此扶贫的可持续性非常关键。在基层，一些有识之士已经开始担心，这样大规模的扶贫，尽管可以出现正面的短期效应，但在资源耗尽之后又会出现什么样的情况呢？如果没有充足的资源来继续扶贫，返贫情况会变得很严重。这种情况在全世界各国扶贫历史上都发生过。同样需要注意的是，扶贫引发的基层政治有可能导致基层政权的进一步弱化。

可以预见，在接下去的一段时间里，随着"拍苍蝇"运动即基层反腐败运动的推展，基层扶贫干部会面临更大的压力。如果基层反腐败也是通过基层干部之间互相揭发和告发，或者号召民众来揭发和告发，基层干部之间的互相怨恨和民众对基层干部的怨恨，也必然会爆发出来。如果这样，一场"四清"式社会运动也有可能爆发出来。

精准扶贫需要很多条件，如果可以顺利实施，也会是一个扶贫历史上的奇迹。新加坡是一个很好的例子。新加坡的"扶贫"以选区为单位，选区议员的一项任务是找出真正需要帮助的人（穷人）。新加坡没有实行西方那样具有普世性的福利制度，从西方的经验看，普世性的福利制度往往导致滥用。新加坡成功故事背后是有很多条件的，其中几个条件非常重要：

第一，基本的社会福利政策的到位，包括住房、医疗和教育。在新加坡，80%多的公民居住在政府组屋。第二，健全的财务制度，政府知晓每家每户的经济状况。第三，透明的制度，在每一个选区内大家都互相了解。第四，不腐败的官员队伍。

在很大程度上，新加坡之所以能够这样做，是因为其城市国家的性质所致。相比之下，中国至少到现在为止，所有这些制度尽管在发展，但仍然处于早期阶段。不过，随着技术条件的改进，中国也可以完善这些制度，只是需要很长时间。

实际上，中国在总结20世纪80年代以来的扶贫经验基础之上，也需要考虑其他更符合国情和社情的方法。扶贫需要考量到很多的大发展趋势，包括政府责任、社会流动、基本人权的实现，等等。简单地说，政府有责任促成其管辖下的所有居民（无论是流动人口还是固定人口）基本公民权的实现。

如果从这个角度来看，中国可能需要实行更具普惠性质的社会政策。这就需要提高政府社会政策的统筹级别。到现在为止，中国的统筹只是市一级，连省一级统筹都还没有实现，更不用说国家一级了。

发达国家甚至很多第三世界国家，基本社会政策都是国家统筹的。中国的国家统筹不是不能实现，而是一个思想意识问题。早期经济社会发展水平不高，低级别的地方化统筹不可避免。但经过数十年的快速经济发展，现在已经具备了足够条件来提高统筹的级别。这需要通过顶层设计来达成，逐步地从市一级提升到省一级，最终实现国家层面的统筹。统筹制度建设对扶贫所带来的效果，会远远超越 20 世纪 80 年代以来到现在为止的各种扶贫方法。

三、中国扶贫政策接下来怎么走

1. 扶贫与全面小康社会建设

2015 年 11 月，中国共产党第十八届五中全会通过了"十三五"规划建议稿。这份建议稿提出，到 2020 年之前，现行标准下七千万农村贫困人口要实现脱贫，贫困县全部摘帽，解决区域性整体贫困。同时，"十三五"规划建议稿提出了实现共同富裕，建立全面小康社会的目标，即把人均国民所得从 2016 年的 7800 美元提升到 2020 年的 12000 美元。不难理解，农村贫困人口实现全面脱贫是实现全面小康社会目标的一个核心内容。如果不能让众多的农村贫困人口脱离贫困，那么即使人均国民所得提升到了 12000 美元，也很难说是"全面小康社会"。"全民小康社会"可以说是中国共产党的"中产阶级"观。只是因为"中产阶级"具有特殊的政治和意识形态的含义，中国的执政党才使用这个具有中国传统的概念。无论是"全面小康社会"还是中产阶级社会，两者的本质含义是一样的，即要建设一个"两头小、中间大"的"橄榄型社会"。

无论从理论上还是实践来看，扶贫和培养中产阶级是两个相辅相成的过程，必须把两者统合起来考量才能有效。首先，扶贫是对培养中产阶级的支持。很容易理解，如果大量的人口处于贫困状态，那么就很难建设一个中产阶级社会。其次，把中产阶级和扶贫一起考虑，就可以拓宽扶贫的含义。在任何社会，"脱离贫困"和"中产阶级"并不是同一件事情。一些人口脱离贫困之后，进入到中产阶级的行列，但如果他们的中产阶级地位不能得到巩固，那么很容易"返贫"，再次沦落到贫困状态。这种情况在中国的城市表现得很清楚。从前，城市居民被视为是中产阶级。而 2014 年全国城市低保对象有 1877 万人。换句话说，现在城市的绝对贫困人口至少有 1000 多万。而城市低收入人口的数量也极其巨大。2014 年，城镇人均可支配收入为 2.9 万多元，而 20% 的城镇居民的人均可支配收入在 1.1 万元以下。按全国 5.4 亿城镇人口估算，这 20% 城镇居民超过 1 亿人口。这个群体就是城市中产阶级没有坚实的制度基础所造成的，或者说没有一套坚实的包括社会保障、医疗、教育和公共住房等在内的社会政策，这个群体很难脱离贫困的局面。第三，必须通过保护中产阶级的手段来有效防止人口的"返贫"。在任何社会，中产阶级是社会稳定的基础，更是消费社会的基础。中产阶级规模的变化决定了一个国家的社会经济状况。显见，对中国来说，扶贫是为了培养中产阶级，建设"全面小康社会"，而巩固中产阶级则是为了不让贫困再现。

2. 农村扶贫现状

对中国来说，农村的贫困问题长期以来一直是一个重要的问题。改革开放以来，随着中国的经济增长，农村的贫困问题得到了相当大程度的缓解。根据世界银行的估算，1980 年中国有 8.4 亿人处于贫困状态（即生活在人均 1.25 美金以下，按 2005 年不变价），其中大部分贫困人口生活在农村。20 世纪 80 年代之后，随着中国经济的高速增长，大量农村居民脱贫。世界范围内，中国是全球最早实现联合国"千年发展目标"

中减贫目标的发展中国家。在 1990—2005 年间，按联合国开发计划署（UNDP）的标准，中国有 4.7 亿多人脱离了贫困，占同期全球脱离贫困人口的 76%[①]。

现实地说，世界上最发达的国家也无法完全消除贫困，就是说，最富裕的国家也会有相当的贫困人口的存在。经济地看，这和贫困线制定的标准有关，欧盟和英国的贫困线是相对贫困，目前贫困标准被界定为贫困人口的收入低于其所在国的中位数收入的 60%。英国 2011 年有 16% 的人口生活在贫困线以下。据 2014 年的估计，欧盟有 25% 的人口在贫困线以下。欧盟的贫困人口从 2008 年世界金融危机之后还增长了 680 万。美国的贫困线则是随购买力调整的绝对值。2014 年的贫困线是 12000 美元。根据这个标准，目前大概有 4500 万美国人生活在贫困线以下。在西方国家中，美国二战以来的经济表现一直比较好，但实际上，其贫困人口从 20 世纪 60 年代末以后，还有所增长。同时，经济的波动也经常对中产阶级产生直接的影响，有时是积极的，有时则是负面的。20 世纪 80 年代里根革命和经济全球化早期经济的复苏对中产阶级提供了有力的支持，而 2008 年全球金融危机以来，美国的中产阶级受到严重的冲击。据官方统计，1991—2013 年，美国拥有大学以上学历人群的实际收入处于长期停滞状态。欧洲的情况也类似。可以说，贫困和中产阶级一直是一个经济体此消彼长的两个方面。

对中国的农村贫困人口，我们认为也可以分为两类。一类是相对贫困人口。相对贫困人口一般是根据一国平均（中位数）收入的情况来定义的。据中国官方发布的统计年鉴，2014 年中国的人均可支配收入大约

---

① UNDP report on China's progress on the Millennium Development Goal, UNDP, 2010.

为 2 万元 [1]，但 40% 的居民的人均可支配收入则少于 1.1 万元。更严峻的是，60% 的农村居民的人均可支配收入在 9500 元以下。这样来看，中国相对贫困人口相当多，尤其是农村贫困人口的群体仍然相当庞大。再者，收入越不平等，相对贫困人口也会越多。相对贫困人口群体大表明就收入而言，社会底端巨大，也就是还没有形成上面所说的"橄榄型"社会结构。根据国家统计局的数字，2014 年中国的基尼指数（衡量收入不平等的指数）大约为 0.47，超过欧美发达国家的不平等程度，在世界上也属于较高水平。

另一类是绝对贫困人口，即那部分生活在贫困线以下的人口。除了国际标准的贫困线，中国官方也设立了符合中国国情的贫困线。官方界定的贫困线随着物价和其他消费水平的增长而提高。2014 年的贫困线为当年价格的人民币 2800 元，按照历年的官方贫困线标准，中国农村的绝对贫困人口从 1980 年的 2.2 亿降到 2014 年的 7000 万。

对中国扶贫的研究很多。在众多的研究中，人们普遍认为，农村地区人口陷入贫困的原因主要包括以下四个。第一，恶劣的自然环境是造成贫困地区的一个重要因素。大量贫困人口集中在几个贫困地区，包括中西部的深山区、荒漠区、高寒山区、黄土高原区及西南喀斯特地区等等。根据亚洲开发银行的研究，大约三成的农村贫困人口居住在自然条件恶劣的地区。第二，许多贫困人口居住在基础设施建设极为落后的地区。基础设施建设的不足，限制了地区农业经济的发展。比如，在没有公路的情况下，当地产品和服务无法进入地区市场，更不用提全国市场。进入不了市场使

---

[1] 居民可支配收入指"居民可用于最终消费支出和储蓄的总和，即居民可用于自由支配的收入，既包括现金收入，也包括实物收入。按照收入的来源，可支配收入包含四项，分别为工资性收入、经营性净收入、财产性净收入和转移性净收入"。

得这些地区的经济仍然处于自然经济状态，其产品就不能增值，从市场经济中获益。第三，大量贫困人口无法摆脱贫困的另一个重要原因是健康、营养、教育等人力资本不足和农村信贷发展落后的限制。人力资本的欠发展往往限制贫困人口进入劳动市场，金融服务的欠发展往往限制贫困人口的生产和创业活动。第四，基本公共服务包括医疗服务及社会安全网的覆盖不足。许多农村人口因病返贫，因病致贫。

上述原因很重要，但还有一个非常关键的因素被经常忽视，那就是农村人口的衰败。改革开放以来，随着工业化和城市化的进程和区域性或全国性劳动力市场的形成，农村人口开始流出农村和农业。一般而言，流出的都是农村的壮劳动力。农村经济状况和农村劳动力状况之间有着直接的关联。如果城市化和工业化不可避免，那么由壮劳动力流出而导致的农村人口的衰败也是不可避免的。当然，农村劳动力的流出也不必然导致农村和农业的衰败。如果在壮劳动力流出的情况下，能够及时调整农村政策，提供新的制度，那么是仍然可以复兴和维持农业经济的。这也是今后农村扶贫必须考虑的一个关键问题。

精准扶贫是指针对不同贫困地区的条件、不同贫困农户状况，采用相关的具体有效的扶贫政策的一种扶贫方式。实际上，20世纪80年代以后的20多年里，扶贫政策首先是精准性普遍不高。这些扶贫政策是以贫困地区的经济发展为核心。尽管这种方法有其背后的理性，即要通过确立农村的"造血"机制来扶贫，但许多扶贫资金的受惠对象并不一定是贫困户，尤其是绝对贫困户。在扶贫资源投入以地区为核心的情况下，相对富裕的农户受惠反而较大。国家统计局有根据抽样调查数据推算的全国和分省的贫困人口数数据，但贫困户底数不清、致贫的原因不明。同时，地区为主的扶贫政策有扶贫资金被挪作他用的情况。根据国家审计署20世纪90年代末对国家级贫困县的审计结果，有超过两成的扶贫资金被挪作他用。

其次，扶贫政策的效果差异性很大。由于致贫的原因不同，一类政策只对某类地区有效。比如加强农村交通基础建设只对一些进入市场受到制约的地区有效，一刀切的政策往往无法奏效。

第三，由于针对贫困人口的社会保障不到位，出现了许多贫困人口返贫的情况。很多人口返贫主要是因为自然灾害等非人为因素，一旦遇到这些情况，他们无力应付，在没有外力帮助的情况下，很自然变为贫困。再者，农村贫困人口也往往无法负担医疗、教育等服务费，在经历重大疾病或者负担子女上学之后，返贫人口也相当普遍。据中国社会科学院的一份报告，在2009年的贫困人口中，估计有62%是返贫人口。

3. 中国农村扶贫政策的调整

近年来，针对前一个时期扶贫政策所出现的问题，中国政府对农村扶贫政策进行了逐渐调整，主要包括如下几项：

第一，为了瞄准贫困人口，一些扶贫项目从县一级下沉到村一级单位，并要求专人负责。比如2001年开始实施的"整村推进"计划将扶贫资源集中在村一级，改进村的生产生活条件、加强基础设施建设等等。目前"整村推进"计划包括14万多个村，覆盖中国80%的贫困人口。2014年中组部决定选派12.8万个机关干部到贫困村任第一书记，希望第一书记们可以利用在原单位的工作经验和资源，为村的经济发展和扶贫作出贡献。

第二，提供更多的公共服务和加强社会保障，覆盖农村贫困人口。2007年，在全国范围建立起农村最低生活保障制度，为农村贫困人口提供基本生活所必需的吃饭、穿衣、用水、用电等费用。2009年，开展新型农村社会养老保险试点，随后逐步推广到全国。到2014年，有超过5000万农村居民从农村最低生活保障制度中受惠。到2011年，有超过9000万人领取了农村养老金。

4. 十三五规划建议中的扶贫战略

如何在已有成果的基础上深化农村的扶贫是这届政府的一个政策重点。"十三五"规划建议稿延续了上一阶段的农村扶贫政策的方向。不过，就扶贫来说，"十三五"与其说是"规划"倒不如说是"计划"，因为必须在今后的五年内每年减少贫困人口1000多万。近年来，中共高层一直强调实现两个百年目标的重要性，即中国共产党成立一百周年和中华人民共和国成立一百周年。"十三五"完成之时也就是第一个一百周年了。如果第一个一百周年的目标不能如期完成，那么第二个一百周年目标就会成为问题。因此，"十三五"规划出台之后，至少就扶贫来说，各级政府领导干部感觉到了紧迫性，因为扶贫成为必须完成的"死命令"。那么，如何深化下一阶段的扶贫呢？

首先，精准扶贫会继续成为未来扶贫工作的中心。建议稿强调未来的扶贫政策应该考虑到地方的条件，因人因地施策。同时，分类扶持贫困家庭，对有劳动能力的家庭支持发展有特色的产业和转移就业，对自然条件差的地区的民众实施扶贫搬迁，对生态特别重要和脆弱的实行生态保护扶贫，对丧失劳动能力的实施兜底性保障政策等等。

其次，继续强调公共服务和社会保障在扶贫工作中的作用。除了对丧失劳动能力的实施保障外，"十三五"规划建议稿强调提高贫困地区基础教育质量和医疗服务水平，推进贫困地区基本公共服务均等化。对贫困地区的弱势群体如留守儿童、妇女、老人的公共服务和社会保障也要加强。

第三，基本设施建设，如公路、水电、互联网络等基本设施建设仍然会继续。

第四，建议稿中还鼓励扶贫角色的多元化，包括各类企业、社会组织、个人参与扶贫。最近有关部门还将构建社会扶贫服务平台，同时开展民营企业扶贫行动。

如按每年 6% 的增长率调整，2020 年全国脱贫标准约为人均纯收入 4000 元。要达到这个目标，需要不同的扶贫政策。"十三五"规划建议稿也有所涉及。首先，通过相关的产业扶持，发展地方经济，帮助 3000 万人脱贫。其次，通过培训相关技能，让农村劳动力在非农产业和城镇就业。通过转移就业，可以解决 1000 万人脱贫。第三，鼓励农户从自然条件恶劣的地区移民。通过易地搬迁，可以解决 1000 万人脱贫。最后，还有 2000 多万完全或部分丧失劳动能力的贫困人口，通过全部纳入社会保障覆盖范围，实现兜底脱贫。

5. 相关的政策建议

"十三五"规定了今后一个阶段扶贫的总方向，并在过去经验的基础上出台了一些具体政策举措，这些必将有助于国家深化扶贫。不过，扶贫仍然是一件极其艰难的任务，任重道远。我们认为，尽管各级领导干部都开始把扶贫视为最重要的政策议程之一，但是一些人的扶贫思路仍然不那么切合中国实际，把扶贫视为简单的社会救助，或者扩大为社会福利。如果没有正确的思路，扶贫只是各级领导干部不得不重视的一个政策项目，而不会成为自发的动机。这里，我们根据前面所说的要把扶贫和培养中产阶级结合起来的思路，提点政策建议。

中国要加大发展性社会投资。发展性社会投资或者生产性社会投资区别于改革开放以来在中国占主导地位的经济投资，例如对大规模基础设施的投资。发展性社会投资指的是政府或者民间对社会领域的投资，包括社会保障、医疗、教育和公共住房等。长期以来，很多领导干部深受西方新自由主义的影响，把对这些领域的投资视为是消费，不仅没有意愿在这些领域进行投入，而且加以阻止。在很大程度上说，直到今天，这种局面仍然没有得到改变。

20 世纪 90 年代末在国企改革过程中，医疗产业化，医院成为中国的暴富产业。1997—1998 年亚洲金融危机时，为了应付危机，政策研究界就提出通过教育产业化的方式来拯救经济，结果导致了教育的大扩张和产业化，到今天中国仍然是世界上教育最产业化的国家之一。2008 年遇到世界金融危机，政策界又提出房地产的产业化，通过对房地产的大规模投资来对付金融危机。没有经济学家指出这样做的危险性，因为无论是医疗、教育还是房地产并非一般的经济领域，而是社会领域。尽管这些领域的确可以引入市场机制，但社会领域的市场机制和经济领域的市场机制是两个不同的概念。西方在这些方面也是有严重的经验教训的，即通过持续暴力的社会运动促成资本作用在这些领域的减退和政府作用的强化。遗憾的是，作为社会主义国家的中国则很轻松地把这些社会领域完全经济化和市场化了。社会领域的过度市场化是今天无穷社会问题的根源，也是中国经济可持续发展缺乏动力的根源。很显然，没有一整套有效的社会政策，中产阶级没有制度基础，消费社会建设乏力。

中国在基础设施等方面的过度投资，已经导致了严重的产能过剩。"一带一路"倡议，希望能够通过这个倡议带动过剩的"产能"走出去。这当然是一种可行的思路。不过，也不能忘记中国可以通过加大发展性社会投资来消化很大一部分产能。幼儿园、学校、医院、养老院和体育馆等社会基础设施建设也是可以消化产能的。而更多的政府投入应当导向社会保障、医疗、教育和公共住房。这些投资并不是简单的消费，而是要为中国的中产阶级提供一个坚实的制度基础。今天中国的中产阶级没有任何制度保障，很容易成为明天的贫困人口。然而，没有中产阶级就没有消费社会，也就不会有可持续的经济发展。

这一思路也应当延伸到扶贫政策。要想有效扶贫，我们必须把经济领域和社会领域区分开来。发展性社会政策投资可以同时保护相对贫困和绝对贫困人群。长期以来，政府对教育、医疗、社会救助乃至于技术培训等投资不足。如果有足够的社会投资，包括相对贫困人口和中产阶级在内的人群能够享受公共服务，他们的基本生活水平有所保障，不至于在遇到天灾、重大疾病、小孩教育等情况的时候，重新陷入贫困。

首先，针对绝对贫困人口，中国应根据现在的社会经济发展水平，来设计一个社会保护制度。所谓的社会保护制度不能实行像西方社会的那种福利制度，而要实行像新加坡那样的基本社会保护制度，既能提供足够的社会保护，又能防止成为过度福利社会。

其次，为了实现十三五规划的目标，精准扶贫十分关键。精准扶贫政策至少包括三个要点：第一，扶贫资源瞄准贫困人口；第二，针对贫困人口陷入贫困的原因，制定相关的扶贫政策；第三，各部门要切实贯彻扶贫政策。由于各种技术手段的发展，目前政府考虑使用大数据瞄准贫困人口。从2013年年底开始，政府已经对8900万贫困人口全部建档立卡，未来对贫困人口的转移支付和其他相关扶贫政策都可以利用这些档案。此外，为了贯彻扶贫政策，对贫困县党政领导的考核机制也必须改革，强调扶贫在政府及其领导干部绩效中的地位和权重，为地方领导干部重视贯彻扶贫工作提供有效的动机机制。

未来的扶贫工作仍然面临严峻挑战。如何针对不同的导致贫困的原因制定相关的扶贫政策，这一点仍然需要很多进一步的研究。目前，在建档立卡工作中扶贫对象调查表里致贫原因相对简单，比如因病、因残、因学、因灾、缺土地、缺水、缺技术、缺劳力、缺资金等等。由于致贫原因的多样性和复杂性，这些因素可能同时存在并且相互关联。未来如何准确地制定扶贫政策很关键。

第三，如何真正实现扶贫角色多元化并真正发挥他们的作用？许多地方政府在提供农村公共服务时都强调社会组织的作用。比如对提供农村留守儿童、妇女、老年人相关的公共服务，山东省最近提出"以民间组织和志愿者服务队伍为支撑，以互助服务为主、政府购买服务为辅"。社会组织参与的优势是：既可以缓解政府的财政负担，又可能更了解帮扶对象的情况。不过，必须意识到，目前的社会扶贫主要还是以政府发动或以政府、部门为主体，社会参与度并不高。如何解决企业、社会组织、个人参与扶贫的激励问题仍然值得探讨。政府在这方面仍有很多改进空间。如何培养有效的赋权使得它们有能力扶贫？如何建立对社会组织的信任？如何把社会组织视为一个伙伴而非挑战者？如何规制社会组织以保障他们去真正扶贫而非实现其他目标？这些都是政府需要回答的问题。

第四，扶贫政策和其他社会政策的衔接问题。许多部门包括扶贫、交通运输、教育、卫生、环保等部门在内都牵涉到扶贫政策，而这些部门之间往往缺乏互联互通，没有协调性。如何整合各部门来提高扶贫工作的有效性也是未来扶贫的挑战。

第五，以土地流转为起点逐步重建农村土地制度。如上所说，农村壮劳动力的流失并不必然导致农村和农业的衰败。但要防止农村和农业的大规模衰败，就必须有制度创新。农村规模很重要，如果没有一定的规模，衰败则成为必然，因为没有一定的规模，政府提供公共服务则不可能。在规模过小的农村，提供公共服务造成巨大的浪费；即使有提供，也是不可持续。因此，对人口稀少的农村，移民不失为一个有效的方法。

对规模比较大的农村，则可以通过制度创新来弥补因青壮年劳动力流出而造成的衰败。就制度而言，关键在于逐步实现农村宅基地流转，让社会资本进入农村，重建农村美丽家园。改革开放以来的发展模式可以说把农村和城市隔断开来，掏空农村发展城市。壮年劳动力流入城市，老弱留守乡村。农村劳动力缺乏不仅不利于农业和农村的发展，更直接导致了农村的萧条并加剧了城乡发展差距。由于城市没有相应的制度和政策来消化流入城市的劳动力，这批劳动力年迈之后或者继续留在城市做边缘人，或者返回乡村成为新一代空巢老人。无论是年迈的体力还是在城市打工积攒的财力都使他们不可能承担起建设农村的任务。在现有政策框架之下，农村将继续衰落。另一方面，随着城市中产阶级的壮大，不少人开始向往乡村的田园生活。如果农村宅基地可以实现逐步流转，势必会吸引不少城市中产阶级回归乡村。从欧洲发展经验来看，城市中产阶级的资金流入和生活方式的乡村回归，将会带动乡村建设，整合城乡发展，利用社会资本提高农村的公共服务质量。因为当经济能力相对优越的群体回归农村，自然会产生相应的关于教育、医疗和其他公共服务方面的需求。事实上，目前在北京的近郊以及浙江等地区已经有很多这样的事例。如何设计一个合理的政策将流入城市的农村劳动力城市化，同时也实现城市人口的乡村回归，打破城乡壁垒，这在今后的发展中将非常重要。

第六，要大力强调家庭的作用。在扶贫的过程中，人们注意到了国家（政府）和社会的作用，但是家庭的作用一直被大大忽视。实际上，在农村，很多贫困都与家庭的解体或者实际上的不存在紧密相关。改革开放以来的工业化和城市化的过程也是农村家庭解体的过程。一是随着工业化和城市化的进一步展开，城乡间的壁垒被打破，中国从一个固定社会迅速转型到了流动社会，大量的农民开始流入城市，农民工成为一个令人瞩目的群体。二是以户为单位的家庭联产承包责任制使得家庭不仅是一个血缘组织而且也是一个经济组织。在这种情形之下，家庭之间的经济竞争关系突显而合作互助关系则急剧下降，甚至消失。家庭联产承包制的实施也解体了中国传统农村几世同堂的繁盛局面，使得家庭成了西方式的以夫妻及其子女为单位的结构，家庭开始变得原子化，家与家之间变成了平行组织。同时，家庭间的经济竞争隔断了家庭间的协同关系，而计划生育政策的实施更加剧了这种隔断。尽管改革开放之后，农村宗族势力有复活的迹象，但与传统中国有很大的不同。当代农村的宗族势力很多时候只是被某些家庭或个人用来争夺利益和资源的工具，并不能承担任何社会救济的功能。

在很多发达国家，工业化和城市化同样带来了大量的人口流动，大量的农村人口涌向城市。但是，这种流动是以家庭为单位，体现在家庭向城市的整体迁移。中国则不同，中国工业化和城市化过程中的人口流动只是劳动力的流动，不是家庭的整体流动。因为包括户籍制度在内的各种制度的限制，不仅提供劳动力的个人（农民工本人）很难被城市接纳，其家属更没法随其向城市移民。于是出现劳动力人口在城市而非劳动力人口在农村的留守儿童和空巢老人的现象。有幸随打工父母进城的农民工子女就学问题上也存在很大问题。这样，家庭在工业化的进程中被无情地解体。

从农村个体而言，家庭的解体失去了免于贫困的最后一个保障。要有效扶贫，中国必须提供有利于家庭重建的制度机制。没有健全的家庭，在农村扶贫会困难得多。在这方面，中国可向其他国家学习。

很多国家如中国的邻居日本和新加坡，家庭在个人免于贫困过程中扮演了一个非常重要的角色。政府在这些国家处理社会流动对家庭产生的影响的过程中，起到了非常重要的作用。拿日本的经验来说，在日本经济高速成长期，大量的农村劳动力进入到了城市，经济高增长为这些劳动大军提供了就业机会，相对平等的工资制度以及其他社会保障制度使城市吸纳了这些新增人口。同时政府大力发展农业机械化，并采用调高农产品价格的方式保护农民利益，使得选择留在农村的劳动人口也可以与城市人口一样成为中产阶级。在日本城乡之间生活方式虽有不同，却不存在显著的经济差别。在某些地方，从事农业的家庭收入甚至超过城市平均水平。日本政府对经济结构的有效干预为日本家庭的健康发展提供了有效的制度背景。新加坡政府对家庭在社会治理中的重视更是到了无以复加的程度。在

20 世纪 80 年代，正当新加坡经历高速经济增长的时期，李光耀提出了"亚洲价值观"。家庭是"亚洲价值观"的核心之一，用以和西方以个人为中心的个人主义区别开来。家庭至上一直是新加坡政府制定社会政策的依据。政府用各种政策来保护家庭，包括政府住房的位置选择、停车位的分配和定价，都要考量到家庭成员尤其是父母和子女之间的关系。而在法律层面，政府更是制定了各种法规来保护家庭的生存和发展。

第七，探寻城市实行"居者有其屋"的途径。向城市移民是目前农村扶贫工作的一个重要的政策手段。尽管贫困状况在城市并不那么严重，但仍然有 1000 多万城市居民生活在贫困线以下，未来还有上千万农村贫困人口进入城市。有更多的城市人口靠近贫困线。因此，城市也必须考量扶贫。政府要加大发展性社会政策投入，通过社会政策建设，为中产阶级提供一个坚实的制度基础。必须加以强调的是，社会政策投入不是消费，而是发展性投资。尤其要强调一点，中国是时候考虑建设"居者有其屋"了。中国住房高度市场化是对中国中产阶级成长的一个有效制约。2008 年以来，一方面出现大量的空房，甚至"鬼城"和"空城"，另一方面大量的人尤其是年轻人没有住房。今天，房地产市场面临如何去产能的问题。有人甚至建议，应炸掉过度的产能（建筑好的房子）。

我们认为，最有效的途径就是探索"居者有其屋"的政策。房地产泡沫一旦破灭，必然严重影响其他经济领域。政府必然要承担责任，因为大多数发展商的负债率很高，即银行贷款。房地产破灭必然对银行系统造成致命的影响，甚至造成巨大的金融危机。所以，最有效的办法就是政府在商品房价格跌到一定程度的时候，大量回购住房，进行重新分配。

我们可以把城市人口分为绝对贫困和相对贫困两种。住房政策可以配合这种格局。对绝对贫困人口，尽管政府可以努力通过扶贫使得他们中的一部分脱离贫困，但历史地看，不管政府如何努力，总会有一部分人口始终处于绝对贫困状态。对这部分人，政府可以实行廉租房或者社会保护房救济。也就是说，公共住房可以是社会救济的一个重要部分。但相对贫困状态的人口则不同，他们中很多人有潜力成为未来的中产阶级。他们中很多是年轻人，刚刚从学校毕业，进入社会，没有实力来购买住房。在这种情况下，政府可以创始一个政府管制价格的住房市场，把政府拥有的住房卖给相对贫困者，为他们创造有利的条件，去创造财富，成为中产阶级。这方面，中国完全可以向新加坡政府的住房政策学习有效的经验。当然，一旦实现"居者有其屋"，必然对政治和社会稳定产生积极有效的影响。

四、构建中国的扶贫国际话语权

1. 扶贫故事与中国软力量

我国自改革开放以来，在农村人口减贫方面取得的成就令世界瞩目。按照人均年收入 2300 元的国家贫困线标准，1978—2015 年农村累计减贫人数超过 7 亿，为世界减贫做出了最巨大的贡献。但是，在国际事务舞台上，有关中国扶贫经验的讲述远远不够。

改革开放以来，我们所讲述的发展经验大多聚焦在如何致富上，讲企业家、富人、高消费者等等，但这些都是讲给富人听的。不过，对一般老百姓来说，衡量一个社会进步的并不在于有多少人致富，而在于有多少穷人脱离贫困。近年来，中国在通过"讲好中国故事"追求世界舞台上的软力量，但中国扶贫的故事仍然是缺位的。实际上，中国在短短数十年时间里帮助 7 亿多人口脱离贫困的经验远较中国成为世界第二大经济体的经验吸引人。今天当中国政府进行着史无前例的全国性的"精准扶贫"运动时，向海内外讲述我们的扶贫故事显得尤其重要。扶贫的故事既是我们社会主义政府应当做的事情，更是我们塑造中国国际软力量的有机材料。

正如经济发展成果的陈述需要经济学家用经济学的语言讲述一样，中国的扶贫成果和国际援助也一样，需要学者用学术语言与同行间的学术对话来构建。到目前为止，尽管关于扶贫的研究论文以及学术研讨会非常多，但是大多仅在国内展开，学者与国际贫困专业同仁的合作和互动并不是很多，中国丰富的扶贫经验并没有成为国际扶贫话语的重要一部分。这个方面我们仍然具有巨大的空间。

2018年8月19日和20日，华南理工大学公共政策研究院在广州主办了"发展与贫困：中国和世界经验"国际研讨会，来自欧洲、北美、非洲、东亚、南亚、拉美与中国的近200名专家学者就发展和贫困问题进行了深入的交流和探讨。会议议程涉及"全球化、逆全球化与贫困治理""发达国家的贫困治理""拉美国家的发展和贫困""非洲国家的发展与贫困""亚洲国家的发展与贫困""中国的发展与贫困"五个议题。五大洲学者齐聚中国讨论世界贫困问题，这是一次将中国扶贫纳入国际贫困研究领域的成功尝试。

2. 为什么要向世界讲中国的扶贫故事

为什么今天是一个向世界讲述我们的扶贫故事的大好时机呢？这里涉及国际大环境的变化。当今世界局势变化万千，各方面都存在着巨大的不确定性，其中各国政府和社会都面临的问题就是贫困和不平等的加剧。

进入21世纪以来，全球化和科学技术的发展使人类经济发展进入了一个全新的阶段。这一波全球化带来了全球经济整合，加速了经济发展，但也带来了财富的不均衡分配。财富的不均衡分配正以不同形式在全球加速进行。

第一，财富从发展中国家向发达国家汇集。联合国数据显示财富从亚洲、非洲、南美洲流向伦敦、法兰克福、纽约等西方地区的趋势正在增加。

第二，财富从多数人向少数人汇集。根据瑞士信贷公布的 2015 年全球财富报告，占世界人口 1% 的超级富豪们所拥有的财富已经超过了其余 99% 人口的财富总和[1]。财富顶端 8 个富豪所拥有的财富量相当于全球相对贫困的那一半人口的财富总和；在未来 20 年中，将有 500 位富豪将其财产移交给自己的继承人，总价值高达 2.1 万亿美元，比拥有 13 亿人口的印度全国国内生产总值（GDP）还多；在过去 30 年间美国最底层 50% 人口的收入增长几乎为零，而顶端 1% 人口的收入却增长了 3 倍[2]。

第三，财富从全球汇聚向少数的超大型跨国企业，比如苹果公司、facebook、中国的腾讯和阿里巴巴等。

第四，财富更亲资本而非劳动力。当今的发展模式的受益者为智力和资本，比如说 facebook 等的创新者、股东等。

第五，从零售业流向平台，比如淘宝网、亚马逊等全球性购物平台的大发展，在为消费者带来便利的同时也出现了市场被为数不多但势力庞大的平台主宰的现象。

所有这些财富不均衡分配形式使得全球贫富差距正上升至前所未有的水平，世界正在产生着新的贫困，对社会正常稳定的运作构成了威胁。

在西方，美国欧洲等发达国家尽管早已经超越了"绝对贫困"阶段，但由于财富不均等分配所带来的"相对贫困"人群在逐年增加，他们对不平等的不满正在以民粹主义的方式表现出来。美国最近的"白人至上主义"（或者"白人民族主义"）声浪的崛起和欧洲的反移民运动都与全球化经济

---

[1] Credit Suisse（2015），*Global Wealth Datebook 2015: Total net wealth at constant exchange rate.*

[2]《乐施会研究简报》2017 年 1 月，第 1 页。

过程中的财富非均等分配有关。国家内部的民粹主义又往往表现为外部的经济民族主义、反全球化和贸易保护主义。英国脱欧公投中所表现的国家利己主义、特朗普所打出的"美国第一"国家目标都是国内民粹主义崛起的结果。这种新的内部民粹主义和外部民族主义的崛起正在给今天的国际关系带来很大的不确定性。

在拉丁美洲以及非洲等经济发展相对滞后的国家，贫困更是一个深刻的现象。深度贫困是很多国家面临的挑战。在这些国家，贫困经常造成社会的高度不稳定，社会抗议运动和政权更替频繁。

亚洲局势也不容乐观。日本和亚洲"四小龙"（韩国、新加坡、中国台湾和中国香港）在其经济高速增长阶段曾被视为是公平发展的典范。但从进入新世纪以来的发展现状来看，新贫困层的产生和财富分配不均衡同样是一个不容忽视的现象，而这种现象也正在造成民粹主义的崛起，从而影响到各经济体内部的安定以及区域稳定。台湾地区近年来经济增长相对滞后导致了年轻人相对贫困。香港地区经济发展的亲资本模式造成了年轻人购房难的大问题。即便在高度成长时期被誉为分配最公平、"一亿人口一亿中产阶级"的日本，近年来儿童和老年人群体中的相对贫困人口也在增加。

中国大陆尽管自改革开放以来在扶贫方面已经创造了世界经济发展史上的奇迹，但扶贫任务仍然艰巨。按照世界银行最新国际贫困线标准（每人每天生活支出 1.9 美元），目前依然还有 2 亿人生活在贫困线以下。而按照 2300 元的国家贫困线标准，也还有五千余万贫困人口。

总体来看，无论是发达国家由于分配不公产生的相对贫困（新贫困）还是发展中国家的绝对贫困，都不仅仅是单个国家的课题，而是一个需要全球来共同应对的课题。这两种贫困的产生都与全球化有着或多或少的联系，其发展和走向也受全球经济制度变革的影响；同时，内部贫困问题处理不好反过来也会影响到国际秩序。

从这个角度来说，中国的扶贫既是世界减贫的一个重要部分，中国的扶贫课题也是世界减贫课题。

3. 向世界讲好中国扶贫故事的中国因素

向世界讲述中国扶贫故事不仅仅是国际的需要，更是我们国家统筹内部发展和外部崛起两个大局的需要。我们必须通过与他国的贫困治理对话，重塑国际扶贫话语，进而掌握贫困治理话语权。在这方面，我们拥有巨大的内部动力。可以从如下几个方面来讨论：

第一，我国贫困产生的原因有本国内部发展的独特性，和他国的贫困一样，也与全球化经济发展以及技术革命有关。贫困是世界所共同面对的课题，需要国家间的合作和协作；同样，反贫困的理论也需要各国的合作来加以塑造。因为中国自改革开放以来在扶贫方面所积累的丰富经验，我们在世界扶贫理论塑造方面拥有巨大的比较优势。

第二，"中国模式"不仅仅是经济发展模式，更应该包括政治和社会治理模式，而减贫就是其中重要的一项政治和社会治理。改革开放以来，特别是20世纪90年代之后，中国经济的高速成长所创造的奇迹令世界瞩目。不过谈到中国模式时，无论国内还是国外，人们更多地注意经济方面的制度创新以及经济成果。这与我国在向国际展现改革开放以来的成就时，偏重于发展和经济成果的表述有关，比如GDP的增长，出口和进口的增加、国际经贸组织的加入、国民购买率的增长等等。在经济成果之外所取得的成就到目前为止并没有得到足够重视，也没有一个完整的能够与国际接轨的话语体系用来阐述。扶贫便是一个典型的案例。尽管在改革开放以来国家一直致力于将经济发展的成果投入到扶助贫困地区的发展中，并取得了显著的效果，但这种政府主导的以经济发展成果构建社会公平体系的治理方式并没有建立一套与世界接轨的话语体系来讲述给世界，因而至今没有得到足够的重视，也不在国际贫困治理的话语权中占有中国应当有的位置。

第三，话语权的建构不足不仅表现在国内减贫层面，同时也表现在中国的国际援助层面。比如说我国对非洲的经济援助带动了当地经济的发展，为当地的减贫做出了贡献，并且受到当地人的认可，然而却因为没有主动积极地在国际援助领域中建构话语权，往往被批判甚至妖魔化为是对非洲国家的"新殖民"。随着中国国际影响力的提升，在国际话语权的建构方面也应该作出积极的努力。

第四，习近平总书记早在 2013 年在莫斯科国际关系学院演讲上，就提出了构建"人类命运共同体"的理念："这个世界，各国相互联系、相互依存的程度空前加深，人类生活在同一个地球村里，生活在历史和现实交汇的同一个时空里，越来越成为你中有我、我中有你的命运共同体。"之后，在博鳌亚洲论坛以及庆祝中国共产党成立 95 周年大会等场合，习总书记都多次阐述这一理念。在逆全球化、国家利己主义、各种民族主义盛行的今天，开放、共荣、相互扶助发展的"命运共同体"理念尤其重要，也是中国可以向世界提供的价值理念。从这个意义上讲，将中国的扶贫经验和国际援助纳入世界贫困治理的体系，与世界贫困治理建立共同的对话机制，用世界话语体系将中国的扶贫经验介绍给世界，让世界了解中国对非洲等国家的经济援助项目对世界减贫的贡献，都具有非常重要的意义。

4. 发展、不平等和贫困的相关主题

在这次"发展和贫困"国际学术会议上，学者们就全球贫困现状、产生的原因以及如何治理进行了广泛、多元和深入的探讨。扶贫既是中国的主题，也是世界的主题。中国要参与塑造世界扶贫话语，就不仅要总结自己那么丰富的扶贫经验，更要把这些经验放到世界经验中去讨论，通过与

现存话语的交流，把自己的经验整合进去，这样就可以有效地和各国学者合作，共同再造世界反贫困话语。

这次国际会议基本上反映了来自五大洲学者的典型观点。这些观点不仅仅是各国扶贫经验的总结，也与中国本身的扶贫经验密切相关。主要观点整理概括如下。

（1）全球化和贫困

尽管贫困在全球都是一个凸显的问题。但是发达国家和发展中国家由于发展的阶段性不同，贫困的性质、产生原因和扶贫对策也不相同。发达国家的贫困主要表现在收入差距加大而产生的相对贫困方面。来自美国马里兰大学的 Douglas Besharov 教授认为，发达国家的贫困主要来自几个方面：（1）世界范围内劳动生产力的扩大以及随之而来的对工资与外包的全球竞争导致了发达国家劳动力需求的降低；（2）数百万低技术外来移民扩大了低收入群，消耗了社会保障的总量；（3）老龄化对社会保障系统产生的负面影响；（4）单亲家庭比例上升对家庭经济和教育产生负面影响；（5）公共教育无法提供全球经济中所需的技能。尽管这种相对贫困现象发生在美国和欧洲等发达国家，但是因为这类贫困与全球化的经济发展模式有关，因而不仅影响到该国的国内政治，也影响到全球政局。

Besharov 教授的研究显示，有两类国际性移民数量的上升对发达国家的贫困问题产生了很大的影响。一类是前面提到的低技能移民的增加，这不仅对社会保障系统有影响，同时这些移民是劳动力市场的低价供应源，其结果影响了低收入群体在劳动力市场的议价能力。另一类是以亚裔为主体的高收入高教育群体在美国等发达国家的崛起。这也是美国近年"白人至上主义"盛行的一个原因。这里揭示的其实是一个全球共同面对的治理问题，也就是说如何协调跨国界的经济竞争和主权国家内部的治理问题。

从国际竞争的角度出发，如果想要在技术创新等方面保持领先地位，就需要吸引全球优秀人才，这样一个较之当地人收入更高、教育水平更高的群体的存在便成了一个必然。然而，建立一个相对公正的分配体系让处于竞争劣势的群体能够在经济增长中获利，是一个主权国家内部的政治治理问题。如何超越"左"和"右"的意识形态之争，将治理问题"去政治化"是发达国家所面临的考验。

除了财富分配体系之外，各种社会救助政策也非常重要。不过，Besharov 教授的研究也发现，美国目前的一些社会救助政策也有一些负面效果，比如失业救济有时反而阻碍了劳动参与率，因为有些人因为可以领到失业救济，反而不愿意寻找工作。有一些与收入相关的社会福利项目阻碍了结婚率的提高。因为结婚后家庭收入提高会失去享受某些福利的权利，结果会有一些人选择不结婚。

（2）发展与贫困

发展、分配和社会政策这三项在解决贫困问题上，不仅对发达国家很重要，而且对发展中国家也一样重要。发展中国家所面对的贫困问题大体上都是绝对贫困问题。拉丁美洲、非洲和亚洲的贫困既有共性也各不相同。拉美贫困主要是由于低增长和低教育水平所致，非洲主要由于环境因素、内部冲突、低发展以及人口高增长造成，而亚洲的问题主要由于工业化和城市化过程中的政策失衡所致。这些地方贫困的共性在于社会政策实施不足。也就是说各种社会保障制度的覆盖率低，收益人群少，制度涉及面严重不足。在场学者普遍认为发展、社会政策和教育是解决贫困的主要方法。

在关于发展和贫困的关系方面，中国、东南亚以及拉美等国家和地区的事例研究都显示，发展对减贫非常重要。特别是对中国、柬埔寨和印度等国家的事例分析显示，经济发展带来的产业结构变化、雇佣率增加、农村劳动力向城市转移等都在减贫方面起到了非常重要的作用。中国社会科学院的郑秉文教授通过对拉美经济发展和贫困关系的研究进一步指出，低增长并不足以摆脱贫困，必须要有足够高的增长才能产生减贫效果。

尽管如此，学者们在如何均衡发展才能有效减贫方面观点并不一致。不少学者认为工业化、城市化和产业结构转型有助于减少绝对贫困人口。不过，澳大利亚国立大学的 Peter Warr 教授关于东南亚减贫经验的研究则发现工业化和城市化只是将农村劳动力转移为城市低端劳动力，并不能真正减少贫困，这主要是因为青壮劳动力的外移导致农业生产力下降。Warr 教授认为农村减贫主要来自农业生产力提升，而农业生产力的提升不是因为劳动力迁移，而是需要采用更具生产力的生产方法，从低增值粮食生产转向高价值的经济作物，从而提升农民的收入。他进而认为在工业发展的同时，提高农村生产力，这只能靠政府力量来实现。Warr 教授的研究也发现，多数东南亚国家减贫率主要体现在农村人口减贫方面。通过对相关因素的分析，他发现农业增长、服务业的增长以及食品价格对农村人口减贫影响很大。来自日本明治学院大学的神门善久教授关于日本的研究也得出了相似的结论。神门教授认为日本战后工业化发展中能够实现城乡收入平等，关键在于政府实施了向农业和农村倾斜的保护政策。他进而认为政府之所以能够这么做与农民的政治参与能力有关。

来自印度贾瓦哈拉尔·尼赫鲁大学的 Himanshu 教授的研究也发现印度贫困率的下降与农业部门的经济增长有关。农业生产率的提高，带来了农民收入的提高。这主要因为政府通过改善与农业相关的贸易，放开农产品的市场价格，使得农民回报更多。由于农业效率提高，释放出的劳动力投入城市非正式部门中，农民从农业之外也可以得到收入。当然，这里值得注意的是，印度是一个农业人口基数很大的国家，人口中的 70% 居住在农村。

在关于发展和贫困的研究方面，也有不少学者强调产业结构对减贫的影响。哥本哈根大学的 Finn Tarp 教授通过对撒哈拉沙漠以南非洲的研究发现缺乏产业结构转型和低就业率是贫困的主要原因。他研究发现当地工业发展非常落后，70% 的经济发展来自农业，但是非常有趣的是，只有 30%~40% 的资金投入到农业发展中。他认为这种资金投入的不匹配也是导致贫困的原因之一。英国卡迪夫大学的 Yap Kioe Sheng 教授的研究也涉及产业结构问题。他认为全球贸易带动了东南亚国家的经济增长，从而减少了贫困人口的数量，但也导致了严重的城乡发展不均，消耗了流动人口大量的资本。

上述现象其实在我国也非常严重。大量的非正式就业和派遣工，就是全球化过程中我们过分迁就跨国公司的结果。在给工人特别是农民工提供更多就业机会的同时，也将更多风险转嫁给了劳动者，导致了就业缺乏保障。新加坡国立大学钱继伟博士的研究关注我国的社会保障政策对非正式部门就业者的覆盖情况。他的研究显示，我国的非正式部门规模很大。按统计年鉴数据，2014 年和 2015 年有超过 2 亿人在非正式部门就业；在整个经济体的总量也很大，有人估计 40% 的税收来源于非正式部门和地下经济。这些部门从业者在劳动力市场上工资比较低，社会保障覆盖率低，经常成为城市新贫困的来源。他认为造成这样问题的原因有以下三个：户口制度的改革进展缓慢；社会保障主要依赖地方政府税收，造成社保地域差；绩效评估系统使政府更愿意降低劳动力成本，提供较少劳动保障来吸引国际资本。

（3）社会政策和贫困

在关于发展和社会政策方面，尽管学者一致认为贫困不是个人问题，而是社会问题和政治问题，需要通过社会政策来解决，但是也存在不少分歧。比如在社会保障和福利制度方面，学界一向存在着两种声音：一种认为社会福利制度是每一个公民应该享受的权利，政府应该通过税收、财政转移以及各种福利制度来照顾弱势群体。另一种声音则质疑将财富投入到社会福利上是否会影响发展，更有人质疑福利制度会养懒汉。

郑秉文教授关于拉美的研究显示，而社会保障在减少贫困方面作用很大。在没有导入社会保障制度以前，拉美贫困率为60%，之后下降为44%。他认为欧盟成员国平均贫困率低于20%，是因为高覆盖的社会保障政策。

韩国首尔大学的 KilkonKo 教授通过对韩国反贫的研究显示，对贫困家庭的社会救助政策有时会影响减贫效果，特别是对在贫困线上下徘徊的群体。因为贫困资助的前提条件是家庭收入在贫困线之下，如果这个家庭刚好低于贫困线，第二年这个家庭的努力目标很可能不是脱贫而是如何不脱贫。他认为对徘徊在贫困线上下群体的社会救助政策设计存在问题，应该向鼓励脱贫的方向改进。

（4）教育和贫困

关于教育和贫困。很多学者的研究都谈到了教育对减贫的重要性。斯坦福大学的 FlorenciaTorche 关于拉美的研究显示，经济不平等的代际转移主要原因在于教育。有钱的家长可以拿出更多的钱给孩子提供教育，这种教育就会在未来转化成为在劳动力市场中获得更高收入的工作。因此，如果要解决这种流动性问题，就要把重点放在教育上，能够让这些弱势群体接受到良好的教育。

但来自新加坡国立大学的黄朝翰教授并不完全赞同这个观点。他列举事例证明贫困家庭有的时候并不愿意进行教育投资，这些家庭的小孩也并不都想通过教育来改善命运，他们更多时候会选择低技能赚钱方式，因为那样能更快实现娶妻生子的目标。

（5）政府开发援助与贫困

政府开发援助与贫困也是扶贫的一个中心议题。近年来，由于国家利己主义和经济民族主义的崛起，政府开发援助的反对声浪不断。伦敦大学的 Mark McQuinn 总结了关于政府开发援助方面两种代表性的观点：一种认为贫困是国家、团体和个人在全球资本主义经济秩序中被边缘化的结果。因此，实现减贫不应该通过提供援助，而应该通过更多地将各国融入全球自由市场经济中。另一种观点认为应该加强援助，以缓解在全球范围内日益加剧的不平等中持续高涨的贫困问题。支持加强援助的人认为正是由于各国逐渐融入全球新自由主义经济秩序，大量人口正面临不平等和贫困问题。

McQuinn 教授认为由于大多数贫困人群生活在中等收入国家，因此，减贫援助应专注于与这些国家政府的合作，以确保民众能够从公共支出中受益。也有学者不同意他的观点，认为大多数贫困人群生活在脆弱的国家，政府开发援助应该集中力量改善这些国家的政府治理水平。

包括政府、企业以及非政府组织（NGO）的国际援助项目的讨论总是会带有意识形态色彩。学者们的激烈争论也聚焦于中国对非洲的援助项目上。来自坦桑尼亚达雷斯萨拉姆大学的 Humphrey Moshi 教授和来自浙江师范大学的 Michael Ehizuelen 博士都一致强调中国对非洲援助项目对非洲发展的贡献。Ehizuelen 博士强调，非洲需要的不是资金而是技术和基础建设，中国的援助为非洲提供了所需。也有学者质疑中国不带附加条件的对非援助，会导致非洲政府的腐败。

不管怎样，多数人都认为，在减贫中政府应该扮演主导的角色。因为减贫是政策问题，而且很多时候，贫困往往是由于国家的政策造成的。华南理工大学公共政策研究院的林辉煌博士发表了研究院扶贫团队的扶贫研究成果，认为在减贫方面，国家能力、社区能力以及家庭能力三个方面及其它们间的配合都非常重要。

5. 简短的结论

从 20 世纪 80 年代到现在，中国政府已经实施了几波扶贫政策，取得了巨大的成就，也积累了丰富的经验。当然，这期间也有很多教训可以吸取。无论是经验和教训，都是可供其他国家参考的。

中国的扶贫故事并非特例。世界各国都经历过贫困。今天，无论是发达国家还是发展中国家，都经历着不同形式的贫困，反贫困是全世界各国的艰巨任务。中国应当把自己的丰富经验讲述给国际大家庭；同样因为中国丰富的经验，中国的扶贫国际话语几乎是触手可及。

作为社会主义国家，我们必须把扶贫故事讲好。反贫困是社会主义的初衷，也是社会主义制度的优越性所在。扶贫故事讲好了，不仅仅有利于内部社会治理话语的塑造，而且必将成为中国国际话语的有机和重要的部分。

国际关系篇

第十三章　中美关系与"修昔底德陷阱"

一、中美两种世界秩序观及其冲突

在国际事务上，英美国家和中国之间存在着两种很不相同的思维方式，两者都关切世界秩序，但两者的世界秩序观很不相同。今天中国和美国之间很多方面的冲突，根源就是两者之间的不同世界秩序观。当中国坚信自己一直在努力维持国际秩序的时候，美国（和西方）一直在叫嚷中国在挑战世界秩序，并对此深信不疑。不难发现，尽管中美两国都生活在同一个世界秩序里面，但中国所说的和美国所说的"世界秩序"之间存在着差距，甚至是两个不同的"世界秩序"。

英美国家或者广义上的西方国家相信，能力或者硬实力及建立在硬实力之上的世界秩序。尽管它们也强调软力量或者思想道德说教等，但它们也意识到即使是软力量，也需要硬实力作为基础。没有硬实力作为背景，无论怎么好的软力量也不是力量。再者，一个国家软力量的传播和扩散，更是需要硬力量的推动。实际上也如此。西方各方面的价值观（包括宗教、文化、政治等）在世界上的扩散，从来就和西方的硬力量（经济、政治甚至军事力量）结合在一起的。西方各国的世界秩序观无一不是以自我为中心的，无论是传统上的帝国体系还是近代以来的主权国家体系。所不同的是，帝国体系表现出来的是赤裸裸的国家之间的不平等，而近代以来的主权国家体系，可以用形式上的平等来掩饰事实上的不平等。

中国也有世界秩序观。传统上称为"天下观"。"天下观"体现的是中国的大同世界观，其核心就是和谐、和平。在体制上，最接近"天下观"的是"朝贡体系"。朝贡体系的本质是中国向其他国家单边开放的贸易体系。这个体系也是以中国自己为中心的秩序，对中国来说，国际秩序只是国内秩序的向外延伸而已。在哲学层面，这表达于中国的名言"修身齐家治国平天下"。这一哲学强调的是道德，但个人道德从来没有帮助中国确立一个真正的"天下"（世界秩序）。实际上，中国的"天下"经常难以为继，在国家能力强的时候，国家的疆界就大一些，而能力弱的时候，疆界就会变小。也就是说，中国的"天下"具有巨大的不确定性。在近代西方主权概念到来之后，传统的"天下"就注定要消失。主权国家秩序强调的是一个确定的边界。至少从理论上说，根据主权国家理论，一个国家无论大小、强弱，其领土可以保持完整，而不受国际环境变迁的影响。

1. 平等原则掩饰下的不平等体系

近代之后，中国已经抛弃了传统的"天下观"，而接受了西方的世界秩序观。到今天，中国已经是国际社会的内在部分，加入了包括联合国、世界银行、国际货币基金组织等几乎所有以西方为主导的国际组织，并在里面发挥着积极的作用。美国为什么要说中国在挑战美国的国际秩序呢？中国很多人很不理解美国的看法。但实际上，这是两种不同的世界秩序观所致。

从形式上看，当代世界体系的核心就是联合国体系。但对联合国体系，美国和中国具有很不相同的理解和认知。如前文所说，英美国家相信建立在能力之上的世界秩序。近代以来，尽管主权国家间确立了平等原则，但实际上是不平等的。联合国体系就是在平等原则掩饰下的不平等体系。联合国是主权国家的联合体，各主权国家一律平等，都是联合国成员国。但是对美国来说，联合国只是美国（西方力量）的外在制度表达。联合国是以美国等西方力量为基础的，没有美国等西方力量也就没有联合国。美国是联合国的核心，在这一体系内部，所有国家都要帮助美国巩固这一能力基础，而不是去弱化它。当美国感觉到不能通过联合国体系，来强化美国能力基础之上的世界秩序的时候，联合国对美国就变得不太相关了。在联合国之外，美国还建立了各式各样的联盟体系。联盟就是美国自己主导的"小联合国"体系，就是为了强化美国自身的力量。

此外，主权国家体系的不平等性还表现在美国所强调的"软力量"方面。在美国等西方力量看来，联合国之内的所有国家不可能是平等的。例如，联合国里面包含民主国家和非民主国家，而这两者之间是不可能平等的。美国建立在"一神教"基础之上的文化概念，决定了其国际关系的一个目标就是要改变其他国家的价值体系。对美国来说，一个国家如果是民主的，那就是"我类"；如果不是民主的，那就是"异类"。民主与否本来是一个主权国家的内政，但美国人把民主推广作为国际关系的一个主要概念。这也就是很多国家把"民主"视为是国家软力量的一个主要原因，因为一旦接受了民主，就变成美国的"我类"。冷战后，美国等国家竭力推广"民主同盟"的概念，这已经使得国际秩序高度意识形态化（当然，这并不表明，"民主"可以成为世界秩序的基础）。

当代中国也相信世界秩序，致力于世界秩序的建设。随着中国的崛起和其在世界秩序中所扮演角色的变迁，中国的世界秩序观变得重要起来。但中国的世界秩序观和美国的很不相同。再拿联合国体系来说，中国的看法和行为很难和美国的找到一致性。中国所认同的世界秩序的主体就是联合国。在今天的世界大国中，很少像中国那样那么看重联合国。对中国来说，联合国是平等国家的联合体，应当体现民主原则和包容性。中国很少在乎一个国家内部实行的是什么样的政治制度。这可能是中国世俗文化的反映，世俗文化表明中国不会有意图去改变另外一个国家的内部体制，而具有不同内部体制的国家，在世界秩序里应当具有平等的权利。

中国相信联合国，其很多国际活动也在联合国构架内进行，包括联合国维和部队、核不扩散、气候环保等重大问题领域。美国则不太一样，联合国只是美国的工具，为我所用，不利于我的，就不重视，甚至不参加。实际上，在联合国内部，在很多问题上，中国也少有和美国合作，而更多的是和其他大国，主要是俄罗斯合作。但也正因为中国在联合国内部不能认同美国等西方国家的一些价值观，美国等西方国家反过来认为中国加入国际组织具有很大的功利性，为了自己的利益，而没有"原则"和"道德"（当然指的是西方所认同的"原则"和"价值"）。

2. 中美都还需要联合国体系

现在的问题是，中美两国不同的世界秩序观会如何影响世界秩序的未来？美国对联合国和国际贸易组织等的兴趣似乎越来越小，而把重点转向联盟建设，包括军事战略同盟（例如美日同盟）和经济战略同盟（例如TPP）。而中国也在建设其以自己为中心的区域秩序，例如，亚洲基础设施投资银行等。中国认为，自己的行为并不是和现存国际体系竞争，更不是要取代现存国际体系，而是作为现存国际体系的补充。不过，在美国看来，中国这样做是要另起炉灶，用自己为中心的体系取代以美国为中心的秩序。这就是为什么说美国相信中国在挑战现存世界体系。

中美两国的世界秩序观已经对世界秩序产生了重大影响。如果照现在这样发展下去，未来的世界秩序是可见的，以往两国互动的平台即联合国等国际组织体系会变得越来越不重要，而分离的力量（即美国所建设的平台和中国所建设的平台）则会变得越来越重要。问题在于，这样下去会不会导致两个世界秩序的出现？这两个世界秩序之间的关系又是如何，是和平共处还是战争冲突？

中美两国之间所能达到的一个"共识"就是：这个世界需要一个世界秩序。尽管美国因为现存世界秩序已经不能使其国家利益最大化而转向同盟建设，但美国也并不是要放弃现存世界秩序。美国的意图仍然是要改造或者重建世界秩序，而中国实际上并没有要离开现存世界秩序。中国在联合国内部的作为表明，中国比美国更为"保守"，是要强化这个秩序。中国更没有任何计划要另起炉灶，组建自己的世界秩序。

这表明，中美两国要共建一个世界秩序的可能性仍然存在。尽管中国理解美国的同盟行为，因为这是历史的产物，但在中国看来，美国的同盟行为不能过度损害中国的根本利益。恰恰是因为美国的同盟行为损害着中国的利益，而同时美国也没有任何可能性去解散这些同盟，中国很难相信可以只依赖现存世界秩序，来保护和增进自己的国家利益。如同美国，中国也需要一些自己的区域甚至国际平台，借此来保护和增进自己的国家利益。

就中美两国互动来看，未来世界秩序的发展有两个方向：第一是巩固现存的平台和现存的秩序，第二是建立新的国际平台和秩序。就第一种情形来说，美国不会容许中国脱离现存世界秩序，而中国本身也不会离开这个秩序，这表明中美两国仍然可以继续在现存世界秩序内部互动，或者合作，或者斗争，斗争中含有妥协，通过斗争达致合作。就第二种情形来说，中国和美国需要构建更多新的互动平台，共同来维持现存世界秩序甚至共同建设一个新秩序。

在这个方面，中美双边之间已经有了一些比较有效的平台，例如中美经济和战略对话。不过，这样的平台迄今为止关切的是双边之间的问题，而非全球性问题。在今后，随着中国在国际事务中的作用越来越大，类似平台的内容和功能必然会扩大，涉及世界主要事务。不管是维持现存世界秩序还是构建新的世界秩序，其目标都是为了避免历史上不断重复的霸权战争，实现中美两国的和平共存和世界和平。这应当是新型大国关系最主要的目标。

二、特朗普与美国对华政策的新变化

过去几十年里，美国对华政策都是基于一种理念，即支持中国崛起和纳入战后国际秩序，将使中国实现自由化。但现在特朗普不想这么做了。特朗普把美国衰落归咎于中俄世界正进入地缘政治大变动时代，所带来的危机超乎人们的预期甚至想象。全球"圣战主义"的崛起、中东区域秩序的解体、欧洲难民危机、法国右派力量（国民阵线）和美国特朗普主义的兴起、朝鲜半岛核危机、新兴经济体的巨大不确定性、金融震荡、大国争端等等，都是地缘政治危机的表象。

从地缘政治的视角来说，中国最直接的挑战就是亚洲地缘政治的变迁。此变迁尽管有诸多要素，但更和中国自身的崛起有关。历史地看，一个大国的崛起不可避免地要引发地缘政治的变革。因为当一个国家崛起了，就会形成以这个国家为中心的新的地缘政治影响范围或者新秩序，其形成必然导致原来地缘政治格局秩序的强烈反弹。

特朗普的新国家安全战略就体现了一种全新的战略思维。这种新思维一旦转化成美国的外交政策，必将对美国本身和世界产生深刻的影响。对于中国而言，既要抓住历史机遇，推动周边地缘战略格局的调整重塑，扩大国际影响力，同时也要保持战略自信和战略定力，加快自身发展和内部建设，妥善有效应对形势变化所带来的风险挑战，更好地捍卫和增进中国国家利益。

特朗普政府已经明确提出，要反思和改变美国长期以来的对华政策。按照 2017 年年底的美国《国家安全战略报告》的说法，"过去几十年里，美国对华政策都是基于一种理念，即支持中国崛起和纳入战后国际秩序，将使中国实现自由化"。

其实，早在 2015 年，美国著名智库对外关系理事会就出台了一份《修正美国对华大战略》报告，指出美国从 20 世纪 70 年代以来试图使中国融入美国主导的国际体系的做法是错误的，这一做法"对美国在亚洲的首要地位产生了新威胁，而且最终将在全球对美国的权力形成挑战"，"华盛顿需要一个应对中国的新的大战略，其核心是平衡中国国力的崛起，而不是继续帮助中国崛起"。但 2017 年年底公布的《国家安全战略报告》，是美国的官方报告中首次强调了这一思想，因而具有标志性的意义。报告进一步指出，"中国的基建投资和贸易摩擦策略强化了其地缘政治野心"。中国在周边的一系列进取动作，包括南海岛礁建设，威胁到自由贸易、地区稳定和其他国家的主权。中国快速的军事现代化旨在限制美国进入该区域。因此报告还声称，"印太地区国家呼吁美国发挥领导作用，集体对抗中国，以维持尊重国家主权和独立的地区秩序"。

作为美国的应对措施，特朗普要和中俄在全世界范围内争夺人脉。中俄通过在发展中国家投资来扩张影响力，形成对美国的竞争优势。而美国将向世界提供一种发展模式，这种模式适合于认同自由市场、公平贸易和法治的国家。

很显然，美国既不愿看到中国如此快速地崛起，也不愿看到自己的衰落，更不愿去寻找自己衰落的真正原因，而是简单地把美国的衰落归咎于中俄等竞争性大国的崛起蚕食了美国霸权。

特朗普的新思维，一是务实主义。这和特朗普的商人背景有很大关系。在前几任美国总统时期，尤其是奥巴马和克林顿执政期间，美国基本上是意识形态主导外交政策。现在，由于特朗普本质上是个商人，所以他是以实实在在的利益来主导美国外交政策。

这种务实主义在政策上突出表现为"美国第一"，一切工作以美国为中心，为美国利益服务，其目的就是"让美国再次伟大"。在具体做法上，报告提出捍卫美国国家利益需要做的四个方面：第一，保护美国的人民、国土和生活方式；第二，促进美国经济繁荣；第三，通过实力维持和平；第四，提升美国影响力。报告也正是从这四个大方面来具体阐述的。

二是功利主义。这既和特朗普的商人本质有关，在很大程度上也是根源于美国霸权的历史性衰退。今天的美国既没有足够的能力也没有强大的意愿，像冷战刚结束时候那样凭一己之力来维持国际秩序，也无法再像过去那样为国际社会提供足够的公共服务，所以它很自然地会更加自私自利，只关注自己的"一亩三分地"。

从历史经验看，一个大国之所以能够成为大国或维持大国地位，关键在于它同时具备强大的意愿和能力，向地区和国际社会提供充足的公共服务，包括地区稳定、盟友的安全、自由的国际经济秩序等。如果做不到，那只能说明它在走下坡路了。

三是新型多边主义。美国霸权相对衰退，导致其在多边机制中的影响力和自信心大不如前。特朗普一方面倾向于通过双边途径来解决问题，但另一方面并非完全不参加多边机制，而是有选择性地参加，即主要参加不具有约束力的多边机制。这种趋势和之前特朗普政府退出"跨太平洋战略伙伴关系协定"（TPP）、"巴黎气候协定"和联合国教科文组织，以及减少对国际社会的承诺等是一脉相承的。正如报告指出的，美国不会加入具有约束性的多边组织，美国对多边主义的参与，仅限于像东盟地区论坛（ARF）和亚太经合组织（APEC）这样的不具有约束力的多边机制。各方只是讨论问题，而不产生需要强制执行的决议。此类场合，美国不仅不会退出，而且要积极参与，以宣示其国际存在，并寻求领导地位。

四是孤立主义苗头。这份报告体现了特朗普政府反全球化的政策主张，同时也表明，在维护地区和全球秩序上，美国将不再像过去那样单独强力介入，而是让盟国和伙伴国发挥更大作用，尤其是印太地区的盟友和伙伴。结合美国最近的一些动向，特朗普一方面减少国际参与，另一方面加速开发国内能源资源、通过税改吸引美国资本回流、努力推动再工业化等，这表明美国出现了一种孤立主义的苗头。美国具有孤立主义的传统。例如，19世纪90年代，美国已成为世界最大的经济体，但无意卷入世界事务。和中国相比，美国才是真正的地大物博。比如，今天美国已成为世界最大的石油和天然气生产国。从各方面说，美国有足够的条件再次实行孤立主义。

三、中国新时期的外部风险

中国新时期的外部风险指的是"修昔底德陷阱"，就是如何避免中美之间的冲突乃至战争。简单地说，"修昔底德陷阱"指的是新兴大国和守成大国之间的关系，无论是新兴大国挑战守成大国，还是守成大国恐惧新兴大国，最终都有可能导向两者之间的冲突和战争。

根据哈佛大学一个研究团队的统计，自1500年以来，全球已经历了16次权力在新兴大国和守成大国之间的转移，结果12次发生了战争，只有4次可以说是和平的转移。中美两国是否会陷入"修昔底德陷阱"，这些年来成为中美乃至世界讨论的热点问题，中国国家主席习近平本人也多次公开表示中国要避免这个陷阱。

如何避免大国之间的冲突和战争，是改革开放以来中国领导层最为关切的问题。改革开放如何成为可能？最重要的外部条件就是国际和平。和平的国际环境为中国的内部改革开放提供了条件，中国本身也要为国际和平作出贡献。这几乎成为改革开放以来中国和外在世界互动的最高原则。从邓小平时代到今天，中国对外政策的原则表面上有变化，但实质上具有内在的一致性。邓小平时期提"韬光养晦、有所作为"，江泽民和胡锦涛时期提"和平崛起"，中共十八大以来习近平提"新型大国关系"，这些政策目标的实质就是要处理好外部关系，尤其是大国关系。

但是，随着近来中美两大经济体贸易摩擦的开始，人们突然感觉到"修昔底德陷阱"的来临。实际上，西方已经有人认为，中美两国已经至少在经济上陷入了这个陷阱。问题在于，为什么中国在这方面作了那么多的努力，但"修昔底德陷阱"还是会出现呢？很多人把原因指向中国，认为是中国改变了往日邓小平"韬光养晦"策略的缘故。或许主观层面的政策是一个原因，但主要因素还是客观要素的变化。这可从中国和世界关系的演变来理解。

简单地说，中国和美国等西方力量主导的世界体系的关系经历了三个主要的阶段。在 20 世纪 80 年代，中国刚刚改革开放，因为资本短缺，中国实行"请进来"政策，把自己的国门打开，欢迎外国资本到中国。在 90 年代，中国为了加入世界贸易组织而实行"接轨"政策。"接轨"就是改变中国自身的制度体系来符合国际规则。

不难理解，在这两个阶段，中国客观上不会和外在世界发生严重冲突，不仅如此，无论是"开放"还是"接轨"，中国都得到外在世界的欢迎。但现在到了第三阶段，即"走出去"。"走出去"在本世纪初已经开始，但早期规模很小，很难对外在世界产生实质性影响。十八大以后，中国开始比较系统地"走出去"，并且成为国家政策，尤其表现在"一带一路"倡议、亚洲基础建设投资银行和金砖国家银行等方面。过剩的资本、多余的产能和成熟的基础设施建设技术等要素组合在一起,构成了巨大的"走出去"动力。

在这个过程中,在西方看来,中国对外在世界的态度发生了巨变。西方认为,中国和世界体系的关系已经从从前的"学习""接轨""维持"转向了"修正主义";在内部,无论是官方还是民间,中国的外交话语也越来越具有民族主义色彩,中国开始要充当西方的"老师",教训西方并且开始输出自己的"模式"了,无论是经济发展模式还是政治制度模式。

对西方来说,这个转折点发生在2008年,西方发生大规模的金融危机,之后大部分西方经济体一蹶不振,处于长期的结构调整困难。而"互相否决"的政党制度,也使得西方国家很难产生有效的国家政策来促成经济走出危机。

很显然,中国和西方之间的这种反差既有主观的认知成分,更是客观环境的变化所致。从这个角度来说,贸易摩擦并不难理解。人们甚至可以说,贸易摩擦只是中美关系到了这个阶段的一种表现形式,如果不是贸易摩擦,也会通过其他形式表现出来。

中美两国关系的本质通过贸易摩擦表现出来,这表明贸易摩擦的本质并不仅仅是经济,而是两国的总体关系。两国的总体关系是什么?简单地说,美国作为世界霸权,其目的还是要维持世界霸权的位置,要维持其霸权的位置,就要阻止中国对其所构成的挑战,无论是事实上的还是想象中的。

这里需要一个判断,中美之间会不会发生军事冲突甚至战争?因为中美都是核大国,热战的可能性极小。局部的冲突有可能,例如在南海和台湾问题上,但两国间的全面战争很难想象。并且从美国的角度来看,从军事上"征服"中国不仅不可能,也没有必要。但两国之间从局部冲突发展到军事政治冷战是有可能的，也是美国强硬冷战派的期望。冷战派希望无论是通过贸易摩擦还是其他方面的局部冲突，把中美关系引向军事冷战，一旦发生军事冷战，美国就会像往日对付苏联那样对付中国了。

贸易摩擦是否会演变成为军事冷战？这取决于中美两国下一阶段的互动。就中国来说，所要考量的就是如何在和美国贸易摩擦的时候，努力避免贸易摩擦演变成为军事冷战。要达到这一目标，就要认真考虑特朗普为什么要发动贸易摩擦这一问题。

对中国，特朗普到底害怕什么呢？对特朗普来说，中国的核心力量在于其日渐成长的"消费社会"。中国成为"消费社会"对美国意味着什么？这意味着中国拥有"大市场"，也就是经济力量。真正可以促成中国改变整个世界格局的是其庞大的"消费市场"，而非其他因素。这些年来，中国开始加速成为区域乃至可以和美国竞争的世界经济重心，其主要原因就是中国的消费水平。

因此，不难理解，这次贸易摩擦的核心就是"技术冷战"，就是针对"中国制造2025"的。说到底，通过这场"技术冷战"，美国不希望中国在技术层面往上爬，至少要拖延中国的现代化进程。也可以说，促成中国陷入"中等收入陷阱"或者促使中国回到"贫穷社会主义"阶段是美国所需要的。只要中国停留在"内部贫穷"状态，中国就不会有外在的影响力。从美国的角度来说，中国陷入"中等收入陷阱"是避免两国陷入"修昔底德陷阱"的最有效方法。

显然，如果中国以美国期待的方式陷入"中等收入陷阱"，从而避免"修昔底德陷阱"，并不符合中国的利益，是中国国家利益的最小化。中国该如何来避免这种情况的发生呢？一句话，还是需要通过进一步的改革开放来化解中美之间的矛盾，同时避免陷入"中等收入陷阱"和"修昔底德陷阱"。

四、技术冷战与中美冷战的序曲

中美两国的贸易摩擦，至少在言语层面，正在激烈地交锋之中。目前的局部贸易摩擦会不会升级成为全面贸易摩擦？贸易摩擦会不会导向技术冷战？技术冷战会不会升级成为全面新冷战？这些都是人们关注的问题。

如果中美能够在理性引导下，只打一场有限贸易摩擦，不仅两国可以维持正常贸易关系，目前的世界秩序也不至于解体。但如果贸易摩擦失控，最终演变成技术冷战甚至新冷战，就意味着现存世界秩序的解体。在今天的世界格局中，中美关系绝对不是简单的双边关系。人们可以把中美关系称为国际关系的两根最主要"柱子"，缺一不可，哪一根"柱子"倒了，国际体系就会垮掉。

很多人对今天的贸易摩擦很亢奋，也很恐惧。不过，从积极面来思考，一场有限的贸易摩擦也不无正面意义。如果双方都感到贸易摩擦对自己会有重大损失，大家就会变得理性一些，意识到在经济全球化和互相依赖的情况下，民族主义情绪没有多少用处，解决不了问题，必须找到和冷战期间不一样的行为方式。这对美国尤其如此。在贸易问题上，现在特朗普政府还是停留在"冷战"思维阶段，对今天复杂的世界贸易格局没有理性认识。

很显然，这一波全球化以来，世界产业链发生本质性变化。从前一个国家制造一个整产品，但现在一个国家只制造一个产品的一些甚至一个部件，一个整产品是由众多国家制造的。尽管中国被视为世界制造工厂，但确切地说，中国只是组装工厂。很多产品部件都是由其他很多国家生产后运到中国，中国组装后再出口到美国。从这个角度说，中美贸易摩擦必然会影响到其他参与产业链的国家。

再者，受贸易摩擦影响的不仅仅是贸易量的问题，更重要的是全球贸易体制的问题。国际贸易体制的形成就是为了减少和解决贸易纠纷，但如果一些国家避开国际贸易体制搞单边主义的贸易摩擦，那不仅破坏国际贸易体制，也大大打击了国际社会对国际贸易体制的信心。这一点，新加坡总理李显龙在刚过去的博鳌亚洲论坛上说得很清楚，他认为贸易摩擦会对多边国际贸易体制产生灾难性后果。

就中美关系而言，贸易摩擦也会促使双方意识到，在推进国内工业化和现代化时，必须同时考虑其他国家的利益。例如，美国生产什么、消费什么、生产多少、消费多少，就会影响到中国；反之亦然。任何一个国家，尤其是经济大国，在全球化时代如果过于自私，必然会产生负面的外部反应。

如果这次贸易摩擦能够促使人们思考这些问题，不仅有利于中美关系重建，更有利于国际经贸关系甚至整体国际秩序的重建。

贸易摩擦会不会朝这个积极方向发展？经验地看，概率不是没有，但很小，更大概率是往更坏方向发展。如果全面贸易摩擦爆发，中美之间的冷战就会变得不可避免。实际上，至少就美国强硬派来说，贸易摩擦是新冷战的起点。从贸易摩擦到技术论战再到全面新冷战，这里的逻辑和路径都很清楚。

最近几年，很多学者把今天的国际格局比喻成第一次世界大战前的格局。一战之前也经历了类似今天的全球化，至少在欧洲国家之间，经济上互相依赖的程度，并不比今天中美两国之间低；同时，欧洲国家和世界其他地区之间的贸易依存度也不低。当时人们也不相信战争会爆发，因为国家间的战争就是互相伤害。不过，战争最终还是爆发了，并且是热战。原因很简单，在"国家安全"和"经济利益"之间，人们作出直截了当的选择，那就是"国家安全"。今天的情况也差不了多少。逻辑地说，贸易依存度既可提高，也可减少，甚至脱钩。

就中美经贸关系而言，前些年美国一些学者把两国关系称为"中美国"，中国直到今天仍有人把中美关系称为"夫妻"，即使是不情愿的，甚至强迫的"夫妻"。不过，这样的看法过于简单。"夫妻"不仅可以离婚，还可以成为仇敌。

如果美国强硬派想把中美关系引向冷战，那么这次贸易摩擦至少可以起到两个作用：第一，贸易摩擦减少中美贸易依存度，直到最后脱钩。第二，美国向盟友发出信号，并开始调整和强化和盟国的关系。在两国贸易高度依赖的情况下开始冷战，美国对自己的伤害会很大。贸易摩擦便是一个调整时期，逐渐把成本减下来。一旦脱钩，政治上甚至军事上的冷战便开始。一个明显事实是，美国的贸易摩擦不具普遍性，即针对所有国家，而是专门针对中国，美国已经把对盟友和对中国的贸易政策区分开来。

这里还有一个人们没想到也不肯面对的问题，就是即使这场贸易摩擦因双方觉得对自己不利就不打了，在危机时刻戛然而止，但在一定程度上，美国也已得到想要的效果，就是拖慢中国崛起。正如一些观察家所说，今天中美两国已经开始了技术冷战。正如美国政策界和决策圈所公开明示的，美国发动这场贸易摩擦的最终目标是"中国制造2025"。

对中国来说，"中国制造2025"是一个长远的国家经济发展规划，但美国并不这么看。美国认为这是一个中国超越美国甚至威胁美国的计划。事实上，中国内部也有不少人（至少在知识界）把此视为中国超越美国的计划。这些年来，不少人不是把中国本身的可持续发展视为目标，而是把超越美国视为目标。给国际社会的一种强烈感觉就是，中国所做的一切都是为了超越美国。这种过度的宣传更强化了美国对中国的忧虑或者"威胁感"。

再者，改革开放以来，中国的技术发展也已经累积到一定水平，在一些领域赶上甚至超越西方，西方感觉到实实在在的竞争压力。在这个情况下，如何拖延甚至遏制中国的技术超越，是西方战略家这些年在对华政策上所考量的一个主要问题。在这个层面，可以说，技术冷战也具有必然性。

今天西方的普遍共识是，尽管中国技术发展是自己努力的结果，但这么快速的发展主要是因为西方技术在中国扩散。西方认为，中国是这一波全球化最主要的受益者，因为中国是从这一过程中发展起来的，其中西方技术扩散和西方向中国开放市场是两个主要因素。就向中国开放市场来说，西方促成中国的人口红利转化成为经济活动，"西方技术＋中国劳动力"促使中国成为世界制造工厂。就技术来说，高铁就是其中一个案例。

要防止中国在技术上超越西方，西方也必须在技术上做文章。很多年里，西方对中国的所谓"工业信息谍报战"，及中国企业对西方企业的"技术转让"要求一直耿耿于怀。美国在奥巴马政府期间，已经明确把如何阻止中国这么做提到政策议事日程中。特朗普上台后，尽管很多方面和奥巴马政府的政策背道而驰，但在对华政策上不仅具有一致性，且更进一步。近年来，欧洲和日本等技术先进国家在这方面的防范心理也越来越甚。

因此，尽管这次特朗普发动贸易摩擦及其方法，并不是所有西方国家都认同，一些政治人物甚至持批评和反对态度，但在针对"中国制造2025"方面，可以说整个西方达成一定"共识"。在美国国内，无论亲华还是反华，无论民主党还是共和党，在这方面更可以说结成"统一战线"。

怎么和中国进行一场技术冷战？目前来看，西方主要是"两条腿走路"。一方面，西方防止对中国的技术出口，尤其是防止高端技术出口中国；另一方面，西方防止中国企业进入西方市场，尤其是高科技领域。西方总是把技术进出口置于西方"国家安全"的概念构架中去认知和讨论，明确表明西方把经济和国家安全绑在一起。一旦冷战爆发，西方在这方面的动作会更大。尽管中国发展到今天这个水平，西方怎么做都难以围堵和中止中国崛起，但必然会拖慢中国崛起。

没有多少人预见到今天的中国国际形势会发生如此戏剧化的改变。尽管在冷战结束以来，在以美国为首的西方，"中国威胁论"的声音一波接一波，从来就没有中断过，但所有这些声音被简单地视为"冷战思维"，被人们人为地忽视了。尽管美国强硬派一直没有中断过制造新冷战格局，但在全球化时代，一场新冷战被视为是不可能的。尽管美国方面多年来一直在中国周边挑衅（尤其近年来在南中国海问题上），但因为中国有效地应付了这些挑衅，人们便很藐视美国，觉得美国不过如此，没有能力对中国进行更大规模的挑衅，或者进行一场新冷战。

现在国际局势巨变，很多人不能理解，就简单地说是特朗普个人的错误，认为是特朗普个人"非理性"甚至"疯人行为"所致。特朗普个人因素当然很重要，主要是因为特朗普政府的决策机制发生重大变化。特朗普政府的决策模式是商人＋军人。这个模式让决策效率大大提高，但缺失中国人所说的"权衡"过程，容易导致在外界看来是"非理性"甚至是"错误"的决策。不过，特朗普政府本身就不会有如此认知。在他看来，他所做的正是美国很多届总统想做而做不成的一些事情。

不管人们喜欢与否，美国正在做其应当做的事情，中国也会作出其应当作的回应，这就是国际政治。国际政治上有"认知"（perception）和"错误认知"（misperception）的分析，无论是"认知"还是"错误认知"都不是对错的道德判断，因为两者都是"社会事物"，一旦产生了，都会对现实政策产生影响。

美国正在发动的贸易摩擦或冷战，对中国构成严峻挑战。改革开放40年来，中国能取得如此大的内部建设成就，主要是存在一个和平的国际环境，而这样一个和平的国际环境，是中国和外在世界互动促成的。在改革开放之初，邓小平就国际局势做了一个正确判断，那就是和平与发展是国际两大趋势。

根据这个判断，中国进行改革开放，中国的改革开放反过来促成了世界发展与和平。很难想象，如果没有邓小平的正确判断和中国本身的努力，中国能够经历 40 年的和平国际环境。今天，不利于中国的国际政治环境又回来了。中国不可能，也不能逃避现实，只能直面。中国如何应对，不仅决定自己的前途，也将决定世界的前途。

五、国际权力结构与中美贸易摩擦的深层次原因

就当前国际形势来讲，中国的国际关系面临什么样的结构性变化呢？冷战之后，美国成为唯一的霸权，世界权力结构呈现一霸结构，而中国的崛起又再次促使这个结构的变化。这个变化是什么？对此我们必须有清醒的认识。有人说这个变化是一霸多强，或者国际权力的多极化。但实际上并不是这样。在全球化状态下，世界只有一个，也就是说世界只有一个权力体系、一个霸权。

即使要说是权力多极化或者多强，也只是一种一个体系内部的"内部多元主义"（internal pluralism），即一个权力体系内部有多个权力中心，并且多个权力中心都是围绕着唯一的霸权即美国而运作的。如果中国不选择苏联"另起炉灶"的道路，那么只有一个权力极的局面不会发生变化。从迄今为止的情况看，我们可以说，中国不仅在过去没有选择苏联的道路，今后即使要选择这条道路也很难。

因为美国处于结构的顶端，中国的实际情况是，只有责任而没有领导权。美国和中国在国际事务上需要合作，不过，因为美国在诸多关键领域持有否决权，美国对中国的要求可以满足，也可以不满足。特朗普政府在

"美国优先原则"下，任性地推动贸易摩擦升级，从中可见一斑。

这种情况主要是因为中国的实力和美国还是不能相比。尽管经济实力在成长，但中国本身还缺乏履行国际责任的手段，更不用说领导权了。因为和美国同处一个结构，中国在很大程度上还是需要通过美国确立的体制来履行自己的国际责任。很难想象，中国能通过美国确立的机制来享受国际领导权。

另一方面，中美两大国并不能决定国际事务，这不仅和中国的"国际事务民主化"的目标不相符合，而且如果这样做，中国也会面临无穷的国际压力。例如，哥本哈根会议决议尽管是美国和中国合作的结果，但美国并没承担责任，而中国不得不承担来自发达和发展中国家的大部分压力。

改革开放以来，中国选择加入以美国和西方为主导的国际体系，这是中国"和平崛起"或者"和平发展"的结构性保障。这个体系存在着很多缺陷，但中国并不是要在体系之外挑战它，而是力图通过加入这个体系，在内部改变它。中国已经在这个体系内发挥越来越大的作用。进而，中国的高速发展表明中国在体系内的地位上升，形成今天所看到的"G2结构"。

1. 当今国际秩序下美国面临的矛盾

在美苏冷战期间，大国外交是为了竞争国际空间，形成美国阵营和苏联阵营。但现在则不同，因为中美两国同处一个体系。尽管中国离美国力量的距离还非常之远，但目前中国和美国是最接近的。日本在美国的（军事）体系内部，只是一个半主权国家，而欧盟毕竟不是一个主权国家。这就增加了中国大国外交的复杂性。作为一个负责任的大国，中国应当向整个体系负责，但站在这个体系顶峰的则是美国。

因此，一些人就分不开对体系负责和对美国负责这两者之间的区别。这两类责任之间有重合，无论是美国还是中国，因为处于体系的高端，都必须为这个体系的稳定负责。但这两类责任并不是同一件事情，因为体系利益和国家利益之间并不是完全一致的。体系利益和美国的国家利益的一致性要远远大于体系利益和中国国家利益的一致性。很简单，这个体系是在美国领导下建立的，并且美国仍然处于体系的最顶端。同处于一个体系之内，但同时又有不同的国家利益，这就决定了中美两国之间既有合作，又有冲突。

对中国，美国面临两个互相矛盾的任务，一是要防止中国挑战美国的霸权地位，二是要中国承担国际责任。反映到美国的实际政策中，一方面，美国要时时提防中国，和中国周边国家结盟、组建亚洲"小北约"，东海、南海、新疆、西藏、台湾等问题都是美国可以用来制约中国的手段；但另一方面，美国也意识到"帝国扩张过度必然加速衰落"。美国帝国已经扩张过度，但美国又不能全线收缩。怎么办？美国在动用一切力量和一切方法来巩固已有同盟（如日韩）的同时要求中国承担更多的国际责任。这是这些年来美国对中国认同变化的一个主要原因。美国一直在呼吁中国承担国际责任，希望中国不能老做一个"搭便车者"（free rider）。很显然，如果中国不能承担责任，美国很难单独维持这个世界体系。

这种双重的任务使得美国的对华政策话语不断变化，这种变化取决于美国把重点放在哪一方面。美国国内对中国描述的话语经历了从早期的中国军事、经济"威胁论"到后来的"利益相关者"和"责任论"，再到今年的"领导角色论"。

美国总统特朗普对美国的战略定位是"美国优先并维持美国在全球的领导地位"。这并不难理解，也没有什么大的变化。美国历届总统不管其战略话语是什么，所实施的战略都是维持美国在全球的霸权地位或者领导地位。作为唯一的霸权，美国最大的国家利益便是维持这个地位。但历任总统所使用的方法可以是不同的。比如小布什政府奉行单边主义，而奥巴马政府则倾向于奉行多边主义。不过，这也不是绝对的，单边和多边同时存在，只不过是在不同时期的侧重点不同而已。

同时，在美国的新战略中，最大的变化是美国对中国的定位：中国和俄罗斯是美国的对手国家，挑战了美国的影响力和价值。美国当然是从其国家利益的角度赋予中国这一新角色的。美国意识到，"新世纪的重担，不能只由美国独立担负。我们的敌人希望见到美国因为扩张太快而耗尽国力"。在这个认知下，美国就要调整和包括中国在内的其他新兴大国的关系，重新定位这些国家的国际角色。因此，美国要与俄罗斯建立"稳定、重要的多层次关系"，重申要与印度建立战略伙伴关系，又强调"我们欢迎巴西的领导"。对中国，奥巴马在表示两国间的人权分歧"不应影响在共同利益上的合作"的同时也声言会监督中国的军事现代化计划并作出应对准备。

要在同一个体系下处理共同的问题，这需要中美两国拥有最低限度的共同价值观和对处理问题的方法的共识。如果这个层面没有一点共识，那么不仅共同的问题很难解决，而且更严重的是冲突会加剧，甚至比冷战时期的美苏关系还要坏。在冷战时期，美苏各有自己的阵营，双方之间除了核武器互相威慑之外，没有其他实质性的关系。这种关系当然很危险，但美苏双方的互动并不多，日常冲突也因此很少。中美共处一个结构，互动是日常事务。一旦遇到要处理具有全球性的问题，就需要两国具有一定的共识。这就是为什么在伊朗、朝鲜等问题上，美国近来越来越要求中国和其保持一致。可以预见，美国的这种要求在今后会越来越多。尽管中美两国之间不可能有完全一致的价值观（不同的文明、意识形态和政治结构），但两国在处理国际问题上达成具有工具性的共识和价值观也不是不可能的。这就需要两国进行经常的对话，通过对话达成共识。

更为重要的是，在 G2 结构内，中美两国的双边关系越来越具有国际性，就是说，中美两国如何处理双边关系都会对整个国际社会产生很大的影响。投资、贸易、汇率、军事和外交等方面的双边关系都会产生巨大的外在影响。这就要求两国把这些问题放置于整个国际关系的格局中来处理，而不仅仅是双边关系。这种局面非常有利于中国拓展国际舞台空间，也就是说，中国可以在全球舞台上和美国互动。尽管美国仍然是世界上唯一的霸权，但因为中国处于 G2 这一结构的"老二"位置，在和美国互动的过程中，中国的影响力很自然达到世界的各个地方。这和中国的主观意愿没有多大关系。不管中国是否喜欢，这正在成为一个国际关系的现实。

国际权力结构性的变化又影响到中美双边关系。就双边关系来说，中美两国已经高度相互依赖，尤其是在经济关系上。这种相互依赖关系非常重要。但有了这种相互依赖性，美国如果要把中国作为"敌人"来打击，就会直接损害到其自身的利益。

2. 中国应对中美贸易摩擦的思路

中国已经向美国提出"新型大国关系"的概念，决定要打破传统上霸权战争的大国关系逻辑。很显然，要和平崛起和和平发展，中国需要和美国相处共存。正如这里所讨论的，这并非不可能，但需要很多的努力。不过，同时，我们也应当对美国霸权下制造贸易摩擦有清醒的认识。

对中国来说，贸易摩擦中最坏的结局便是和世界分离开来，孤立起来，无论是主动的还是被动的。一旦孤立起来，就很有可能陷入"明朝陷阱"，即在国家还没有真正崛起之前就开始衰落。如果滑向冷战，那么中国必须千方百计避免出现美苏冷战的情况，即除了核武器互相威慑之外，和西方没有任何具有实质性的关系。避免这一结局对中国来说并不困难，即用更开放的政策来应付西方的贸易保护主义。近年来，美国盛行贸易保护主义和经济民族主义，中国已经接过了"自由贸易"的大旗，继续引领全球化和贸易自由化。在下一阶段，中国不仅需要继续把"自由贸易"的大旗扛下去，更需要具体的政策行为。

在和美国贸易摩擦中，我们必须考虑到两个重要因素：第一，美国政府利益和资本利益之间的不一致性；第二，美国和其他西方国家利益的不一致性。贸易摩擦实际上就是经济利益在不同利益集团之间的再分配。美国行政当局在一些利益集团的支持下制造贸易摩擦，但贸易摩擦必然使得其他一些利益集团受损。因此，中国必须利用资本的力量来减少贸易摩擦对中国的影响，甚至遏止贸易摩擦，因为美国行政当局很难支配资本的流动。中国对特朗普贸易摩擦的强有力反击和更大程度的开放并不矛盾，就是说，中国必须在一些领域给予特朗普有利回击的同时在另外一些领域实行力度更大的开放。资本唯利是图，只要能够在中国赢大利，没有西方政府能够阻止得了西方资本进入中国。

不过，还是一句话，历史上，任何一个大国的大国地位不是从天上掉下来的，更不是别国给的，而是斗争出来的。中国亦然。

六、我们应有的反思："中国制造"还只是"中国组装"

从1978年到现在的40年里，中国的改革是在开放状态下进行的。当时，刚好赶上20世纪80年代英美国家发起的新一波的全球化。于是，中国成了其中最大的参与者。

改革开放，中国人均GDP不到300美金，资本短缺。然而，要发展一定要有资本。改革初期，中国特别为外资制定了很多优惠政策，比如外资到中国来，前几年可以免税。第一波进来的是海外华人的资本，而后是西方及其他国家的资本。1992年邓小平"南方谈话"以后，西方资本才大举进入。到了20世纪90年代，我们开始真正加入这个体系。为了加入WTO，要改变我们自己的法律法规政策体系，使之符合世界经济体系的规范。进入这个体系以后，中国一直强调：我们的"接轨"就是为了加入这个世界体系，而不是要推翻它。到了21世纪初，我们开始资本过剩——这是一个非常重大的标志性事件。不仅仅是资本，我们的产能、技术、基础设施能力成熟都是撬动发展的动力。于是，中国开始了"走出去"的步伐。在这样的背景下，我们跟世界经济体系的互动发生了很大变化。当今世界体系是由西方欧美国家为主导建立起来的，对中国不见得公平，所以要在这个体系里进行改革。因此，中国主张联合国体系的改革、世界银行体系的改革、国际和平组织的改革。

十八大以后，中国对外都表达得很清楚，随着经济力量的变化，无论是"一带一路"还是亚投行，中国不是要取代现有的世界组织体系，但中国有能力对它做一个补充，通过创新来做制度补充。在制定新规则的时候，中国不仅要考虑到自己的利益，还要考虑到其他国家乃至整个世界体系的利益。

当世界走向我们的时候，我们也走向了世界，成为世界这个经济舞台上的重要一员：我们是世界上第二大经济体、最大的贸易国、最大的外汇储备国，中国已经加入了世界银行、WTO等所有的重要国际组织，在国际事务中的话语权也随之水涨船高。

欧美主要国家目前不承认中国市场经济地位，是因为欧洲人、美国人不可避免地会用他们自己的标准来衡量中国。实际上，中国怎么改，也不可能变成美国或欧洲那种市场经济。

中国逐步成为一个庞大的消费市场，没必要一定要与西方市场同质化，这是不可能的。即使中国有这样的意图也办不到，因为结构不一样、文化不一样，甚至人也不一样。但不一样的市场制度不见得一定会发生冲突，这是一个互相调适的问题。当然，整个西方也没有一个明确的关于市场经济的标准定义。英美经济跟欧洲大陆不一样，德日也不一样。西方自由市场经济并不是最好的，正如马克思所说，西方的市场经济逃避不了周期性的危机，如1930年的危机、2008年全球金融危机。中国的市场经济，国家发挥的作用要比西方的更大。改革开放40年来，中国基本上没有发生过大的经济危机，这跟政府的调节作用有关。对发展模式的探索也是中国对世界作出的贡献。法英等欧洲国家、新加坡的国有部分比例不比中国低。但是相较这些国家，中国政府，尤其地方政府发挥的作用还是相对过大，市场的作用还并不充分，而市场是分配资源最有效的方式。这一点，中国还是存在很多可改进的空间。纵观世界，资本主导的西方出现了问题，计划经济主导的国家也出现问题了，混合经济是大势所趋。

互联网只有美国一家独大。毛泽东有一句话：谦虚使人进步，骄傲使人落后。骄傲使人看不到自己的问题。很多年来，大家都说这个世界上互联网只有中美两强。确实，美国和中国都有很多大型互联网公司，日本、欧洲没有。但是，我的观点不一样。在我看来，互联网只有美国一家独大，因为中国只是应用了美国的原创性技术。这次中兴事件，就暴露出我们的弱点：人家不给你芯片，你就休克了。触屏、系统（WINDOWS、Android）都不是我们的，如果人家这些系统都不给你用，你就什么都没有了。其实，中国所谓很多创新都是应用性的东西。我们的游戏占有的海外市场比美国大。但是，我们要看到差距背后的原因：美国对这些不感兴趣，美国做标准，中国只是做地方市场。并且，这个地方市场也建立在美国的技术之上，中国很少有原创性的东西。中国要好好地排查一下自己的家底，弄清楚到底走到了哪一步。现在，中国面临的情况是离不开外国技术。美国确实要依靠中国市场赚钱，但是，缺了中国，它自己没有致命的问题。诚然，当今世界体系"你中有我，我中有你"，大家各有分工，不需要事必躬亲。但是，对中国这样的大经济体来说，核心技术必须独立自主——世界市场是稳定运作的，没问题，一旦出现问题，有国家对我们发起贸易冷战、技术封锁，就会面临困境。

1. 勿把"中国组装"当成"中国制造"

现在，大家都在讨论"中国制造"引起了西方的恐慌。然而，比较一下20世纪70年代的"德国制造"、80年代的"日本制造"，就会发现，"中国制造"完全是不同的概念——德国、日本整个东西都是他们自己的，而"中国制造"很多产品是从西方和其他国家过来，利用我们的廉价劳动力进行了组装，然后再出口。富士康很典型，那只是一个组装工厂，不是中国制造业。从这个角度来说，"中国组装"的概念比"中国制造"更科学，当然我们也有一些技术成分在里面。正如前文论述，现在，工业已经到了4.0版。4.0版，智能化。我到广东各地调研时问地方领导：你们的企业到底在哪一个版本？我得到的答案是：大部分的企业还处于1.0版到2.0版之间。中国工业体系确实很全面，什么都能做，什么都有，3.0版4.0版有很多，但不是原创，核心技术都是国外的。依靠人家的梯子爬上来，人家把梯子抽走，你就会摔下去。通过竞争才能作出自己的原创性的东西，必须靠自己的梯子爬上去，否则永远要跟在人家后面。

2. 对于GDP必须保持清醒

中国现在是世界第二大经济体，但是很大程度上，这个数字得益于我们的人口总量，我们人均GDP很低，还不到1万美元，而美国人均超过5万，新加坡有5.6万。对比一下，就会明白，中国还是一个中等收入国家，未来还有很长的路要走。

到 2050 年，中国要分三步走：2020 年，全面建成小康社会；2035 年，基本实现社会主义现代化；2050 年，建成富强民主文明和谐美丽的社会主义现代化强国。还有一年就是 2020 年，接下来的 15 年要怎么走呢？我想，人均 GDP 至少要再加 1 万美元左右。我们必须保持头脑清醒，至少要把自己提升到中国台湾的水平（2.5 万美元左右）。即使这样，也有很长时间要走——从不到 1 万美元到 2.5 万美元，还有 1.5 万美元的距离。早期，我们的发展是简单扩张型的，实现这个跨越，靠廉价劳动力就可以。但是，从 1 万美元到 2.5 万美元就比较难。这几年，中央一直强调要从数量型经济转向质量型经济，究其原因，就是这个道理。今后中国经济发展一定要靠技术、附加值高的产业，这条路可能越走越难，至少不会像前面几十年那么容易了，我们不能掉以轻心。虽然很多人都希望中国站到世界舞台的中心，但是也不能忘记：你离世界舞台越近，所承担的世界责任就越大。很多年以来，中国在联合国体系中的贡献都名列前茅。但是，如果按照中国第二大经济体的地位来衡量，要求中国作出世界第二的贡献，那就很不公平了。这不能从总量来看，不能脱离人均 GDP。美国人均 GDP 5 万多美元，中国 1 万都不到。如果在该项投入过多，怎么跟国民交代呢？如何实现内部的可持续发展呢？所以不能过度地承担责任，影响到国内可持续的发展。一旦内部可持续发展出现问题，外在影响力也就成了无本之木了。因此，外部责任要与国内发展情况相适应。

3. 中国不会是下一个美国

作为世界上最大的两个经济体，中美关系不是一对简单的双边关系，它是今天支撑整个国际体系的"两根柱子"，哪一根都不能倒，倒了天就塌下来了。其他的关系都是辅助性的。另外，所谓的 G2 模式并不是说中美两国要同质化、掌握同样的领导权。

首先，美国的发展模式跟中国不一样。在中国发展的时代，中国不可能再搞以前的殖民主义、帝国主义，只能通过现在自己的方式走出去。

其次，美国充当了世界警察，中国没有这个想法。美国在海外驻军有多少？中国除了联合国维和部队，有海外驻军吗？中国在吉布提建立了首个海外基地，炒得很热，但我觉得就是一个简单的补给站。美国以前占领过日本、德国，中国会吗？不会。中国为什么要搞多边主义？正是由于世界并非只是中美两个国家的，大家都要出钱出力，来维持世界秩序。因此，G2 提出了好几年，中国官方从来没接受过。G2 的说法只是表明这两个国家都很重要：两个国家合作，能解决很多问题；两个国家不合作，很多问题都解决不了；两个国家对抗了，很多国家都要遭殃。进一步来说，在更大的程度上，G2 标志着责任，而非权力。美国现在从联合国的一些机构退出去——当世界警察当烦了，没钱再当世界警察了。当美国不承担责任、只使用权力时，大家就会说它是个大坏蛋。中国会成长为一个世界大国，但是，中国不是美国。有一个美国已经够糟糕了，再来一个的话，更糟糕。

今后，中国与美国乃至世界需要互相调适。一方面，其他国家需要一段时间来适应中国的文化、法律、法规或者政策，等等。另一方面，中国也要适应世界体系的规则与文化，就如同任何人去美国，就要适应美国当地的法律，去欧洲、日本也一样。这并不是一个容易的过程。但是，只有当中国跟世界互相调适过、互相适应了，才能实现真正的"一体化"。于是，大家看到，中国跟有些国家之间存在些摩擦，这是非常正常的状态，没有摩擦才不正常。以 WTO 问题为例，中国做了妥协，美国为了让中国成为这个世界体系的一部分，也做了妥协。今天，特朗普认为美国向中国妥协太多了，对 WTO 不满了；中国认为自己的妥协也很多了，不愿意更多。这些看法都是从自己国家利益的角度上考量的，容易理解。有人感觉这个调适过程，好像我们被人家欺负了。其实不然，妥协都是双向的，人家到中国来要遵循中国的法律法规。换言之，我们的企业去了美国，就要按照美国的法律行动，美国的企业到了中国也是一样。另外，就像前文提到的 20 世纪 80 年代，我们给了外资很多优惠，如果放在现在，可能有些人就不接受了，要"人人平等"。因此，我们应该保持平常心态，去评价当前中国和世界相互适应过程中出现的一些摩擦和问题，不要太情绪化。对于中美贸易摩擦，没必要把它当成一件很恐怖的事情，也不要用民族主义情绪，或者说带有意识形态色彩的眼光来看待它。美国要适应中国，中国也要调适自己。

4. 将改革开放进行到底

从整个世界史来看，进步都需要改革开放。改革就是内部改革、外面开放。中国跟世界体系发生的变化就是开放。唐朝的时候，中国多么开放，很多政府的部长级官员都是外国人。现在说的 21 世纪海上丝绸之路，实际上在唐宋就有了。这几年，南海海域发掘出了中国宋朝沉船，证明那个时候中国的贸易已经很发达了，明清以后，慢慢又封闭起来。1500 年世界海洋时代拉开帷幕，拥有着强大海上力量的明朝却实行了海禁政策，中国由此失去了一个时代。不过，即便是在"闭关锁国"的状态下，中国的瓷器也远销到欧洲。在当时的欧洲，中国瓷器受追捧的程度超过了今天的 iPhone。笔者在英国待过几年，到欧洲各个大家族去看，如果没有中国瓷器，这个家族就算不上贵族。中国要吸取这个教训，切勿陷入"明朝陷阱"。改革开放的道路，不管遇到多大的困难，也要持之以恒地走下去。国家领导人宣布的几项重大的改革，如海南岛自由贸易区、粤港澳大湾区、长江经济带等，这些都必须是在开放条件下才能做起来，也只能在开放条件下发展下去。这几年，美国搞贸易保护主义、经济民族主义，但是从达沃斯到博鳌，中国一再强调，即使面临西方的贸易保护主义，中国还是要开放、更加开放。从更宏观的视角观察，中国40年的成就都建立在改革开放的基础上，也只能通过持续的改革开放来实现可持续的发展。

七、地缘政治阴影下的中美关系

近年来，地缘政治回归世界政治舞台。有中东变局，有俄罗斯和西方在乌克兰问题上的冲突，在我们这个地区则有中美两国之间的地缘政治之争。冷战结束以来，东亚地区可以说是世界上最稳定的地区，既经历了高速经济发展，又没有出现明显的冲突。不过，近年来，随着东海钓鱼岛问题和南中国海问题的升温，人们对这个地区的地缘政治冲突越来越担忧。因为这些问题都涉及世界上两个最大国家中国和美国，有美国学者甚至称，中美两国关系已经到了"临界点"。"临界点"当然是有所指的，即中美两国之间的冲突即将来临。

中美两国处于浩瀚太平洋的两岸，本来并无直接的地缘政治冲突。诚如中国领导人所说的，太平洋之大，容得下中美两国。但为什么会导致现在这样的局面呢？主要是因为中美两大国地缘政治影响力的变化，给两国所带来的心理冲击。从实际政策层面看，中国并没有要把美国赶出本区域，更没有要在全球范围内挑战美国的秩序。不过，美国方面并非如此认知，相反，中国的一举一动往往被解读为对美国的挑战。同样，美国很多针对中国的政策或者行为举动，无论是军事上的（例如美日、美菲同盟），还是政治上的（例如人权）和经济上的（例如跨太平洋伙伴关系协定，英文简称TPP）等等，都往往被中国解读为围堵中国的举措。地缘政治的变迁使得双方都对对方有强烈的恐惧感。在互相存在对对方的恐惧的情况下，学界和政策圈内一直所呼吁的两者间的政治和战略信任关系不仅很难建立，而且往往荡然无存。

1.区域内部政经变化的挑战

如何理解地缘政治变迁对中美关系的影响？现在的东亚区域秩序格局，基本上是以美国为主导的西方在冷战期间确立起来的。简单地说，东亚秩序格局是西方地缘政治秩序在本区域的延伸。尽管冷战结束之后，在经济和政治等层面，本区域已经发生了很大的变化，但这并没有导致战略格局的变化。基本上，在战略层面，主轴仍然是美国及其亚太盟友之间的同盟关系。这一点，美国及其盟友从来就没有隐晦过。这个局面说明了两点：第一，美国一直是东亚区域秩序的有机部分。第二，冷战期间所形成的战略格局，已经受到本区域内部政治经济变化的挑战，现存秩序已经满足不了本区域的政治经济变化。从这个角度来看，这些年来美国要"重返亚洲"，只不过是对第二种情况的心理反应，因为美国从来就没有离开过本区域。

近代以来，在美国和西方在东亚扩张其地缘秩序影响力的同时，也是中国在本区域地缘政治影响力的丧失。传统上，中国建立了以自己为中心的区域秩序，主要表现为朝贡形式的贸易体系。近代以来，朝贡体系迅速解体，西方地缘政治秩序取代了中国的朝贡体系。不过，随着中国的再次崛起，其地缘政治影响力也随之崛起，并且迅速扩张，具有了巨大的外部性。这种外在的影响力，和中国领导层的主观意愿并没有多大的关系。

中美两国地缘政治影响力的变迁，是否会导致中国所追求建设的新型大国关系的终结？历史上，一个新兴的大国总是要挑战现存的大国，而现存的大国总要尽其所能来遏制新兴大国的崛起，保持其霸权地位，这就导致了大国政治的悲剧。中国提出建设新型大国关系，就是要避免大国之间冲突的常态，实现和维持和平共存状态。对中国来说，要建设新型大国关系，就要分析目前在这方面所面临的困难的原因。如上所说，两国之间的互信是关键。现在两国互为恐惧，在这样的情况下，如何能够建设一种和平共存关系？

所以，关键在于要回答，中美两国到底在互相恐惧什么？最近有学者把中美两国之间的互相恐惧概括得很好，认为中国恐惧于美国要围堵中国，尤其是要推翻中国共产党领导的政治秩序，而美国则恐惧于中国要推翻美国所主导的世界秩序。不过，具体分析来看，这种互为恐惧并没有多大的道理，更多的只是表现在心理层面。

在国际层面，中美两国的合作要远远大于冲突。两大国之间的关系不仅是单纯的双边关系，而是当今整体国际关系的两根主柱，缺一不可。任何重大问题，如果没有两国的合作，就难以解决。同样，如果两国发生分裂甚至冲突，就不会再存在世界秩序。在实际层面，两国也合作得很好，尽管也有分歧。在气候问题上，两国达成了诸多重大的合作协议，对推进整个国际的合作起着巨大作用。在核不扩散问题上，最近有了巨大的进展，这次和伊朗达成了协议，中国在其中扮演了很大的作用。在朝鲜问题上，尽管遇到诸多困难，但近年来已经改变。可以相信，如果两国能够更紧密地合作，朝鲜问题并不难解决。实际上，在包括反恐在内的其他很多国际问题上，两国都有巨大的合作潜能。

就双边关系来说更是如此。中美两国是世界上两个最大的经济体，并且互相依赖的程度非常高，以至于有人把此称为"中美国"。2008 年以来，整个世界经济失衡，两国保持沟通合作，共同努力去实现世界经济的再平衡。更为重要的是，中国并没有任何计划要推翻美国主导的世界秩序。西方人经常把中国和当年的德国、日本比较，这是出于对历史的无知。当年，德国和日本都有称霸世界或者区域的国家计划。中国历史数千年，从来就没有称霸的努力，而仅是在最低限度上维持自然形成的区域秩序（例如朝贡体系）。这种文化至今并没有任何变化。如当年邓小平所说，称霸并不是中国外交政策的选项。

既然这样，为什么西方尤其是美国还是对中国存有巨大的恐惧感呢？美国人的恐惧有其自身的原因，但在一些方面，美国的恐惧往往是在和中国互动过程中产生发展起来的。对中国来说，应当思考的问题就是能够做些什么，来减少美国人的恐惧而改善中美关系。在很多方面，中国仍然可以做更大的努力。

2. 减少美国对中国的恐惧

第一，双方的有效沟通仍然不足。尽管中国多年来多次向美国解释新型大国关系的含义，但类似的解释必须是日常的。这是因为两国关系深刻地受彼此国内各种政治经济力量的影响，是一个动态的过程。美国有其国内的巨大动力，不同的利益追求不同的中美关系，一些力量可以从中美关系的友好中获益，而另外一些则相反。在一定程度上，中国国内也有类似的情况。

在很多事情上，中国都没有做好向外部世界做解释的心理准备。例如今天中国的经济总量很大，发生任何事情都可以对外界产生巨大的影响。而中国内部可能不这样看，因为人们总是觉得问题一大堆，产生不了外在的影响力，因此往往只看国内，忘记了国外。亚投行是一个明显的例子。中国开始时并没有意识到会有那么多的国家参与进来，尤其是西方国家，其中有些是美国的传统盟友。当然，美国也没有意识到这一点。美国人因此把亚投行视为是中国撇开现存国际秩序（例如，世界银行和亚洲开发银行）而另起炉灶的企图。但实际上并非如此，因为亚投行和现存国际和区域秩序更多的是互补的，而非竞争的。如果一开始中国有充分的知识准备，和美国等国家的沟通会有效得多。"一带一路"、金砖国家组织、上海合作组织等，都在一定程度上存在着类似的问题。

第二，中国最大的问题就是在国际政治舞台上缺少软力量。在很多方面，尽管并不是中国的问题，但一旦发生问题，人们就普遍认为是中国的问题。这不仅是因为美国等西方国家一直主导着国际外交领域的话语权，而且也是因为中国本身毫无这个意识。或者说，话语权的缺失也是中国本身的原因。就举南中国海填海的例子。在中国开始填海之前，越南和菲律宾等国家早已经在填海了。中国的行为因此是反应性的，就是对越南和菲律宾等国行为的反应。只不过中国的填海比其他国家的速度要快得多罢了。若在他国填海的时候，中国能早发声，也不至于像今天那样在话语权上处于被动。

第三，作为一个有责任的大国，中国有时也需要理性地理解对方的行为模式，甚至从对方的立场看问题。就是说，要理解对方。例如，美国人所具有的军事冒险精神，经常被包括中国在内的其他国家所低估。理解美国的军事冒险精神并不是说中国要恐惧它，而是相反。在深刻理解其军事冒险精神之后，中国可以有效管控它。中国也要把握美国对其自身长期相对衰落所产生的恐惧。

第四，最为重要的是，中国没必要过于恐惧美国对中国政治秩序的影响。如果说美国对改变中国政治秩序不感兴趣，那是个错误；同样，如果认为美国可以轻易地改变中国的政治秩序，那也是个错误。对美国的恐惧是中国本身没有自信的表现。要意识到，在全球化的开放社会，政治影响是互相的，也是不可避免的。美国或者其他任何国家要影响中国，这是人们思考问题的前提。中国很多人把美国的很多行为（甚至不是政府行为）视为是美国要推翻中国秩序的"阴谋"，例如，货币政策、股市操作、人权组织的活动等。如果在制定国内政策时，不能考量到国际因素，那是中国本身的错误，而非美国的错误。国际政治就是各国互相影响的政治，一国要影响另一国是常态。作为大国，中国如果不能估计到美国各方面（不见得是美国政府）对中国的影响，或者中国各方面（不见得是中国政府）对美国的影响，就很难建设新型大国关系。新型大国关系不只是两个政府之间的关系，是两国各种力量之间的关系。

一个和平的国际秩序需要中美两国的有效合作。美国需要中国，也不能失去中国；同样，中国也同样需要美国。在实际国际政治生活中，两国的合作一直是主流。如果双方都能意识到，两国的合作是双赢的，冲突一定不是零和游戏，即一方的胜利和另一方的失败，而是双输局面，那么要建立和平共存的新型大国关系并不困难。

八、中美要避免"修昔底德陷阱"

自从美国宣布"重回亚洲"以来，亚太地区局势在发生变化，而且变化的广度和速度远远超出人们的想象。这里有美国的努力，也有一些亚洲国家的努力。美国本来是个世界警察，在世界范围内"维持秩序"。不过，最近几年美国在大力缩减其他地区"维持秩序"的力量的同时，把注意力放在了"维持亚洲秩序"上。同时，亚洲一些国家也感觉到了来自中国的"威胁"，要求美国回来，希望美国能够提供它们所需要的区域国际秩序。无论是美国的"重返亚洲"还是亚洲一些国家的担忧，中心角色都是中国。结果，往日那些被其他议题诸如经贸合作所掩盖下的所有矛盾，都纷纷浮上台面。

亚太局势的急剧变化，可能是中国根本就没有预期到的。中国一直相信其能够和平崛起，相信既然自己的崛起会给周边国家甚至整个世界带来莫大的好处，周边国家和国际社会就会接受中国。不过，今天的局面和中国的预期显然相差很远。因为不如预期，中国内部很多方面也似乎已经乱了方寸。尽管外交系统还是一如既往，其他包括军方在内的很多部门和社会都动起来了，至少在情绪上如此。在民间，民族主义更趋向于再次成为国际事务主题，好像要和美国迎头相撞。

中国改革以来的外交政策，可以说一直是以美国为轴心的。作为一个大国，中国的外交必然围绕着其他大国，大国外交成为重中之重不难理解。这一点实际上在毛泽东时代已经开始了，当时中国和美国结成"联盟"来应付苏联的扩张主义。毛泽东之后，这种政策更趋明显。邓小平的"韬光养晦"和"永不当头"等政策话语是针对美国的。邓小平之后，针对美国对中国崛起的担忧，中国发展出了"和平崛起"或者"和平发展"等政策话语。最近就中美关系，中国专门提出了要发展"新型大国关系"的对美政策意向。

人们并不怀疑中国对和平的渴求，中国的种种话语表达的是中国对世界秩序的理想。不过，理想主义不仅往往和现实有巨大的鸿沟，而且也可能导致理想的反面。要实现亚太和平，无论是中国还是美国，都必须对对方放弃理想，而转向现实主义。换句话说，只有着眼于现实的理想才不会成为空想，才不至于走向自己的反面。

1. 中美如何避免"修昔底德陷阱"

中国如何能够实现自己所希望的国际和平？在哲学层面，就中美关系来说，问题的核心在于中国是否能够避免国际关系文献中所说的"修昔底德陷阱"。这一命题，是由古希腊史学家修昔底德（Thucydides）在阐述公元前 5 世纪在雅典和斯巴达两国发生的战争时提出来的。修昔底德在总结雅典与斯巴达战争时说，"使得战争无可避免的原因是雅典日益壮大的力量，还有这种力量在斯巴达造成的恐惧"。

　　"修昔底德陷阱"翻译成当代语言就是：一个新崛起的大国必然要挑战现存大国，而现存大国也必然来回应这种威胁，这样战争变得不可避免。这几乎已经被视为国际关系的"铁律"。人们发现，自1500年以来，一个新崛起的大国挑战现存大国的案例一共有15例，其中发生战争的就有11例。最显著的就是德国。德国统一之后，取代了英国成为欧洲最大的经济体。在1914年和1939年，德国的侵略行为和英国的反应导致了两次世界大战。在亚洲也有类似的经历。日本崛起之后，就想挑战欧洲殖民者在亚洲建立起来的或者正在建立的秩序，确立以日本为中心的亚洲秩序，最终爆发了日本以反对西方列强为名而侵略亚洲其他国家的战争。

　　现在，"重返亚洲"表明美国的中国政策的现实主义性质。尽管美国人说，其"重返亚洲"的目标是亚洲的秩序与和平，不是要"围堵"中国，而是要"威慑"中国，防止中国破坏亚洲的现存秩序，但实际上很清楚，美国是出于对"中国崛起"的恐惧。亚洲的一些国家为了克服自己对"中国崛起"的恐惧，选择站在美国一边，另一些国家则在观望。这种情形，又和修昔底德当年所观察到的希腊其他国家的行为何其相似："双方（指雅典和斯巴达）都竭尽全力来备战，同时我也看到希腊世界中其余的国家，不是参加了这一边，就是参加了那一边，即使那些目前还没有参战的国家，也正在准备参战。"

　　美国和亚洲一些国家对中国的恐惧已经成为事实，其行为已经陷入了"修昔底德陷阱"。很清楚，中国如何反应，在很大程度上就决定了亚太地区的和平与战争。中国如果也陷入这个陷阱，战争不可避免，只是时间的迟早问题。

　　从一定意义上说，中国针对与美国的关系所发展出来的种种政策话语，都是为了避免陷入这个陷阱。中国的领导层一直在重复中国并不相信这种陷阱。但是要避免战争，光有主观上的政策话语并不够，而要找到确实的方法来避免陷入这个陷阱。从现实情况看，正是因为这些具有理想主义色彩的政策话语，并不具备导向任何能够实现这些理想的工具和手段，一旦形势恶化，中国感受到外在的"威胁"时，就必然出现另外的极端话语。

要避免陷入这个陷阱，中国必须抛弃对美国的理想主义认知，而对其（或者任何一个其他国家）有一个清醒理性的认识。无论是对自身的国家利益，还是对他国的国家利益的思考，不能注入任何理想和人为的感情。越现实，越有可能找到避免战争的方法。毕竟，从历史上看，国家之间也有和平的权力转移。

2. 认清美国在亚洲的利益

如何避免中美之间可能的亚太战争？这就要从认识美国在亚太的战略位置和其国家利益的相关性开始。无论从理论上还是从地缘政治位置，人们会倾向于说，亚洲是中国的亚洲。但实际情况并不是这样。中国当然是亚洲大国，不过自近代以来，其和亚洲其他很多国家的关联和影响力甚微。很多美国人和亚洲人会说，亚洲首先是美国人的亚洲。

近代以来亚洲的塑造首先由欧洲殖民者主导，后来是美国人主导。日本曾经想取代欧美来主导亚洲秩序的塑造，但以失败告终。从近代到冷战，美国和亚洲一些国家的各方面关系高度制度化。中国和亚洲的关系，尤其是主权政府之间的关系，直到改革开放之后才开始有了发展。在后冷战时代，因为美国把注意力放到了反恐战争，中国和亚洲的关系尤其是经贸关系有了实质性的进展。也就是说，中国在亚洲区域的国际空间扩展迅速。这不仅导致美国人的恐惧，也导致亚洲一些国家的担忧。不难理解，在亚太地区，美国最担心的，就是中国是否会像当年美国把英国赶出美洲那样，把美国赶出亚洲，也就是人们所说的中国版"门罗条约"。中国并没有这样的意图，也不相信中国本身的崛起会有损于美国的利益。但这并不能在任何程度上减少美国人和亚洲一些国家的担忧。

但不管怎样，中美两国如果在亚太地区迎面相撞，激烈的竞争必然导致冲突。这和一个国家的"良好愿望"或"邪恶用心"无关，而是和"修昔底德陷阱"有关。近年来，亚洲局势的剧变正好说明了这一点。如果中国恐惧于美国，必然陷入"修昔底德陷阱"，也就是互为敌人的陷阱，最终没有一家会赢，就像雅典和斯巴达一样。

如何重新思考中美关系？中国首先必须回答的问题是：在亚太地区和美国竞争为了什么？有几点很清楚：第一，中国是亚洲国家，只要中国在发展，其影响力必然增加。不管美国或者一些亚洲国家喜欢也好，不喜欢也好，他们必须调整政策来适应这个新环境。中国政府如果政策得当，影响力扩大会快一些。第二，美国在亚洲的影响力仍然会继续，但随着中国的崛起，美国的影响力会逐渐减少。美国政府如果政策得当，影响力衰落会慢一些。第三，中国并无意愿把美国赶出亚太地区。尽管中国的影响力在提高，但并没有能力独家来履行国际甚至是区域责任。美国的存在合乎中国的利益，因此需要中美合作的空间还是巨大的。

从最糟糕的结局来说，假定美国能够在亚洲把中国"遏制"住，使得中国不会挑战其在本区域的利益，但这并不能在任何意义上保障美国可以维持其世界霸权的地位。如果美国把中国视为是"敌人"，这个"敌人"过于庞大，必然消耗其大部分资源与精力。这必然导致美国所构建起来的支撑其世界霸权的大厦的解体。今天的美国霸权地位，是美国自一战之后尤其是二战以来精心构建起来的。"重回亚洲"必然要求美国减少其在其他地方（包括欧洲、非洲、中东等地）的存在，其在这些地方的影响力也必然衰退。实际情况也如此。美国在其他地区的霸权地位，动摇速度之快超出人们的预料。即使在亚洲，美国也今不如昔，说得多，做得少。美国

"重回亚洲"的战略要求亚洲有关国家承担更多的责任，这和美国冷战时期通过"马歇尔计划"和营建"北约"的战略，营造一个欧洲秩序的努力，形成了鲜明的对比。实际上，修昔底德另一个结论"如果没有充裕的财库，要想支撑一个长期的战争是不可能的"也可应用到中美两国的关系上。如果美国要单纯从战略上围堵中国，其很难有可持续性。

对美国的"重返亚洲"，中国的恐惧是可以理解的，但显然没有必要恐惧到陷入"修昔底德陷阱"。在亚洲，两国具有很大的合作空间，而在美国力量急剧衰落的中东、非洲，甚至是美国传统势力范围的欧洲，中国具有更大的发展空间。不仅太平洋两岸能够容得下中美两国，这个地球更是容得下中美两国。既然中国没有意图挑战美国，实在没有必要恐惧，所需要的仅仅是理性。

九、新型大国关系向何处去

国际政治往往是大国之间的政治（而非理性）博弈。因为每一大国都是独立的主权体，如果大国之间开始博弈，就很容易受很多非理性因素（例如民族主义和政治人物的个性等）的影响，博弈的结局并不见得就是博弈者原来所预期的，甚至相反。

很多迹象表明，中美两国之间正进入这样一种博弈状态。中美都希望博弈会是双赢而不是零和游戏。就中国来说，早就提出了要和美国建立新型大国关系，本意就是要避开历史上一再出现的大国争霸而导致战争的"宿命"。从这个角度说，中美新型大国关系的建设已经到了关键时刻。如果不能逃脱零和游戏的博弈，两国的冲突也为期不远了。

中美近来博弈最直接的起因在于东海和南中国海问题。它们并不直接涉及中美双边关系，两国之间也没有直接的地缘政治冲突。美国的深度卷入主要有两个因素：一是美国和其同盟之间的关系，二是美国对中国的错误判断，以为中国要挑战美国。无论在东海还是南中国海，中国实际上并非挑事者，而只是对他国（日本、越南和菲律宾等）行为的反应。即便如此，美国也选择和其盟友站在一起。美国的选择或许是因为被盟友所绑架，或许是因为要利用盟友来制约中国，或许两者兼有之。但不论如何，这种选择的心理基础，是其与日俱增的对中国崛起的恐惧感。美国在成为世界大国后，一直和其他大国争霸，对大国争霸学说深信不疑。因此，尽管中国选择加入美国主导的世界体系，无意把美国赶出亚洲，更无意挑战美国的霸权地位，但美国的这种霸权信仰不可避免地导致其对崛起中国的恐惧。

美国对中国的反应可以分为官方和非官方两个层面。尽管官方并没有完全接受"新型大国关系"的概念，但的确认识到了中美关系的复杂性。因为中美之间的高度互相依赖性（至少在经济上），也是因为中国并没有苏联那样的争霸方案，美国意识到处理和中国的关系并非那样简单明了。所以，尽管官方有时也放出狠话，但反应还算节制，没有想把中国推向对立面。就美国政府来说，只要稍微理性一些，就不会把中国推向对立面。一旦美国失去中国，这个世界很有可能演变成往日美苏集团之间的冷战状态。如果中国离开了以美国为主导的国际秩序，美国充其量也只是半个世界的霸主，而非全球霸主。

不过，非官方的强烈反应似乎显示两个国家关系的遽然恶化。自近代以来，美国国内一直存在着一个可以称为"中国情绪"的东西：如若中国的发展（无论是内部还是外部）符合美国人的理念和价值观，美国就会充满乐观的中国情绪，甚至过度乐观；但若中国的发展不符合美国人的理念和价值观，美国人就会对中国悲观起来，甚至充满敌意。再者，美国的

"中国情绪"历来就是导致美国改变中国政策的重要因素。今天的情形就是，不仅往日的反华和对华敌视的政治力量再次抬头，而且传统上被视为是对华友好和同情中国的政治力量，也在改变态度。在学术和政策界，已经开始呈现出对华普遍的"冷战情绪"。

1. 冲突会是人类大灾难

在中美关系上，无论是美国还是中国，大多数人都会关注谁输谁赢的问题，也就是零和游戏。人们假定，一方的失败就会是另一方的成功。实则不然。中美的冲突会是人类的大灾难。往日美苏冷战之所以没有演变成热战，根本原因在于两大集团之间的核威慑。对今天的中国来说，无论是和美国的冷战还是公开的冲突，都会是颠覆性的错误。如果要避开两国冲突的宿命，就要通过百倍的努力来建设意在避开宿命的新型大国关系。

既然是博弈，就要充分了解博弈者和博弈的方法。不同的博弈者和博弈方法导致不同的结局。对中国来说，就是要在不同的博弈局面中争取最好的。就中美关系来说，中国必须了解的是美国对华政策的诸种方法及其背后的政治力量。自中国实行改革开放政策以来，美国的对华政策可以概括成如下三种：

首先，围堵、遏制。这是一种冷战的方法，是美国对付苏联的。在美国的一些势力看来，这个方法很有效，它不仅遏止了苏联的扩张，而且导致了苏联的解体。当然，对苏联来说则是大灾难，使得俄罗斯直到今天仍然一蹶不振。尽管这种方法很难用于和美国互相依赖的中国，但美国国内不时会有人出来试图使用这种方法来应付中国。

其次，接触、融入。这在学术上被称为"社会化"，也就是被西方"社会化"。美国容许和鼓励中国加入现存国际体系，接受西方制定的规则。

美国使用这种方法消化了日本、德国等，冷战结束之后也消化了属于苏联阵营的东欧国家。美国也希望通过这种方法来消化中国的崛起。自中国改革开放以来，美国对中国基本上也使用了这种方法。不过，中国和其他国家不同，让美国感觉力不从心。

再次，把中国转变成为负责任的利益相关者，共同承担维持世界秩序的国际责任。这种方法也是中国可以接受的。随着中国的崛起，中国乐意承担更多的国际责任。但问题出在中国向谁负责。中国具有自己的国家利益，对国际责任有自己的理解和界定。中国会履行自己而非美国所界定的国际责任。在很多方面，两者并不见得一致。

因为美国在使用所有上述方法上不尽如人意，随着中美关系大环境的变化，美国现在开始寻找新的途径，制定新的对华政策。今天流行于美国政策市场的方法是传统方法的延续，所不同的是哪种方法占据优势。在对华政策上，今天美国存在如下几个主要方法或者政策思维：

第一，现实主义派，以五角大楼为主导。这派类似于"9·11"恐怖主义事件发生之前的新保守主义。这一派强调要利用美国所拥有的强大军事优势，使用冷战期间曾经对付苏联的经济方法，缔结区域性的针对中国的战略性贸易同盟，严格限制对中国的技术出口，尤其是可以转化成为军事用途的技术，在各个领域（例如中国的边疆、周边和主权问题）为中国的崛起制造麻烦等。美国认为，中国过去数十年的成功崛起，主要是因为美国向中国开放，接纳了中国，给了中国搭国际秩序便车的机会。如果美国改变开放政策，就可以延缓甚至阻止中国的崛起。

第二，和平共处方法。这个方法有些类似于中国本身所追求的方法，美国可以通过限制对台湾的武器出口，以获取中国大陆对台湾地区的和平承诺、通过要求同盟（日本、菲律宾等）的克制，在一定程度上满足中国的核心利益要求；通过改革现存美国西方所主导的国际机构，让中国拥有更大的权利和责任，等等。

第三，求同存异法，一方面美国不会在其认为会损害美国关键利益的问题上同中国妥协，例如当中国的"扩张主义"损害到美国或者美国盟友的利益的时候，美国需要和中国对抗；另一方面，在一些关键问题和中国进行合作，例如朝鲜核武器问题、伊朗核武器问题、气候和环保问题，等等。

2. 双方缺失"战略互信"

第三种方法多年来是美国政府对华政策的主调。现在的情况是，第二种方法很难在美国有市场，很容易被视为是"亲华""出卖美国利益"。如果学界和政策界现在的"中国情绪"继续下去，这种方法很快就会退出思想政策市场。第一种现实主义的方法上升得很快，有可能和第三种方法中的一些负面（对中国而言）因素结合起来，演变成对华政策主流。

中国对美国国内各种博弈者及其方法也不是没有认识。中国实际的国际战略，和美国所认知的中国国际战略之间，存在着巨大的鸿沟。中国也意识到，这种巨大的鸿沟的出现主要在于双方缺失"战略互信"。如果意识到这种"战略互信"是在双方互动过程中产生和发展的，中国不再是一个被动的角色，而是应当有所作为，努力改变美国对中国的认知。

对中国而言，今后相当长时期的外部挑战，就是如何管理美国的相对衰落及和这种衰落有关的战略心理。在中国真正崛起之前，能够对中国构成国家安全威胁的是美国，其他国家可能只给中国带来很多麻烦。要减少、控制乃至消除美国的威胁，就要管理美国的相对衰落及其和这种衰落有关的心理。

美国和大英帝国不同。大英帝国的世界领袖地位是打拼出来的，知道打拼的辛苦。因此，在知道了自己的衰落不可避免时，大英帝国便制定了体面退出的机制。美国没有经过多少打拼便成为世界领袖。两次世界大战，欧洲列强互相战争，战后没有一个可以成为领袖，美国便被邀请成为领袖。战后，在和苏联的竞争过程中，美国用冷战方式轻易打垮了对方。其他地方区域性冲突或者战争，对美国只是维持秩序的次要问题，也就是其履行世界警察的职能表达。今天尽管美国相对衰落了，其霸权心态仍然坚不可摧，仍然具有充当世界领袖一百年的雄心。

最为重要的便是通过外部的更加开放，来促成内部的可持续发展，以实现真正的崛起。新型大国关系的道路必须走下去，并且需要政治家来构建。一个负责任的政治家是不会让局势这样恶化下去，而走入两国冲突的宿命的。

第十四章　中国通往海洋文明的亚洲地缘政治

一、从陆地走向海洋的中国地缘政治

中国成为陆地国家（或称"地锁国家"，land-locked power）和中国的国家形成和扩张的历史有关。无论是中国的文明还是国家都起源于黄河流域。中原王朝从黄河流域向四周扩张，扩张过程中都是陆地。中原王朝经常遭受来自陆地的北方少数民族的侵入。北方少数民族进入中原之后都被中原文化所消化，主动接受中原文化，也就是说，北方少数民族成为中华民族的一部分。在少数民族成为统治者之后，他们经常搞扩张。中国版图的大扩张都是在北方民族成为中原统治者之后实现的。但是，这些少数民族的扩张也同样是向陆地扩张。

实际上，在西方列强到来之前，中原王朝从来就没有面临来自海洋的威胁，所有的威胁来自陆地，包括突厥、蒙古、西藏和满洲等。防务安全的重点自然也是侧重于陆地。最典型的就是长城了。历代王朝修筑长城，其意图就是想把"侵略者"（也就是北方少数民族）挡在长城之外。近代之前除了来自陆地的北方少数民族，中原王朝并没有真正的敌人。中原王朝因此修筑了长城，而不是海军，来应付敌人。除了修筑在本土的长城之外，中原王朝也实行朝贡制度来应付周边国家，朝贡制度是一种可控的贸易，不管朝贡国是来自陆地还是海洋。

中国在明朝时代开始受到来自海上的威胁，即所谓的"倭寇"。但也正是在这个时代，中国具备了成为海洋国家的能力。15世纪是世界海洋世纪的开始，欧洲的葡萄牙就是从这个时候开始成为世界上第一个海洋国家。不过，论技术，当时的中国是最有条件成为海洋大国的。在西欧小国进行海洋远征的同时，在中国的东南沿海，也出现了掌握了很高航海技术的海员，他们已经到达了印度洋和其他地区。他们制造的船舰远比葡萄牙人制造的要庞大、坚实和美观。当时，无论是政府还是民间，中国都具备了足够的能力来实现这个目标。在政府层面，有名的郑和数次下西洋就是政府财政和中国航海技术的证明。这一点，这些年人们已经说得很多，不需要在这里再做论述。即使是民间也具备了很强大的能力，当时所谓的"倭寇"或者"海盗"的大部分成员实际上并非日本人，而是浙江和福建的民间海商活动。

但是，无论是政府组织的海航还是民间自主的海航都没有继续下去。郑和下西洋不仅被政府中止，而且政府也销毁了所有航海的数据和资料。在民间方面，政府下大力气，花了很多年镇压了民间"海盗"，从此之后施行闭关锁国的"海禁"。这就使得中国失去了一次成为海洋大国的最好机遇。王朝为什么这样做？其中有几个主要原因：

第一，王朝以陆地地缘为中心的意识形态。到明朝，这个意识形态已经确立了好几千年，早已根深蒂固，难以动摇。尽管福建的海员具有很高的技术水平，但是他们有一个致命的弱点，那就是他们从文化上说不是葡萄牙人。葡萄牙人有他们自己独立的王国和国王，国家可以达成一个统一的意志，也就是具有巨大的动员能力。但福建海员并不能成立陆地的国家政权，因为福建也只是中国诸多省份的一员。王朝陆地地缘政治的需要阻碍了福建海员向海洋发展的冲动。中国历代王朝对港口城市并不很感兴趣，并没有看到像香港和上海那样的港口城市的重要性。上海那么具有海洋优势的城市在很长历史时间里只是一个小港口，而其他港口城市要么被视为渔民出海捕鱼的地方，要么只是驻扎军队以防止海盗和走私者的地方。当葡萄牙、西班牙、荷兰和英国船舰来到中国的时候，港口城市成为王朝把外国人挡在内陆之外的停留处。

第二，既得利益的阻力。陆地地缘政治不仅仅是一个意识形态，而且更是既得利益背后的意识形态。海航需要很大的花费，这方面花费的增多必然影响到能够用到陆地防护的费用，负责陆地防护的王朝机构必然反对发展海航。

第三，在客观层面，即使当时的中国受到"倭寇"的骚扰和侵害，但威胁并不大。日本当时处于封建时代，对中国并没有构成真正的威胁。朝廷面临太多的内部问题，并不想再找海洋方面的麻烦。结果，朝廷就用简单的镇压"倭寇"和"禁海"的方式来处理问题。总体上看，尽管明清时代中国也经历了国家崛起的时刻，但封闭政策越来越甚。等到晚清时期真正面临海洋的"敌人"的时候，中国已经无力成为海洋国家了。

二、近代中国海洋国家意识的萌芽

在 19 世纪，随着英国人的到来，中国才开始意识到海洋国家的强大。但即使对英国，中国也不是非常害怕。对中国来说，英国只不过是几条大船和几千军队，没有什么大不了的。尽管处处被英国人打败，但朝廷仍然不重视，看不到海洋地缘大局。失败之后，以"割地"的方式应付了事。只有当中国的近邻日本成为东方的第一个海洋国家，并打败中国之后，朝廷才醒悟过来，但为时已晚。王朝从来就没有意识到海洋力量的崛起可以通过控制贸易港口和城市经济，成为足以摧毁中国的陆地力量。

总体上说，在过去 500 多年的历史里，中国只有在 19 世纪末，受日本的影响，曾经想建立一支海军，也努力这样去做了，但在甲午战争中被日本打败，再也没有想去努力建设海军。在整个 20 世纪，中国也没有把重点放在海军。解放军初期并没有一条军舰，也没有海员，但却赢得了战争的胜利。国共两党联合起来和日本的战争以及国共两党之间的内战，都是陆地战争。1949 年中华人民共和国成立之后的很长历史时间里，中国对海军有战略意义上的思考，但发展海军更多地是为了国防的现代化，而与中国的海洋地缘毫无关系。在很长的冷战期间，和苏联对抗的都是海洋国家；相反，支持苏联的则是大陆国家。即使苏联本身也主要是陆地国家，其海军并不很强大，没有办法和美国等海洋国家相比。中国早期实行"一边倒"的政策，和苏联站在一起，自然受苏联的军事思想的影响。后来和苏联交恶，更说明中国的威胁来自陆地。等中美建交之后，中国才再一次和一个海洋大国打交道。

三、当代中国海洋文明意识的觉醒

20 世纪 80 年代，当中国开始改革开放的时候，人们开始思考海洋文明。很有意思的是，改革开放实际上主要是向西方和受西方影响的国家和地区如日本和东亚经济体开放，而这些国家和地区也是海洋国家。向海洋国家开放导致和海洋国家的互动，这是人们思考海洋文明的动机。

简单地说，中国成为海洋国家的需要来自中国的开放政策所导致的中国和世界的关联。我们可以把中国的开放政策分成三个阶段，即"请进来"、"接轨"和"走出去"。在过去的 40 年里，中国已经走过了两个阶段，现在已经进入第三阶段。在 80 年代，中国开放政策的主题是"请进来"，也就是打开国门，欢迎外国资本的进入。在这个阶段，中国和世界没有也不会发生冲突。到了 90 年代，中国确立了加入世界贸易组织的时候，中国实行了"接轨"的政策，也就是调整和改革自己的制度体系来适应世界体系。在这个阶段，中国和世界也不会发生冲突。

从本世纪开始，中国开始实行"走出去"政策，这就直接导致了中国海洋地缘的崛起。这里有几个主要的原因：第一，中国在很短时间里，从一个资本短缺国家成为资本过剩国家，资本必然要走向能够赢利的地方。在这个意义上，中国的资本和其他国家的资本并没有本质上的区别。第二，中国是一个资源短缺的国家，国内高速的经济发展需要进口大量的资源。同时，中国又是出口导向的世界制造业中心。对外来资源的依赖和出口导向的制造业促成了中国的贸易大国地位。现在中国已经成为世界上最大的贸易大国之一。第三，中国资本"走出去"表明中国需要发展出足够的能力来保护自己的海外利益，贸易大国的地位也决定了中国海上航道安全的重要性。第四，中国周边海洋资源的大发现加快了周边国家在和中国有争议的海洋（岛礁）地区开发资源的步伐，这大大加剧了中国和周边国家围绕着海洋岛礁的主权争议。所有这些都说明中国必须转向海洋，把海洋地缘政治提高到议事日程上来。

海洋地缘政治重要起来了，但要成为海洋大国则不容易。中国过去从来就没有注重过海洋，现在开始讨论海洋和海军，但这仅仅是一个开端。英、美等国花了很长的时间成为海洋的主人。现在，中国努力仿效今天主导着世界体系的美国，但已经没有了当时英、美等国家成为海洋国家的历史条件。不过，尽管无论是主观上的海洋意识、海洋文化还是客观上的环境制约都不容许中国能够像从前的海洋国家那样顺利成为海洋国家，但上述要素也在为中国成为海洋国家提供巨大的动力。中国成为海洋国家只是时间上的问题，而不是能不能的问题。

当然，中国学习其他海洋大国的经验并不是要重复其他国家成为海洋国家的路径，中国必须探索自己成为海洋大国的道路。今天的全球化环境已经为海洋地缘政治提供了全然不同的条件。尽管全球化在一些方面强化了海洋地缘政治的重要性，但在另一方面则使得地缘政治变得不那么重要。全球化表明各国之间的贸易以及海洋地缘的重要性，但金融的全球化则表明金融经济的重要性，而金融经济则使得海洋地缘变得不那么重要，因为金融活动不需要经过海洋。

如果说在海洋地缘政治时代，谁控制了海洋，谁就控制了世界，那么在金融全球化时代，谁控制了金融，谁就控制了世界。当然，这也不是绝对的，贸易和金融经济至少对中国来说同样重要，而且金融经济的未来具有越来越大的不确定性。诸如此类新出现的要素表明，中国要明了自己目前所处的世界地缘政治新环境，从而把自己塑造成为一个新型的海洋大国。

不过，对中国来说，在强调海洋地缘政治的时候，在成为海洋大国的过程中，中国面临的最大挑战在于如何平衡陆地地缘和海洋地缘。这个平衡决定了中国的综合国家安全和海洋地缘政治战略的可持续性。

四、世界秩序的变迁与印太概念的兴起

印太概念的兴起和世界秩序及权力核心正在经历转移变迁的事实相关，或者说，后者是前者的国际背景。很长时间以来，有关变动中的国际秩序，学术界和政策圈谈论最多的是如下三种观点：

第一，世界权力转移理论，就是以美国为中心的世界秩序转移到以中国为核心的世界秩序。这一提法的前提就是，不管美国乐意与否，都将会慢慢接受这种转型；同样，中国不管愿意、乐意与否，都会成为这

个核心。

第二，世界权力的重组意味着"大的变化""秩序调整""秩序改组"等。在很大程度上，这与中国对世界秩序的态度有关系。自邓小平时代以来，中国一直强调主动加入世界秩序，而不是另起炉灶。对于中国来说，"重组"可以用三个词概括，即"接轨""改革""补充"。

第三，秩序解体与无政府。也有学者怀疑，世界秩序是否正在解体？目前显现出来的情况是，美国没有能力维持世界秩序，中国则没有能力和意愿接管。

我们需要意识到的是，包括印太概念在内的很多区域性现象的产生和崛起与这个大背景有关。

1. 世界秩序面临解体

近代以来的国际秩序的建立是一个非常艰难的过程。现在人们批评美国和西方的霸权，但是人们在批判过程中往往忘记了，秩序的建立其实是非常不容易的。

近代以来的世界秩序的构建受三个因素影响：第一，资本主义与市场经济的扩张。世界秩序需要一个经济基础。如果没有资本主义扩张，世界秩序就建立不起来。第二，大国战略，主要是以军事为中心的战略。资本走到哪里，战略就跟到哪里，这二者是互相补充、互相强化的关系，没有战略、军事上的保护，资本的利益就不能得到保障。第三，西方内部的制度秩序。这一点最重要，但也容易被忽视。如果没有西方内部制度秩序的崛起，世界秩序的体系就无法维系。具体而言，人们也可以参照从前的帝国体系，如罗马帝国等。它们都是一种内部秩序，内部秩序强大之后扩展到外部，形成帝国。一旦内部解体，外部秩序就会马上跟着解体。苏联帝国也是如此，苏联一解体，东欧体系就支撑不下去。

就这一点而言，今天世界秩序最麻烦的地方就是西方内部秩序出现了严重问题。美国的问题不是军事问题，而主要是政治问题。即使从经济层面看，美国的问题主要也是政治问题，或者说政治和经济之间严重失衡。美国的资本金融为什么出现这么大的问题？这是因为大众民主出现了问题，监控不了金融资本。欧洲也是如此，主要是福利制度过度。

为什么说今天世界秩序处于解体的过程中？美国是今天世界秩序的一根支柱，如果美国国内的秩序得不到改善，就不会有力量继续支撑世界秩序。即便美国的军事力量和资本力量仍然是最强大的，但是在没有有效的国内政治秩序的情况下，美国也很难维持其世界霸权地位。

特朗普上台以后美国既得利益精英阶层接受不了。但是，特朗普的判断是正确的，即美国需要调整。人们对特朗普不满主要是因为特朗普没有找到合适的方式进行调整，采取的手段很滥。不过，也可以这么说，美国的精英阶层已经虚伪到没有任何自我反省能力的程度。欧洲同样如此。这是非常可怕的一件事情。这些政治人物没有一个是负责任的，动不动就以"民主"的名义简单地把事情推到老百姓身上。

实际上，政治秩序出现问题与精英阶层的腐败和堕落是分不开的。然而，一旦精英阶层腐败和堕落，秩序就会出现问题。欧洲各国本身很小，寄希望于成立欧盟而成为世界权力一极，但现在看起来很困难。从英国的情况可见一二。英国公投本来就是精英不负责任的结果。现在连"公投脱欧"都遇到困难，因为没有人可以去有效执行。

未来二三十年的国际秩序不容乐观。这是因为国际秩序的接管者尚不明晰。西方主导的国际秩序出现了大的问题，但这个秩序由谁来接管呢？尽管西方能力不行了，但是精英阶层的心态仍旧是精英，西方是不会轻易放弃其所主导的国际秩序的，不会任由旁人随意接管，至少不会是顺利接管。

2. 世界秩序谁来接管

那么，世界秩序交由谁来接管呢？俄罗斯接管很难。西方判断，在苏联垮掉后，俄罗斯半个世纪都站不起来。这个预判看来并非毫无道理。普京式的崛起并非真的崛起，这是个人的崛起，而非俄罗斯国家的崛起。印度也不太可能成为接管者。西方对印度一直很看好，印度本身也一直处于"膨胀"的状态。不过，印度话语权大，但是实际能力不够。印度很难成为像中国这样一个市场经济体。无论它传统社会的种姓、家庭结构，还是现代因素包括民主和法治，似乎都是反资本主义的，资本很难像进入中国那样进入印度。印度不可能像中国一样进行大规模的工业化。可以预见，在未来很长时间里，印度很难成为像中国那样强大的世界经济增长体。

至于中国，当今的世界舞台是由西方主导搭建的，中国是否有意愿去接管？至少到目前为止，人们仍然看不清楚。这里面有很多困难。

第一，国家心态的调整并不容易，英美花了数十年时间去实现其主导地位，中国可能需要花上更长的时间，因为到现在为止，中国仍然强调"中国特色"。

第二，中国是否已经具备这个能力了呢？在一些方面具备了，但还远远不够。"一带一路"对构建新世界秩序有帮助，但并不能成为世界秩序的基础，因为它至多是个经济发展项目，并非世界秩序项目。

第三，文化层面，中国历来奉行世俗文化，从来不是使命性的文化，这也就导致文化基础的缺失。

第四，国民大国心态缺乏，因为近代以来被帝国主义所击败，直到今天很多人仍然抱有受害者心态，大国小民的心态十分明显。

再者，正如中国国家领导人常说的，中国在很长时间里将致力于国内秩序的建立。没有有效的国内秩序建设，很难去构建一个以自己为中心的世界秩序。

未来国际秩序或将重现帝国并存的境况。从这个角度来看，人们有理由对未来二三十年的国际秩序持悲观的观点，它或将陷入一种即便不是无政府状态也是准无政府的状态之中，并将催生出区域性的东西，如多极状态。印太概念的出现只表明了人们重构区域或者世界秩序的愿望。类似的概念会一而再、再而三地出现。不过，尽管人们一直追求多极世界，但多极世界来了，现实并不一定跟想象的一样美好。帝国之间的战争、民族国家之间的战争，这些跟多极世界并没有实质性的区别。今天，人们对于多极世界的渴望，更多的是源于对美国和西方的不满和憎恨。

最终的结局可能会比较类似于以前帝国共存的时代。历史上只存在一个秩序的情况并不多见。冷战时期存在着两个秩序，苏联解体后美国成为世界唯一的霸权，这一局面可以视作一个秩序，然而这个秩序维持的时间不长，现在也确实维持不下去了。世界可能会重新回到近代以前几个帝国共存的状态，从印度，到俄罗斯，到中国，到美国，都在追求以自己为中心的区域秩序。这便是今天大的世界格局。

美国正处于相对衰落的境况，特朗普的上台并非偶然。从克林顿时代开始，美国人就叫嚷着"美国帝国已经扩张过度"。然而，美国的衰落并不值得中国或者任何一个国家高兴。除非有其他国家接替美国，不然将会导致很多事情产生。经济、资本的强大本身不构成一个大国，这些仅是必要条件而已。

3. 中国应当找准自身定位

崛起中的中国应当找准自身定位，发出恰如其分的声音。针对"印太战略"这一提法，其实人们应该意识到"亚洲""亚太""印太"这三者的不同。从某种程度而言，"印太"的概念甚至比"亚太"的概念更早提出。欧洲国家最早的是葡萄牙和西班牙打到东南亚，随后是荷兰，然后是英国。"印太"概念是早期殖民话语体系塑造出来的。后来是由美、日等国提出"亚太战略"的概念。但需要注意的是，日本人更强调的是亚洲主义，西方则不然。

印太战略中的印度、印尼、东盟都属于亚洲，但是澳大利亚的身份则比较尴尬。澳大利亚是一个西方国家，跑到了亚洲，寻求亚洲人的认同，但却因为过分坚持西方的东西，最终发现越来越孤立，越来越不是亚洲的一部分。此外，澳大利亚与印尼的关系也非常复杂，因为地缘政治的因素，澳大利亚惧怕印尼的崛起，往往会采取包括军事在内的手段对其崛起予以遏制。澳大利亚在本质上与中国没有太大的地缘政治关系，双方仅有经贸往来。

日本以前推行的亚洲主义是失败的，所以之后不得不接受美国的亚太概念，以及对亚太身份的认同。至于东南亚国家，它们对其亚洲身份存在共识，主要表现在东盟的独特运作方式上。

现在中国崛起了，可是尚未找到合适的提法。强调亚太、印太，还是亚洲，还是现存（西方建立起来的）秩序？人们还没有一个清晰的概念。就是说，还缺乏对自身的认同。不过，这也是所有大国的难处，很难对自身进行定位，因为大国的影响力往往远超其所处的区域。中国如何通过"立足亚洲、放眼世界"来给自己定位？这将不是一个容易的过程。

五、地缘政治新格局和中国的战略选择

世界正进入地缘政治大变动时代，所带来的危机超乎人们的预期甚至想象。

从地缘政治的视角来说，中国最直接的挑战就是亚洲地缘政治的变

迁。这变迁尽管有诸多要素，但更和中国自身的崛起有关。尽管中国崛起所产生的影响力是全球性的，但中国地缘政治最直接的影响，主要是对周边国家及和周边国家相关的其他国家，尤其是大国。这些国家对中国的反应表现在两个层面：第一个层面是作为国家个体的单边反应，第二个层面是这些国家对中国崛起的多边集体反应。第一个层面包括美国、日本和东南亚各国；第二个层面则包括美日联盟、美国和东南亚国家之间的关系、日本和东南亚之间的关系。类似的情况也有可能随着中国的继续崛起，向其他地区扩展，例如印度。这两个层面既互相关联，也可以相对区分开来。如果把两个层面混为一谈，很难看到问题的本质，更难找到应付问题的有效方法。

国际关系首先是双边关系。对中国而言，首要的是中美关系。全世界的目光都盯着中美关系，因为这对关系是当今国际关系的两根"主柱"，任何一根"主柱"垮了，天下就会大乱。

1. 战略上担心中国崛起

影响中国地缘政治的第二对双边关系是中日关系。这里最重要的是日本再一次向大国地位冲刺。日本是亚洲第一个成功现代化的国家，曾经是亚洲的最强国，但崛起之后发动亚洲战争，给亚洲各国带来灾难。今天的日本从很多方面来说其大国地位已经过去，包括国内的变化例如老龄化和经济萎缩，国际因素如美国的制约和中国的崛起。日本已经是一个中等国家。不过，日本今天企图通过国家正常化来再次成为大国。作为主权国家，成为大国的企图可以理解，不能让日本邻国接受的是其错误方法，即通过为其战争历史辩护和合理化。日本的行为经常激发邻国的民族主义，尤其是中国和韩国，而邻国的民族主义的高涨，又促使日本对邻国尤其是中国的恐惧。

东南亚各国今天都和中国发展出越来越紧密的经贸关系。这是地缘经济使然。中国的崛起是开放式的，有效地促进周边国家和地区的经贸发展。不过，就双边的战略关系来说，东南亚国家分为两个群体，一类是包括菲律宾、越南等和中国有主权纠纷的国家，另一类是那些和中国不存在主权纠纷的国家。随着中国的崛起，前一类国家感觉到时间不在他们这一边，因此要在领海领土问题上有所作为。尽管中国早在邓小平时期就提出了"搁置主权争议，共同开发"，但这些国家并不理会，而是对南中国海进行单边开发，这就导致了中国的反弹。再者，东盟作为一个整体，在战略上也担心中国崛起。东盟相信，如果东盟本身或者其他区域外大国不能平衡中国的崛起，中国迟早要成为主导本区域的国家。

面对中国的崛起怎么办？美国所担忧的是其霸权地位，即恐惧于中国对美国霸权地位的挑战，因此要千方百计地遏制中国的挑战。在这个意义上，美国和日本、东南亚各国的关系，对中国的地缘政治秩序构成了很大的挑战。美国所使用的方法很是老套，即传统的联盟方法，包括美日同盟和东南亚一些国家的联盟等。美国所谓的"重返亚洲"的实际表现，主要是强化和东亚一些国家的联盟关系。在经济上，美国也想作为，主要是通过 TPP 对中国施加压力。不过，经济上美国对中国的约束力已经不再那么有效了，因为中国本身也已经具有足够的能力来反制。

对日本来说，日美同盟具有不同于美国的议程。在浅层次来说，日本是要借助所谓的"中国威胁"来强化日美同盟，再用这个同盟来对付中国；从深层次来说，日本是要发展出自己的独立势力范围，营造自己的联盟来冲刺其在亚洲的大国地位。因此在南中国海问题上，表面上日本是为了配合美国，但日本是有自己的地缘政治企图。

东南亚一些国家在和美国、日本结成同盟或者准同盟的过程中，也是各打算盘。经济上东南亚国家很难独立于中国。对多数东南亚国家来说，中国的经济崛起也是它们本身发展的机会。所有东南亚国家和中国的经贸关系一直在深化和强化。不过，在战略问题上，多数东南亚国家对美国和西方具有深厚的"认同政治"。殖民地历史、冷战时期的对立、中国崛起过程中不能把握同东盟小国的关系，等等，都是东南亚诸国高度"西方认同"的根源。所有这些单边的和多边的形势综合起来，今天似乎已经造成了亚洲一些国家正在联合起来对付中国崛起的局面。

2. 中国的战略选择

这也是中国国内很多人所认知的中国地缘政治局面。对这个局面，很少有人会说是积极正面的；相反，很多人担心和忧虑中国会被围堵，其崛起进程会被中断。作为崛起中的大国，中国当然对此会有反应。从中国迄今为止的反应来看，中国至少有如下几种选择。

第一，再次努力改善和邻国的关系，使得自己和亚洲其他国家更加整合。无论在东海还是南中国海问题上，中国都没有主动挑起事端，都是反应性的。中国这些年的反应尽管很难被其邻居所接受，但毕竟掌握了主动权。在这样的情况下，中国可以"进两步，退一步"，以大局为重，稳定局势。中国一方面不会投降，不会为外在的压力所屈服，但另一方面则可以努力把双边和多边的关系，从战略向经贸倾斜，并且通过各种经济项目真正使得亚洲邻居受惠。中国也可以在战略上持开放态度，随时和周边国家进行政治和外交谈判，回到"搁置主权争议、共同开发"的道路。在这样一种情景中，中国会继续让东盟扮演领导角色。

第二，中国倾向于和亚洲的一些国家强化关系，而和另一些国家僵持下去。中国可以接受一个整合的对中国友好的亚洲，但不太可能接受一个联合围堵中国的亚洲。鉴于中国强大的经济能力和日益崛起的战略能力，即使中国没有能力改变所有亚洲国家（尤其是那些和中国具有主权纠纷并且与中国对峙的国家）的态度，中国却有能力选择和哪些国家友好，和哪些国家不友好。即使中国继续坚持"不结盟"的政策，还是可以强化和一些国家的经贸和战略等方面的关系，形成中国所说的伙伴关系。这种选择对亚洲尤其是东盟不利，因为这样做有可能造成亚洲的分裂。

第三，中国可以实行"向西看"的政策，借此减轻来自东部美日同盟、美国和东南亚一些国家联盟的战略压力。在一定程度上说，中国已经开始尝试这种战略。"一带一路"中的"一带"显然具有这方面的考量。近年来，中国针对非洲和欧洲的外交政策力度在加大。如果中国继续在东南亚地区的外交努力受阻，这一趋势会变得更加不可避免。这一选择尽管对中国成为海洋大国不利，但毕竟可以缓解战略压力，避免和美日同盟的正面冲突。不过，这一选择对东南亚国家更不利，因为东南亚地区很有可能成为一个侧重于战略和军事竞争的区域，而不是以经贸为主体的区域。

第四，中国可以选择营造另一类"新型大国关系"，即和俄罗斯、印度等国的关系。迄今为止，中国的"新型大国关系"是针对美国。但如果这对关系没有办法建成，而中国又不想和美国公开冲突，中国也可以选择通过和俄罗斯等大国发展关系来平衡美国。俄罗斯尽管国力不如从前，但就地缘政治来说，是一个永远不能被忽视的力量。俄罗斯也在寻找其地缘政治影响力，重建其地缘政治秩序。这里，俄罗斯和印度、俄罗斯和越南等国之间的关系对中国至为重要。如果俄罗斯和印度、越南等国发展出具有实质性的关系，就会创造一个非常复杂的利益网络链条，避免一个意在针对中国的美国印度联盟或者美国越南联盟。而像印度这样的文明大国，实际上也有这种需求。印度很难完全靠向美国，而是要在诸大国之间搞平衡，通过平衡来拓展其国际影响力。

面对急剧变化的地缘政治形势，中国有诸多战略选择。中国的选择极其重要，基本上决定了亚洲未来的地缘政治局面，甚至是战争与和平。

六、中国的海洋地缘政治及其挑战

中国传统上数千年一直是陆地国家，尽管有很长的海岸线，但海洋地缘政治从来就不是政府要考虑的事情。原因也不难理解，中国从来就没有计划要成为一个海洋国家。只有一个国家要成为海洋国家的时候，海洋地缘政治才会变得重要起来。中国要成为海洋国家，只是近代以来的事情。

尽管中国不可避免也必须成为海洋国家，但从海洋国家的历史看，这会是一个艰苦的过程。要成为海洋国家，首先必须培养海洋意识。海洋国家首先是一种海洋文化和海洋意识。具有浓厚的陆地意识和陆地文化的中国，要培养一种海洋意识和海洋文化，需要艰苦的努力。

近代海洋国家起源于欧洲，这并非偶然。海洋国家不仅仅是特殊的地缘政治的产物，更是文化的产物。古希腊所产生的文明，在很长的历史时间里，其影响传播到从地中海地区、南欧到北非的广大地区，并且涉及政治、文化、经济和文明活动的方方面面。在文化扩张过程中，更是造就了大大小小的海洋强国。人们并不难理解，1945 年之后建立的世界体系，是海洋而不是陆地体系。

海洋力量和陆地力量非常不同。从资源动员的角度来看这一点非常清楚，因为资源动员能力决定了一个国家各方面的实力。海洋和陆地的主要区别在于，海洋提供了一种完全不同于陆地的动员能力。如果你要出海，征服海洋就可以了，你面对的只是自然力量。这里，海洋是你的主要"敌人"，而要对付这个敌人，你所需要的只是技术。再者，海洋是"自由的"，海洋的规则是"自由航行"。在很长的历史时期里，没有人会在海洋上阻拦你。这就是欧洲的小国家葡萄牙、西班牙、荷兰等，能够成为强大的海洋国家的原因。

陆地则很不相同。在近代主权国家概念产生之前，地球的每一个地区都已经被人类所占据。如果你要从一头移到另一头，你可能会遇到很多不愿意你从他们的土地上经过的人。对土地的争夺是人类大多数战争的根源，尤其在帝国时代。各国所争夺的是土地和人口。在进入主权时代以来，对土地的争夺已经到了"寸土不让"的地步。

海洋和土地的不同，也可以从经济价值的角度来看。以土地为基础的经济活动产生各类资源和食品。在帝国时代，各个文明、文化和国家之间也都有贸易交往，但往往是小规模的。进入近代之后，世界上的贸易越来越依赖于海洋。比较优势的经济理论告诉人们，贸易产生附加值，而海洋则是产生附加值的中介。因此，与陆地国家相比较，海洋国家体系产生了无比巨大的政治、经济、文化与社会互动和大量的人类活动。

今天的世界体系无疑深受海洋文化遗产的影响。欧洲国家体系是 16 世纪之后海洋力量造就的，这个体制在大英帝国时期到达了顶峰，随后是美国。尽管美国既是海洋力量，也是陆地力量，但其陆地力量可以忽略不计，因为美国不面临来自陆地的任何威胁。不难理解，近代以来，海洋主导着国际经济，谁主导海洋，谁就主导世界经济。

1. 成为海洋国家是时间问题

20 世纪 80 年代，当中国开始改革开放的时候，人们开始思考海洋文明。很有意思的是，改革开放实际上主要是向西方，和受西方影响的国家和地区，如日本和东亚经济体开放，而这些国家也是海洋国家。向海洋国家开放，导致和海洋国家的互动，这是人们思考海洋文明的动机。

简单地说，中国成为海洋国家的需要，来自中国的开放政策所导致的中国和世界的关联。从本世纪开始，中国开始实行"走出去"政策，这就直接导致了中国海洋地缘的崛起。中国资本"走出去",表明中国需要发展出足够的能力,来保护自己的海外利益,贸易大国的地位,也决定了中国海上航道安全的重要性。海洋地缘政治重要起来了,但要成为海洋大国则不容易。中国过去从来就没有注重过海洋,现在开始讨论海洋和海军,仅仅是一个开端。中国努力仿效今天主导着世界体系的美国,但却没有当时英、美等国家成为海洋国家的历史条件。无论是主观还是客观都不容许中国能够像从前的海洋国家那样,顺利成为海洋国家,但中国成为海洋国家只是时间上的问题,而不是能不能的问题。

当然,中国学习其他海洋大国的经验,并不是要重复其他国家成为海洋国家的路径,中国必须探索自己成为海洋大国的道路。今天的全球化环境,已经为海洋地缘政治提供了全然不同的条件。一方面全球化强化了海洋地缘政治的重要性,另一方面则使得地缘政治变得不那么重要。全球化表明各国之间的贸易和海洋地缘的重要性,但金融的全球化则表明金融经济的重要性,使得海洋地缘变得不那么重要,因为金融活动不需要经过海洋。

如果说在海洋地缘政治时代,谁控制了海洋,谁就控制了世界,那么在金融全球化时代,谁控制了金融,谁就控制了世界。当然,这也不是绝对的,贸易和金融经济至少对中国来说同样重要,而且金融经济的未来,具有越来越大的不确定性。诸如此类新出现的要素表明,中国要明了自己目前所处的世界地缘政治新环境,从而把自己塑造成为一个新型的海洋大国。

2. 如何管理亚太海洋争端

近年来,亚太地区的海洋争端形势变得越来越严峻。这种局面是美国、美国的盟友和中国三者之间互动的结果。简单地说,美国就"重返亚洲""战略再平衡"说得太过于高调；美国的亚太盟友则在利用此机会追求自己的利益方面，过度使用了它们各自与美国的同盟关系。要解决亚太的海洋争端，就要处理这三者的关系，避免陷入恶性循环。对这三者之间的关系，做些客观的分析。

第一，美国说得很高调，但在实际层面并没有实质性的进展。自从美国前国务卿希拉里提出要重返亚洲，来平衡中国的崛起以来，美国在这方面一直处于非常高调的状态，从总统到各主要官员都在强调这点，并且主题也很明确——平衡中国。实际上，美国"重返亚洲"并非毫无理由。亚太地区已经成为世界经济的重心，这个地位在今后数十年不会有什么大的变化。中国是第二大经济体，日本第三，印度在崛起，东盟也在快速发展。世界经济重心在哪里，一个国家的战略也会走向哪里。在很多年里，美国越来越像一个亚太国家。美国实际上在希拉里宣布重返亚洲之前，就已经开始把其战略重心转移到亚太地区。如果回溯历史，不难发现，美国一直在亚太地区，从来就没有离开过。

美国宣布重返亚洲，实际上又做了什么呢？在实质层面，美国本身并没有改变亚太的权力格局。就美国的能力来说，已经不如从前了。二战之后，美国在政治、经济、军事、文化和外交等方面都强大，是一个全方位的大国。但今天美国力量已今非昔比。尽管美国仍然是军事大国，但其政治、经济和文化等方面都失去了往日的吸引力。美国向外推行民主制度，但效果并不好，在本区域也一样。如果美国的重返是经济上的，亚太地区的国家是欢迎的；但如果只是军事上的，则对本区域并无益处，因为这很容易演变成美国和中国之间的军事竞争。亚太国家，包括那些和中国存在着领土争端的国家，都和中国发展出了非常紧密的经济关系。中美关系好的时候，他们的生活很好过；但如果中美关系转坏，他们就很难安宁了。如果要他们在中美之间作选择，那是件很不容易的事情。因此，一些国家一方面希望美国回来，但另一方面也不希望中美之间发生冲突。在这样的情况下，美国也做不了什么。

第二，在亚太海洋问题上，美国的盟友尤其是那些和中国存在海洋纠纷的国家的行为，也至为关键。这些大都是小国家，恐惧于中国的崛起。小国恐惧大国，求助于本区域之外的大国以求得安全。一些国家觉得现在时间在中国这一边，如果将来中国真正崛起了，他们的国际空间就会被压缩。因此，他们要在中国还没有真正崛起而美国仍然强大时，利用美国来平衡中国。从这些国家的国家利益来看，这种行为也是可以理解的。只不过一些国家的行为已经到了非理性的程度。

追求国家利益，把利益最大化，这是任何国家都会做的事情。不过，一些国家之所以这样做，是因为他们相信有美国在背后支持。有美国和没有美国，他们的对华政策是不一样的。他们之所以这样认为，是因为他们意识到了美国的"盟友包袱"。联盟战略是美国维持世界霸权的有效方法，但同时也是美国的负担。美国对同盟没有其他的选择，只有支持，而不管同盟做什么。美国的同盟逻辑就是，"我的盟友的敌人就是我的敌人"。但实则不然。我的盟友的敌人并不一定是我的敌人，而是我的朋友。美国的同盟逻辑迫使美国支持其盟友，即使这些盟友所做的事情，并不那么符合美国的利益。

在同盟方面，美国失去了调整的机会。冷战结束之后，美国已经没有明显的敌人。那个时候，美国可以调整同盟战略。美国的同盟都是针对敌人的，即第三方。转型是可能的，例如这种同盟可以转型为一个特定的问题，例如恐怖主义或者其他区域问题。美国不仅没有调整，反而强化同盟。因此，美国到处寻找敌人，中国很显然成为方便的"候选人"。今天，如果不能站在同盟这一边，美国的国际信誉就会消失，从而导致美国更快的衰落。不调整同盟战略的话，也同样面临挑战，那就是，同盟的敌人是

"谁"？是中国？如果美国失去中国，美国同样也做不了世界的霸权。如果中美两国之间形成冷战，美国充其量只是半个地球的霸主。如何通过同盟的转型而卸掉同盟的包袱，是美国今后面临的一大挑战。

对美国的同盟来说，同盟战略也不见得符合长远的国家利益。今天的地缘政治格局，是以美国为首的西方地缘政治利益在亚洲扩张的结果。从长远看，美国的相对衰落必然会影响到地缘政治秩序的重建。对中国的邻居来说，和中国的关系必须建立在"你不可选择你的邻居"这个简单的原则之上。小国要追求和保护自己的国家利益，这是可以理解的，但也需要顾及地缘政治的变迁。

第三，中国对美国和其盟友的过于激烈的回应，也在客观层面加剧了亚太海洋局势的复杂性。目前，世界的舆论不利于中国，因为中国本身缺少话语权。从一个中立的立场来看，中国的确大都是反应性的，并没有主动挑起事端。例如，和日本在钓鱼岛之争上，中国始终在回应日本的行为。日本方面这样做或许有其内部原因，但很显然日本在这样做的时候，不能不顾及中国国内的反应。中国是一个崛起中的大国，没有任何理由为了日本国内的原因而吞下这个苦果。

在南中国海问题上也一样。南中国海的岛礁之争中国并不占优势。越南和菲律宾已经占领了岛礁的大多数。如果这些国家足够现实，应当坐下来和中国谈判。南中国海问题具有历史性，但这些国家现在要用国际法来和中国谈判。尽管表面上显得很理性，实际上并不是，因为很难想象中国会轻易放弃其历史权利。当然，相关国家也并非真的相信国际法能够解决问题。一直在主张中国要遵守国际海洋法的美国，本身也并没有批准和加入国际海洋法。实际上，相关国家所相信的是美国的能力，相信美国会一起来对付中国。对美国的盟友过度使用美国，中国也是很明白的。中国有时也会主动出击，显示其能力，而这也促使局势的复杂化。

可以预见，亚太海洋争端不会轻易消失。对所有相关国家来说，问题是如何管理？如果演变成国家之间的公开冲突，谁都会是输家。但有足够的理由相信，一种有效的管理是可能实现的。

首先，相关国家要确定共同的利益。海洋安全是亚太区域的公共利益，关乎每一个经济体。人们经常恐惧于中国会破坏亚太海洋的稳定。但这种担忧毫无理性。亚太海洋安全对于中国的重要性，远远超越其他所有国家。中国今天已经是世界上最大的贸易大国。在未来，贸易对中国的重要性只会强化。随着中国建立 21 世纪海上丝绸之路，中国的贸易大国地位不会改变。贸易大国需要海洋安全。今天中国 85% 以上的海洋贸易要经过南中国海。说中国会威胁到南中国海的安全，没有任何道理。再者，中国和亚太国家也已经形成了产业链，很多产品的零部件在亚洲各国生产，然后运送到中国，由中国组装出口。亚太地区已经形成了事实上的经济命运共同体。没有国家会破坏海洋安全。当然，出于同样的理由，中国也不用担心有关国家会破坏亚太海洋安全。这种共同利益会促成亚太海洋集体安全的机制的确立。维护亚太海洋安全是所有相关国家的责任，尤其是中国和美国这样的大国。

其次，作为本区域的大国，中国要承担更多和更大的责任来控制争端，维护海洋安全。中国已经把海洋航道安全和对一些岛礁的主权争议区分开来，提出"双轨"方案，即把航道安全和主权问题分开来谈。在早期，中国对南中国海只是一个笼统的概念。这种分离是很大的进步，表明中国承认海洋安全是区域内国家的共同事务。不过，在控制岛礁争端方面，中国还可以做得更多。例如，中国可以再进一步采用新形式的双边主义，即多边主义之内的双边主义。中国应当照顾到"小国恐惧大国"这天然的事实。可以在中国—东盟的多边构架内，进行双边的岛礁主权谈判。再者，中国也可以以更大的努力，来推动南中国海共同行为准则。中国实际上可以要求东盟管理好其成员国，而不是指责中国。一个团结的同盟对中国有利。

最后，亚太区域中美的合作更为重要。可以预见，美国作为亚太国家的地位只会强化。中美关系不是一对简单的双边关系，而是当今国际政治秩序的结构或者两根"柱子"，缺一不可。并且，从单纯的双边关系来看，合作领域远远大于冲突的领域。一个简单的事实是，中美之间并不存在任何直接的地缘政治冲突，很多所谓的地缘政治冲突，都发生在中国和美国的盟友之间。

亚太区域是一个开放的区域，地区事务不仅对这个区域的国家开放，也对其他国家开放。不过，中美两国必须承担更大的责任。这里，中国一直所奉行的开放型区域主义值得重视。多年来，中国尽管也感受到了来自美国的压力，但并没有学美国去组成同盟。中国强调的是国家与国家之间的伙伴关系，而非同盟关系。伙伴关系是为了解决共同面临的问题，而同盟关系往往需要一个"敌人"。这要求美国能够超越冷战时代形成的传统同盟战略，改革同盟战略，转向针对大家共同面临的问题和挑战。

在全球化时代，各国有太多的共同挑战了，例如各种形式的恐怖主义、气候变化，等等。只有合作，大家才能促进共同利益，大家都是赢家。如果走向冲突，大家都是受害者和输家。

七、亚洲的崛起和亚洲价值观

当"亚洲价值观"的提倡者讨论"亚洲价值观"时，尽管有不同定义，他们都从正面来论述。历史地看，"亚洲价值观"是其他各种否定亚洲价值观存在，或者否定其正面道德意义的论题的反论题。

其中最著名的，乃是流行于西方的"东方专制主义"。这概念自从古希腊时代产生至今，其内核从没发生过大的变化。从经验层面，它假定"东方专制主义"是存在的。在这个概念的引导下，西方不同时代的学者和作家，都会去寻求经验证据论证其存在。从规范层面，它假定"东方专制主义"是东方区别于西方的根本，也是东方落后于西方的根源，因此它需要被改变甚至抛弃。

"亚洲价值观"并非亚洲人本身去和西方价值观比较的产物，而是西方人"发现"了亚洲，也是西方人首先界定了他们所谓的"亚洲价值"。由亚洲人自己提出的"亚洲价值观"，则只是20世纪80年代后的事情，而且是回应西方所界定的"亚洲价值"的被动产物。在宏观文化层面，今天亚洲人所讨论的"亚洲价值观"，就是对西方固有的亚洲概念即"东方专制主义"的反应。

西方文艺复兴之后，走向强大，到了近代西方诸国成为世界强权。所以，近代以来，世界力量格局的基本事实，就是西方在物质和精神生活的各个方面占据主导地位。随着西方的文化宗教、经济、地缘政治等利益向非西方世界扩张，对非西方世界所有一切的定义权，也牢牢掌握在西方世界。非西方世界一直处于被动局面，要么沉默，要么只是少数人发发牢骚而已。对非西方世界更多的人来说，他们接受的唯一观念，就是西方的就是先进的。因此，学习西方文明，改造甚至抛弃自己的文明，就成为非西方世界的"目的"。

1. 对东方认知的三个阶段

就西方对东方的认知而言，如果从文艺复兴时代算起，西方对亚洲（尤其是中国）价值的认知（定义），经过了三个大的历史阶段。漫长的文艺复兴（13 世纪至 17 世纪）是第一个阶段。当时欧洲开始走出漫长的中世纪宗教时代。为了"复兴"，欧洲人不仅从他们的文明源头古希腊寻找思想和精神的源泉，也到东方（包括波斯、印度和中国等）寻找。文艺复兴的核心，就是强调与宗教相对的科学和人本身的价值。西方在东方寻找到了科学，也寻找到了理性精神（中国的世俗文化），并把东方因素和古希腊因素融合在一起，造就了一种新的文化。西方在东方的寻找，主要是通过东方的古典文献，并且是通过传教士这一群体。在这段时期，西方人关切的东方，其聚焦点在于宗教、文化和信仰层面的东西。同时，传教士这一群体和一些商人，也开始对亚洲社会有了一些亲身的体验。

欧洲的启蒙运动（17 世纪至 18 世纪），是欧洲人对东方和中国认知变化的转折点。启蒙时代一方面承继了文艺复兴时代的精神，另一方面对传统文化，包括东方文化，更具有批评精神。如果文艺复兴的主题是挣脱宗教时代的愚昧文化，建立新的理性文化，启蒙运动所关切的不仅是继续这样一种理性文化，更是要进一步确立理性的制度体系。启蒙时代是批判的时代。启蒙运动者一方面看到了中国文化中所包含的理性精神等因素，另一方面也竭力批评中国传统的专制主义。"东方专制主义"的概念尽管在古希腊就已经存在，但只有到了启蒙时代，人们才开始对这个概念作比较系统的思考。

对东方和中国价值比较系统的认识，是 19 世纪之后的事情。西方的资本主义有了长足的发展，推动了传统社会政治制度的转型。对 19 世纪的欧洲作家来说，有关东方和中国的核心问题，就是为什么东方和中国没有发展出像欧洲那样的资本主义。马克思提出"亚细亚生产方式"的概念和理论，从唯物主义的方法来探讨这个问题。德国社会学家韦伯则从文化的角度，也就是用"唯心主义"的方法，来探讨同一问题。综合两位大家的观点，结论都非常明确：东方和中国，无论是物质层面的生产方式还是宗教文化层面的精神要素，都阻碍了资本主义的发展。资本主义的缺失，是亚洲社会经济落后的主要根源。

20世纪仍然是西方的世纪，无论是苏联模式还是二战之后纷纷独立的第三世界发展中国家，都没有能力形成自身的话语。西方因此得以继续主导亚洲和中国的论述。中国在1949年结束内战，但同样没有任何条件建立自己的话语。当时的亚洲处于冷战状态，中国属于苏联阵营，而其他很多国家属于西方阵营。防止共产主义的扩张，成为西方的要务。西方的知识界转而开始对中国政治的研究。德国社会学家魏特夫（Karl Wittfogel）在马克思论述的基础上，提出了东方"水利社会"的概念，对西方世界早已形成的"东方专制主义"概念作了系统的探讨。

冷战结束后，民主政治成为西方话语的主流。在20世纪80年代之后，西方式民主扩展到东亚社会，包括韩国和中国台湾地区。20世纪90年代初苏联的解体表明西方民主政治在竞争中赢得了胜利。西方一片乐观情绪，产生了当时美籍日裔作家福山所说的"历史的终结"理论。随着经济的全球化，西方成功地把以民主为核心的西方话语，扩展到亚洲社会。

在过去的几个世纪里，尽管西方对东方和中国价值的界定，经历了从宗教文化到经济到政治的演变，但其背后的逻辑高度一致，那就是亚洲价值是其社会经济落后的根本原因。西方从亚洲社会经济的落后，寻找亚洲被西方打败的原因，再从文化、宗教、政治、社会等方面，去寻找亚洲经济落后的原因。这样，关联点被建立起来，即亚洲价值促成亚洲的落后性。要走出落后和亚洲价值两者之间的恶性循环，就要抛弃亚洲价值，接受西方价值及建立在西方价值之上的各种社会、政治、经济和文化制度。

自近代以来，亚洲社会也在苦苦追求自己的话语权，只不过并不像西方那样表现在知识层面，而是表现在行为层面，例如，在战场上赢得胜利，或者在经济上获得成功。

2. 亚洲价值观的围剿与反围剿

就东亚社会来说，西方完全主导亚洲的情况，直到日本明治维新之后，跃升成为第一个现代化国家，才开始得到改变。在日俄战争中，日本打败俄国，这是亚洲国家第一次打败西方国家，表明亚洲人也是可以成功的。然而，日本很快就误入歧途，学习西方，走上了帝国主义的道路，不仅没有帮助亚洲国家"共荣"起来，反而侵略亚洲国家，造成了巨大的战争灾难。二战之后，日本被美国占领，更多的亚洲国家落到了西方的势力范围内，它们只能接受西方的话语。尽管很多国家的政治体制（例如日本的民主体制），和西方的不一样，但为了和西方保持"认同"，它们都拼命地假装成西方民主。面对强大的西方，亚洲国家的共同策略，是强调和西方的一致性而隐藏不一致性。

亚洲价值观的真正突破口，在于东亚社会在经济发展上的成功。到 20世纪 80 年代，东亚经济体，主要是日本和"四小龙"（即韩国、新加坡、中国台湾和中国香港）取得了巨大的经济成就，从原来贫穷落后的"第三世界"跃升为富有的"第一世界"（李光耀语）。经济上的成功促成了这些社会文化自信的复苏，使得人们相信自己所拥有的价值观，也能创造西方曾经创造过的奇迹。不过，20 世纪 90 年代末的亚洲金融危机后，有关"亚洲价值观"的讨论很快就中断了。

2008 年自西方开始的全球性金融危机，再一次给人们机会来反思西方价值和亚洲价值。不过，这次的战场转移到了中国，亚洲价值变成了中国模式。如果说 20 世纪 80 年代的有关"亚洲价值观"的争论没有能够持续下去，围绕着中国崛起的亚洲价值则会长期持续下去。在日本和"四小龙"经济体中，日本、韩国、中国台湾和中国香港被视为是西方化的产物，只有新加坡的模式被西方视为偏离了西方价值。李光耀既是"亚洲价值观"的提倡者，更是这场争论的焦点人物。中国则很不一样，不仅其领土面积、人口数量、经济规模等极其庞大，是所有东亚经济体所不可比拟的，更重要的是中国是一个不曾完全西方化的文明大国，其文明的主体性不曾发生根本性的改变。

这产生了非常严肃的学术和政策问题：中国的崛起会使亚洲价值成为西方价值的另一个选择吗？这涉及20世纪90年代哈佛大学教授亨廷顿所提出的"文明冲突"的命题。西方并不认为亚洲价值会取代西方价值，因为作为文明的西方价值根深蒂固，没有任何其他价值可以取代。西方所担忧的是，会出现西方之外的价值选择吗？西方文化是一种使命性文化，其使命是要全世界的人都接受西方文化（"一神教"），经济体系都成为西方那样的市场经济，政体都成为西方那样的民主。因此，当20世纪80年代出现"亚洲价值观"时，西方群起而攻之，围剿"亚洲价值观"，参与围剿的更是亚洲社会那些接受西方教育或西方价值观的社会群体。

同样的道理，如果崛起的中国复兴了亚洲价值，并且成为另一种选择，西方也会再次围剿。实际上，自2008年金融危机以来，这种围剿与反围剿的互动已经开始。围剿者当然要绞杀中国所体现的亚洲价值观，而反围剿者则力争这种价值观的正当性，存在的合理性，有些甚至开始夸大这种价值的优越性。因为争论的战场在中国，亚洲其他地方的感觉并不是那么直接。不过，随着中国的继续崛起及其地缘政治影响力的扩张，这一战场迟早会延伸到其他亚洲社会，尤其是东亚社会。

第十五章　中国如何实现大国大外交

一、中国可以回避"金德尔伯格陷阱"吗

今天全球化本身已经成为世界性公共品，而大国负有独特责任来维持足够的公共品的提供。尽管各国都可以从全球化过程获得不同程度的利益，但并不是每一个国家都有能力维持全球化这一进程。

一般说来，小国很少有意愿为全球公共产品付费，因为它们贡献太小，是否贡献对全球体制运作来说关系不大，小国因此更多是选择"搭便车"。大国则不一样，大国可以从全球化过程中获得明显的好处，因此也需要对维持这个过程做出更多的贡献。如果大国不承担领导责任，就会导致全球公共产品供应的短缺。

当英国在第一次世界大战后衰落到无法承担这一责任时，奉行孤立主义的美国却继续"搭便车"，由此产生了灾难性的后果。今天，因为美国的相对衰落，不能够再继续扮演领导者的作用，对全球化而言，就缺少全球公共品的提供者。这种情况使得越来越多的人开始担忧世界会不会再次陷入"金德尔伯格陷阱"（The Kindleberger Trap）。

查尔斯·金德尔伯格是美国战后马歇尔计划的思想构建者之一，后来在麻省理工大学任教授。他认为20世纪30年代世界经济大萧条的根本原因，在于世界性公共品的缺失。尽管美国取代了英国成为世界上的最

大国，但美国未能接替英国扮演的角色，结果导致了全球经济体系陷入衰退、种族灭绝和世界大战。

在美国出现巨大困难的时候，人们的目光很自然转移到中国。随着中国的不断崛起，它是否有意愿为提供全球公共品贡献自己的力量？在很长一段时间里，美国和美国所领导的西方，被视为全球公共品——如稳定的气候、稳定的金融或航行自由的主要提供者。

不过，对中国来说，尽管继续引领全球化符合中国的国家利益，但要担负起提供全球公共品的责任并不容易，因为维持这个体系既有助于实现中国内部的可持续发展，也有助于中国国际地位的提升。问题并不在于中国是否有意愿，而在于要回答一系列问题：中国是否有足够的能力提供国际公共品？如果不能单独提供，中国如何可以和其他国家一起提供？即使中国既有意愿也有能力，那么其他国家会很容易接受中国的角色吗？

中国要帮助避免"金德尔伯格陷阱"，一个有效的方法就是实现和国际自由经济秩序的深度融合。如果社会能够融入，并且让其他国家确信，那么中国会比较容易担负全球化"领头羊"的责任，不仅自己可以，也可以和其他国家一起共同提供全球公共品。如果不能，那么中国的外部崛起就会变得非常困难，甚至会和西方处于一个对立的状态。

原因很简单，今天中国和美国之间的关系远非当时英国和美国之间的关系。有两个客观条件使得美国当年能够顺利从英国手中接过国际体系的领导权。第一，当时的美国已经是世界第一大国，到了19世纪90年代，在经历了长期的"孤立主义"之后，美国已经是世界第一大经济体，并且也已经通过各种方式解决了周边外交问题。第二，欧洲国家近代以来经历了反复的战事，尤其是第一次世界大战，尽管它们之间具有共同的价值观、意识形态和类似的政治制度，但各国之间因为战争互相不信任，也没有任何一个国家有能力来充当领袖。这个时候，它们需要邀请另外一个国家来担任领袖，而美国和欧洲之间所具有的共同价值观、意识形态和政治制度，使得美国具有了天然的条件来领导欧洲。可以说，美国是被欧洲"邀请"成为世界领袖的。尽管一战之后美国从英国手中接过了国际领导责任，但没有充分的准备提供公共品，从而没有能力避免20世纪30年代的大萧条。不过，二战之后，美国接受了教训，及时推出"马歇尔计划"，在最短的时间内复兴欧洲被战争破坏了的经济，有效巩固了西方盟主的地位。

那么今天的情况又如何呢？有几个要素很确定：第一，尽管美国已经没有足够的能力来单独维持世界体系，但它仍然是世界第一大经济体和军事强国。更重要的是美国要继续维持其霸权，千方百计地遏制中国的崛起。或者说，美国不愿意中国分享更多的国际空间。第二，中国尽管已经是世界上第二大经济体和最大的贸易国，但本身仍然是发展中国家，没有足够的能力来提供全球公共品，其未来主要的精力仍然要放在国内的发展上。第三，中国和美国具有不同的价值观、意识形态和政治体系。不仅美国，很多西方国家对中国没有足够的信任。

因此，中国所面临的情况是，尽管客观上世界经济需要中国扮演新的"领头羊"和提供公共品的领导者，但很多（西方）国家对中国仍然另眼相看。今天西方世界对中国的看法主要有几种：

第一，因为中国不同的价值体系、意识形态和政治制度，中国是当前国际自由经济秩序所面对的主要威胁。第二，即使不会破坏现存国际秩序，但中国把这个国际秩序视为一种外部强加的东西，并不符合中国的最大利益。一旦在国力方面超越美国，中国就不会维护这个秩序。第三，中国现在接受这个秩序，主要是因为中国可以从这个秩序中获得巨大利益。中国一直在享受好处，而没有担负足够的责任来提供公共品，因此没有认识到强大的国力所附带的重大国际责任。第四，美国和自由主义世界不必担心中国的崛起，因为中国永远不会超过美国。美国的衰落只是相对的，现在的困难也是暂时的。美国和西方的制度具有强大的修复功能，对世界的主导是可以持续的。

在回应西方的各种错误认知上，中国本身直到今天仍然处于一个被动的地位。中国最常用的一种简单解释是：中国没有领导世界的野心。不过，这种解释已经远远不足以减少人们对中国和现存国际秩序之间的关系的担忧。其他国家很难相信一个不断崛起的中国，会一直是现状的接受者和维护者。在世界经济面临困境的今天，更多的国家也不容许中国和现存秩序之间的关系只停留在今天的水准。

的确，今天西方面临巨大危机，是中国提升自己国际话语权的一个机会。既然中国已经是世界经济体的有机部分，也没有任何可能性与世界经济体分离，那么中国不能坐等他国的"邀请"，而是要主动出击，和国际自由经济秩序对接，不仅容纳现存话语，而且进一步发展话语，抢占国际话语权的制高点。中国和国际自由经济秩序进一步对接的话语和实践，至少要包括如下几个部分：

第一，接轨。这是中国的选择。改革开放以来，中国选择和西方主导的国际秩序接轨，并且获益于这个秩序。中国得益于联合国、世界银行、国际货币基金组织等被西方视为体现自由主义经济秩序的国际机构。

第二，承担国际责任。中国是联合国安理会中拥有否决权的五个国家之一，在各个国际机构内发挥越来越重要的作用，承担越来越大的责任。中国现在是联合国维和部队的第二大出资者，并积极参与联合国有关行动计划。

第三，改革和发展。中国意识到全球治理体系出现的很多问题，需要解决。不过，解决不是要通过革命，而是要通过改革。例如，世界经济不平衡是发达国家和发展中国家在全球治理体系中的权力配置上的不公平所致。新兴经济体和发展中国家对世界经济增长的贡献率达到80%以上，但并没有反映到全球治理体制上。中国这样做并非为了一己之私利，也不是为了对付西方，而是为了实现可持续的全球治理。改革是为了发展。全球化仍然是促进发展的有效途径，而发展是解决今天各国所面临的问题的有效途径。国际自由经济秩序仍然有效，但需要通过改革而得以改善。

第四，创新与补充。中国不仅要改革现存国际治理体系，使之更可持续和合理，而且要以自己的力量来继续发展和补充这个体系。例如，2015年，中国发起成立了亚洲基础设施投资银行，并不是要取代世界银行或者其他国际和区域的组织，而是对现存体系的补充。中国倡议设立的多边组织并非中国一国的事情，更是大家（各国）的事情；并且新设立的组织依然遵守国际法，并与现存组织和体系展开合作。

第五，中国也要在自己的方案里面，表明自己不会做什么，中国接受国际自由经济秩序的合理部分，但不会接受和重复不合理的部分。主要表现在政治经济两大方面：在政治上，中国不会像美国那样，把自己的政治体制强加给其他国家。西方在全世界到处推行西方式民主，今天世界一些地区的无序状态是接受了不合理的政治体系所致，是西方一些国家到处推行民主的结果。中国一方面会继续推进全球化，但另一方面也会继续强调主权国家的重要性。主权国家仍然是国际社会最有效的治理单元，一旦这个治理单元被破坏，世界会变得更难以治理。在内政方面，中国会致力于内部治理体系的改善，但不会把自己的治理体系强加给其他国家，对其他国家的内政，中国继续实行"不干预"政策；在经济上，中国会致力于建设一个更具有包容性的经济秩序。中国不会建立像跨太平洋伙伴关系协定（TPP）那样的区域或者国际性经济组织，把一些国家排挤在外，而是要建立类似区域全面经济伙伴关系协定（RCEP）那样的具有广泛性的经济组织。

中国的这些主张很重要，因为很多国家都深受西方的干预主义和排他主义之苦。但这些并不是国际自由经济秩序的主体，更多的是和西方个别国家的自私政策具有相关性。中国要意识到，这些是可以加以改革的，而不能因为这些而去否定整个国际自由经济体系。

这些年来，中国在和国际自由经济秩序接轨方面具有了实质性的进步。在经济方面，国际社会对中国的话语和行为越来越具有信心。和国际自由经济秩序的深度融合，不仅有助于中国本身的可持续发展与和平崛起，也有助于世界避免"金德尔伯格陷阱"和维护世界经济的稳定发展。这是一件"利己利人"的事情。

二、为什么世界期待中国的声音

2016 年是二战以来西方少有的一个政治年，先后发生了被很多人视为"黑天鹅"的重大政治变化，英国脱欧、意大利宪政改革公投失败、美国特朗普当选总统等。人们把这些视为"黑天鹅"，因为这些表示着不好的预兆。很明显，对西方来说，这个政治年其实还没有结束，还继续发生类似甚至更坏的政治变化。

特朗普和美国现存体制的对立已经公开化，从前是美国两党之间互相否决，现在已经演变成特朗普和整个旧体制之间的互相否决。这种情况不知道何时能够结束，美国政治何时能够稳定下来。欧洲的情况同样令人担忧。英国已经正式进入脱欧程序，相信这不会是一个顺利和平稳的过程。法国极右国民阵线力量继续上升，而德国的右派选择党也不甘示弱。

实际上，欧洲的右派趋于结成区域联合阵线，甚至国际联盟。如果法国国民阵线赢得选举，欧盟就岌岌可危了。不管怎样，西方各国内部政治力量的对立已经公开化，政治斗争（而不是政治合作）成了西方的"新常态"。

西方的变化已经也必然继续对国际政治经济秩序构成巨大的冲击。2008 年世界金融危机以来，世界经济到今天还没有恢复过来。如今西方贸易保护主义和经济民族主义开始盛行，已经很糟糕的世界经济形势势必进一步恶化。

在地缘政治方面，特朗普想通过改善美国和俄罗斯关系来缓解局势，包括双边关系及美俄在中东和欧洲问题上的分歧，但看来事情并不简单。无论是特朗普本人还是其所任命的官员，与俄罗斯之间的关系几乎在动摇着特朗普的合法性基础。这个趋势也不会在很短时间里明朗起来，美俄关系、欧俄关系、中东问题会继续处于高度不确定状态。地缘政治的这种局面又会对世界经济造成极为负面的影响。

在这样的情况下，世界把眼光转向中国，并且唯独是中国。这并不难理解。当特朗普正式宣布退出跨太平洋伙伴关系协定（TPP）时，澳大利亚立刻希望中国能够加入 TPP 谈判。其实，各国都明白，一个没有中国的 TPP 本来就没有多少意义，但现在一个美国退出、中国又没有加入的 TPP，就完全失去了其意义。欧盟面临英国脱离和美国保护主义的压力，也希望能够提前和中国讨论经贸关系，在险恶的国际环境中寻找稳定经济的要素。

实际上，中国内政外交的任何动向，都会牵动全球的关切，关切中国已经成为各国关切自身利益的必需。当然，在关切中国和关切美国及欧洲问题上，世界有不一般的心情，中国的政治年不是西方的政治年，当人们对西方失望的时候，对中国抱有更多的希望。

在国际层面，今天的全球化需要"领头羊"和领导者。当美国和西方不再能够扮演"领头羊"角色时，世界自然想到了中国。尽管还有崛起中的其他新兴经济体，但除了中国，其他新兴经济体不仅经济体量仍然很小，对世界经济很难有足够的影响力，而且很多新兴经济体内部发展动力不足，制度的脆弱性随时体现出来。

更为重要的是，全球化作为世界公共品，需要由大国来提供。尽管各国都可以从全球化获得不同程度的利益，但并不是任何国家都有动力或能力来维持全球化。中小国家更多的是选择"搭便车"。美国没有能力了，中国呢？谁来提供全球公共品？

近来西方越来越关注世界会不会陷入所谓的"金德尔伯格陷阱"，这并非没有道理。很显然，今天再次出现这个忧虑，表明今天世界所面临的严峻局势。世界对中国的关注源于对中国的过去、现状和未来的分析与认知。经过 40 年的改革开放，中国今天已是世界第二大经济体、最大的贸易国。自 2008 年世界金融危机以来，中国一直为世界经济稳定和增长提供着最大的贡献份额。尽管近年来经济下行，但因为中国经济基数庞大，其贡献仍然最大。人们也相信，只要中国维持在官方所规划的经济增长水平，中国对世界经济的贡献只会增长，而不会减少。

再者，世界也发现中国在国际经济体系话语方面的进步和转变。改革开放以来，中国选择了和世界经济接轨，但现在中国开始具备动力和能力，来维持和改善世界经济秩序。从 2016 年中国主办杭州二十国集团峰会，到 2017 年年初中国国家主席习近平在达沃斯论坛的演讲，中国越来越接近西方进步力量所秉持的传统自由贸易话语。中国似乎向世界传达出了一个积极的信息：当自由贸易这面旗帜美国扛不下去的时候，中国会接着扛。

中国所提出的世界和区域经济的"中国方案"令人更感兴趣。近年来，中国提出了"一带一路"倡议和主导成立亚洲基础设施投资银行。尽管少数国家对中国抱有怀疑态度，但更多国家积极参与中国的倡议，因为它们看到中国的举动并非"另起炉灶"，建立自己的体系，而是积极配合现存的国际经济体系，提供必需的和相应的补充。或者说，中国所做的是在强化现行国际经济体系。这些正是世界所期待的。

同样重要的是中国对待地缘政治的态度和方法。尽管因为南海问题，中国被西方和亚洲一些国家塑造成一个扩张性帝国，但世界逐渐发现中国实际上对西式地缘政治并不感兴趣。尽管中国在保护其国家核心利益方面会不惜一切，但中国并没有任何企图向外扩张。今天中国周边国家可能要比美国周边国家、俄罗斯周边国家更感觉到安全。

在南中国海问题上，中国应对很沉着。中国和菲律宾的关系变化，可能是西方所没有想到的。其实道理很简单，中国对冲突并不惧怕，但冲突更可能是两败俱伤，而合作则是共赢的。

在不长的时间里，中国和东南亚各国的关系有了全面的改善。今天，马来西亚、印度尼西亚、柬埔寨、老挝、缅甸等国家，已经把西式地缘政治搁置一边，回归亚洲式经济合作。中国的"一带一路"计划也开始在这些国家产生积极的结果，至少在经济领域。

世界也注意到中国掌控由外来力量促成的地缘政治危机的能力。例如，无论在其竞选期间还是正式就任总统以来，特朗普对中国简直可以说是"大放厥词"，表现在贸易、南中国海、台湾等方面。不过，中国并没有表现出任何情绪，而是静观其变，小心翼翼地避免着人们一直所担心的"修昔底德陷阱"。

不过，世界最为关切的还是中国的内部发展。民粹主义、经济民族主义和贸易保护主义，无论人们怎么称呼，在西方的崛起，是因为西方内部的发展出了很大的问题。外交是内政的延续。那么，中国的内政又是如何呢？中国的内政支撑得了其外部的角色吗？这是世界的关切。

来自中国的信息是正面的。人们发现中国的领导层可能是今天世界上少数几个最强有效的。西方的问题在于内部治理问题，而内部治理问题的核心在于一个有效政府。西方的困难在于形成不了一个有效政府，精英之间没有共识，党派之间互相否决，造成今天体制内外对峙的局面。

尽管中国政治体系仍然处于变化过程，但中国具有一个稳定有效的领导核心层，有利于政治稳定。同样，社会经济的稳定和发展，也需要这样一个核心领导层来推动。人们很快体会到习近平近来要"撸起袖子加油干"的言论背后的意义。对很多人来说，这是中国领导层要把国家的社会经济提升到一个新高度的前兆。

尽管西方带有意识形态偏见的一些人，一直在唱衰中国经济，但中国仍然以自己的步伐和速度在发展。近年来，中国经济进入新常态，经济下行也不可避免，但问题在于中国的经济是"硬着陆"还是"软着陆"。不难发现，中国政府通过各种方法，包括政府和市场的作用，避免了经济的激烈波动，以缓慢平稳的方式下行，这有效保证了内部的稳定。

应当指出的是，尽管经济下行，中国在所有大国经济中，增长仍然很高，而且因为其庞大的基数，中国继续为国际经济增长贡献很大的份额。

中国为世界提供的更为积极的信息，是其消化全球化负面后果的决心和能力。全球化为世界带来了前所未有的财富，但财富在各个社会群体中的分配极端不公平，造成社会的巨大分化。西方政府无能为力，任由民粹主义崛起和扩大。中国在全球化造成的弊端方面不能置身事外。

三、中国如何回应国际的期待

从国际背景来说，今天正处于全球化最不确定的时刻。自 2008 年全球金融危机发生以来，世界经济仍然处于不平衡的状态。全球化和技术进步所造成的巨大收入差异、社会分化、就业流失等，导致西方贸易保护主义的迅速抬头。美国是上一波全球化的"领头羊"，但特朗普的当选表明右派民粹主义和经济民族主义战胜了以往的自由主义，美国不仅不再扮演全球化"领头羊"的角色，反而开始扮演起"逆"全球化的角色。

这不仅直接影响到已经全球化了的国际企业，而且也势必影响全球经济。欧洲一些主要国家都在进行选举，包括法国和德国，而英国则进入正式脱欧程序。如果欧盟继续弱化，甚至解体，那么不仅会促成欧洲内部的巨变，更会促成全球地缘政治和经济的巨变。

因此，世界期待着一个新的全球化的领导者或者"领头羊"。中国是世界第二大经济体、最大的贸易国，并且经济发展势头仍然良好。很自然地，无论是西方国家还是发展中国家，都希望中国扮演"领头羊"的角色。对西方来说，更重要的是习近平的演讲体现了西方广为接受的传统自由贸易和全球化的价值观。

在这样的国际形势下，国际社会再次给予中国很高的期待。对中国来说，因为西方和美国所面临的困难而出现的国际空间，如果把握得好，就是一个很好的在国际舞台上提升自己的机会。理性地说，这个机会也必须把握好。

西方和美国今天出现的"内向型发展"趋势，是因为之前没能有效地消化前一波全球化所产生的内部问题。"内向发展"可能只是短暂现象，等内部调整好了，西方又会再次走向全球化。道理很简单，全球化历来就是资本主导的，政府起辅导作用，全球化今天所出现的问题，并不能改变资本扩张的本质（马克思语）。也就是说，中国要善于抓住这个机遇，提升自己在世界经济体系中的制度地位和作用。

那么，中国能否抓住这个机遇呢？这既是一个能力问题，即中国是否有实际能力去抓住这个机遇；更是一个认识论问题，即中国是否把此视为一个机遇，要不要这个机遇。就能力而言，中国现在是第二大经济体，最大的贸易国，如果中国没有能力，那么其他国家就更不用说了。人们有理由认为，对中国来说，主要是认识论问题。要抓住机遇，中国的决策者首先必须解决好几个有关中国和国际自由经济秩序之间的关系认识论的问题。

1. 中国到了必须"走出去"的时候

第一，中国下一步可持续发展，需要其进一步融入现存世界经济秩序。中国是全球化的主要参与者，也从全球化过程中获得发展机会。如果没有对全球化的参与，很难理解以往中国经济的高速发展。在下一阶段，没有其他国家像中国那样更需要全球化。历史地看，无论是发达的西方还是亚洲的日本和"四小龙"，经济发展到一定阶段，就迫切需要全球化。因为当其境内市场趋于饱和的时候，就必须寻求开拓海外市场。

今天的中国，尽管仍然需要吸引大量外来资本来进行产业升级，尤其是技术含量高的资本，但同时在很多领域中也出现资本过剩的现象。就是说，在一些领域资本已经饱和，需要走出去寻找新的投资空间。除了资本，中国也拥有过量的产能。

尽管"去产能"主要还是要通过国内的改革来达成，但"走出去"也是其中一个有效途径。再者，中国拥有诸多技术，尤其在基础设施建设领域和中小企业发展方面。中国的技术是辅助资本和产能"走出去"的有效手段。这里的关键是通过什么样的方式"走出去"？如果把这个问题置于中国和世界自由经济秩序的关系中来理解，人们可能可以找到更为有效的答案。

第二，国际自由经济秩序符合中国的国家利益。对国际自由经济秩序要有实事求是的认识，而不能过于意识形态化。简单地说，到现在为止的世界自由经济秩序的形成和发展并不容易，它是西方进步力量尤其是左派力量长期推动的结果。一些人对西方的看法经常过于意识形态化，不经意地把整个西方建立的制度置于中国的对立面。

实际上，西方尽管总体上都是资本主义体系，但在这个体系内部也有进步力量和保守力量之分。毛泽东当年在划分"三个世界"时，就充分考虑到这一点，强调中国必须和西方的进步力量走在一起、站在一起，联合反对保守的力量。毛泽东的这个客观分析及其相应的政策，在当时对开展中国的外交和提升中国的国际地位起到了关键作用。

经验地看，现存国际自由经济秩序的确立是用血的教训换来的。西方国家在发展过程中，也经历了从资本短缺到资本过剩的过程。在早期很长的时间里，西方资本"走出去"实行的是赤裸裸的帝国主义，用坚船利炮打开其他国家的大门掠夺资源。后来更发展成殖民主义，在全世界瓜分市场。

但是，这些做法后来慢慢不行了，一方面是因为西方国家内部进步力量的反对，另一方面是因为非西方国家民族意识的觉醒。因此，随着二战后反殖民主义运动的展开，西方资本不得不寻找新的办法实现资本的全球化。很显然，二战后的国际经济秩序较从前的国际秩序有很大的进步，更具有文明性。

2. 二战后国际经济秩序的几个变化

首先，二战前，西方国家动不动就诉诸武力来解决经济问题，二战后法治或者基于规则之上的国际经济行为成为人们的共识，表现在包括联合国、世界银行、世界贸易组织、国际货币基金组织等主要国际组织方面。尽管一些西方国家也经常诉诸法律之外的手段，但越来越多的国家是接受法治和规则的。

其次，国际组织表现为多边化或者多边主义。多边主义主要是想解决西方国家之间的矛盾。尽管这方面和二战之前的一些西方列强主导的多边组织没有多少差别，但二战之后的多边组织更具包容性，即向发展中国家开放。所以，尽管西方国家还是主导着这些多边组织，但发展中国家在这些多边组织的作用也在提升。这些多边组织也有助于发展中国家分享国际发展的成果。这不仅仅是因为这些国际组织有帮助发展中国家发展经济的使命，更是因为它们有助于发达国家的市场向发展中国家开放。中国已是这些国际组织的成员，并在其中起着越来越重要的作用。自改革开放以来，中国就选择了和国际接轨，并没另起炉灶。这也是中国成功的地方。不管如何，中国并没有任何可能性和这个秩序脱离，中国的唯一选择是如何在这个秩序内发挥更大作用。现在所面临的问题是如何更深入地和这个秩序对接。有一点非常明确，继续深度融入这个体系，"为我所用"，对中国来说是一个成本非常低的理性选择。道理很简单，因为这套体系已经广为接受。

第三，中国和国际自由经济秩序接轨更是世界经济发展的客观要求。全球化必须有大国的大力推动。全球化的主体尽管是资本，但如果没有政府配合，全球化便会困难重重。近代以来的每一波全球化都和政府作用分不开。二战前的全球化主要由英国推动。历史地看，英国既是自由主义经济贸易原则的发源地，也是这个世界秩序的主要建设者。

在其崛起过程中，英国在很长一段时间里实行单边开放，即英国单边向其他国家开放，即使对方不向英国开放。这种方式促使英国快速崛起成为当时的最强国，即大英帝国。当然，英国之所以能够实行单边开放政策，主要是把握了其经济上的比较优势，因为英国是世界上第一个近代化国家。

二战后美国扮演了推动全球化的主要角色。欧洲国家之间因为战争大伤元气，邀请美国来扮演国际领导角色。而美国也通过马歇尔计划等帮助欧洲经济复苏。之后，美国以多边主义方式构建了整个世界经济的制度体系，这个体系一直有助于维持美国的领导作用。

但是，今天的情况已经很不相同。自 2008 年世界金融危机以来，没有西方国家有能力助力世界经济复苏，直到今天世界经济仍处于失衡状态，发展缺乏持续的动力。因为处于危机状态，西方现在开始搞贸易保护主义，自顾不暇，不仅很难再推进全球化，还开始成为全球化的阻力。世界经济需要通过开拓新兴市场和发展中国家的市场，来达到新的平衡。也就是说，世界仍然需要全球化。

当西方不再能够扮演全球化推进者角色，人们的目光很自然地转移到中国。今天，在西方社会越来越不确定的情况下，越来越多的国家就希望中国来扮演继续全球化的"领头羊"角色。对中国来说，看来已很难推脱国际社会的这个期待了，因为这既是中国本身发展所需，也是国际发展所需。中国能否满足国际社会的这个期待，当拭目以待。

四、塑造中国崛起的新国际战略

自十八大以来，中共高层一直在讨论"两个百年"目标的问题，即中国共产党成立一百年和中华人民共和国成立一百年。从这些年的发展趋势来看，在今后的几年里，中国有足够的能力实现第一个百年的目标。第一个百年的目标早已经相当明确，具体体现在中国第十三个五年规划上，即实现全面小康社会。

更具体地说，就是要在"十三五"结束时，中国的人均国民所得从现在的9000美元左右提升到1.2万美元，只要实现年均6.5%的经济增长率，就能达到这个目标。同时，中国也正在进行一场全国性的精准扶贫运动，以控制绝对贫困人口的数量。

一般认为，鉴于中共强大的动员能力，实现这些具体目标没有大的悬念。这意味着，十九大之后中共高层会把重点放在实现第二个百年的目标。尽管这个目标仍然需要细化，但大方向已经有了，反映在"中国梦""中华民族复兴"等概念中。

内部的发展目标对中国外交也必然产生重大影响，甚至是决定性的影响。改革开放以来，一个有利的国际环境帮助中国即将实现第一个百年目标。无疑，要实现第二个百年的目标，中国仍然需要有利的国际环境。

自改革开放以来，中国的外交取得了很大的成就。和其他几个大国相比，中国的成就更是显然。无论是美国还是俄罗斯，都在不同程度上挑起和卷入国际纷争甚至战争。但中国外交，用中国自己的话来说，则是"一心一意"谋求内部的发展和外部的和平崛起。这一外交"教义"促使中国能够抓住"国际机遇"。今天的中国正在经历一个非常关键的转型，即从早期的"抓住机遇"到"创造机遇"。

在前面的数十年里，中国有效地抓住了有利的"国际机遇"。在20世纪80年代，邓小平做了一个伟大的判断，认为国际大环境是和平的。在这一判断之下，中国才开始了改革开放。邓小平也定义了中国外交所应当有的方法，即"韬光养晦、有所作为"。

在 20 世纪 90 年代，中国进而提出了"和平崛起"的战略，一方面加入国际体系，与世界"接轨"，另一方面要在现存国际体系内部"和平崛起"。这些政策无疑有助于中国"抓住机遇"，中国也的确抓住了当时的机遇。中国加入了包括世界贸易组织在内的所有重要国际组织，抓住了自 80 年代开始、90 年代加速的全球化进程。

尽管全球化也给中国带来了一些负面效应，例如，收入差异的扩大和社会的分化，但中国总体上也借着这一波的全球化，成为世界上第二大经济体和最大的贸易国。过去的实践表明，如果对国际形势没有正确的判断，就很难制定正确的政策，抓住发展机遇。

1. 探索出本身的发展道路

经过这几十年的努力，现在中国已经有了足够的能力来为自己创造一个有利的国际环境，创造有利于内部可持续发展的国际机遇。十八大以来，在总结前面的经验基础上，中共更已经探索出自己的一条道路，不管是针对大国、中等国家还是小国的。笔者把自十八大以来的中国外交战略概括成为"两条腿，一个圈"。

第一条"腿"即新型大国关系建设。新型大国关系最先是针对美国提出，但这一概念的应用不仅针对美国，也针对俄罗斯和印度等其他大国。习近平多次强调，中国要避免历史上一而再、再而三出现的"修昔底德陷阱"，即守成大国和新崛起大国之间所发生的争霸战争。中国既不想和"守成"的美国发生冲突，也不想和紧随自己的新兴大国印度发生冲突。

因此，对美国和印度，中国尽力保持克制，千方百计地寻求通过非战争的方式来解决冲突。2017 年中印洞朗对峙局面长达两个多月，用战争解决问题的声音在两个国家都很高涨，曾引发了第二次中印战争的疑虑。不过，最后两国以和平方式结束了洞朗对峙局面。对中国来说，这可以说是把"新型大国关系"引用到印度的一个成功案例。

第二条"腿"是针对广大发展中国家的"一带一路"。尽管"一带一路"涵盖发展中和发达国家，但其主要对象是发展中国家。沿边国家大都是发展中国家，有不少甚至是贫困国家。

一方面，中国要通过"一带一路"实现"走出去"的目标，服务于国内的可持续发展；另一方面，借此尽到大国的责任，为这些国家提供区域的和国家"公共物品"（public goods）。用中国自己的话说，就是容许发展中国家搭中国经济发展的"便车"。这是一种包容式、开放式和参与式的区域和国际发展模式。

"一带一路"已经有很多国家加入。即使是从前持怀疑反对态度的美国和日本，也在改变它们的态度，都派代表参加了 2017 年 5 月在北京召开的"一带一路"国际峰会。

"一个圈"即中国的周边外交。周边外交可说是中国外交的核心，这是由中国特殊的地缘政治位置决定的。中国周边数十个国家，如果搞不好周边外交，中国崛起的难度可想而知。十八大以来，中国在早些年提出的"睦邻"、"安邻"和"富邻"的基础上，进一步提出了"亚洲命运共同体"的概念。

这些年来，尽管中国和一些邻国就南中国海问题关系紧张，中国坚守自己的核心国家利益，但中国从来没有动用过西方惯用的"经济制裁"等手段；相反，尽管中国和有关国家政治和外交关系很冷，但经贸关系却从未冷。这也是这些国家之后能够快速改善和中国关系的基础。

在国际层面，今天的西方因为内部经济困难大搞民粹主义，导致经济民族主义和贸易保护主义的盛行，使得现存国际经济体系岌岌可危。但中国领导层则清醒地意识到，无论是内部的民粹主义还是外部的经济民族主义，都不是解决内外部问题的有效方式，无论是反全球化还是逆全球化都会雪上加霜。

全球化趋势势不可当，也是创造财富的有效机制。中国领导人利用各种国际场合，无论是 2016 年的杭州 G20 峰会，还是 2017 年初的达沃斯论坛、2017 年 5 月北京的"一带一路"国际峰会，都相继释放出继续推进全球化的强大信号。今天中国是少数几个大力推进全球化的国家。同时，中国也在努力探索解决全球化所带来的社会问题，主要是财富分配不均和社会分化。例如，中国希望通过"一带一路"的基础设施建设，让当地社会的大多数受惠。

2. 中国也要实现战略崛起

尽管一些西方人认为，今天的中国已经放弃了邓小平时期的"韬光养晦"国际战略，但实际上，世界上从来没有像今天的中国那样"韬光养晦"的。从前的大国，在其快速崛起的过程中，无论是成功的英国、美国，还是失败的德国、日本，大都发展出扩张和称霸世界的战略；但今天的中国努力探索的则是如何和平崛起，如何为世界的和平做贡献。

不过，人们也要意识到，迄今为止，中国崛起的各方面是很不平衡的。总体上说，中国在经济贸易方面进展很稳健，但在战略方面仍然面临巨大挑战。从以前大国崛起的经验看，崛起包括经济上的崛起和战略上的崛起两个方面。

无论是大英帝国还是美国，它们是在这两方面同时崛起的。而苏联的崛起主要表现在军事上，因此不可持续。日本的崛起只表现在经济上，而非战略上。日本因为是美国的同盟，战略上也不可崛起。这也表明，日本从一开始就注定了不能成为世界大国。

中国既要实现经济崛起，也要实现战略崛起。后者则显然是中国的"短板"。不过，在战略崛起方面，中国也取得了不小的成就，主要表现在东海、南中国海和同印度的关系处理中。在东海的钓鱼岛问题上，中国并没有对日本的挑衅退让，现在已经形成了稳定的互动模式。

在南中国海，中国几经艰苦的努力，已经改变了从前被动回应的局面，转为主动掌控局面。尽管南中国海问题还没有解决，但现在中国已经处于主动地位，相信随着《南中国海行为准则》的进展，各方可以找到更多稳定局势的机制和方法。

在与印度的边界问题上，中国在耐心和克制的前提下，通过各种方式对印度施加压力，和平结束对峙。尽管未来和印度的关系并不容易维持，但如果中国能够继续把"新型大国关系"应用到和印度的关系，是可以找到一条有效途径的。

现在中国面临着一个前所未有的挑战，即朝鲜半岛核危机。

今天，中国周边已经有了三个核国家，即印度、巴基斯坦和俄罗斯。如果朝鲜变成核国家，一下子可能增加 3 个，即朝鲜、日本和韩国。日本已经是一个事实上的核国家，韩国发展核武器也不会有很大的困难了。更为糟糕的是，如果处理不好朝鲜问题，台湾也必然有野心来发展核武器。如果那样，中国的国家统一问题就会面临更为严峻的考验。

历史地看，一个国家的大国地位，从来不会从天上自动掉下来，而是要经过很多次大考。中国改革开放以来，已经经历了很多次国际大考，通过了，并且考得也不错。

在很大程度上说，朝鲜半岛的这次考试甚于 1962 年美国的古巴导弹危机。如果美国当年不是冒着和苏联进行核战的风险，来果断处理古巴导弹危机，美国很难崛起成为日后的美国。

无论是南中国海问题、和印度的对峙问题，还是目前的朝鲜核危机，无疑都是对中国的考验。不过，从另外一个角度看，这些也是中国崛起的国际机遇。处理成功了，就崛起一大步。每一次危机，如果都能认真对待，在正确判断的基础上，果断行动，就可以以更快的速度实现国家的真正崛起。

五、全球化与中国的大外交战略

在当今时代，中国比其他任何国家都更加重视全球化。一方面中国人发现全球化与儒家的普世说有共同之处，另一方面也发现全球化与中国存在等级但却是开放的国家间体系——"天下"传统——有共同之处。更重要的是，中国人认为全球化是一种权力关系机制。尽管中国不希望成为现存国际体系的变革力量但同时也在迅速崛起。中国人认识到，一个崛起的大国可能会成为现存国际秩序的变革力量。中国必须找到解决维持现存秩序与自身崛起之间矛盾的方法。中国因此将全球化视为自身和平崛起的机制。当中国强调和平崛起的意图时，它更多强调全球化作为其机制。此外，作为根植于现存机制中的重要因素，中国人认为全球化能够帮助中国作为大国扩展影响。随着崛起，中国的影响力也在增长。但要实施其影响力，中国需要其他大国也能够接受的若干机制。在中国人看来，全球化是一种密集的全球网络，各国在其中相互影响。中国人还认为，尽管网络内的影响力是等级式的，大国比小国能够行使更多的影响力，但是国家之间的互动将不会是一个零和游戏，而是一种双赢的局面。

更为重要的是，中国人认为，全球化不仅仅使中国能够通过和平方式至少在经济方面扩大其对外影响，还能用一种和平的方式带来一种新的国际秩序。全球化将中国和国际秩序联系在一起，两者正在相互改造。在中国试图重塑世界的同时，世界也在试图重塑中国。换句话说，一种新的国际秩序将不再是被任何大国或大国集团所强加的，而是各个大国间互动的结果。

经过 40 年的改革开放，中国目前已经成为世界经济的有机部分。中国和世界经济之间的高度相互依赖意味着中国目前是整个全球资本主义链条中的重要一环。包括其巨大的人口规模、发展潜力、供需的快速增长等因素，使得中国能够影响世界经济。在很大程度上，中国已经在很短的时间内重塑了世界经济。一些学者从战略角度出发，提出中国政府扩大对外影响的做法是战略性的，以建立符合中国利益的新的国际秩序。然而实际上，中国在世界经济中的不断扩大的作用很大程度上是受到"看不见的手"（市场力量）的推动，而不是政府方面的战略规划。当然，这并不意味着世界市场上"看不见的手"不会出问题。有时候政治性干预也是必要的。这反映在近几年中国领导人在推行"走出去"政策中所做的大量努力。要成为一个世界性大国，中国当然不能仅依赖于其经济实力，因为许多严格的外部制约将不得不通过非经济因素克服。中国近年的"资源外交"就是一个很好的例子。在中国人看来，如果与其他大国发生冲突，那么在这个紧密的框架之内解决会比在此之外更加容易。如前文所述，中国对内希望改革自己的体系，以适应现存的国际体系。实际上，中国在重建国家制度上已经做出了巨大努力，表明中国已经被国际秩序所重塑。

多边地区主义为中国和世界提供了另外一个可以开展互动和相互改变的重要机制。尽管多边地区主义和全球化经常重叠在一起，但两者在中国国际关系中的战略重要性却存在着极大不同。在很大程度上，多边地区主义对于中国的战略意义要比全球化大得多。自从实行改革开放政策以来，中国领导人就一直强调通过多边地区主义改善中国与邻国的关系。

在推行多边地区主义的时候，中国积极地从其他大国中学习经验，而不是遵循某一标准模式。中国通向多边主义的道路是"边学边做"模式的。一旦中国认识到多边主义的优势，在组织上就变得积极起来。中国早期在接受多边主义时是勉强的，但近几年，中国似乎已经成为世界舞台上推动多边主义的一支积极主动的力量。

这一做法使中国在一些问题上取得了成功，但在另一些问题上遇到了困难。尤其是在东北亚地区推行多边地区主义的时候，中国遇到了两个强大的邻国：日本和韩国。在发起和维持六方会谈过程中，中国努力成为一个负责任的行为体，这些措施无疑有益于推进地区主义。然而，就中日韩之间多边的地区框架、定位或者方向来说，没有取得任何实质性的成果。此外，东北亚的地区主义似乎对地区国家不起作用，它们倾向于与东南亚国家建立东亚的地区主义。地区国家间缺乏信任和信心是一个主要因素。尽管有一些具体倡议和进展，但该地区仍无法克服传统的障碍，如经济发展中的差异，社会和政治制度的不同，意识形态以及历史问题。在建立地区多边主义过程中中国一直十分谨慎。很显然，中国并不希望被视为回到过去的朝贡制度中，这种担心在其邻国尤其是韩国仍非常明显。中国的行为必须考虑到其他国家的物质和精神利益。

现实地讲，任何地区主义的建设都遇到了大量的困难。但中国确实有过从零开始推进地区主义的良好记录，上海合作组织就是一个很好的例子。上合组织有史以来第一次在地区安全、经济和文化合作的多边机制下，把中国、俄罗斯和中亚国家组织起来。在推进上合组织的过程中，中国发挥了关键作用并成为一个主要的推动力量，并且似乎受到这一事例的巨大激励。尽管上合组织的最初目标是通过成员国的联合力量打击恐怖主义，但近年该组织的活动领域迅速扩大。随着中国经济的快速发展，尤其是西部地区的进一步发展以及国家不断增长的能源需求，中亚对于中国具有越来越重要的战略意义。上合组织使中国能够与该地区发展安全、政治、经济和文化关系，为其提供了发挥积极和建设性作用的制度手段。多边主义框架下的多边合作使中国能够避免与邻国的摩擦，同时保持和寻求自己的国家利益。由于中国并不想主导这一进程，因此中国在推进上合组织的过程中一直十分谨慎。

中国与东盟关系的发展同样可以说明中国如何在亚洲处理多边地区主义。与东北亚地区主义和上合组织不同，中国开始发展与东盟关系之前，东盟就已经是一个高度制度化的地区组织。在这种情况下，中国的战略有所不同，它选择加入已经存在的多边地区组织，并不断学习如何积极地参与其中。这表明东盟这样的多边地区机制能够塑造中国这样的大国行为，表明中国为了实现地区内有效的多边地区主义乐于与小国合作。

当然，多边主义并不仅限于中国的邻国。如前所述，自从冷战结束后，中国在联合国或WTO等国际论坛上变得日益积极，并且显示出明确的意愿在更广泛领域（不扩散、维和）参与多边协定。此外，中国还积极参与并与其他地区大国和组织共同组织多边组织和论坛，如六方会谈、中欧论坛、东亚峰会以及APEC。正如江忆恩所说，中国正在与所有形式的多边组织打交道。通过实践多边主义，中国人相信他们不仅仅可以为现存的国际秩序做出贡献，而且可以推动它向符合中国埋想的国际新秩序发展。

第十六章　在中国发现新民族主义

一、文明的冲突：儒家文明 vs 基督教文明

1. 现代中国的民族认同和民族主义

几个世纪前，法国哲学家让－雅克·卢梭（Jean-Jacques Rousseau）在建立科西嘉岛宪法时，指出了文化主义对于国家存亡的重要意义。他说："我们已尽了最大努力来平整未来国家的基座：现在该在这一基座上勾勒大厦的雏形了。先要找到民族特性来为这一国家大厦定义风格；假使寻而未果，我们也定要创造一个。"在卢梭看来，一个政治意义上的国家，只有同时是文化和精神的共同体，才能经受住各种考验，这样的国家即便暂时落入外族统治，也有希望存活下来。同样，德国思想家约翰·戈特弗里德·赫德（Johann Gottfried Herder）也指出，文化民族主义的形成是德国崛起为强大的民族国家的先决条件。若无有力的文化支持，德国将无处可往。受到赫德的启发，以经济学家弗里德里克·李斯特（Friedrich List）为代表的民族主义学派，在各民族间"不平等交换"或"非均衡发展"的语境下理解民族主义。他们提出，通过发掘民族的独有个性来构建和强化民族主义。

那么该如何塑造文化民族主义呢？这也是几代中国民族主义者所苦思冥想的问题。早在西风东渐的初始，中国的政治精英和知识分子就意识

到，可以以民族差异为平台，来搭建中国的文化民族主义。从更广义的角度理解，民族差异即是文明差异。中国传统的文化主义孕育了民族主义，而民族因素对中国现代民族主义的建构起了核心作用。①西潮的涌入催生了现代中国民族主义，后者作为对前者的反应，宿命般地肩负起了保全中华文明的使命。

孙中山的民族主义强调如何保全和延续中华文明，如何使饱受强虏欺凌的中华民族免遭灭族之灾。按照这一思路，建构中国民族主义可以从两种区分入手，即国家内部的汉族和少数民族之间的区分，以及中华民族作为整体与境外异族的区分。凝聚汉人便可以凝聚中华民族，而要使中华民族自立于世界民族之林，就应将民族主义建立在中华传统文化和文明的基础上。

为何汉族的凝聚力可决定中华民族的凝聚力？孙中山认为，只有建立起以汉族为中心的民族主义，才能真正实现满族、蒙古族、回族和藏族间的民族和谐，也才能将所有民族凝聚成中华民族这一整体。满族统治下的清王朝频受西人欺凌，也使得中国各民族人心涣散，将其推翻是历史所向。但孙中山也指出，推翻清廷并不是民族主义的"正向"目标，但只有先将这一"逆向"彻底铲除，才有可能实现拯救中华民族这一"正向"目标。

此外，孙中山也强调中华民族与他族的区别：

人类的分别，第一级是人种，有白色、黑色、红色、黄色、棕色五种之分。更由种细分，便有许多族。像亚洲的民族，著名的有蒙古族、亚来族、日本族、满族、汉族。中国人黄色的原因，是由于根源黄色血

---

① 关于文化主义和民族主义关系的讨论，见 Duara（1996）。就民族的理解在近现代中国如何演变的详述，见 Dikotter（1992）。

统而成。祖先是什么血统，便永远遗传成一族的人民，所以血统的力量是很大的。①

孙中山的民族主义成为国民党的教义，并在发动民众抵御列强和统一中国时发挥了重要作用。无疑，共产党也有效运用了民族主义来实现建立其理想中的民族国家的目标。民族主义曾帮助共产党发动群众反抗日本侵略者，也为其赢得民心而最终从国民党手中夺得执政权（Johnson，1962）。在国内民族问题上，新中国成立不久后，实行民族区域自治，国家内部各民族的民族主义因此而被弱化。同时，党又用"爱国主义"来取代中华民族的民族主义，以此突出民族和国家的同一性，实现国家统一和境内各民族团结。

2. 儒家民族主义

王赓武指出，民族主义虽然可以激发民众热情，却也可能引致一国内部各族群间的相互猜忌、恐惧和敌意。因此，若国家建构不能合理展开，身份认同达不成共识，尤其是当各族还未融合成整体，却被硬生生地圈囿在国境内，它们势必努力挣脱这种捆绑。

为执政党在新时期寻找新的执政基础是中国知识精英的重要任务。在新民族主义者看来，党需要新的合法性基础来巩固执政权，而这又是国家在激烈的国际竞争中立于不败之地的前提。由于党的传统意识形态式微，知识界不再唯共产主义马首是瞻，国家认同危机一触即发。在社会层面，人们在经济大潮中迷失了方向，成为金钱的奴隶。钱袋子的确鼓起来了，

---

① 引自中国国民党党史委员会版《三民主义》，"中央"文物供应社，1985年，第4-5页。——译者注

信仰却变得空荡荡的。

新民族主义者认为这一信仰缺失使国家裹足不前，通过再造"主义"来填补精神真空已经刻不容缓。康晓光（1994）指出，当前最大的问题是精神疲软。十几亿人口没有一个主义，大家跟着感觉走，长此以往国将不国。苏联如此庞大的一个帝国，几天之内就分崩离析了，最重要的原因是意识形态衰败了、没落了。它的思想、它的价值、它的主义不能再为它的政权赋予号令天下的合法性。根据这种前车之鉴，能否再造主义亦是中国这样的多民族大国之存亡的首要。

那么，究竟该再造何种"主义"？一些人提出它应是民主和自由主义。越来越多的知识分子则坚信它是蕴藏于中国传统价值观的民族主义。这是因为，民族主义作为一民族个体间情感的有力维系，是最具实效性的意识形态。一个民族辉煌的历史和文化、祖先的勇气和智慧可以激发出强烈的民族自信心和凝聚力，为其领袖的政治权威提供合法性。通过诉诸民族主义，政治领袖得以有效地带领民众度过各种危境。按萧功秦的话来讲：

唯有民族主义才能对人们产生一种最直接、最自愿、诉诸人的亲缘本能的感召力。正是在这个意义上，可以说，只要人类还存在着各个不同的民族，相对于其他意识形态的实效性而言，民族主义可以说是一种实效性最为长远的意识形态。从国家政治层面上来看，民族主义的情感与理念是一种极为珍贵的、"天然"的政治资源。

该如何创造新的民族主义？毋庸置疑，它不是也不该是对传统儒学或近现代史上民族主义的简单回归。萧功秦指出，传统儒学、党的社会主义传统、爱国主义、反帝革命传统、中国的国际环境等等因素的糅合及对它们的创造性解读，为新民族主义的萌生提供了丰厚土壤。

新民族主义应以儒学为根基的观点受到学者们的认同。但不可犯拿来主义，而应在新的时代背景下对儒家教义进行重新阐释。现代中国民族主义的干将梁启超曾指出，儒学所推行的理念，在诸多方面不相容于现代民族主义，故应对前者先行改造和转化，方可为后者所用。萧功秦将中国近代自卫型民族主义分为两种类型：以儒教卫道派为代表的"儒家原教旨"的民族主义和现代化进程中产生的务实的民族主义。前者具有保守性、非理性和排外性的特征。面对西方列强的威逼和侵凌，一味要求排外以避害，回归传统以保全国家。相反，后者则提出，引进和效仿西方先进制度才是摆脱外来威胁的必由之路。今天的中国需要的是这种务实的民族主义。

在传统中国，儒学一直是主流文化形式。在当前的现代化语境下，中国能否在经济高增长和政治稳定间找到平衡，取决于能否对儒学进行传承和创造性地运用。萧功秦强调：

由于主流文化是一个民族的政治精英、知识精英与民众文化认同的基础，当一个民族的主流文化价值成为这个国家的中心象征的组成部分时，它就对于这个民族的凝聚力和民族共识的形成，具有重要的意义。

在漫漫历史长河中，中华民族共同应对自然和社会环境的挑战，儒学正是这一集体经验的思想结晶，这一属性使它成为民族的有效黏合剂。

照此理解，中国的民族主义等同于卢梭所说的"民族特性"。事实上，现代中国的改革家严复也曾注意到"国性"对国家存亡的重要性。各国国性大相迥异，但都反映了国家的独有文化和价值观。民族性绝非一蹴而就，通常需要数千年的积累和沉淀。只要民族性尚存，哪怕被外族所征服，该民族也不会覆亡。严复指出，中华民族的民族性将五湖四海的华夏子孙凝聚到一起，形成了今天的中国，这首先要归功于儒家学说的教化。经历了数千年的发展衍变，儒家经典已成为中国之所以为"中国"的文化之源。而它又历久弥新，在西风东渐和社会大重整的革新时代，儒学依然是稳定民心、将他们凝聚在一起以抵御洋枪利炮的强大力量。[①]

萧功秦看到儒家的制度和文化遗产于新民族主义的意义。他提出，中国的现代化，可以启用以儒家主流文化为基础的民族主义，作为社会凝聚与整合的新的资源。这基于两大原因：首先，儒学已不具有"抗现代性"的特质。儒学在近代之所以成为排拒西方近代文明的基本支点，并起到抵制中国现代化变革的消极作用，乃是由于儒学与传统封建专制政治相结合，从而形成官学化的意识形态。如今，这种制度基础已经瓦解殆尽。其次，儒学的道德自主性和"为万世开太平"的社会使命感，使其能够实现现代民族主义的凝聚功能。在人们可以作为权利义务主体而享有多元选择机会的时代，它有可能成为真正的依托点。

儒家民族主义植根于当今中国的国内发展情况和所处的国际环境，同时又为这两者所需。首先，在社会层面，人们的价值观变得更为实际。现代化和经济高增长改变着日常生活的方方面面，也使民众意识到国家利益与个体利益休戚相关，而国家利益正是现代民族主义的核心内容。其次，旧的意识形态无法再凝聚人心，需要新的思想来承接以将民众团结在政权周围。民族主义恰恰可以胜任这一角色。最后，中国的国际环境日趋恶化。西方将日新月异的中国视为潜在的竞争对手，意欲对其进行围堵。这必然挑起国人的民族主义情绪。在中国近现代史上，外来势力最猖獗的时期往往也是民族主义呼声最高涨的时候，外来威胁使共有同

---

① 严复的民族主义理论，详见 Schwartz（1964）。

一文化、宗教、习俗和历史的个体醒悟到——他们的命运被捆绑在一起。

此外，历史记忆也可以激活民族主义。在萧功秦看来，虽然中国在当今时代并不存在某一具体的、对中国人的生存条件构成直接威胁的外部敌人，但近百年来的历史遭遇、深重的屈辱与挫折，使中国人有一种积淀于心理深层的情结，一种被人们称为"强国梦"的情结。

启用儒学作为新民族主义的要义，还需要重新审视它被文化激进派和党的爱国主义意识形态所诟病的历史。不少知识分子指出，儒学于民族主义的价值之所以迟迟不被发现和认可，很大程度上在于现代激进主义对文化民族主义具有抵触性。1919 年，中国的激进派知识精英发起了五四新文化运动，其主旨之一就是"反孔教"。他们认定儒学是阻碍国家进步的陈腐思想，拒绝以它为核心来定义中国文化。五四传统影响了中国几代政治家和知识精英。他们奉行反传统主义，这一主义运用到中国，就是要坚决抵制儒家主流文化，为实现国家富强扫清积尘腐叶。儒学的历史性退位意味着能凝聚中华民族的最重要精神资源流失了。

作为革命的力量，中国共产党的意识形态继承并推进了反传统主义理念。毛泽东和党的其他领导人都认为孔教是典型的"封建思想"，必须加以铲除。此外，在苏联的影响下，民族主义在 20 世纪 50 年代的中国被斥责成资产阶级思想，是新兴资本家用来反抗封建贵族统治的手段。民族国家也被认作资本主义发展早期的历史性产物，必然随着国际主义和垄断资本主义的到来而消亡。马克思主义者提出"工人阶级无祖国"。中国共产党也曾是马列国际主义的信徒，在其所介入的国际冲突中，国际主义信仰有时与中国的国家利益相一致，如 20 世纪 50 年代的抗美援朝战争和 60 年代的抗美援越战争，但在大多数情况下却无益于中国的国家利益，于是国际主义对民族主义构成了挑战。

正是在这一背景下，自 20 世纪 50 年代开始，中国共产党启用爱国主义的意识形态来凝聚民心。民族主义一直被党视为资本主义的产物，因而被排除在其意识形态之外。爱国主义顺理成章地成为官方意识形态的主梁，但新民族主义者质疑爱国主义上位的合理性。它由边缘文化杂糅而成，缺乏儒家正统价值观的支撑。萧功秦指出：

爱国主义作为官方意识形态主要诉诸传统的边缘性文化因素作为自己的思想材料。例如，传统的下层劳动民众的智慧、反抗外族侵略者的勇敢精神、四大发明和其他一些古代科学技术成就等等。

无疑，建立在这些非主流文化因素上的爱国主义"并不能起到作为民族中心象征的作用"，它作为政治共同体内的社会成员凝聚力的力度是相当有限的。因此，如果要使爱国主义成为团结民心于政权周围的重要力量，就应为其改头换面、重建理论基础。

政界和知识界一致认同社会主义是实现中国富强的必经之路。此外，新中国成立几十年来，作为最核心的官方意识形态，社会主义已经深入人民思想和实际生活的角角落落。从革命到改革，它对平稳承续政治秩序和执政党的威权有着不可取代的作用。

从具体操作层面来看，社会主义也很容易被整合进新民族主义。党正是在社会主义的旗号下，将国家的经济增长和社会发展推进到新的高度，它在经济上的作为已成为其执政合法性的主要来源。只要发展主义牵头国家走向，经济增长率就一直会是政权合法性的重要依靠。但萧功秦不看好发展挂帅主义，认为它对发展的方向、目标，对社会成员之间的关系以什么方式实现整合，对集体与个人之间、国家与社会之间的权利义务，对稀缺资源的分配，对精神生活与理想的追求，均无法提供足够的制约与规定。

这样看来，新民族主义就应当以儒学为中心。为了使儒家思想与现代中国民族主义相容相洽，两者都须经重新阐释。儒家民族主义并不是对传统儒教的简单回归，它是兼容并蓄爱国主义、社会主义、政府政绩等其他元素后的产物。但儒学对所有这些元素的整合作用却不可或缺，并与它们共同创建出一种新的有效的民族主义。

3. 文明的冲突

一种盛行于20世纪80年代的普遍观点是：传统使中国裹足不前，对它的落后难辞其咎；西化才是中国走向现代化的唯一出路。到了90年代，情况开始发生逆转。知识界挖掘出传统文化和文明的新价值，如获至宝。西方的价值观和文化则受到了冷遇甚至攻击。原因有三：第一，新民族主义是对80年代慕洋风气的反击。对西方的盲目崇拜使一种身为中国人的自卑感在社会各界蔓延，不少人开始疏离中华文化。一位民族主义者将这种对西方文化的热望和对本土文化的遗弃称作"自我憎恨"。

第二，改革在20世纪90年代所取得的硕果也是新民族主义产生的重要原因。共产主义政权在苏东的倒台宣告当地改革的破产，同时也使中国成为唯一一个既实现了市场经济体制下的经济高增长，又能保持政权屹立不倒的社会主义国家。民族自卑感很快转变为民族自豪感，有不少人将传统文化视为中国成功的秘诀，对其青睐有加。

第三，塞缪尔·亨廷顿的"文明的冲突？"一文也在一定程度上促成了知识界对中华文明的自豪感的觉醒。在这篇文章中，亨廷顿提供了一个分析多元文明世界秩序的新框架。[①]此文广受关注，知识界围绕着亨廷顿的观点展开了激烈的论辩，其间弥漫着一股浓浓的民族主义情绪。中国社

---

① 详论见亨廷顿（1996）。

会科学院的汪晖指出，亨廷顿的文明冲突论使得相当一批知识分子感觉到，自己是文化上的西方的异己者。

　　具体来看，亨廷顿的文章对中国知识分子的影响至少有三个层面：第一，亨廷顿认为儒家文明正成为西方基督教文明的主要竞争对手之一。这一观点在不少人看来意味着西方已开始承认儒家文明与西方文明相平等的地位。第二，大批知识分子在"中国威胁论""围堵中国"等反华理论的语境下理解"文明的冲突"，这使得他们将保卫儒家文明视作自己的使命。①第三，亨廷顿提出，就民主、人权、自由经济等的发展而言，西方文明是迄今为止最主要的推动力。但中国的知识分子看到的却是一幅全然不同的图景，西方文明在发展和扩张的过程中常常走向它所标榜的理念的反面；相反，和平与和谐曾是儒家文明圈的重要特征。这一对比暗含着这样的结论，即儒家文明优于西方文明。这一中华文明优越论主要基于两大观点：西方文明的扩张带来了国际冲突；儒家文明有助于各国各民族和平相处。以下将对这两点展开具体论述。

（1）西方文明和国际冲突

　　《什么是文明》和《经济学怎样挑战历史》两篇文章让中国社科院的经济学家盛洪在学术圈声名大噪。②它们分别出现在《战略与管理》和《东方》上，两者在当时都是推介新民族主义的重要理论平台。显然，盛洪希望在理论上有所建树，他将着力点放在寻求两种联系上：西方文明扩张和国际冲突的联系，儒家文明的和谐理念与世界和平的联系。

---

① 见王缉思（1995）。此书收编了数位中国学者基于亨廷顿"文明的冲突"论所撰写的文章。

② 对盛洪文章的评论，见孙立平（1996b）、徐友渔（1996）、石中（1996）、庞朴（1996）、秦晖（1996a，1996b）。

什么是文明？盛洪提出文明应具有两个性质：其一，它认为合作比不合作要好；其二，它从多次博弈的结果来计算成本和收益。因此，文明是一种解决人们之间冲突的方式，而冲突的解决会给人们带来新增的福利。文明的本质就是人与人之间的和谐。由于各文明形成于不同的时空，当两种不同的文明相遇时，对一文明实体有益的文明规范却很可能对另一文明实体有害，于是就有了冲突。文明越发达，就会越倾向于通过和平方式来解决冲突。如果认为可以用武力来消灭其他文明规范，这种做法本身已经是不文明的了。

现代西方文明以社会达尔文主义为基础。社会达尔文主义将弱肉强食的丛林法则从自然界搬到了人类社会，很容易得出"存活下来的或获胜的文明是优秀的文明"的结论。这一理论忽视了人与动物的重要区别，即动物没有人的谈判能力，因而不能形成文明。

以这样的理论为基础，西方文明的扩张必然导致文明间的冲突。传统解释将西方近代以来的胜利视作市场竞争规则的胜利、自由贸易的胜利；而它在军事上的胜利则是先进文明战胜了落后文明。但盛洪从近代史解读出与传统解释迥然不同的解释。他一针见血地指出："西方在近代的兴起，与其说是依靠自由贸易，不如说是依靠坚船利炮。"这从中国近代史上的鸦片战争可见一斑。盛洪谈道：时至今日，西方主流文化还是将丑恶的鸦片战争描绘成"为自由贸易而战"的正义事业。但事实上，鸦片贸易起源于英国在中英贸易中的巨额逆差的背景下，它的直接目的是弥补贸易上的逆差。西方学者对这一事实讳莫如深，因为他们依然秉持西方文明以播撒自由贸易理念为使命的信念。这一信仰传统延续至今，使得西方在国际事务上依然咄咄逼人。他们努力不懈，誓要将基督教的民主体制和人权理念输出和强加到非基督教的文明社会，又对阿尔及利亚和前南斯拉夫的不同种族采取区别对待政策。这些在他国看来飞扬跋扈的对外行为，西方人却认为名正言顺。

即使在其文明内部，以社会达尔文主义为基础的西方文明，也无法以和平方式解决各国间的矛盾。西方各国的关系本质是竞争而非合作，当竞争趋烈时，向文明外扩张的手段曾在一定时期内起到过平息文明内战争的作用，但终究不是长久之计。盛洪指出：

欧洲近代以来的向外扩张是减少欧洲国家之间战争并使它们采取一致行动的重要因素，从殖民地、半殖民地中获得的利益又成为缓和各集团利益冲突的重要的物质补充。但殖民地和半殖民地的瓜分完毕、扩张遇到极限，又使得欧洲国家之间的关系再度紧张，最终导致比扩张以前大得多的战争。

更糟糕的是，西方文明的社会达尔文主义为其他文明树立了坏榜样。当西方文明的理念漂洋过海，散布到世界各个角落，国家交往的常态开始越来越多地呈现为战争和冲突，和平与和谐在"兵戎相见，胜者为王"的新的国际流行法则下渐行渐远。东亚的日本是受到西方理念之害的典型例子，它一方面是受害者，另一方面又是施害者，成为亚洲的祸端。由于它在二战中策动亚洲战场，亚洲国家不得不将大量人力物力投入战争和军事发展。之后，日本又学着不愿意承认鸦片战争罪行的英国，对其二战罪行遮遮掩掩，甚至试图歪曲历史，将罪行一笔抹杀。西方现在开始担忧核武器的威胁，但"尚武"之风的发源地正是西方。

就中国而言，其近代史就是一部西化史。为了实现现代化，中国努力适应西方所制定的游戏规则。在这一过程中，中国改变了自己，也正改变着世界。

在付出了骇人听闻的代价之后，中国终于当上了世界第三大核国家。

中国人自己能制造核武器的意义是什么呢？首先，这说明，按照西方人的规则玩游戏，中国人也有能力玩好；第二，按武器先进者胜这一规则进行的游戏，发展到了更为危险的地步，因为世界核俱乐部多一名成员，就意味着多一部分资源不是用于和平目的；第三，从中、西方冲突的意义上说，中国作为唯一一个掌握核武器的东方国家，可以在核博弈中与西方国家进行同一层次的互动。但拥有核武器这一事实，对中华文明的发展究竟是助益多还是危害多，目前还很难下定论。

1978 年改革开放以后，中国再次向西方看齐，最明显的是引入市场经济体制和推行自由贸易。这两项政策很快促成了中国的经济奇迹，各界对这一现象有三种解读：第一，中国又一次向西方证明，自己完全有能力在西方的游戏规则下胜出；第二，中国正渐渐成为与西方争夺资源和市场的最强劲敌手，它与其他国家和地区的关系也呈现紧张化趋势；第三，经济基础的日渐牢固必然促进中国军事实力的增长，世界势力格局将因此而改变。单从这三点看，中国似乎已成为国际竞争的赢家，但与其说是中国赢了，不如说是西方文明赢了。所有这些都是中国或主动学习西方，或由西方强加其价值观和规则后的产物。西方现在又大力鼓吹各种反华理论，中国很快也会向西方学习并学会该如何应对这一挑战，届时西方又将自食恶果。国际冲突是西方文明扩张的必然结果，为了解决这些冲突，是时候改变国际社会的游戏规则了。

（2）儒家文明与世界和平

国家间的冲突为何是西方文明扩张的必然结果？中国的文化民族主义者将矛头直指西方文明的宗教本质。

盛洪指出，宗教是以组织化和仪式化的形式来实现其道德教化的功能的。一旦形成组织，一旦有具体的仪式，就要有人专业化地从事此活动，就会有一群人的利益与宗教本身相关。再者，宗教之间的关系是竞争关系，因为上帝只能有一个。这一竞争不仅不能受到政府的规范，反而经常借用国家的军事力量，表现为国与国的战争。

既然所有以宗教为基础的文明都会导致国家之间的冲突，就需要一个不以宗教为基础的文明来调和不同的文明规范。儒家文明可以担当这一角色。盛洪分析了儒家文明的非宗教的伦理本位性：

中华文明是通过伦理结构来解决道德教化问题的。这种伦理本位的方法的实质，就是强调两人之间的关系。只要任何两个人之间能够和睦相处，整个社会就能达到和谐状态。……中华文明的这种性质，使她有可能成为文明之间的缓冲带和文明融合的媒介。

不同于西方帝国主义的扩张本质，中华文明偏爱和谐，不喜冲突。毕业于美国加州大学伯克利分校的阎学通是中国国际关系学界的著名学者。在他看来，不同于西方，中国传统文化是反对霸道、尊崇王道的。历史上，虽然中国曾三度极盛，但从来都不屑于用武力来征服其周边的"夷狄"。唯一的一次向外扩张发生于元朝，而元朝本身就是蒙古族夺取汉族政权的产物。儒家思想秉持以德服人的对外安全战略理念，中国的帝王不认为强制性的暴力有助于帝国影响力的扩张。明朝郑和下西洋并不是要占领东南亚，相反，他为所到之国带去了丰富的中原特产，以此来传播中华文明，实现"协和万邦"的理念。

儒家文明有别于其他文明的一个重要特点是：它不存在救赎主义的宗教，它更看重"现世"而非"彼岸"。"救赎"往往呈现为具有狂热性、扩张性与易爆性的非理性行为。不带有救赎包袱的儒家文明崇尚世俗的理性精神。中庸、和平、恕道这些因素构成了中国人的文化心理。

中国的确在近代与西方发生过冲突，但这些冲突是由西方挑起的。中国的民族主义是反应性的，它的强弱也取决于国家在不同历史时期所受到的外来威胁的严重程度。虽然中国的新民族主义受到西式民族主义的影响，但儒家文明的平和精神依然深刻影响着执政者的国际观。在对外安全战略上，以核武器战略为例，中国政府一直主张三项原则：永远不首先使用核武器，不对无核国家使用，或威胁使用核武器原则。盛洪指出，其中不能不说充满了中华文化的内涵：

第一个原则实际上是"一报还一报"的原则；第二个原则则包含了更高的含义，即不用核武器的优势对无核国家实行核讹诈。也就是说，不对武器水平比自己低的国家或民族使用"武器先进者胜"的规则；第三个原则表达了用和平的方式来解决各文明实体之间纠纷的理想。①

这些原则也说明，只要中国秉持儒家理念，就不会成为对他国、对国际社会构成威胁的扩张者。

4. 民族主义的转型

现代民族主义在中国的兴起意味着西方的国际观战胜了中国传统的世界观。在中华文明的发源地，西方文明争抢到重要席位。但喜好和平与和谐依然是中华民族的民族性，只要国际环境由敌对转为友好，西式民族主义在中国就会渐渐退潮。反之，若反华言论甚嚣尘上，中国人的民族主义情绪也必然会再度高涨。在新的历史时期，中国该如何应对并不友善的国际环境？是该以西方民族主义之道还治西方，还是保持反应式的民族主

① 中国的核武器战略与中华文化传统之间关系的相关讨论，见 Lin（1988）。

义，再或是问师于儒家传统？

中国现代民族主义的生成也是中国从文化实体转变为政治实体的重要标志。约瑟夫·利文森（Joseph Levenson）指出，现代民族主义于十九世纪、二十世纪之交来到中国，作为新的国家认同，它完全不同于前现代中国的文化民族主义。儒家以天下为其文明教化的场域。这种文明无国界的理念以文化为文明的认同基础，强调儒家美德的普世性，并认为贤能政府的道德教化可以培养民众的善行。现代民族主义对认同的理解与儒家思想迥然有别，它将民族国家作为认同单位。中国的文化主义是文化优越感的产物，19 世纪末的西潮冲破了它的自足自给，迫使它转化成民族主义。

无独有偶，约瑟夫·惠特尼（Joseph Whitney）、塞利格·哈里森（Selig Harrison）、伊什沃·欧嘉（Ishwer Ojha）等学者也注意到，随着西方的民族主义将儒家的国家和天下观从世纪之交的中国意识形态战场横扫出局，中国完成了从文化体向政治体的转化。对于文化，民族主义仅仅将它看作一种可为国家利益服务的手段；文化主义却认为真正应该效忠的是文化，而文化又是无国界的。

王赓武则为现代民族主义和儒家文明之间的关系提供了另一种视角，他认为两者并不矛盾：

对中国人来说，这两者过去是，将来还可以是互补的……对儒家思想的深刻理解有助于中国民族主义的发展，但儒家价值体系却具有不依赖民族主义和民族主义政权的自主性。它曾遭到误解甚至官方的猛烈抨击，但顽强的生命力使它历久弥新。此外，成为孔子的门徒也并不只是中国人才能独享的特权，任何人都可以通过学习儒学典籍掌握其要义。由此看来，儒学有助于民族国家的形成，而它的存续却又不依托民族主义。

诚然，引进西式民族主义是顺应历史潮流的，中国也因此而崛起为今天的世界大国。但大国应有新的担当，中国将推进世界和平视为己任，这项使命的达成需要向儒家传统寻求灵感。因此，中国新民族主义的目标应是复兴儒学。西式民族主义该在中国的土地上偃旗息鼓了。

如果中国想为世界的和平与发展作出新的贡献，就应重拾天下主义。李慎之指出，中国的传统世界观是"天下主义"而非"民族主义"。民族主义效忠于民族和国家，天下主义则以文化为本。因此，民族主义往往意味着狭隘的民族感情，发展到极端就会成为沙文主义，如此，则绝非中国之福。在全球化已经成为大趋势的现实情况下，中国应该理解并参与到全球化的进程中去。

19世纪末，民族主义随着西方的坚船利炮来到中国，并很快将天下主义赶下主流话语舞台。在此之前，中国没有现代政府、清晰的国界、现代军队，也没有国歌、国旗、国徽。它还不是一个民族国家。天下主义无法为民众提供清晰的国家认同，也很难将他们动员起来共同抵御外虏。在这一历史情境下，是民族主义拯救了国将不国的中国。但也正是西方帝国主义的入侵打破了天下主义的自足性，迫使中国接受民族主义。

中国人在近代以来抛弃了天下主义。随着中国天下主义文化的消失，整个世界实际上回到了民族主义的均衡状态，与其相伴相生的战国原则，即"军事力量强者胜"的规则也从西方走向了全世界。中国人的民族主义的觉醒和中国的迅速崛起引起了西方国家的不安，由此出现了遏制中国论。如果民族主义继续在中国鸠占鹊巢，天下主义迟迟不得复位，那么西方文明最终将被另一个自己——装在中国民族主义套子里的西式民族主义所打败。

然而，中国的民族主义仍是包含了天下主义的民族主义。显然，西方的反华理论使世界和平前景不容乐观。面对西方的挑衅，中国人必定会诉

诸西式民族主义来维护国家利益，而这又将进一步激起西方的恐慌。如此
恶性循环，结果只能是人类文明的毁灭。能够使人类避免这一灾难的只能
是天下主义文化。那么，如何从这个民族主义的世界中产生天下主义呢？
在盛洪看来，有两条道路：一条是欧洲的道路，一条是中国的道路。现在
欧洲正试图通过和平的方式来实现欧洲的统一。但欧洲国家的文明极为相
似，其实同属一种文明，因此，这种统一没有提供不同文明之间和平融合
的榜样。中国的道路看起来更为可行。她的文化传统可能成为再一次从民
族主义走向天下主义，或者说复兴天下主义的精神源泉。中国的民族主义
是到 19 世纪末在列强环伺欺压下才产生的。但世界和平需要中国放下民
族主义的复仇包袱，将它转化成新天下主义。新天下主义不再是有着华夏
和蛮夷之分的文化自大主义，而是一个承认和尊重不同文化有着平等地位
的天下主义。

结论

中国的知识分子诉诸文明的冲突来建构新民族主义有多种原因。他们
要实现两大理论目标：建立民族和国家认同、填补民众的信仰真空。这两
项是中国能否真正崛起为大国、强国的关键。那么，该如何再造"主义"？
在中国，知识分子能真正施展拳脚、进行理论建树的空间并不大，而呈现
在新民族主义者们眼前的理论元素又往往是支离破碎，甚至相互矛盾的。
如何用有限的条件实现并不轻松的理论目标？他们将关注点锁定在中西文
明的冲突上。

现代化没有解决国家认同问题。政权的经济成就无法在根本上扭转
其政治合法性江河日下的事实。同时，经济发展使个人主义和拜金主义日
盛，世道人心分崩离析。若继续放任情况恶化，国家危机就将为时不远。
为了整合国家、整合人心，理论界或倡议复兴儒家传统，或在中西文明的

冲突中寻找突破口。有学者指出，中国当代民族主义有三个现实基础：一是作为社会生活不可动摇之基石的国体；二是雄厚的综合国力，它使国家有能力处理内政外交和面对危机；三是儒家道德认同，它所生发出的天下为公的思想，能使个体克服狭隘的利己心态。

不少知识分子意识到，中国的传统文化无法真正将散沙状的个体凝聚成牢固的民族实体。这一致命的缺陷使中华文明在西方文明的挑战下败下阵来，也促发了中国人现代民族主义意识的觉醒。强调文明之间的冲突正在于凸显与他者的相异之处，从而强化共同体内的认同。外来威胁能凝聚民心，也为当权者最大限度地利用本国资源实现其政治抱负提供机遇。石中指出，文化比较研究是一种强有力的意识形态动员手段。20 世纪 80 年代中国重新掀起了学习西方、与西方发展经贸关系，甚至用西方文化改造中国文化的热潮。这是中华文明目前所面临的挑战的真正来源。为了重拾对华夏文明的自信心，新民族主义的建立迫在眉睫。

这样看来，新民族主义是对中国现代化进程中所遇到的种种问题的反应。一些西方学者将中国的新民族主义视作反西方主义或排外主义。另一些甚至预言它将使中国在国际社会张牙舞爪。这些结论都过于草率，反西化运动的实际影响和结果是多重的。中国的新民族主义者并不是要召回旧式的、以排外为特征的现代民族主义，他们要建立的是一种新的现代民族主义，一种更为现代化的现代民族主义。

不可否认，正是发源于西方的民族主义而非中国的儒家传统使中国成长为强大的现代民族国家。但为了推行中国传统的文化主义和天下主义，新民族主义者又必须为中华文明优越论正名，这正是反西化运动的初衷。无奈的是，反西化与国家更富更强的目标相悖。但要实现世界和平与和谐的理想，又不得不诉诸儒家思想，尽管它会使中国在弱肉强食的民族主义世界处于劣势。这层层相扣的矛盾提出了如何调和与整合儒学与民族主义这一有待解决的难题。

二、新的认同、国家利益和国际行为

中国新民族主义的主要目标，是要为中国的前途提供美好愿景。因此，尽管新民族主义者反对中国西化，提倡复兴传统的儒家民族主义，他们在新时期复兴民族主义的主要目的，并不是要向国际社会彰显中国日益强大的国力，而是要解决中央权力衰落和国家认同缺失等国内问题。

但是，这并不意味着新民族主义对中国的国际行为毫无意义。中国的前途和未来将对国际社会尤其是其邻邦产生重大影响。国际上就此有诸多关心的问题，包括：中国政府和知识界的民族主义分子费力培养和加强中国民众的国家认同感的真实意图是什么？国家认同事关"我们"和"他们"的划界，对"我们"的认同的加强常常自然而然地意味着对"他们"的敌意，按照这一思路，国际社会不得不警惕：建立和加强中国民众新的国家认同将对国际社会产生何种影响？中国人会因此而更加仇视其他国家吗？

此外，从唯物论的观点来看，资本主义在中国的发展又将如何影响世界体系？资本主义本质上就是扩张主义。许多研究马克思主义的学者指出过，帝国主义是国内民族主义向外的自然延伸。资本主义在中国的发展会使中国走上扩张之路吗？随着改革开放的深入，中国经济日渐融入区域经济。近年来，中国大陆与中国台湾、香港地区的经济往来受到广泛关注。人们用"大中华"、"中华经济圈"、"中华经济共同体"[1]等来描述这一经济

---

① 详见 "Greater China" ,The China Quarterly, special issue, 136 （1993）.

联结。除了中国香港、台湾、澳门地区之外，中国大陆也与邻邦开展经济合作。事实上，中国官方对"大中华"的概念甚为反感，因为它让人联想到日本于20世纪30年代所提出的"大东亚共荣圈"，但不少外界观察家却恰恰认为，中国正在事实上践行它的扩张野心。随着对外经济网络的稳步建立，中国在区域内重拾信心。

中国的经济增长和经济扩张与其新民族主义的兴起是何种关系呢？西方不少人认为，正是经济改革和经济增长促发了中国新一波的民族主义浪潮。尽管一些人认为中国的新民族主义与其往昔的以反帝为主旨的民族主义和毛泽东所发动的民族主义不同，但是更多的人则认为，中国在国际事务中正变得越来越强硬。①

艾伦·怀廷（Allen S. Whiting）区分了两种形式的民族主义：过于自信的和自信的。前者强调"我们"和"他们"之间不可妥协的对抗，后者则认为妥协是可行的。迈克尔·奥克森伯格（Michel Oksenberg）提出中国出现过四种民族主义：自怨自艾、自鸣不平式的民族主义，愤怒仇外、自我孤立式的民族主义，刚愎自用的、火药味浓烈的民族主义，展现民族自信心的民族主义。兴起于后毛泽东时代的民族主义属于最后一种。

在江忆恩看来：

自古代到毛泽东时代（及之后），在不同的历史背景和权力结构下，中国人一直信奉"居安思危，有备无患"（parabellum）的战略文化。这一

---

① 例如，Whiting（1995）；Christensen（1996）。艾伦·怀廷（Allen S. Whiting）改变了其先前对中国民族主义的看法，认为它已变得越来越具有进攻性，这主要反映在中国的对外政策上。

战略文化体现在中国决策者的战略决策中，例如，中国喜好使用进攻性的武力。

江忆恩认为，后毛泽东时代中国的战略文化，依然延续着对进攻性武力的偏好。尽管世界局势已相对稳定，中国经济也日渐融入了全球体系，中国的决策者在考量国家安全和对外政策时，却依然采取极端现实主义的立场。在面对军备控制、环境问题和人权问题时，他们抱着投机取巧和"搭便车"的心态。

在这一战略文化的影响下，中国有可能利用经济资源来扩张政治影响力，并借此解决领土争端问题。不少人担忧，以中国为中心的帝国势力范围终将再度形成。两位西方学者指出，因为坚持依循其固有的对于主权的观念，"即使大多数其他国家认为中国试图改变领土现状的行为是侵略性的和危险的，中国却觉得这样的改变完全合乎情理"。在香港回归问题、南海问题和海峡两岸的统一问题上，中国的强硬立场和军演等行为，将其对领土的野心展露无遗。这让人联想到在其朝贡体系的鼎盛时期，中国利用文化、宗教和族群等方面的影响力将势力伸入东南亚，这种侵略性的渗透或许正是今天的中国想要做的。

想要论证中国的新民族主义不是其经济扩张的结果这一观点并非难事。这一观点引出了一个重要问题：中国政府会通过经济扩张等手段来拓展中国的政治和军事影响力吗？一个更为根本的问题是：中国依然固守于以朝贡体系为基础的传统世界观吗？还是已经转变了对于国家利益、国家主权和中国的国际地位的看法？

在有关民族主义如何作用于后毛泽东时代中国对外行为的讨论中，有一个重要的事实被忽视了，即中国领导人对现有国际体系的看法已经随着改革开放的深入而转变了。观念随着外部环境的变化而变化。在西方帝国主义入侵之前，中国在与周边国家的交往中，形成了天朝上国的优越感。洋枪利炮为中国带来了现代意义的民族主义，但中国的民族主义并不是一成不变的。随着国内外形势的变迁，中国的民族主义被一再地重新建构。因此，中国目前的对外意图不能简单地通过其过去的行为来推断。在讨论规范和认同如何影响一国的对外行为时，保罗·科维特（Paul Kowert）和杰弗里·勒格罗（Jeffrey Legro）指出，要厘清这一问题，就要先回答一个同样重要的问题："这些规范本身从何而来？"不了解规范的形成过程，便很难预测该国会如何采取对外行动（Kowert&Legro）。依此类推，如果忽视中国的国家认同在后毛泽东时代发生的变化，就难免对新民族主义产生错误认识。

1. 综合国力和中国的国家战略

在前面几节中，笔者已从数个方面讨论了中国的新民族主义，这些讨论主要从中国国内政治的角度呈现了新民族主义的复杂性。本节通过分析民间民族主义和官方民族主义（爱国主义）间的矛盾，来解决为何中国官方对民族主义涉入中国外交事务持保守态度的问题。之后，本节将探讨官方民族主义的另一个重要方面：对于国家利益的新认同。尽管在阐释中国对外行为的意图时，"民族主义"这一术语一再出现，中国的民族主义也被与德国和日本的扩张主义相提并论，但中国民族主义对于国际社会究竟意味着什么还有待进一步厘清。本节将关注"综合国力"（CNP）这一中国官方民族主义话语的核心词，讨论在涉外事务中，对"综合国力"的解读如何影响中国决策者对国家利益的战略思维。

在后毛泽东时代，"国家利益"这一概念取代了毛泽东的国际主义，成为中国外交的主要依据。中国官方分析家提出，在制定对外政策时，国家利益应成为首要的考虑因素。在涉外事务中，民族主义情绪的表达固然应适可而止，国家利益却不可不被强调。董正华指出："在国际政治中，国家利益与民族主义具有一致性。""综合国力"是中国国家利益的核心。在中国官方民族主义话语中，"综合国力"和"国家利益"两个概念往往互换使用。综合国力为中国的内政和外交搭起桥梁，因此对中国和国际社会都具有重要意义。对综合国力这一概念的分析将有助于理解中国官方民族主义的内容和中国官方民族主义对中国对外政策制定的影响。

根据中国官方的定义，"综合国力是一个国家在一定时期所具有的经济实力、军事实力和政治组织实力的整体表现，是体现该国各方面发展水平和在国际关系中所处地位的主要标志。在综合国力中，经济实力是主要的和决定性的因素，它包括一个国家的人力、物力和财力"。

近一个世纪以来，"国力"被用来衡量一国在世界民族国家之林中的位置。"综合国力"类似于"国力"，中国人自 20 世纪 80 年代起开始使用这一概念。邓小平、杨尚昆等老一代国家领导人提出，衡量一个国家的国力，要综合地看，全面地看。1992 年，综合国力的概念正式出现在官方文件中。是年，党的十四大上提出了"综合国力竞争"战略。中共中央总书记江泽民强调："当前国际竞争的实质是以经济和科技实力为基础的综合国力的较量。"[①] 基于这一国际观，中国的战略理论家正式发展出"综合国力竞争战略"，这是指导一个主权国家发展综合国力以实现国家利益和目标的方略。于中国而言，这些目标包括：

- 捍卫国家的性质、政治制度；
- 维护国家的独立、主权和安全；
- 保卫和促进国家经济、科技的持续发展；

---

① 参见新华社政治编辑室编（1992: 15）。国际竞争力的相关研究，见狄昂照编（1992）。

- 创造一种有利于本国政治、经济、社会发展的国际环境；

- 对来自国外的威胁、冲突和挑战作出有效的反应；

- 避免和遏制国内和国际间的战争；

- 维护和提高国家在国际上的地位和威望（黄硕风，1992：299–304）。

虽然这一战略直到此时才被正式理论化，但在改革初期它实际上就被视作中国发展的指导方针。如何将"综合国力"解读为一个政治概念？这就有必要对中国国家战略的演进作一个简单的回顾。

中国的国家领导人对中国所处的国际环境的认知，在很大程度上决定了中国的国家战略。据中国官方分析师所言："国际环境"（IE）的核心是国际格局，以及一国在这一格局中所处的地位。国际环境对中国国家利益的影响主要体现在三个方面：一是军事上国家安全受到威胁的大小；二是政治上中国在国际社会中得到多少支持；三是中国对外经济关系受到什么样的制约。

综合国力的重要性在该国所处的国际环境中体现出来。中国的综合国力越强大，在国际上的地位就越高，也越容易从国际上获利。强大的综合国力也使中国有能力在国际事务中发挥重要的作用。综合国力可以通过多种方式来衡量。经济实力指中国在多大程度上融入了国际经济体系，以及能从这一体系中获益多少。军事实力可以通过中国是否受到他国的军事威胁来衡量。政治实力主要表现在两方面：国际上，中国是否有能力保护其海外利益；在国内，是否有能力维持政治稳定和实现国家统一。

在各项指标中，"科技发展水平"（LTD）尤其重要。它指中国的科技实力在世界科技发展现状中所处的位置。中国能否有效地实现国家利益在很大程度上取决于其科技发展水平。科技发展水平也对中国的国际地位有着重要影响。

自中华人民共和国成立以来，中国的国家战略经历了几次大的转变。

在大跃进时期（1957—1958），毛泽东提倡"赶超"战略。他提出中国必须在 15 年内赶超英、美这样的西方发达国家。"文革"期间，阶级斗争取代经济发展，成为国家的首要任务。1975 年，周恩来提出以工业、农业、科技和国防四个现代化为国家的发展目标。在对外政策上，由于中国领导人将避免战争视为中国最主要的国家利益，反霸权主义作为中国外交的主题贯穿整个毛泽东时期。

20 世纪 70 年代末中国开始集中力量发展经济，对国际环境的认识也相应地发生了改变。1978 年，具有划时代意义的十一届三中全会召开，正式提出将党和国家的工作重心从阶级斗争转向经济建设。这一国内重心的转移要求中国将创造良好的国际环境作为国家的战略目标。在很大程度上，这些变化都有赖于邓小平对国内政治和国际政治相互联系的认识。1980 年，邓小平为中共提出了三项重要任务：反对霸权主义、国家统一和经济现代化。尽管在国际事务中，邓小平依然强调反对霸权主义，但反霸权主义的主要目标，是要为中国的国内发展争取一个和平的国际环境。邓小平将经济现代化视为解决中国国内问题和所面对的国际上的挑战的最重要途径，并认为经济实力决定中国在民族国家之林中的地位。他公开承认中国的国家实力非常弱，必须集中力量于国内发展，对外政策的制定应依从有利于国内经济建设的原则。

在邓小平看来，寻求一个和平的国际环境符合中国的国家利益，应该成为中国对外政策的主要目标。他提出：

我们的对外政策，就本国来说，是要寻求一个和平的环境来实现四个现代化……这不仅符合中国人民的利益，也是符合世界人民利益的一件大事。

但是，要寻求一个和平的国际环境，和平必须首先被认为是可能的。在毛泽东眼里，中国的周边危机四伏。邓小平则试图说服其他中国领导人世界是善意的。

1983 年，邓小平在同几位中央负责同志的谈话时再一次强调："大战打不起来，不要怕，不存在什么冒险的问题。以前（我们）总是担心打仗，每年总要说一次。现在看，担心得过分了。我看至少十年打不起来。"1985年在会见日本商工会议所访华团时，他又重复了这一想法：

我们多年来一直强调战争的危险。后来我们的观点有点变化。我们感到，虽然战争的危险还存在，但是制约战争的力量有了可喜的发展……现在世界上真正大的问题，一个是和平问题，一个是经济问题或者说发展问题。

1987 年，邓小平得出了"争取比较长期的和平是可能的，战争是可以避免的"的结论。

20 世纪 80 年代，中国对外政策制定的主旨，是为本国国内发展创造良好的国际环境。这一战略的实施获得了成功。中国改善了与各邻邦的双边关系，实现了经济的高增长，尤其是在对外贸易上增长显著。

1989 年政治风波后，中国的国际环境恶化，受到来自西方的各种制裁。随着苏联和东欧共产主义政权的瓦解，中国成为固守在社会主义阵营的唯一大国。邓小平的国家发展战略面对来自国内和国际的严峻挑战。但是，他坚信国际上的挑战是可以克服的，因为和平与发展依然是世界政治的主题。鉴于此，中国还是应该将经济发展放在首位。因此，中国政府还是表达了中方愿与美方改善关系的诚意。与苏联分道扬镳后，中国的民族主义情绪高涨。邓小平却保持冷静的实用主义立场，认为中国的国家实力应以经济实力为基础。在他看来，为了集中力量于本国国内的发展，中国必须坚持如下几项原则：

第一，"中国千万不要当头，这是一个根本国策。这个头我们当不起，自己力量也不够。当了决无好处，许多主动都失掉了。中国永远站在第三世界一边，中国永远不称霸，中国也永远不当头"。

第二，"中国的对外政策还有两条，第一条是反对霸权主义、强权政治，维护世界和平；第二条是建立国际政治新秩序和经济新秩序"。

第三，"经济发展得快一点，必须依靠科技和教育。""每一行都树立一个明确的战略目标，一定要打赢。高科技领域，中国也要在世界占有一席之地"。

这些原则被纳入中国共产党第十四次代表大会的决议中。十四大决议提出，中国的社会主义制度可以包容市场经济体制，并重申改革开放，解放和发展生产力，建设有中国特色的社会主义。十四大所提议的"综合国力竞争战略"是对邓小平相关思想的系统阐述。尽管十四大的决议也强调了中国融入世界政治和军事现代化的重要性，它的根本主旨是以国内发展为基础，树立中国的强国地位。

为了提升国家的综合国力，中国政府制定并实施了一系列政策措施以促进经济、科技、公民的教育水平和军事等各方面的发展和进步。

中共很清楚应紧紧把握住经济建设这个中心，使国民经济持续稳定增长，这对提升综合国力至关重要。根据 1987 年中国共产党第十三次全国代表大会上的报告，党的十一届三中全会以后，我国经济建设的战略部署大体分三步走：第一步，到 1990 年，实现国民生产总值比 1980 年翻一番，解决人民的温饱问题。第二步，到本世纪末，使国民生产总值再增长一倍，人民生活达到小康水平。第三步，到下个世纪中叶，人均国民生产总值达到中等发达国家水平，人民生活比较富裕，基本实现现代化。[①] 国家在 1988 年就实现了第一步目标，在 1995 年就顺利完成了第二步的任务，提前 5 年实现了国民生产总值翻两番。1996 年年初，全国人大通过了国家发展轮廓性的远景目标。在这一远景目标中，到 2000 年，实际人均国内生产总值比 1980 年翻两番，人均收入到 2010 年再翻一番。如此，中国将在 15 年内成为中等收入国家。

提高科技水平是增强综合国力的另一项要务。邓小平强调中国必须在世界的高科技领域占有一席之地。钱学森和周光召等老一辈科学家也指出，下个世纪将是高科技竞争的世纪。高科技是提高综合国力的密钥，只有当中国在高科技领域处于领先地位，方可成为有能力应对国内和国际上各种挑战的世界强国。[②] "八六三" 计划是自 1987 年开始实施的高新技术研发计划，意在提升中国在生物、自动化、信息、能源和新材料等方面的技术水平。此后出台的 "火炬计划" 通过建立高新技术产业开发区来推进新兴技术的产业化（见陈良潮，1993）。

军事现代化也是综合国力的重要方面，它的重要性到了 20 世纪 90 年代尤其显著。人民解放军将战略重心从毛泽东的 "人民战争" 转向高新技术，军备发展的重心也由陆军转为海军。[③] 这些最新趋势引起了国际社会的关注。即便关于中国的军费预算热议不断，中国政府也依然认为，国家只能将一小部分经济资源投入军事现代化。军方也认识到军事现代化会消耗大量的经济资源。在军事现代化和经济发展孰者优先的问题上，政府和军方似乎达成了共识：经济发展优先于军事现代化。1980 年，邓小平指出国家现在支付的军费相当大，这不利于国家建设，"我们应当尽可能地减

---

① 关于 "小康" 这一概念的阐释，参见 Wong（1996a）。
② 关于中国的科技政策，参见国家科学技术委员会（1986，1992）。
③ 关于人民解放军的战略转变，参见沈明室（1995）。

少军费开支来加强国家建设"。1985 年，再次强调："四化总得有先有后。军队装备真正现代化，只有国民经济建立了比较好的基础才有可能。"因此，军事现代化必须服从国家的总体现代化战略。邓小平也鼓励军队涉入国家经济建设。事实上，支持国家和地区经济建设已经成为中国军队的一项主要任务，这对军队产生了不利影响。

提高中国的人口素质也是中共的一项重要议程。中国政府力图在 2000 年之前全面实行义务教育。此外，各项教育政策纷纷出台，包括强化现有的义务教育，发展职业教育，完善高等教育的现有体系，改革中国的教育系统和提高教育工作者的专业水准等。①

然而，很难说中国的教育状况与改革之前相比是否有所改善。财政的萎缩使政府无法为基础教育提供足够的资金，这一情况在贫困地区尤为严重。国家财政实力的下降也对高等教育产生了负面影响，一些教育工作者和研究人员将心思放在获取经济利益上，热衷于参加商业活动以赚得额外的收入。教育水平的低下已成为中国经济现代化的主要阻碍，而财力和人力的不足也使这一情况很难在短期内得到改善。中国目前的人力资源在亚太区域位列末流。相比于韩国的 42%、中国台湾的 45%，中国大陆只有 2% 的适龄人口接受过高等教育。如果这一情况持续下去，中国的经济增长将很快放慢。

尽管综合国力发展战略意在实现平衡的发展，经济发展还是被置于绝对的优先地位，因为科技进步、军事现代化和人口素质的提高都需要经济资源的支持。经济发展优先原则也影响了中国的对外政策，后者服务于中国国内的经济建设。

在邓小平时代，"国内发展优先"无疑是中国制定对外政策时所依循

---

① 对后毛泽东时代的中国教育体系的介绍，参见 Bih-jaw Lin & Li-min Fan（1990）。

的原则，外交政策也因此而相对稳定。然而，随着中国综合国力的迅速增长，国际社会开始担忧中国是否会因此转而推行侵略性的外交政策。换句话说：在后冷战时期，中国会改变对国家利益的看法吗？

2. 后冷战时期的国家利益

20世纪90年代，三个重要因素影响着中国对国家利益的看法：冷战的结束、新一代领导集体的政治合法性、领导集体对中国真实（而不是想象中的）实力的认识。

冷战期间，中国的国家利益须放在美苏两大国主导世界政治的格局中来理解。随着冷战的结束和苏联的解体，中国的国家利益也面临着重新定义。如同其他大国，冷战的结束也将中国抛入一个不确定的世界。对中国来说，这些不确定包括提升国际地位的机遇。包括美国在内的许多昔日的世界强国正在衰落，中国经济却已实现了多年的高速增长。随着中国的综合国力与日俱增，中国学界乐观地认为中国已是世界大国。[①]

中国应如何在新的国际政治格局中为自己定位呢？中国官方分析家认为，新格局的特质使冷战后的国际关系产生了四个基本特征：一是关系复杂化。在多元格局里五大力量之间形成交叉三角关系，敌友之间的界限模糊不清，各国政策变化取向不确定。二是集团松散化。政治与军事集团内部关系松散，各国对外政策独立性增强，同盟国之间和非同盟国之间的距离日益接近。三是外交多边化。多边机构和组织的作用突出。四是合作区域化。区域化成为新地缘政治的动力，地缘和文化同一性的概念不断取代了意识形态同一性的作用。

---

① 综合国力比较研究课题组（1995）；90年代中美德日印五国综合国力比较与预测课题组（1995）。

无论国际环境如何变化，有一点是清楚的：中国还是应该集中力量于自身发展。本国的经济增长和现代化是中国在国际上寻求利益的先决条件——这不仅是邓小平一代的领导人的共识，也是新的领导集体的共识。江泽民在中共十五大上强调经济改革先行。他指出，中国近代史告诫我们，落后就要受制于他国，因此增强综合国力才是中国的唯一出路。第九届全国人民代表大会进一步决定，施行大规模的政府机构重组，来为国家的经济改革提供制度保障。无论国际环境如何变化，中国紧紧围绕经济建设这个中心。几十年来，经济的发展不仅令中国各个方面的面貌都焕然一新，也提升了中国的国际地位。除非国际上发生危害中国国内发展的剧变，经济建设的优先地位就不会被动摇。

冷战的结束恰逢中国领导集体的新老交替。学界认为新一代领导集体正诉诸民间民族主义来巩固政权。这是因为，毛泽东、邓小平等老一辈领导人的执政合法性，来源于他们打江山的革命经历，新一代领导集体则显然不具备这样的条件。执政者担心政治改革会导致政局动荡，其他的社会主义国家已有前车之鉴，而不对政治体制进行改革。"发展"才是巩固政权的硬道理，不改善老百姓的生活，要稳住人心谈何容易。

新的领导集体意识到如果不把经济搞上去，中国很难真正在国际上立足。根据 1996 年发布的政府远景目标，中国的国民生产总值将在未来 15 年保持年均 7.4% 的增长率。到了 21 世纪初，中国有望成为超级经济大国。但对于中国崛起，中国领导人却并不乐观。他们认为即使中国在不久的将来成为世界上最大的经济体之一，它也还是贫穷的。到了 2010 年，中国的人口将多于 13 亿，人均国民生产总值依然会远远低于发达国家水平，届时还将有至少 1000 万人口处于贫困线以下。

马克思主义者相信，为了保持经济的增长，帝国主义是资本主义发展初期的必然产物。中国的发展可以避开这条铁律吗？中国的战略家很清楚，现在早已不是通过海外军事扩张来保持经济增长的时代，科技进步才是促进生产力的最重要手段。邓小平早就提出过"科学技术是第一生产力"的论断。在前文所提过的国家远景目标中，其中一项就是将中国的增长方式从粗放型转变成集约型。

对中国现有综合国力的清醒认识，使得新的领导班子继续强调以经济建设为中心。他们清楚，只有壮大中国的综合国力、提高人民的生活水平，才能稳固执政党的执政地位。而要实现这一切，一个和平友好的国际环境至关重要。

正因此，中国对于国际和平与国内发展之间关系的认识，在冷战后并无大的改变，而这又影响了中国对于国家利益的理解和所采取的相应的国际行为。在中国的战略分析家看来，在后冷战时期，中国的国家利益包括民族生存、政治承认、经济收益、主导地位和世界贡献。这几项内容形成了"民族生存"在最高处和"世界贡献"在最底层的等级结构。冷战期间，中国将国家安全和政治承认或国家主权视为最高国家利益。随着冷战结束，这一观念转变了。阎学通指出："冷战后的多极格局和我国与世界强国之间实力差距的缩小趋势，使得我国的安全环境明显改善，这使我国安全利益的紧迫性下降了。然而对经济发展重要性的认识，以及我国与发达国家巨大的科技差距，提高了我国经济利益的紧迫性。"事实上，于中国而言，维持世界和平、避免卷入任何形式的军事冲突是首要的国家利益，因为只有实现了这一点，国内的经济建设才能正常进行。在现实主义政治思想家阎学通看来，世界和平和中国发展间的正相关关系可以通过统计数据得到证明：

从1949年到1979年的30年间里，中国平均每5年要卷入一次军事冲突。由于频繁地卷入军事冲突，所以经济建设不能正常进行，这30年的经济建设没能取得更大的成果。而 80 年代起，中国没再卷入任何军事冲突，经济建设成果丰硕……中国必须将避免卷入军事冲突作为首要的国家利益。

经济实力的增长推动着中国在国际上寻求更大的利益空间。中国的战略理论家指出，无论是国力增长的国家还是国力衰落的国家，都要根据自身新的实力来重新确定本国的利益范围和内容，综合国力增长的国家自然感到国家利益的范围在扩大，内容在增加，目标要提高，同时想要更积极地参与国际事务。如阎学通所言："随着国力的增长，中国认为自己有必要采取更坚定的立场维护自己的尊严和利益。"

邓小平在苏联解体时就曾指出："美苏垄断一切的情况正在变化。世界格局将来是三极也好，四极也好，五极也好，……所谓多极，中国算一极。中国不要贬低自己，怎么样也算一极。"此外，他也警示："强权政治在升级，少数几个西方发达国家想垄断世界。"1989 年，邓小平在会见美国总统特使、总统国家安全事务助理布伦特·斯考克罗夫特（Brent Scowcroft）时声明："两国（美国和中国）相处，要彼此尊重对方，尽可能照顾对方，这样来解决纠葛。"邓小平也在其他场合多次强调作为独立的主权国家，中国有自己的国格和民族自尊心。他国不可在不听取中国意见的前提下，把它们的意志强加给中国。

事实上，新的领导集体将寻求国际尊重视为中国外交的主旨。如同邓小平，时任外交部部长钱其琛也认为，中国在世界事务中扮演着越来越重要的角色的同时，必须得到国际社会的认可和尊重。他声言：

一个和平、安定、繁荣、发展的中国正在世界的东方崛起。这件事引起了越来越多的国家的重视……人们在讨论中国将在国际上可能起到的作用……世界的和平与发展需要中国。孤立中国做不到，也没有什么出路，只会使自己受损……相互尊重、平等对话，才是增进共识、缩小分歧、发展国与国之间合作的唯一正确途径。

值得指出的是，新老两代领导人为中国寻求国际认同的方式存在差异。老一代领导人强调中国的主权，并坚决抵制和仇视来自国际上的压力。而新一代领导人则意识到，尽管他国应该尊重中国，中国也要积极主动地"争取"这种尊重，所以，新一代领导人更有可能站在他国的立场来反观中国该怎么做。也正因此，民族主义对中国外交政策的影响被最小化了。在本章的余下部分，笔者将用三个案例来呈现中国对国家利益的新认知如何影响其对外行为。

3. 中美关系：从敌人到"战略伙伴"

1989 年后，以美国为首的西方国家对中国施加严厉的经济和政治制裁。邓小平在会见美国前总统尼克松时提出，结束两国的敌对状态，美国应该采取主动，也只能由美国采取主动。在与美国总统特使、总统国家安全事务助理布伦特·斯考克罗夫特的谈话中，他也表达了希望布什总统能为中美关系的改善和发展作些贡献。在邓小平看来，中国无法承担与美国敌对的代价，因为中国的发展需要一个和平的国际环境。也正因此，自冷战结束以来，中国的对美政策在很大程度上顺应着美国的对华政策。

20 世纪 70 年代末，中国开始推行改革开放政策，大洋彼岸的美国对此呈现出一片乐观情绪。他们相信中国将成为第一个从计划经济和极权制向市场经济甚至民主制转变的社会主义国家。换句话说，中国会变得"更像我们（美国）"。不难理解，1989 年的政治风波使美国人的想法发生了巨大变化，美国的对华政策也因此急剧转向。

但事实上，中美两国冲突的实质并不是意识形态，而是利益。冷战期间，苏联是中国和美国共同的敌人，中美关系建立在对抗苏联这一共同利益之上。此外，中国的改革开放也为美国带来了经济利益。但随着苏联的解体，中美共同的战略利益消失了。除此之外，中美间的贸易平衡也很快发生了逆转。从 80 年代初期到末期，美国对中国贸易从顺差转变为与日俱增的逆差。许多美国人开始将中国视为另一个重商主义的亚洲经济体，它的成长壮大只会损害美国的经济利益。

尽管布什政府在 20 世纪 80 年代末对中国施加了多项制裁，它还是避免与中国发生正面冲突。例如，它保住了中国的最惠国待遇。1993 年，比尔·克林顿（Bill Clinton）成为美国总统，美国对华政策急剧转变。克林顿政府将人权问题视为对华政策的核心，是否更新中国的最惠国地位，也被明确置于中国是否能改善其人权状况的前提下。布什政府曾试图增进中美高层领导人的对话，但克林顿在当政头几个月回避了此类接触。

美国对华政策的转变在中国激起了强烈的反响。邓小平一再强调美国和西方没有任何权力将他们的意志强加于中国，因为国权比人权重要得多，中国也不会向任何威胁屈服。另两件事也加重了中美关系的恶化：美国对中国申办 2000 年的奥运会投了反对票；克林顿政府命令美国海军搜查驶往中东的中国商船银河号，据称该商船载有化学武器。20 世纪 80 年代，不少中国人尤其是知识分子视美国为中国学习的榜样，他们也理解美国在 1989 年政治风波后对中国政府的愤怒。但银河号等事件加上西方所散布的"中国威胁论"，转变了中国民众对美国的印象。

1993 年年底，在对已有的对华政策进行评估后，克林顿政府提出了"接触"政策。接触策略为美对华政策带来三项改变：首先，将是否更新中国的最惠国地位与中国的人权问题脱钩。第二，不再紧追人权问题不放，而是将双边对话拓展到更广阔的领域。第三，克林顿重启与中国高层领导人的接触。在中国官方看来，"接触政策"意味着什么并不明晰。许多人将"接触"视为"围堵"的一部分。在实际操作层面，中国并未看到美对华政策有什么大的改变。美国确实派遣了来自商务部、国防部、商务代表处和人权事务处等的内阁使团访问中国，但他们对中国似乎并不友善。

美国在台湾问题上的做法加深了中国对美涉华政策的质疑。1994 年，克林顿政府重申了美对台政策。它没有明确美对台长期意图，也没有触及"台独"这一敏感问题，却将重点放在美国与中国台湾官员接触的规定上。其中一项规定是：中国台湾官员只有在以美国为中转站前往他国时才可进入美国。但这项规定很快被打破。1995 年春末，台湾当局领导人李登辉在美国康奈尔大学发表主题演讲。中国官方认为，美国通过阻挠海峡两岸的统一，甚至支持"台独"，来对华实施围堵政策。当中国通过发射导弹和在台岛沿岸部署舰队来表达对"台独"的不快时，美国却通过向海峡派遣两艘航母来表达保护台湾的意愿。美国的做法让中国民众的反美呼声再一次高涨。

台海危机表明了中国实现国家统一的决心，显著影响了美对华政策。克林顿政府声言，帮助中国融入国际社会、使其享有一个大国应有的权益并承担起相应的责任是美国的长远目标。美国并无意阻挠中国崛起或围堵中国。"接触"意味着帮助中国成长为一个受尊敬和负责任的真正的大国。中国在成为大国俱乐部的一员时，必须遵守这一大家庭的规则。克林顿政府还强调，美国并不认为中美两国的核心国家利益相冲突，相反，两国可以形成长期合作伙伴关系。

克林顿政府表达了愿与中方恢复最高规格的官方接触的意向。1997 年春，时任美国副总统阿尔·戈尔（Al Gore）被派往中国。同时，两国元首互访的行程也在计划中。按照这一计划，江泽民主席将于 1997 年末访问美国，克林顿总统也将在 1998 年访问中国。此前，江泽民和克林顿已在联合国和亚太经合组织等多边组织见过面，但他们的双边会晤却是自 1989 年以来的头一次。中美间的国事互访，1989 年乔治·布什（George Bush）总统访问中国后就中止了。

美国所表达的帮助中国融入大国俱乐部的意愿，在中国看来是要视中国为平等的伙伴。此前，部分中国人认为美国的"融入"战略是要将中国束缚在由西方主要大国所创立和主导的国际体系中，以限制中国的发展。令人吃惊的是，一旦美国承认中国是大国，中国马上对"融入"的概念持欢迎态度。的确，长久以来，成为世界大国一直是中国民族主义的主旨。

自从中国领导人看到了美国的善意，中国的对美政策也发生了大转变。那些曾经对美持批评态度的领导人开始强调中美关系的重要性。中国社会科学院副院长刘吉解释了这一转变：

美国从来没有直接侵略过中国。《望厦条约》和 1900 年的庚子赔款等更多地也只是历史学家们的研究对象，中国的普通民众对此并无多少印象……美国人民直率的性格、对自由的追求和实用主义的风格赢得了中国人民的欣赏。因此，近两代人的敌意在两国关系的天空中只是一抹扰人的云彩而已。现在这朵云飘走了，于是万里晴空。

事实上，使中国发展得像美国那样强大，是几代中国人的梦想。对他们而言，两国关系的真正阻碍，是美国不愿将中国视为平等的伙伴。反对美国无视中国的国家尊严、把自己的意志强加到中国，正是反美民族主义呼声的主要内容。

1997 年 9 月，江泽民主席如期出访美国，与克林顿总统就中美两国建立"战略合作伙伴关系"达成共识。中国政府认为克林顿和江泽民的会晤具有重要的象征意义，是中美两国关系进展中的重大成就。次年 6 月，克林顿总统对中国进行了回访，这无疑进一步改善了中国对美国的印象。

中美就区域稳定、核合作、人权、宗教自由、非政府组织论坛及联合国关于经济权、社会权和文化权的公约达成了多项协议。双方决定展开政治和安全对话以促进世界和平和稳定。此外，两国元首将定期会晤，美国的国务卿、国防部长和国家安全顾问也将与中方代表互访，双方还将定期举行关于政治、军事、安全和军备控制等议题的非正式会谈，并建立两国首脑的直接沟通渠道。在军事关系，海上军事安全，军队交流，推进法治和加强执法，打击毒品和犯罪，科技、能源、环境合作等方面，两国也取得多项共识。

对于江泽民和克林顿的会晤，中国官方和民间的反响都比预期的更为积极。李鹏总理在接受采访时表示，江泽民主席成功访美，标志着西方对中国的不公正制裁基本结束。更重要的是，会晤使中国人民对美国产生了好感。不少中国人将克林顿标榜为第一位愿意接纳中国的大国地位和不再以美国利益来评价中国行为的美国总统。

诚然，在不少中国领导人看来，中国无意也不应该挑战美国的世界霸主地位。李鹏总理表示，中国决不低估美国在世界上的作用。无论是它的经济实力还是科技、文化等，都有许多可取之处。但是，中国绝不能容忍美国干涉中国内政，中国想要寻求的中美关系不是对抗，而是合作；中美合作不仅与美国在下个世纪继续担当世界第一超级大国的利益相洽，也有利于中国的现代化。即使在中国的现实主义者看来，中国是否将崛起为真正的世界大国，在很大程度上取决于能否避免与美国的正面冲突。阎学通将"避免与美国的军事对抗"视作"中国长期的战略安全利益"。在他看来，冷战结束后中国面临的最主要潜在军事威胁来自美国，中美对立会使美国采取如下行动：第一，在亚太合作中强化日美联盟，以日本平衡中国在亚洲的大国作用。第二，加强对中国分裂势力的支持，增加对台军售，使中国的统一安全受到威胁。第三，在中国与周边国家的边界纠纷中支持与中国对立的一方，增加他们在与中国解决矛盾时讨价还价的筹码。

刘吉在哈佛大学所作的演讲中指出，"谁想与中国为敌，谁就会发现，中国不仅是不可战胜的，也是坚韧不拔的；以真心换真心，以朋友之道对待中国，中国也将以友谊相报"。刘吉的此番言论很快被民族主义呼声的渐渐平息所证明。克林顿与江泽民的会晤，让中国领导人看到了美国的善意，也对中美两国关系有了新的认识。双方都愿意通过减少分歧、取得共识来建立长期的伙伴关系。随着双边沟通变得更实际、更理性，两国关系的稳定化及中国成为美国长期战略合作伙伴的前景指日可待。

4. 从双边主义到多边主义

新的国家利益认同的建立，也促使中国的战略思维从双边主义转向多边主义。冷战时期，中国在区域内以双边主义的政策影响邻邦，以期建立亚洲霸主的地位。冷战后，中国的战略家们越来越意识到多边政治合作和集体安全体系的重要性，双边主义已不再是中国追求国家利益特别是安全利益的最有效手段。阎学通指出：

冷战后，世界主要国家都意识到和平既是一国，也是世界各国共同的国家利益。靠增强军事实力保护个体安全的方法是难以持久的，为了持久有效地维护自身的安全，有必要建立集体安全体系。

中国的战略家认为，集体合作安全保障体系是一种比个体安全保障体系更为安全和保险的系统。这是因为：在集体合作安全体系中，每个国家的安全除了靠自己的力量之外，还受到集体合作安全契约的保障。此外，集体合作安全机制还多了一层威慑作用。畏于集体的惩罚，单个国家就不敢冒险采取侵略行动。

这一集体安全观反映在中国对东南亚国家的政策上。中国在冷战时期是不赞成在东南亚搞集体安全机制的，并视 1967 年成立的东盟（ASEAN）为由美国主导的反华军事联盟，会对中国安全构成威胁。但中国的战略家在冷战后逐渐改变了看法，他们意识到"建立亚太地区集体合作安全保障是中国宏观的战略安全利益"。

中国与东南亚国家的冲突主要围绕着南海诸岛尤其是南沙群岛的领土主权。邓小平在 1984 年会见来自美国的代表团时提出："有些国际上的领土争端，可以先不谈主权，先进行共同开发。这样的问题（领土争端），要从尊重现实出发，找条新的路子来解决。"同年，邓小平在中央顾问委员会第三次全体会议上的讲话中提出将"搁置主权问题，共同开发"作为解决南沙群岛问题的办法。

另一方面，东南亚国家也劝说中国加入与东盟的多边安全会谈。1994 年中国在东盟地区论坛首次会议上，提出五点亚太安全合作的原则和措施。中国的搁置主权问题的提议目的在"促进集体安全机制的早日建成"。尽管进展有限，但是这些提议无疑有助于中国调整与邻国的关系。中国参与了亚太经合组织（APEC）、东盟地区论坛（ARF）等各种形式的区域对话，并表达了通过协商来寻找解决领土争端的可能途径的意愿。

建立亚太地区的集体合作安全机制对中国的战略安全有两个好处：可以防止东亚地区的军备竞赛，也有助于建立和平的周边环境。但在阎学通看来，真正值得担忧的是，如果他国擅自使用武力来占领具有争议的岛屿，中国也就不得不诉诸武力来"保卫其领土和主权"。

结论

中国的当政者基于对国家利益的认识来制定对内和对外政策。强调综合国力就意味着国家发展须从各个方面平衡考虑，而不仅仅是着力于军事实力、经济实力等单个方面。将经济发展作为提升综合国力的重中之重，说明中国的当政者相信国家利益可以量化。

这一逻辑使得中国的领导班子在制定对外政策时更加务实。意识形态因素不再对中国的外交起到主要作用。中国的战略家意识到"冷战结束后，意识形态之争已不再是国际政治斗争的关键"。自20世纪70年代末起，中国就放弃了以意识形态划线的政策。务实渐渐成为中国外交的主要特征，这尤其体现在中美关系上。即使是对于领土主权，中国的看法也有了一定的变化，在某些具体的问题上，主权分歧可以让位于国际合作。

改革开放以来，中国发生了翻天覆地的变化。随着经济实力的增强，中国开始寻求国际地位的提高。中国在国际事务中变得更为自信是可以理解的，但自信并不等同于攻击性或侵略性。随着国内和国际形势的发展，中国对国家利益的观念也发生了转变。在国家利益认同上，如何从旧的世界观转换到现代民族国家体系的语境中，中国人依然在学习和适应。

饱尝了几个世纪的屈辱，中国人渴望获得国际社会的尊重。这或许会被视为一种执迷不悟，但中国人不这么看，他们相信这份尊重是中国应得的。随着经济发展和国家实力的增强，不少中国人甚至认为他们有权利要求这样的尊重。中国的新民族主义正是在他国未给予中国应有的尊重的情境下而兴起的，因此，它将如何影响中国的对外行为，在很大程度上取决于他国会以何种态度对待中国。

三、中国正在拥抱这个世界

中国的新民族主义会变得具有侵略性吗？它意在推动中国与其他世界大国争夺军事和政治权力吗？不少西方学者认为，崛起中的大国会对全球势力分配的现状和既有霸主的霸权构成挑战。这种动荡的转变和竞争，最终会将世界引向战争。据此观点，许多西方人担忧，中国崛起会成为现有国际秩序的不稳定因素，威胁世界的和平与安全。

1. 后冷战时期的中国战略选择

中国人如何思考中国的国际角色。这些思考所呈现的国家认同的转变表明，中国崛起所带来的影响并不必然落入这些西方学者所预设的模式。借用艾伯特·赫希曼（Albert Hirschman）所提出的"退出、抗议和效忠"三种策略选择，中国最有可能选择的国际战略是"抗议"，而不是"退出"或"效忠"。

中国不可能无条件地"忠于"现有的国际体系，这须从两方面来理解：一方面，如前面所讨论过的，在新民族主义的推动下，越来越多的中国人意识到，现有的国际体系并不必然符合中国的国家利益。西方国家一手制定了现有国际体系的规范和准则，当时贫弱的中国并无实际的发言权和影响力。这些规则固然使中国受益，但终究会制约中国的发展。因此，中国的领导人倡议建立国际政治、经济新秩序。另一方面，西方对中国崛起将改变世界秩序和稳定的担忧，也让中国人明白，现在的国际体系很难真正包容崛起中的中国。

中国也很难做到"退出"现有的国际体系。首先，西方不会允许中国这么做。让一个拥有核武器的社会主义国家"生存"在国际体系之外是危险的。除了一些"强硬的现实主义分子",西方并不愿意孤立中国。

其次,中国经济与世界经济的相互依存也让"退出"无以可能。与西方主要国家的经济联系已经成为中国经济发展不可或缺的部分,改革开放也让中国经济极大地融入了世界体系。在经济改革的初始阶段,中国吸引了大量外资,但却无法引进西方的高新技术。中国的建设者很清楚西方资本和高新技术对中国持续发展的重要性,而融入国际体系是获得这些的最有效途径。1997 年 9 月,江泽民在会见克林顿时的一项重要的议程,就是说服美国重新开放因 1989 年的政治风波而对中国中断的高新技术输送。当时朱镕基也提出了科教兴国战略。1998 年 3 月,新任总理朱镕基访欧,他特别提出中欧应在科技方面开展合作。

第三,即使西方不愿意接受中国的崛起,中国也无法建立一个以己为中心的世界体系。改革开放以来,中国在经济上取得了长足发展,可望在 21 世纪初成为超级经济体。但高速现代化也给中国国内带来了诸多问题并引发了中央权力的危机。没有稳固的制度基础,中国难以建立以己为中心的国际秩序。此外,旧的意识形态也早已对国民失去了吸引力,中国人意识到,旧的意识形态已经成为国家重塑国际声望的主要阻碍,而国际声望对一个世界大国来说至关重要。虽然知识界开始复兴儒家文明,中国能否依靠儒教来建立新的国际秩序还有待观望,如白鲁荀(Lucian Pye)所言:"尽管中国有着伟大的历史……它进入现代化的方式让它的民族主义相对稚弱。"

在后冷战时期,中国最有可能选择的是"抗议"战略。事实上,中国已然对西方主导的国际体系发出抱怨,并呼吁建立新的国际秩序。但这并不意味着中国试图"退出"现有体系,中国也无意于主导建立新的国际秩序。中国要做的是"改革"现有体系,使其更有利于中国崛起和中国的国家利益。

新民族主义的兴起会改变中国的"抗议"战略吗？接下来将论证为何中国将"抗议"视为其成为大国的唯一途径。在强烈的民族主义情绪的影响下，中国官方学者和政府中强硬的现实主义派会作出理性的战略选择吗？本研究表明，随着国家利益观的转变，这些精英在制定政策时所使用的带有民族主义色彩的语言，并不影响这些政策的理性实质。更何况，新民族主义也面临着中国国内的诸多挑战。民族主义只是 20 世纪90 年代众多政治势力中的一支，而不是唯一的。改革开放培育了众多政治和社会力量。20 世纪 80 年代，受到政府抵制的自由主义盛行于各社会群体中。到了 20 世纪 90 年代，民族主义兴起，但自由主义依然有着很大市场，它还与全球主义密切相关。的确，自由主义或全球主义对民族主义构成了严重挑战，要理解新民族主义的未来也须从理解它的挑战入手。

中国新民族主义的兴起不仅是对本国现代化所作出的回应，也是对国际形势的发展所作出的回应。西方各式各样的反华理论在中国激起了强烈的民族主义情绪。不少中国人相信西方并不乐见且想方设法遏制中国的发展，因此，民族主义被视作动员国内各方力量抵制西方围堵战略的必要手段。但这一想法对国家政策制定的影响显然具有复杂性。

新民族主义的对外目标是建立新的国际经济和政治秩序。新民族主义者不满于现有的国际势力分配，希望国际秩序向有利于中国国家利益的方向转变，这让中国的新民族主义呈现出进攻倾向。中国也不可能选择"退出"现有的国际体系。中国国际战略的选择不仅受制于各种国内外因素，也取决于中国如何看待自身崛起和西方对中国崛起的态度。中国官方的战略家们即使满怀民族主义情绪，也还是认为"抗议"和"参与"才是中国成为大国的唯一途径。

2. 中国真的会被围堵吗

中国真的会被围堵吗？在中国的现实主义分子看来，"围堵中国"理论的出现是冷战结束的自然结果，不可能真的实现。冷战后，美对华政策发生了变化。随着苏联的解体，中美失去了共同的敌人，中国也因此不再对美国的全球战略具有重要意义。中国的迅速崛起很自然地让不少美国人对其是否会挑战美国的全球利益产生质疑。但围堵理论的制造者高估了中美利益的冲突面，低估了合作面。只要两国在全球和区域拥有共同利益，美国就不会真的对华实施围堵政策，同样，中国也不会发动民族主义运动来反对美国。

以美国为首的西方所炮制的围堵战略，受到多项因素的制约。中西间的冷战并不现实。中国不同于苏联，既不想孤立自己，也无意于建立集团或联盟。开放政策是中国国家战略的核心。中国和西方都想参与对方的发展，双方也已在中国 20 年的开放政策下形成了相互依赖的关系。只要中国的发展依然保持活力，能让西方从中获益，西方就不会孤立和围堵中国。

退一步讲，就算美国真的对中国实行围堵政策，也很难成功。世界局势在冷战后向多极化发展，并不是唯美国独尊。美国与其他世界大国的关系不应被美化，它们之间的潜在冲突不容忽视。在欧洲，统一后的德国依然可能成为第一流的国家。在亚洲，日本倾向于将东盟放到战略考虑的重要位置，并力图成为区域的政治领袖。日本的所作所为不仅值得中国警惕，也将对美国的亚洲利益构成挑战。此外，区域认同的加强也促进了各种形式的区域经济、军事和政治联盟的形成。这些都表明，尽管美国依然是头号强国，它的霸主地位并非不可动摇。

从地缘政治的角度来看，美国也不可能采取过于强硬的对华战略。美国一方面不愿看到中国变成对其国家利益形成挑战的另一个苏联，另一方面也极力遏制俄罗斯再次发展壮大。正因如此，美国将北大西洋公约组织（NATO）东扩，并插手台海危机。但美国也深知，它对中、俄两方的遏制行动都不能太过火，否则，中俄很有可能形成联盟共同对抗美国，这将对美国的全球战略利益造成致命打击。

亚太问题也是美对华遏制战略所受到的制约之一。亚太已成为世界经济发展的中心，谁掌握了亚太，谁才能够在世界上占据最有利的地位。美国在亚太的利益系于两点：一是这一新兴地区的领导权不能失于他人之手；二是这一地区业已形成的繁荣稳定的局面必须保持，其巨大的发展机会不容丢失。就第一点亚太的主导权而言，美国面临的是两个对手。它既要挟日抑中，也要借中抑日。今天的日美安保关系与冷战时期的情况已不可同日而语，美国的用意之一，是借此继续拴住日本，把日本置于从属的位置；而日本的用意也有转移美国对它的注意力，麻痹美国的对日警觉，借中美对抗达到同时牵制两个对手，进而坐大自己的目的。这就使美国在推行对华遏制政策时不得不留一手，防止日本从中利用。就美国利益的第二点保持亚太的繁荣稳定，不丢失巨大的发展机会而言，美国若采取与中国全面对抗的政策，恰恰对它是不利的。中国目前是西太平洋地区最具分量最有前景的国家之一，丢失了中国，将给美国在亚太的经济利益带来严重损失，并为美国的竞争对手更多地进入中国市场提供可乘之机。

美中之间可观的共同战略利益的存在对美国对华遏制战略构成了最重要的制约，这主要表现在四个方面：一是经济上互有需要。冷战后，一国的经济利益上升为该国最重要的战略利益，使经济因素在当代国际关系和一国对外政策中的分量加重。经济利益、经济安全大大提高了美中关系在各自战略棋盘上的分量。二是在维持国际力量均衡方面，美国需要借助中国来平衡其他的大国力量。三是在保持亚太的稳定和推进区域合作方面，中国是个举足轻重的因素。四是在解决与西方和美国利益相关的全球性和地区性问题上，需要得到中国的积极配合，例如国际禁毒、抵制伊斯兰激进势力的蔓延和威胁、防止核扩散、在联合国安理会中的协调等等。

但美国的遏制战略并不是中国崛起的唯一外来障碍。除了美国因素外，中国的崛起环境有其他的复杂层面。阎学通认为崛起环境可从三个方面来看：卷入战争或军事冲突的风险、世界主要国家接受该国崛起的程度、海外经济利益的扩张速度。

中国必须在崛起道路上规避战争和军事冲突，因为大规模的军事行动，将耗费大量原本可以用于国内建设的资源。世界主要国家的对华政策，也决定着中国是否能够和平崛起。不少国家已经对中国的雄心保持警觉，如果中国不能与这些国家保持良好的关系，消除它们的顾虑，其崛起必然受到阻碍。当然，这些国家是否将遏制中国，最终还是取决于利益考虑。这也牵涉到崛起环境的第三方面，即中国的海外经济利益扩张。中国在出口、技术引进和海外投资等方面的经济活动，不仅应有利于中国的发展，也应使其他参与国获得经济利益。中国海外经济环境的改善，有赖于这种共赢的局面。

鉴于上述这些考虑，中国的现实主义者认为，必须压制国内的民族主义运动。这有多重战略意义：一是防止美国与我国周边国家共同遏制中国。冷战后，中国的崛起已经在西方国家和周边地区引起了一些误解，认为中国强大之后会称霸世界，所以"中国威胁论"的市场不断扩大。这种认识虽然是错误的，但中国应充分正视西方主导的世界体系将长期存在这一现实，采取参与的战略，进入到这个体系中去，而不能因为民族主义情绪而游离于这个体系之外。游离于国际体系之外的孤立主义政策，容易使中国成为美国的遏制对象，而进入到这个体系之内，中国则能与其他国家尤其是周边国家发展较多的共同战略利益。二是有利于中国积极主动地参加亚太地区各种多边政治和安全机构的活动。如此，即使中国的观点立场不能成为国际社会普遍原则，至少可以减少不利于中国的国际规则出台。三是使中国外交变得更加积极和具有建设性。参与不是卧薪尝胆，不是准备将来有一天对在历史上有负于我国的国家进行报复，而是通过向世界提出更多的有建设性意义的思想，增强中国的影响力，更多地承担起领导世界走向更美好的未来的责任。

中国的现实主义派还提出，不应去主动挑战现有的国际体系。中国只能成为区域性大国，不可能成为世界性领导者。要成为世界性大国，不仅取决于经济、军事等因素，还有一个价值观的问题。目前世界上的主流价值观是西方的价值观。东方文明能否取代西方文明，世界潮流是否将由西方转向东方，这种趋势也决定着中国能否成为世界一流国家。此外，也有学者指出，"搭便车"对中国是不可能的。中国的定位必须是大国，否则没有出路。中国，做挑战者没有资格，也不可能；做纯粹的追随者，也不可取。中国只能在不同的领域选择不同的战略。

尽管新民族主义者中的大多数反对现有的国际体系，他们中也有部分人认为应将精力放在国内改革上，这样才能使中国融入国际体系。这种内部改革包括如下几点：第一，完善市场经济体制，这是中国经济融入世界经济的必要条件。世界通行的经济准则即使与中国的利益有所抵触，也应被尊重和遵循。第二，中国应废弃传统的重商主义。国家在中国的主权、社会秩序和市场发展中都起到了重要作用，但不应过多涉入中国在国际上的经济活动。中国一方面从自由的国际市场获利，另一方面却又嚷嚷着要重塑国际经济秩序，这并不可取。中国应致力于推进自由的国际市场，唯有如此，中国崛起才能对世界体系作出贡献。第三，对于国家主权的观念应做些改变。无疑，捍卫国家主权是国家的责任。但荣敬本也指出："在建立国际新秩序方面，同样必须尊重历史形成的国家主权，如果去算历史的老账，必然引起国际民族纠纷。"任何冲突都会对中国国内的发展和稳定产生极大的负面影响，所以，在争夺主权时，也应考量国家经济由此将受到的影响。

煽动人心的民族主义确实常常妨碍决策者的理性思考。不少国外观察家担心，中国的外交决策将在新民族主义的影响下脱离理性的轨道。但实际上，民族主义与理性选择并非不可并存。中国民族主义的目标是实现国家富强。因此，民族主义"热情"屈从于国家"利益"，前者并不妨碍中国的决策者为国家作出理性的选择。①

3. 自由主义与新民族主义的争论

中国的新民族主义者认为中国不应被整合进由西方所建立的现有国际体系中，提议通过"反西化"和"反西方文明"来强化国家认同感，并强调中央集权是中国发展的先决条件。然而，这些观点受到了自由主义者和全球主义者的严重挑战。在自由主义者眼里，自由主义是超民族的或超文明的价值体系。民族主义者认为市场化和自由化是西方文明的产物，因此将中国在后毛泽东时期的改革视为一种西化过程。自由主义者则不这么看。他们认为自由主义是人类文明的普世价值，并不是任一文明的独有产物，它是中国走向现代化无法拒绝也不应拒绝的价值观。如秦晖所言：

"自然"的制度优于"人为"的制度，市场经济优于指令经济，民主政治优于专制政治，政教分离优于政教合一，信仰自由优于宗教审判，等等。

---

① 王赓武（Wang Gungwu, 1996a）通过 1996 年钓鱼岛争端的例子对这一观点进行了讨论。

经济改革带来个体自由，这不应被视为"西化"。个体自由是一种普世价值，也应是民族主义的目标，束缚公民权的民族主义是不合理的。在个体自由这一点上，各文明之间不存在冲突，实现人的尊严和权利是它们共同的终极目标。中国要成为真正的文明大国，就应接受自由主义。

合理的民族主义以公民权利的实现为前提。……民族主义所要捍卫的民族利益只能是民族中每个成员个人利益的整合，因而民族利益的体现者只能通过自由公民意志的契约整合程序（即民主程序）产生。任何人不能超越这一程序而自称为民族利益体现者，并要求别人为他所宣称的"民族利益"作出牺牲。换句话说，合理的民族主义是以民主主义为前提的。

中国作家协会主席刘心武提出，所有国家都应尊重"人类共享文明"，中国作为这一文明的一员也不例外。他谈到：

这种文明虽然是由一个民族，或几个民族比较早地创造出来，但是，它有利于推动其他民族的生产力的发展与生活水平的提高，这种文明就叫作人类共享文明……但我们得坦率地承认，最近几百年来，西欧和北美为人类这一文明提供的东西更多一些。这些东西既不要去问姓"社"姓"资"，也不要问姓"外"姓"中"，它就是人类共享文明。

正像《中国可以说不》一书所体现的，民族主义者对西方文明持强烈的抵制态度，自由主义者则认为对西方说"不"只会拖缓中国自己的发展进程。在许纪霖看来，《中国可以说不》中所表现的一类民间反西方情绪，已经成为近代中国落后的一个主要因素。日本向先进的西方学习治国之道，将自己从受外强欺凌的危境中解救出来。在同样的危境下，中国的统治者却试图利用义和团运动这样的民族主义运动来抵抗西方。西方文明虽然是随着殖民主义的扩张来到东方，但两者并非是一个有机的不可分离的整体。在西方现代文明的多元结构中，既有支持霸权主义的成分，也有抗拒它的成分，不可一概而论。中国需要的是合理的民族主义，向西方学习市场、自由、民主、法治等等"软实力"。反西方主义只是一种饮鸩止渴，它只能倒过来加剧民族认同的危机本身，而无助于走出现代化与民族主义冲突的传统困境。

新民族主义者认为，民族主义是中国实现现代化的前提，并强调缺少了民族主义的现代化将无法使中国强大。而自由主义者则将全球主义视为中国现代化的目标。在他们看来，民族主义过盛会妨碍中国融入世界体系。例如，孙立平就曾指出：

民族主义情绪的兴起，以及这种民族主义的情绪在社会生活中的影响的不断加深，使得一个问题再一次提到我们的面前，这就是中国要不要继续进入和融入到世界主流文明中去。……在另外的一些国家，民族主义情绪却成为自我封闭的理由，成为社会与经济发展的障碍。只要看一下当今的世界，我们就不难看出，一些最旗帜鲜明地坚持民族主义的国家，往往也就是最抗拒现代化的主流文明的国家，有的甚至也就是当今世界上最落后的国家。

孙立平进一步区分了作为手段的民族主义和作为目标的民族主义。民族主义可以被用作促进社会整合和民族凝聚的手段。但若将民族主义视为目标，则往往会片面夸大本民族某些特质的优越性，并以这样的优越性来拒斥其他民族文化中有益的东西。就一个正在进行现代化的落后国家来说，前一种意义上的民族主义往往会对现代化起推动的作用，而后一种意义上的民族主义则往往使这个民族的现代化走向歧途，甚至出现对现代化的反动。在这种情况下，能否自觉地选择世界的主流文明，将自己自觉地融入这个主流文明中去，并在这个主流文明中成为一个积极而活跃的角色，仍然是中华民族面临的一个关键的抉择。如果狭隘地以民族主义作为一种基本的标准，由此设定一个国家或社会的发展目标，将会对中国社会的发展造成极为有害的影响。

新民族主义者认为，由西方所主导建立的现有国际规范和准则不符合中国的利益，中国应改革现有的国际体系或至少对一些规则作出调整。相反，自由派则认为现有的国际规则于中国有利。自由派的代表人物李慎之（1994a）提出，中国应抛弃地缘政治这样的陈旧概念，接受全球化和相互依存有利于世界各国的事实。对遭受西方列强欺凌的屈辱记忆，很容易使中国的民族主义衍变成沙文主义，而这实际上会阻碍中国崛起。要成为真正的大国，并为世界和平与安全作出贡献，中国只能接受现有的国际准则。据他所言：

在全球化已经成为大趋势的现实情况下，中国未来可供选择的现代化道路就不可能是另起炉灶，而是理解全球化的进程更深刻，参与全球化的进程更积极，在全球化进程中提出更高明的指导原则，来推进和提高全球化的进程。

无疑，现有的国际政治、经济和外交准则是在西方几个主要国家的主导下制定的，将它们称作西方文明的产物并不夸大。但这并不意味着中国就无法从这些准则中受益。

陈少明认为，中国不能因为自己是发展中国家，就以国际规则不适应本国国情为理由而拒绝之。其他东亚国家已经证明，接受这些规则有助于改善国情。

继《中国可以说不》成为畅销书之后，新出版的《中国不当"不先生"》赢得了同样可观的读者，它的作者是中国社会科学院世界经济与政治研究所的研究员沈骥如。在这本书中，沈骥如列举了一组反对"说不"的理由。他认为，全球主义应成为中国的认同。中国对西方说不起"不"，也无法拒绝融入现有的国际社会，更不可能孤立自己或寻求霸权。苏联正是因为说"不"而最终分崩离析。

苏联曾试图谋求世界霸权。它以争夺和对抗的方式处理国际关系，在联合国采取了不合作的态度，并拒绝参加国际货币基金组织和世界银行。这些做法严重威胁了美国利益，促使它联合其他西方国家，全面地遏制苏联。同时，由于苏联的扩张危及了西方的势力范围，促使西方进一步加强了反苏联的阵线。苏联为了取得压倒美国的军事优势，不遗余力地与美国开展了军备竞赛，耗尽了国力。经济改革的失败最终使苏联难逃解体的厄运。

在沈骥如看来，自冷战以来崛起了四股主要力量：美国、欧盟、俄罗斯和中国。中国应在国际事务中扮演重要的合作者的角色，与其他三股力量共同推进多极世界的形成。尽管坚决反对美国的霸权，中国也须承认美国在世界政治中的重要角色，与美国真诚合作，以保障自身的安全利益。如此，美国才不会将崛起中的中国视作其全球利益的威胁。

沈骥如还提出，中国应在国际经济事务中顾及西方的经济利益。合作可以带来双赢局面，适当做些让步并不会使中国的尊严受损。中国在得益于国际经济合作的同时，也应尊重国际贸易机制的规则。更重要的是，中国不应坐等被拉入国际体系。中国在亚太经合组织等国际组织的表现，展示了中国主动融入国际体系的意愿和努力，应得到肯定和鼓励。

针对中国国内的政治体制，自由派对民族主义者提出了更激烈的挑战。新民族主义者支持国家主义，认为只有将权力重新收归于中央才能振兴中国。自由派则支持通过政治改革来实现民主制，在他们看来，国家主义和中央集权会削弱国力。

20 世纪 80 年代末，中国官学两界展开了关于新权威主义的讨论。新权威主义的支持者认为，中央权威是推进中国经济体制改革的关键，提出实行新权威统治。自由派则坚持，民主制才是中国的政改方向。20 世纪 90 年代的东欧剧变让中国的知识分子深切认识到稳定的重要性，他们不再谈民主化和激进的改革。但随着新民族主义的兴起，这一论争又被摆到台面上。

事实上，自由派并不排斥中央集权，但他们认为中国走向富强的基石应是民主而非民族主义。他们指出，近代中国的民族主义兴起于亡国灭种的危境中，但既然现在已经实现了国家独立和民族解放，就应将重心转向民主和人权。李泽厚谈到：

又例如社会秩序问题，在某种意义上，我主张集权，中央要有很大的权威，要有一个强有力的中央政府。假使地方权力太大，完全不听中央，那最后就必然是打内战，因为各个地方都有自己的利益，没有一个强有力的中央来调节、控制，地方利益冲突起来，那还得了……"新权威主义"要把集权固定下来，我却认为还是要向民主制度过渡。

陈少明对新民族主义大加反对。他指出，民族主义声称维护、争取国家利益就是为了民族利益。但事实上，国家利益和民族利益未必等同。他以纳粹德国为例来论证这一观点：

以第二次世界大战为例，法西斯与反法西斯主义的国家都声称为民族利益而战，其时国家意志都凌驾于个人利益之上。但结果是，有些国家利益与民族利益是一致的，有些是背离。纳粹时代的德国，国家牺牲了人民，即最终损害了德意志民族的利益。民族主义很容易……演化为国家主义……在和平的年代里，如果我们热衷于强调国家意志的话，那只有一种选择，就是从市场经济退回到计划经济。

国家主义的支持者认为中央须牢牢控制财权。自由派并不反对中央掌握财权，但他们提醒不对权力加以约束就会导致权力被滥用。将权力集中到中央应以对中央权力进行制度约束为前提。

当政者不能以抵制普世价值为代价来巩固政权或促进民族团结。没有内部竞争机制（民主）的保障，任何政治系统都会走向末路。张曙光（1995：9）指出，苏联有先进的武器，人民对国家也有信心，但最终还是分崩离析了。显然，张曙光是借用苏联的例子来告诫民族主义的危害。只有实行民主，使民众参与政治事务，中国才有望成为强国。陈少明谈到：

以民族主义进行社会动员是有条件的，一般是民族危机时期，它才对社会有感召力……但一旦这种危机消失，社会复又一盘散沙……如果（民众）没法将自己的切身利益同有组织的行为联系起来，对任何政治动员的反应自然冷淡。……要提高社会动员的效率，从长远看，切实的措施是通过改革，提高民众参与政治事务以表达其愿望的机会。

沈骥如认为，中国不仅应在经济体制上与世界接轨，也应在政治和社会制度上向美国学习。美国之所以能够成为世界第一强国并保持住这一地位，除了国力和财富，更重要的是制度因素使然，它的自由和包容吸引了世界各地的顶级人才。沈骥如也看到，资本主义社会并非一成不变，资本主义和中国特色的社会主义的共通性越来越明显。

中国近代史上关于民族主义的讨论，围绕着三种主权类型展开：民族的、国家的和人民的。国家主权论和人民主权论者都寻求强大的国家，但就如何建立强大的国家看法不同。他们的分歧在后毛泽东时代依然存在，两派都在政坛和社会各界有着各自的拥护者。无疑，新民族主义的发展受限于自由派的抵制。从对抗西方到与之合作，中国社会对国家利益的理解的转变受到了全球主义的推动。

4. 中国正在拥抱这个世界

20 世纪 90 年代初，白鲁恂在审视了中国民族主义的发展轨迹后总结道，中国的精英在否定中华文明和将其浪漫化两个极端间摇摆不定。其他发展中国家的文明正在努力尝试向传统注入现代元素，从而产生出新的民族主义，而中国似乎更愿意固守传统，这正是出于对中华文明的浪漫情结。

看到今日中国的景象，白鲁恂一定会同意他当初的结论过于草率了。改革开放让中国渐渐融入世界，而目前的国际环境，也是自新中国成立以来最有利于中国发展的。和平的国际环境和与他国的紧密联系让中国人对世界的看法改变了。当普通中国人接触到越来越开放的外界信息，他们对世界大事的了解也会更加可观和深入。1996 年，《中国青年》在中国 5 大城市（北京、上海、广州、武汉和哈尔滨）对民众如何看待国家对外开放的程度展开了调查。调查显示，在 5 市居民中，很关心国际新闻者占56.5%；不关心者占 5.1%。

从封闭走向开放，中国社会的改变对中国人的观念产生了两方面的影响。首先，中国人对世界秩序的看法变得更为多元了。当上述调查中的 5 市居民被问及中国目前在世界上的地位时，有两种观点的赞成者的比例比较接近，即特殊地位论——"中国的文化悠久，具有它特殊的世界地位"（32.8%）和地位未定论——"中国正在改革和发展中，它在世界上的地位还不好判断"（30.0%）；其次为潜在市场论——"中国仅仅在经济上被其他国家作为一个很有发展前景的大市场来看"（16.9%）和世界强国论——"中国在政治、经济和文化的力量已成为世界上最强大的国家之一"（13.1%）。持落后国家论——"中国现在是世界上的一个落后国家，没有什么特殊重要作用"的比例为2.7%。大多数居民看好融入世界对国家发展的影响，并认为中国应向西方学习。其次，在向西方学习一事上，中国人也变得更为理性。他们不再盲目崇拜西方，开始有选择地吸取各国所长，以为中国特色的现代化所用。

在这一背景下，新民族主义和自由主义（全球主义）之间的关系便能得到更好的理解。显然，"抗议"介于"效忠"和"退出"之间。中国不会完全接受现有的国际体系，也不会拒斥它。

"抗议"战略契合中国民族主义争取民族独立和主权的主旨。在中国近代史上，民族主义是中国对西方帝国主义凌辱的反抗。中国的政治精英希望借助民族主义来重拾独立的民族主权、民族尊严和中国的大国地位。始自孙中山，民族主义就寻求中国作为大国应有的国际地位，目前的新民族主义亦如此。对于孙中山等民族主义者来说，中国可以通过表达不满而非建立一个以自己为中心的新的国际体系，来争取与其他大国平等的地位。换句话说，"合作的方式"比"对抗的方式"更有利于中国的国家利益。1949年，中华人民共和国成立以后，中国成为苏联的亲密伙伴。50年代末，中苏关系恶化，毛泽东试图带领中国重建国际秩序。1972年，中美关系正常化，中国的外交政策发生了大转向，开始联美抗苏。自此，中国不再拒斥西方主导的国际体系，并努力融入之。即使后毛泽东时代出现了新民族主义，这一积极融入世界的大方向也没有改变。

冷战结束后，中国的领导人一再强调应建立更有利于中国利益的新国际秩序，而这一"新国际秩序"的一个主要方面，就是推进中国作为独立主权国家的地位。值得注意的是，在正式场合和文件中，中国的政治精英很少用"新世界秩序"一词，而是以"新国际秩序"来表达他们对世界政治的看法。在中国人看来，"世界秩序"一词带有霸权的意味，美国作为霸主是这一秩序的主要推动者。"新世界秩序"以合作解决世界问题之虚，行干预国家主权之实。反之，"新国际秩序"意味着各个主权国家是这一秩序的独立单元，而这一秩序的初衷也是为了保持这些国家的独立和主权。

中国并不需要以革命的方式来建立这样的新国际秩序。中国要做的是发出不满的声音，以期对现有的国际秩序进行改革。西方特别是美国在国际事务中的重要性有目共睹。随着苏联的解体，两极格局结束了，世界正在走向多极化。中国人很清楚，尽管中国可以成为一"极"，但美国的世界领袖地位不可动摇。资深国际问题专家何方坦言："美国确实拥有政治、经济、军事、科技的全面优势。"更重要的是，中国的分析家也承认，在所有这些方面，美国是中国现代化的参照标准，这也正是中国的政治精英一再强调中美合作重要性的心理基础。

1993 年年底，中共中央办公厅和中央军委办公厅举办了国际形势发展研讨会。根据香港方面对此次会议的分析报告，逾六成与会者把日本看成头号敌人，三成认为美国仍是主要敌手，约一成与会者认为俄罗斯将成为危险敌手。不少中国人认为新的日美军事联盟意在遏制中国。但随着日本称霸东亚的野心日渐彰显，中国认识到美国介入东亚事务可以平衡日本势力。据美国高校的一位中国博士生的研究分析，中国官方认可美国的世界领导者地位，有 40% 的政治精英在不同程度上表示"赞成或支持美国领导世界"，这是因为：第一，国际体系需要一个领导者。第二，与其他更为危险的野心国相比，美国温和得多。1995 年，李登辉访美在中国激起了强烈的民族主义情绪，但中国官方对此事处理谨慎，以防引致任何于中美关系不利的结果。诚然，中国官方在不同场合表达对西方的不满，但也尽量避免与西方尤其是美国的任何直接冲突。

值得注意的是，一旦西方国家尤其是美国对中国示好，中国的民族主义情绪就会有所平复。中国有融入世界的意愿，也希望改善与他国的关系，这些都反映在中美关系和中国与亚洲邻邦关系的转变上。在国际事务中，中国政府也显示出合作的诚意。

中国不仅积极融入世界，也在区域秩序中承担起大国的责任。在 1997 年的亚洲金融危机中，中国为国际货币基金组织向泰国提供的一揽子救济计划捐献了 10 亿美元。中国政府还坚持人民币不贬值，防止了亚洲货币的新一轮贬值。而中国这样做，按照朱镕基的话说，是因为中国对亚洲地区的经济稳定负有责任。

随着苏联的解体和冷战的结束，中国和西方都失去了国家战略的旧有基础，在调整对外行为以适应新的国际环境上遇到了大量困难。失去了苏联这个共有的敌人，中国和西方还未找到足够坚实的新的合作基础。双方的利益，无论是物质的还是文化的，都面临着严重的冲突。

中国在经济上迅速崛起。苏联的解体忽然将它推到一个特殊的历史机遇前。这是自清末以降，中国第一次有望成为国际社会中的重要力量，一洗百年耻辱。随着经济实力的增强，中国的国际地位提升了。在国际事务中，中国也扮演着重要的角色。这些都让中国的民族主义者强烈要求，改变由西方主导建立的于中国利益有诸多不利的现有国际体系，甚至建立一个全新的体系。中国的战略家也认为，在国际体系中占据主导地位将极大地有利于中国。对于中国国内的情况，民族主义者目睹了以分权为导向的现代化对国家的影响，提出应借助民族主义来树立新的国家认同，反西化是这一时期中国民族主义的主题。此外，经济上的成就也让中国人对自己的文明和传统恢复了自信。儒家思想不再被视为现代化的障碍。以西化为导向的现代化给中国带来了各种"疾病"，儒家思想是治疗这些疾病的良方。而为了复兴儒学，必须展开抵制西方文明的运动。从以上这些方面来看，中国很有可能变得民族主义化。

但中国的外交政策不会是民族主义的。中国的新民族主义是反应性的。中国的当政者很清楚落后就要挨打，而以落后之资窥霸主之位更是痴人说梦，因此将提高国家的综合国力作为重中之重。中国愿意接受不触犯中国利益的国际准则，也愿意在大是大非的国际问题上作出适当妥协，因为友好的国际环境有利于国内发展。当然，中国主张根据变化后的全球势力格局相应地建立国际政治、经济新秩序，但这并不意味着中国会动用原本用于国内建设的资源来进行这种国际革命。相反，大部分中国人认为中国应该通过积极参与来融入现有的国际体系。中国人关心中国的国际和区域地位，但也谈中国对推进全球和区域和平与安全的"责任"。但中国不能容忍西方用现有的国际规则来遏制中国的发展，因此采取"抗议"战略。王缉思指出："美国试图迫使中国围着它转……一旦美国将本国的意志强加于中国，两国就会产生摩擦。"

一个强大的中国，对中国自身和对国际社会来说，究竟意味着什么？从美国方面来看，随着苏联的解体，中国不再是战略合作伙伴。美国成为唯一的超级大国，从地缘政治的旧有观念来看，它没有理由再与中国保持友好关系。中美间的战略合作基础一旦瓦解，就注定在安全、贸易、人权、台湾、香港、西藏等问题上发生严重冲突。此外，西方一部分人在20世纪80年代认为，改革会将中国变成一个经济自由化和政治民主化的国家，西方价值观也将盛行于中国。但事态发展并非如他们所愿。冷战结束后不久，西方又有人预言中国将步苏联之后尘成为民主国家。但他们的期望又落空了。于是，这些西方人开始恐惧中国的崛起，害怕一个强大的异己的中国成为西方的严重威胁。但中国已经在经济上取得了傲人成绩，必将成为区域乃至世界的霸主，西方能做的只能是遏制其进一步发展。这正是 20 世纪 90 年代初以来"中国威胁论"的发生逻辑。如何减轻甚至消除中国的威胁，成为西方的棘手大事，他们提出了"围堵中国"和"分裂中国"等理论。

但是，想要遏制中国的崛起并非易事。西方的阻挠或许将使中国的崛起速度在后二三十年放缓，却无法使其停止。这是因为，中国国内蕴藏着巨大的干劲和能量。正如时任新加坡总理吴作栋所言："我并不认为中国的发展可以被遏止。巨人已然出瓶，再也塞不回去。即使没有外力帮助，中国国内的活力也足以使它发展壮大。"

而西方对中国的不友善和遏制，激起了中国人强烈的民族主义情绪。这说明，中国民族主义的诱因不是中国国内的发展，而是外来刺激。尽管中国民间的新民族主义风起云涌，当政者却对此保持冷静。中国政府并不愿意看到国家的高速现代化受到任何外来因素的负面影响。当然，这便意味着政府要面对来自国内民族主义的压力。中国的民族主义是否无害，取决于中西间的关系，取决于西方是否能逐步接纳和适应中国的崛起。历史将证明，持续接触（而不是遏制）中国不仅可以缓和其民族主义，也将使中国更好地融入世界。

第十七章　政治与科学：疫情下世界的不确定性

一、疫情与全球政治危机

当新型冠状病毒（COVID-19）疫情在世界范围内扩散的时候，中国上上下下进行了一场"举国体制式"的抗疫运动，封城、封路、分格状管理，在短短数天之内建立了两山医院，举措前所未有。与此同时，西方媒体则异口同声谴责中国，在用人权、民主、信息自由等评判中国之余，更多人相信新冠疫情正在导致中国的政治巨变，相信正如"切尔诺贝利时刻"是苏联解体的转折点，新冠疫情也正演变成中国的生存危机。

现在，中国"举国体制式"的抗疫取得了阶段性的成效。在付出了巨大代价之后，新冠疫情在中国基本得到控制，各级政府在继续关切病毒扩散的同时，把恢复经济活动提到了最高的议程。

但现在轮到那些受疫情影响的其他国家的政府和社会疲于应付。在越来越多的国家，民众的批评声音四起。抱怨似乎是媒体和民众的天性。就如中国民众对政府有意见一样，日本、韩国、伊朗、美国、意大利等凡是被疫情威胁到的国家，民众无不抱怨政府，甚至产生相当规模的社会恐慌。

中国政府具有强大的管控能力，使得疫情所导致的恐慌没有爆发出来，没有演变成为西方评论家普遍认为的"政治危机"。现在的问题在于，西方各国有没有能力控制疫情？疫情是否会演变成全球政治危机？提出这样的问题并非危言耸听。如果人们能够撇开意识形态的有色眼镜，客观地看问题，不难发现，所有国家不管政治体制如何，都面临同样性质的问题、同样严峻的挑战。实际上，西方那些用于批评中国的观点，也可以用来批评西方现在所面临的问题和挑战。说穿了，如果用意识形态和政治立场来看待自己的问题和他国的问题，最终只能是自欺欺人。

1. 全球治理的共同问题

在全球范围内，各国所面临的共同问题有哪些？人们至少可以从如下几个方面来讨论。

第一，是否存在着一个有效政府和强有力的领导集团？在危机时刻，社会的信心变得极其重要。就这次新型冠状病毒来说，在很大程度上，由疫情所导致的社会恐慌要比疫情本身给社会秩序造成更大的压力。社会恐慌不可避免，所有受疫情影响的国家都出现了抢购潮，只是程度不同罢了。一个有效政府和强有力领导层的存在，对减少甚至遏制社会恐慌至关重要，这不仅关乎社会对政府的信任，也关乎政府是否有能力动员资源来有效抗疫。无论是日本、意大利，还是美国，社会最担心的也是这一点。

很多年来，"二战"以来建立的西方民主制度和自由资本主义制度受到质疑和挑战，强人政治抬头和民粹主义崛起，内部政治纷争不断，已经大大弱化了政府的有效性。在这种情况下，能否有一个有效政府和强有力的领导集团来应对疫情，是各国精英和民众最为担心的。安倍晋三是日本执政最长的首相，但新冠疫情使得他面临执政以来最严峻的挑战。美国总统特朗普就新冠病毒发表了全国电视讲话，但他对待病毒扩散的态度，几乎受到美国媒体和民众的一致批评和攻击。迄今，似乎还没出现一个民众能够加以信任的政府和领导集体。

第二，是否具备足够的人、财、物力来应对疫情？无论政治体制如何，无论经济发展水平如何，新冠病毒一扩散到哪里，哪里就出现资源短缺的情况。美国、意大利、日本和韩国都是发达国家，都被视为拥有优质的公共卫生系统，一些国家平常更是他国学习的榜样。但疫情危机来临，没有一个国家有所准备，全都陷入了全方位的物质短缺的困境，连简单的口罩、防护服和洗手液等日用品都不够用，要么是本国早已放弃生产能力，要么是储备不足。不发达国家如伊朗的情况更是严峻，以至于不得不暂时释放大量罪犯来防御疫情的扩散。一些国家更是因为没有足够的资源，而放弃了病毒检测。

第三，中央和地方之间的制度矛盾。中央与地方关系是中国所面临的一大问题。早期地方官员隐瞒疫情的情况，显然和中央与地方关系有关。这个问题也出现在其他所有国家（除了只有一级政府的新加坡）。美国是联邦制，在公共卫生领域，联邦政府拥有权力，但因为特朗普政府被普遍视为"不作为"，各州政府便自行其是，宣布进入紧急状态。

在意大利，中央政府先是突然宣布封锁部分地区，后又宣布全国封锁，但地方并没有准备好，显得手脚忙乱，不知道如何执行中央的政策。日本安倍政府修法，赋予首相颁布国家紧急状态的权力，一旦首相具有这种权力，日本地方自治就要受到很大的影响，首相扩权的举动因此引出了地方和社会的质疑。所有这一切使得这些国家的中央和地方关系出现了乱象，平常运作良好的体制在危机面前表现得极其脆弱。

第四，专业机构是否有足够的权威和权力？在疫情方面，这里的专业机构主要指疫控专家和医生等。在医疗和公共卫生领域，知识的权力是不言而喻的，无论是对病毒本身和传染性的判断，还是如何有效地遏制病毒，几乎所有环节都涉及非常专业的知识，这些知识是其他群体（包括政治人物）所不具备的。正因如此，专业机构和专业人员拥有很高的社会信任度，社会对他们的信任要远远高于对政治人物的信任。新冠病毒发生和传播以来，这个群体在各方面都扮演了很重要的角色。

但这个领域也面临两个主要的问题。其一是专业人员之间的共识问题。在病毒问题上，从病毒的来源和产生，到病毒的演变和扩散，即使专业人员的认识也需要一个很长的过程，在这个过程中的很多时间里，专业人员之间的共识并不多。在知识界，这是非常正常的现象，因为知识体是多元和开放的。不过，在疫情领域，这种观点和判断的多元性，无疑对社会产生很大的影响。如果专业人员众说纷纭，民众就不知道要听谁的。

其二也是更为重要的，是专业知识经常和政治发生严重的冲突。专业人员和政治人物之间对事物的考量很不相同。例如专业人员强调以及时和公开透明的方式公布疫情信息，这样民众才会产生安全感；政治人物则不然，他们要么需要考量疫情对自己权力的影响，要么需要考虑其他因素（即所谓的"大局"）。这使得专业机构、专业人员经常和政治人物发生矛盾。

美国疾病控制与预防中心（CDC）和总统之间的矛盾即是如此。美国行政部门规定，医院和医生不得随意公布有关疫情的信息，所有信息先要集中到联邦政府来公布。当英国当局宣布不是每天更新疫情数据，而是一周更新一次的时候，社会就哗然了。人们原来都以为，所有这些事情只会发生在中国的"威权主义"体系里，却发现各国都是如此。尽管专业机构和政治机构都可以找到有利于自己的理由，但这无疑损害了专业机构和人员的权威和权力。

第五，媒体能够发挥怎样的权力？在西方，媒体一直以报道真相为己任，被视为独立的权力。的确，自由的媒体无论对政治人物和老百姓都可以产生巨大的影响。在疫情期间，西方媒体又是否有完全的言论自由呢？实际上，一旦行政当局规定疫情信息要集中起来公布（如美国），媒体就很难像平常那样享受言论自由了。这倒不是因为媒体失去了言论自由，而是因为媒体缺失了新闻的来源。很多政府像对待战争那样来对待新冠疫情，这样的政府获得了一种特殊时期的权力来限制媒体的自由。尽管人们会质疑政府的这种特殊权力，但在这个时候，民众愿意暂时放弃自己的一些权利来赋权政府。今天的意大利就是这种情况。在美国，媒体和行政当局（总统）之间上演着互称对方制造假新闻、互相指责的大戏。

2. 社会的消极参与和积极参与

社会力量扮演一个怎样的角色？新冠疫情的扩散使得病毒获得了"全社会性"，全政府抗疫已经远远不够，只有全社会抗疫才会取得成功。也就是说，社会力量扮演一个怎样的角色，对抗疫是否成功至关重要。

社会的角色主要表现在两个方面，一方面是消极的参与，另一方面是积极的参与。消极的参与指的是社会是否配合抗疫。社会是否配合？这个问题的答案实际上并不明确。今天不管哪个国家，人们总是把目标针对政府，但忘了社会是否配合政府抗疫，是政府抗疫是否成功的前提。韩国的情况就充分说明了这一点，大部分的案例都来自大规模的宗教活动。即使在新加坡这样被视为是有效管控的社会，很多案例也来自群聚活动。

在亚洲，各国的社会成员往往抱着现实主义的态度，他们很容易在安全和自由之间作一选择，即选择安全而非自由。对他们来说，道理很简单，没有安全，哪来的自由？但在民主国家，要人们在自由和安全之间作一选择，并不是那么容易的。人们既要安全，也要保持自由。现实情况是，这两者并不总是可以同时获得的。在意大利，人们看到，一方面是政府封城封国，另一方面是封城封国形同虚设，人们照样不戴口罩，照常生活。对政治权力感到深度恐惧的人来说，他们宁愿选择在家里孤独地死亡，也不愿看到一个高度集权政府的出现。

一些社会文化因素也妨碍一些国家的有效抗疫。例如不同文化对戴口罩就有不同的理解。在亚洲（尤其在日本），戴口罩往往是表示对人家的尊敬，让人家放心；但在西方，戴口罩的人往往被视为病人，所以经常受到人们歧视。

社会积极的参与方面在中国已经表达出来。尽管中国的治理体制并没有充分考量社会力量的参与，但在这次抗疫过程中，各个社会群体显示了自己的力量。倒是平常被视为拥有强有力社会力量的西方（包括日本），到现在为止，还没看到社会如何组织起来对抗疫情。这或许和西方人把疾病视为私人事务有关。在很多国家，人们所看到的大多是社会的恐慌状态。新冠疫情已经迅速扩散到 100 多个国家和地区。

这里讨论的所有因素都在影响各国应对疫情的方法和方法的有效性。尽管各国都面临所有这些问题，但因为各国的政治制度、意识形态、文化、价值观、生活方式等的不同，人们并没有一个统一有效的抗疫模式可以模仿和参照。如果用眼下流行的网络用语来说，就是人家的作业自己没办法抄。因此，尽管中国的方法在中国有效，新加坡的方法在新加坡有效，但没有一个国家可以照抄照搬中国或新加坡的模式。最终，各国都必须找到适合自己国家的有效模式。

所有国家都在和时间赛跑。疯狂扩散的病毒不仅威胁人民的生命，也威胁各个社会正常的经济生活。病毒所及的国家，经济活动（无论是内部还是国际层面）都受到极其负面的影响。各国政府针对疫情所采取的必要极端举措（例如封城、封市、封国界等），使得内外经济活动停摆，各国股市震荡，经济危机一触即发。

如果疫情不能在短时间内控制住，如果疫情持续导致全球经济危机，我们距离一场全球范围的政治危机也不远了。

不管人们喜欢与否，病毒是人类全球化的一部分。这也决定了没有一个国家、没有一个政府可以独善其身；要战胜病毒，就需要国家间的通力合作，而非互相嘲笑，妖魔化对方。

二、新型冠状病毒和"大国不亡"的逻辑

新型冠状病毒疫情在全球范围内的扩散，无疑是对各国方方面面的一个大检验。影响各国抗疫成效的因素很多，包括制度、动员能力、人、财、物的可得性、老百姓的文化和生活习惯等。不过，有一个因素非常重要但经常被忽视，那就是国家的规模。

与小国或中等国家相比，大国抗疫不见得是最有成效的，但大国是最有韧性的。大国动员不易，在初期都会出现一定程度的乱象（无论是中国还是美国），但一旦动员起来，通过内部因素的不同组合，大国韧性就开始显现，形成一个自给自足的系统，不太容易受外在环境变迁的影响。小国和中等国家则不同，小国如果存在一个有效政府，动员容易，抗疫容易出成效。不过，中小国家内部韧性差，如果疫情持续，弱点就暴露出来了。更严重的是，一旦外在环境变化，中小国家很容易成为孤岛。

比较一下中国和欧盟的抗疫就可以理解这一点。为了遏制新型冠状病毒疫情，中国的举国体制发挥了关键作用。中央政府协调对湖北进行援助。中央政府在2月上旬成立了省际"对口支援"医疗救治工作机制，统筹安排19个省份对口支援湖北省除武汉以外的16个市、州、县级市，组建由医护、管理、疾控专业人员组成的支援队伍。外省援助湖北医疗队达到344支，共42322名医护工作者。

封城、封小区、封路、断航，在很短时间内建设两山（"雷神山"和"火神山"）医院，所有这些都是各方有效协调的结果。虽然期间出现了中央

与地方之间、地方与地方之间的一些矛盾（例如一些地方扣留运往其他地方的口罩），但因为中央集权制的存在，这些矛盾很快得到纠正。

1. 欧洲国家成抗疫"孤岛"

欧盟的情形就不一样了。欧盟可以说是人类历史上的一大奇迹，它是由主权国家结成的政治单元。通过经济、社会、政治等方面的整合，不管从哪方面来说，欧盟都取得了辉煌的成就，一些人称欧盟是"新帝国"。不过，因为欧盟本身不是主权体，协调成员国的权力非常有限，这些年更开始衰退。英国的脱欧不是偶然，而是具有必然性。这次新冠疫情对欧盟构成了前所未有的危机，很多成员国变成了无助无援的"孤岛"。

在欧盟，尽管人们都知道必须各国合力应对病毒全球大流行，欧盟议会早期也强调团结的重要性，但随着疫情在欧洲的大规模扩散，各主权国家之间就出现了严重的矛盾和纠纷。欧盟各国领导人为了满足本国人民的需求，无法按照欧盟的诸多框架行事。法德两个欧盟最大的国家虽然口头上表示团结，但都出招确保口罩等防疫装备留在本国。法国出政令变相"充公"全国口罩，以防止囤积居奇。德国不仅禁止口罩等医疗装备出口，而且扣留了运往瑞士、奥地利的口罩。

意大利驻欧盟大使马萨里（Maurizio Massari）3 月 10 日撰文，题为"意大利需要欧洲施援"，公开抱怨欧盟各国见死不救。文中提到，虽然意大利已经通过欧盟民事保护机制向欧盟求救，但没有成员国响应欧盟委员会号召，为意大利提供口罩等医疗装备，只有中国施援。他坦言，"这对欧洲团结而言并非好事"。等到中国的援助物资 3 月 12 日抵达意大利后，欧盟委员会加紧向德法施压，要求两国修改法令，两国最终依照欧盟的要求行事。

意大利还是欧盟内部的大国，较小国家的情况更加糟糕。塞尔维亚就是一个例子。3 月 15 日，塞尔维亚总统武契奇发表电视讲话，宣布塞尔维亚当即进入紧急状态。武契奇强调，困难来临之时，我们不能寄希望于欧盟，唯一会向塞尔维亚伸出援助之手的只有中国。

除了物资，欧洲各国相继封关，也加深了它们之间的隔阂。德国对接壤的奥地利、瑞士、法国、卢森堡和丹麦的边境实施临时管制，招来法国的不满，法国总统发声明谴责部分欧盟国家单方面实施边境管制。

2. 大国为何不会亡

大国在抗疫方面所显示的优势和力量，使人想起了近代一段历史时期经历过的"中国不亡"的大讨论。近代中国被西方力量打败，一部分精英人物尤其是知识和政治精英，对国家失去了信心。其中五四新文化运动的主将胡适是典型例子，他曾宣称"中国不亡，是无天理"。他在《信心与反省》中进一步解释，"今日的大患在于全国人不知耻，所以不知耻者，只是因为不曾反省"。

在很大程度上，很难说胡适的话只是"愤青"式的表现。在每一次危机来临的时候，政治和社会的各种乱象的确会给人一种"国将不国"的感觉。这次新冠疫情爆发之初所暴露出来的问题，使得一些人感觉到怎么会有那么多的弊端存在，从个体、组织到体制，从地方到中央各个方面，似乎没有一个环节不存在问题。因此，抱怨声充斥了整个互联网空间，造成一波接着一波的舆情危机。

但是，一旦意识到问题之所在，整个国家就开始动员起来，就进入了举国体制模式。在很大程度上，这个模式也是历史上经常出现的模式。这里，如果把"中国不亡"换成"大国不亡"就更容易理解大国在应对危机过程中的优劣和最后"不亡"的道理。人们可以从以下几个角度来讨论。

第一，面临危机，大国动员很慢。如果不能动员起来，就有可能"亡国"；一旦动员起来，就能显示出巨大的能量。历史上，一旦朝廷面临危机，开始时总是众口难调，异常地混乱，好像没有人负责似的，任形势一步一步地恶化。这个时候，知识人的批评、民间的叫骂不断、恐慌流传，更强化着人们的悲观失望感。但因为国家大，人口基数大，总有人会在危机之际站出来，高呼一下，形成庞大的力量拯救国家。这些人既可以来自体制内的"改革派"，也可以来自体制外的"革命派"。如果体制内的"改革派"获胜，就叫"革新"、"复兴"或"中兴"；如果是体制外的"革命派"获胜，就叫"改朝换代"。

这里需要区分一下"朝廷"和"国家"两个概念。明末顾亭林（顾炎武）说，朝廷可以亡，但国家不会亡。女真人入主中原后，整个明朝就亡了，但顾亭林说，一个"国家"的兴亡是小事，"天下"兴亡才是大事。他这里所说的"国家"，指的是政府的政权，或者"朝廷"；他所说的"天下"，指的是民族和文化。因此，他说，"天下兴亡，匹夫有责"。到了近代，梁启超也很清楚地区分了"朝廷"与"国家"，"朝廷"可以兴衰成败，但国家并不是朝廷的国家，是大家的国家。

其实，这也是人们所说的，中国文明是唯一没有中断的文明的原因。朝代有兴亡，但国家并没有灭亡。为什么"国家不亡"呢？

钱穆先生在1971年出版的《中国文化精神》中说："依我个人论，我已经过了七十之年……在此七十年中，便有人说过，'中国不亡，是无天理'。但生命中有感情，便是一'天理'。我将换一句话说，'中国人不爱中国，则是无天理'。世界各民族都如此，不是只有中国人如此。"

那么大的一个国家，在危机面前，什么样的人都会有，汉奸、投降派、"带路党"、告密者、贪生怕死者、消极悲观者、冷嘲热讽者、打打杀杀的"义和团"者等等。也正因为国家那么大，只要钱穆先生所说的"国家情感"这一"天理"存在，总会有伟大者或英雄在危机时刻登高一呼的。

第二，国家规模大，太大了就难以征服。一些学者认为，元朝和清朝的统治者认识到自己的文化（文明）比汉人的落后，所以放弃了自己的统治方式。这种说法毫无道理，他们是想坚持自己的统治方式的，在一定程度上也坚持了下来（例如清朝的两套制度，针对满人和针对汉人的），但因为中国之庞大，实在很难有效地用自己的方式来统治，所以不得不放弃而采用汉人的统治方式。

近代以来，帝国主义侵入中国，但中国之大，没有一个国家可以侵吞整个中国，中国演变成为毛泽东所说的"半殖民地"。李鸿章就是利用了列强之间在对华问题上的利益冲突，在中国的土地上展开了他的"大外交"，对列强"分而治之"，避免了中国成为单一帝国主义国家的殖民地。

第三，正因为国家之大，在危机时期，就会有"东方不亮西方亮"的效应。中国犹如整个欧洲，或者说是具有一个强有力主权中央政府的欧洲。这里至少具有三个结果。

其一，一场危机发生了，不至于所有的省份都发生危机，总有一些省份是好的。

其二，因为具有一个统一的政权，没有危机的省份可以支援危机省份，富有省份可以支援落后省份。当代中国一直实行所谓的"对口支援"，这个实践一直是中国的传统，历史上大都是如此。例如，历朝历代，政府税收大多数来自几个富有省份，政府一直扮演着区域之间的"均贫富"功能。

其三，即使人为的政策错误也很难覆盖到整个国家。天灾造成的危机不可能具有全国性，而人为的错误则是有可能成为全国性的。不过，因为中国之大，一个政策（无论是正确的还是错误的）的执行和落实是一个漫长的过程。在这个过程中，无论对中央政府还是对地方来说，都具有"试错"性质，不断产生纠错的机会。只要掌权者不那么固执己见，一错再错，一个错误就很难产生全国性的影响。

中国历史上分分合合，"分"的时间实际上比"合"的时间更长，但为什么"分"没有成为常态，而最终还是回到"合"的状态呢？除了钱穆先生所说的"国家情感"这一"天理"的存在之外，人们最终选择中央集权制下的大一统国家，国家规模所带来的巨大利益和福利便是一个重要因素。在存在一个强大中央政府的前提下，不管发生什么危机，最终都能应付过去，回归常态。

大国有大国的问题，大国可以问题百出，但大国吸收和解决问题的能力也不是一般国家所能比拟的。不过，人们绝对没有任何道理为大国规模所带来的优势而沾沾自喜，不求进步。例如，传统意义上的"朝廷亡，国家不亡"是远远不够的，因为每一次朝代更替，带来的生命牺牲和社会经济代价是巨大的。人们必须通过各种体制的改革，来实现"朝廷不亡"。

同样，政府应对危机的最初能力必须大幅度提高。每次危机发生之初，如果政府能够及时有效地应对，就可以在最大程度上减少甚至避免生命的牺牲和社会经济的损失。无疑，这些也是今天中国国家治理制度改革的任务。

三、如何理解西方的新一波反华浪潮

人类的历史就是一部不断与病毒作斗争的历史。每当一种新病毒出现，它不仅仅是一个社会、一个国家的敌人，而是所有社会、所有国家的敌人，需要国际社会的合作来共同应对。但是，正需要国际合作的时候，在美国和西方一些国家，针对中国或华人的种族话语和行为也在快速死灰复燃。

《华尔街日报》2月3日公然以"中国是亚洲真正的病夫"（China is the Real Sick Man of Asia）为题发表米德（Walter Russell Mead）所撰的文章。不管作者对中国问题的看法如何，一份西方主流媒体竟然使用如此赤裸裸的种族主义的标题，意涵深刻。《华盛顿邮报》2月5日发表潘文（John Pomfret）的文章《新型冠状病毒重新唤醒针对中国人的种族主义老旋律》（The Coronavirus Reawakens Old Racist Tropes against Chinese People），讨论美国再次日渐成长的反华人社会情绪。其他一些主流媒体也注意到这种新趋势。实际上，美国和西方一些国家的对华"隔离"政策和过度反应，也不言自明地隐含着浓厚的种族主义因素。

美国和西方一些国家的种族主义行为根深蒂固。前不久，时任美国国务院政策规划主任斯金纳在论及中美关系时强调，美国和中国的关系"是与一种完全不同的文明和不同意识形态之间的斗争，美国以前从未经历过"，并说"这是我们第一次面临一个非白人的强大竞争对手"。这番言论再次把美国学者亨廷顿在20世纪90年代初提出的文明冲突理论，拉到美国外交政策的前沿。尽管在盛行"政治上正确"多年的美国，基于种族的外交理论已经不为大多数人所认可和接受，但这种在历史上曾经产生巨大作用的理论，已经在潜意识层面成为一些人的种族情结，一旦有机会，就会重返美国的外交话语。

1. 种族主义理论加快抬头

随着中美关系的持续恶化，人们没有任何理由轻视或忽视这种种族主义理论的加快抬头。就国际关系而言，今天美国和西方世界最担忧的，就是西方主导的"自由国际秩序"所面临的严峻挑战。西方"自由国际秩序"的基础在于其内政，或者说，外部"自由国际秩序"是其内部"自由民主秩序"的延伸。今天西方所面临的挑战主要是内部秩序出现了问题，影响到其外部秩序。不过，西方并不这样看；相反，西方普遍认为，对西方"自由国际秩序"的最大挑战来自外部，尤其是中国和俄罗斯。美国也已经把中国和俄罗斯正式视为美国最大的对手。对美国来说，如何应对中国自然变成美国外交的最高议程。要有效应对中国，就要有一种理论指导，就如"二战"之后凯南（George Kennan）的"X文章"（X Article）成为美国遏制苏联的冷战理论一样。

自由主义起源于西方，所谓的自由主义国际秩序也是由西方所确立，这个过程不可避免地使得这个秩序具有种族性质，不管人们承认与否。在西方内部，因为各国内部历史、文化和现实国情的不同，从来不存在一种统一的西方自由主义；或者说，自由主义在西方各国的表现形式是不同的。在国际层面，因为西方各国国家利益不同，他们所理解的自由主义也不同，企图用自由主义来构建世界秩序的方法也不同。也就是说，自由主义从来就具有多元性，从来不存在一个"一元化"的自由主义或"自由国际秩序"。

但是，就种族而言，西方自由主义又存在一个高度统一的认同，即世界被简单地分成"白人与非白人"或"西方与非西方"，而"白人"和"西方"的目的就是整个国际秩序"自由主义化"。更重要的是，因为内政是外交的基础，"自由国际秩序"的基础是内政，所以西方在确立"自由国际秩序"的同时，必须把这个体系的成员国的内政"自由化"。

在这个理论认知下，干预他国内政或当代所说的"政权变更"，也成了西方外交（尤其是英美国家）的一个主体。英国剑桥大学政治理论家邓恩（John Dunn）认为，英美政治理论是基于"价值"的理论。人们也可以将此延伸到外交，即英美外交是基于"价值"的外交。"价值"又意味着什么？英国学者任格（N. J. Rengger）对此解释得很好，那就是要回答两个相关的问题，即"我是谁"和"我要做什么"。对这两个问题的终极回答又可回到宗教，答案即"我是上帝的子民，要执行上帝的意志"。从这个角度来说，无论是过去西方和非西方的宗教冲突，还是今天所说的"文明冲突"，背后的价值逻辑都是一样的。

历史地看，自由主义的发展和扩散有一个过程，即从西方到非西方。从发展次序来看，自由主义要先解决西方内部的问题，然后才解决西方和非西方的问题。

法国启蒙运动和法国革命所确立的"自由、平等和博爱"，可说是自由主义的核心，被视为具有普世性。启蒙运动思想家不仅要在法国实现这些价值，还要把这些价值推广到全世界。启蒙思想家孔多塞就认为，西方要扮演"慷慨的解放者"角色，把那些受"神圣"但专制和愚昧的征服者统治的人解放出来。另一思想家卢梭更为激进，他甚至提出了"强迫自由"的理论，认为如果人们不要自由，就要"强迫他们获取自由"。

这些理论不仅对西方的内部发展产生了巨大的影响，更成为西方殖民主义和帝国主义外交政策的主导思想。例如，法国努力通过殖民地政策，把这些价值销往被其统治的殖民地，尤其在非洲，并且把这些国家视为势力范围。在很多年里，法国在非洲对美国的防备，甚于对苏联的防备，因为法国很担心法国的"自由价值"会被美国所代表的"自由价值"所取代（法国并不认为苏联代表一套可以让人们接受的价值）。

2. 白人优越论成为西方主流意识形态

这里指向了西方不同国家所持的不同自由价值观。的确，在美国走向整个世界舞台之前，为了和欧洲国家争夺势力范围，美国针对周边国家提出了"自由主义价值观"，和美洲国家一起提出和确立了"睦邻友好"、"不干预"、民主、和平和正义等原则。

尽管在向非西方扩张的过程中，西方国家之间存在竞争，甚至导致了它们之间的战争，但西方的所有扩张都有一个统一的理论认知，即"白人优越论"。这一理论在19世纪和20世纪初达到了顶峰，成为国际秩序广泛使用的理论。当时，西方认为世界上只存在一个文明标准，即西方文明，说西方即说文明，说文明即说西方。"白人优越论"成为西方主流意识形态，背后既有西方的硬力量，也有西方的软力量，硬力量以经济军事力量为代表。经过近代以来的工业化，西方在经济、军事和社会等各方面成为全方位的强权，没有任何非西方国家能够和西方国家相比。1904年至1905年的日俄战争中，日本打败俄国，这是唯一的例外；但日本的成功恰恰被视为"西方化"的结果。

软力量方面，19世纪出现了社会达尔文主义，并且很快在西方流行，为西方所接受，成为主体意识形态，为西方"自由主义"在全球范围内的扩张提供了理论基础。达尔文提出"物竞天择、适者生存"的进化论，他并没有明确把"进化"理解成"进步"，尽管他似乎默许这种理解。社会达尔文主义则把达尔文的物种进化理论应用于解释社会发展。因为西方"物种"强大（打败了其他国家），所以西方是先进的、进步的、文明的、道德的。在殖民地和帝国主义那里，"白人"与"非白人"的区别完全取代了其他所有类型的区别，包括民族、宗教和国家的多样性。

在欧洲发明和发展起来的"白人优越论"也很快传到美国。19世纪，美国盛行"白人至上"（White Only）理论，借此应对数千万来自中国和印度的新移民。美国同样将此应用到国际事务。人们不应当忘记，今天美国在国际关系和外交领域最重要的政策杂志《外交事务》（Foreign Affairs）的前身就是《种族发展杂志》（Journal of Race Development）。《种族发展杂志》于1910年创刊，关注美国的外交事务，后改称《国际关系杂志》（Journal of International Relations），1922年再改名成为今天的《外交事务》。

19世纪生物学意义上的种族主义，到了20世纪的二战之后就被文化多元主义所取代。这种转型主要不是因为西方改变了对非西方的看法，而是因为西方内部的血腥种族屠杀。二战期间，德国希特勒对犹太民族进行大屠杀，导致近 600 万欧洲犹太人死亡。

20 世纪 70 年代开始，西方国家内部少数民族的民权运动崛起，尤其是美国黑人民权运动，西方国家对种族问题的看法有所改变，至少有所收敛。"文化多元主义"因此崛起，在美国表现为"大熔炉理论"，相信西方文明能够包容甚至消化来自不同种族的社会群体。在学术和政策界，人们自觉地不去谈论一些敏感问题（种族问题就是其中之一），形成为"政治上的正确"原则。

但是，在美国"9·11 事件"之后，情况有了急剧变化。在世界范围内，亨廷顿所提出的"文明冲突论"被视为得到证实。之后，亨廷顿更是专门出版著作《我们是谁？对美国国家认同的挑战》，对美国白人数量的减少和其他民族人口的增加表示了极大的担忧，并且把此现象称为对美国国家安全的威胁。之后，不同形式的恐怖主义发生在欧洲诸国。西方开始对西方文明的包容能力产生怀疑，知识界和政治人物开始公开承认文化多元主义的失败。这也构成了这些年来整个西方围绕着移民和恐怖主义的政策争论的背景。

3. 非西方的种族主义思维

经验地看，在西方的外交政策中，种族因素从来就没有消失过，也不会消失。在不同背景下，人们可以收敛一些，或者虚伪一些，但种族主义还是会不时以不同的方式浮上台面，并发挥政策作用。从中世纪的"宗教"（上帝），到近代的"种族"（白人优越论），再到当代的"民主自由价值"（价值同盟），其理论和行为逻辑都是高度一致的。

更糟糕的是，很多非西方国家因为长期受西方统治，人们已经在潜意识层面接受了这一认知。日本学习西方而崛起，很快成为军国主义者，试图以此来证明大和民族较之亚洲其他民族的优越性，至少可以实现和西方平起平坐的目标。直到今天，很多非西方国家的社会群体仍然处于"思想殖民"状态，对西方抱有毫不实际的幻想。

在一些地方，人们的思想和行为与西方比较有过之无不及，一些人为了一些具体的利益，通过各种工具和手段，人为地创造变相的"民族"或"种族"，例如强化不同社会群体之间的不同"认同"和制造他们之间的冲突，例如"先来者"对"后来者"、"本地人"对"外来人"、"民主"对"专制"等等。这些所谓的"准民族"已经导致政治纠纷和冲突，未来也必将造成更大、更为强烈的冲突。

不过，更为宏观地看，随着非西方国家的崛起，尤其是中国、俄罗斯和印度等文明国家的崛起，西方的种族主义有可能得到制衡和遏制。以现实主义来说，国际关系上各方面的平等（包括种族），与国家间的权力制衡有关。中国、俄罗斯和印度都是基于文明的国家，拥有自己独特的价值体系。这意味着一个多元国际秩序的崛起，不可避免地成为世界未来的发展方向。多元国际秩序的基础不仅仅是硬力量，更包含以价值为核心的软力量。也就是说，未来的世界是一个诸"神"共存的世界。

四、政治凌驾科学与西方抗疫问题

冠状病毒疫情在各国散播，各国抗疫成绩相去甚远。造成各国之间抗疫差异的因素有很多，但如何处理政治与科学之间的矛盾，无疑是一个最为核心的问题；处理得好，不仅疫情可以得到控制，而且社会经济也不至于损失惨重。

政治即是利益表达，是不同利益之间的力量角力和平衡，无论是西方那样的自下而上的利益表达，还是像中国那样的自上而下的利益展现。科学即是如何最有效预防、阻断疫情的传播和拯救生命，不会把重点置于其他任何方面。

冠状病毒疫情中，政治和科学之间的矛盾即表现为生命与经济之间的关系，也表现在生命和个人自由之间的关系。再者，如何处理政治和科学之间的关系，本身就需要科学。

相对于西方国家尤其是英美国家，东亚社会的抗疫很显然是比较成功的，而成功的关键在于东亚政府在抗疫过程中，能够实现科学与政治之间的平衡。东亚社会的这个特征，和这些社会的技术官僚治国传统有很大的关联。技术官僚治国的一个主要特征，就是这个群体在诊断问题和寻找解决问题的方法时，不会去诉诸意识形态和政治考量，而是诉诸科学的理性和逻辑。韩国和新加坡等被西方视为抗疫的典范。

韩国和新加坡对一些社会群体（例如旅游者）使用了侵入式监控体系，来减缓病毒的流出速度，甚至阻隔病毒的传播，但对一般老百姓则没有采取过于极端的举措。这样做无非是要同时达到两个目标：抗疫和维持正常的经济社会生活。

1. 政治过度导致抗疫不力

中国的举措更为极端一些，但很多方面也和其他亚洲社会类似。这也是有理由的。疫情在武汉（湖北）暴发，中国中央政府断然作出封城（省）的决定。这种极端的举措拯救了无数生命，但也带来了重大的经济损失，中国第一季经济基本上就没有了。但中国政府是否可以像后来韩国和新加坡政府那样，采取比较温和的政策从而减少经济损失呢？这些只是事后（诸葛亮）的解释。这些极端的举措在当时的情况下无疑是正确的选择。

在很大程度上说，中国尽管牺牲了经济活动，但应对疫情扩散的方法，包括大规模的举国动员、跨省支援、两山医院建设、方舱医院的设置等，都表现了很大的科学性。换句话说，尽管中国抗疫中也是有政治的，表现在早期地方政府对言论的过度管控上，但在全面抗疫开始之后，政府没有妨碍科学，而且政治助力科学方法的使用到了极致。

这种做法经常招致西方的批评，认为政府过于专制，违反自由人权，连方舱医院也被视为是新型"集中营"。但正是科学方法的使用，使得中国能够在短时间内有效地控制疫情。用美国学者福山的话说，中国是非西方社会抗疫成功的例子。

西方是另一种情形。如果说中国是政治助力科学，西方可以说是政治凌驾于科学。政治过度而科学不足是很多西方国家政府抗疫不力的一个主要原因，尤其是被视为西方民主典范的英美两国。

英国卫生部 2020 年 5 月 5 日公布，全英国已经有 2.94 万人死于冠状病毒，这意味着英国已经超越了意大利，成为冠病死亡人数第二高的国家，仅排在美国之后。从疫情一开始，约翰逊政府一直被各界批评反应不足，包括过早放弃检测和追踪的围堵策略，封城举措远远落后于欧洲其他国家，甚至首相及卫生部长也曾经确诊。英国分析家认为，这是英国约翰逊政府政治凌驾于科学之上造成的。

包括英国在内的一些西方国家，一直在抱怨中国早期的行为，认为是中国的"隐瞒"和"迟疑"导致了疫情在全世界的流行。不过，这种推责行为解释不了这些国家本身为什么那么迟疑。世界卫生组织 2020 年 1 月 30 日将冠状病毒列为"国际公共卫生紧急事件"，而英国本身次日也确诊了首两例感染者，均为中国公民。

不过，约翰逊政府在 2 月初仍然沉浸在脱欧的喜庆之中，并发表庆祝脱欧的演说。媒体也发现，首相缺席了多场商讨抗疫对策的"内阁办公室简报室"会议，显示首相对疫情并不重视和关心。英国政府的抗疫决定，也一直被批缺乏透明度，"内阁办公室简报室"会议一直是秘密的。尽管政府也参考了"紧急事件科学顾问小组"的科学建议，但一直没有公开小组成员的名单。这个专家小组早就预警，如果不采取有效举措，英国到3月初八成人口会感染，但首相仍然只建议民众多洗手，也称自己探访医院时有跟每一个人握手。政治对科学的蔑视和分歧是显然的。

很多人也记得，西方媒体当时也批评中国国家主席习近平在视察疫情区时戴着口罩，认为这是中共领导人脱离社会的象征。但是后来，西方媒体从来不缺用更为激烈的语气，去批评他们的总统或者首相，出现在公众场合时不戴口罩的行为。

英国政府在3月12日透露，已经结束抗疫计划第一阶段，由通过检测和追踪以围堵病毒改为纾缓政策，要求所有出现症状者自我隔离一周，但社交距离举措及停课安排仍在考量之中。很多人认为，英国政府一开始就不应该放弃围堵策略。首席科学顾问瓦兰斯（Patrick Vallance）在13日提出"群体免疫论"，即让全国六成人口感染以产生免疫力，长远保护整个社区。这在英国引起极大争议。当时英国已经有近800宗病例，但许多大型活动仍在进行。

与此同时，意大利、法国和西班牙已经相继封城，德国则采取严格的社交距离举措，并推行大规模的检测及追踪。之后，英国政府又倒转回头，多次强调群体免疫只是科学概念，并非实际的抗疫政策的一部分。

3月16日，由帝国理工学院流行病权威专家弗格森（Neil Ferguson）所带领的研究团队，发表了一份研究报告，被外界视为逆转英国政府抗疫态度的关键。根据这份报告的推算，如果继续采取纾缓政策而非围堵策略，英国的国民保健服务（NHS）将超负荷，或导致25万人死亡。之后的一周，政府内部就应否封城出现激烈辩论。

尽管卫生官员认为封城势在必行，但财政官员担心封城会影响经济活动。不管如何，这场争论浪费了大量的时间。在政策争论期间，病毒在加速流行，但老百姓生活如常。直到20日政府才下令关闭学校、酒吧、饭店和其他社交场所，23日才实施封城。

在美国，政治凌驾科学的情况比英国更为糟糕。抗疫开始迄今，美国抗疫故事每天似乎是围绕着行政权力，即总统和科学家专家群体之间的矛盾而展开的。总统和国会围绕着如何应付美国的经济问题而有过互动和交锋，但并不是主线。

2. 政治如何凌驾科学

政治凌驾科学在三个层面展开。首先是政治人物个人层面的政治。这里特朗普无疑是主角。特朗普为了其个人权力、选举等考量，不惜否定专家的科学建议。特朗普上任以来屡屡否定与其立场相违，甚至指正其错误的权威意见与措施，以扩张其个人权威。这次疫情中，特朗普把这种情况推到了极端。总统多次无视疾病控制及预防中心（CDC）官员及其他专家基于科学的建议，淡化疫情，提出未经证实的疗法。

他甚至建议用注射消毒液的方法，来杀死人体内的新型冠状病毒。尽管他稍后否定，但美国已经有些老百姓按照总统的方法做了。总统个人的傲慢也导致了白宫的失守，一些工作人员确诊感染新型冠状病毒。总统个人在要不要戴口罩问题上浪费了很多时间，最终决定戴了，但总统本人还是经常不戴，连白宫工作人员也搞不清楚新型冠状病毒疫情期间的行为规则。

个人利益也表现在一些国会议员在疫情期间，利用内部消息而出让股票的事例中。

其次是利益集团层面的政治。这主要表现对经济重要还是生命重要的争论，及其相关的政策之中。美国的很多保守派政治人物，无论在联邦层面还是州和地方层面，一直把经济置于生命之前，甚至公开主张为了经济可以不惜人民的生命。尽管这种争论不可避免，但经济重于生命的理念，的确影响着无论是联邦政府还是地方政府的抗疫政策的有效性。

尽管新型冠状病毒确诊病例仍在上升，白宫表示，由于国家在抗疫上已经取得巨大进展，由其领导的白宫抗疫工作小组会很快解散，改由各联邦部门协调抗疫。但美国的多个专家模型预测均显示，如果美国恢复正常活动重开经济，确诊和死亡数字将激增。各种民调也显示，过半美国人对解封仍感不安。面对批评，特朗普又改口，称抗疫小组工作出色，会无限期延续，但同时会把重点放在"安全和重开国家、疫苗、治疗"等方面。

根据美国媒体报道，CDC 在 4 月制定了供地方官员决定如何按部就班恢复正常社会生活的系列具体建议，但遭白宫搁置，因为指引有违特朗普让各州自决解封的策略。白宫阻挠 CDC 的报告，变相将防疫举措实施转嫁给各州甚至企业本身。一些共和党掌控的州为保经济而急于重启经济，而民主党掌控的州继续抗疫。

其三，在国际层面，美国总统和高官都竭力想把新型冠状病毒扩散的责任推给中国。尽管包括美国在内的各国科学界共同体，对新型冠状病毒的起源仍然处于研究阶段，但美国的政界和保守派媒体不断制造着种种有关新型冠状病毒的"理论"，如"中国起源论""中国责任论"和"中国赔偿论"等等，试图把自己抗疫不力的责任推给中国。

共和党试图把"中国责任"作为特朗普保持总统职位的竞选议程。美国更想通过"五眼联盟"炮制推责中国的"病毒阴谋论"。美国过分的做法，甚至招致一些联盟成员也开始和美国保持距离。之前，在所谓伊拉克拥有大规模杀伤性武器问题上，美国的盟友曾经听信美国，犯了大错。

尽管因为政治所驱，各国都出现了推责的言论，但没有任何一个国家像美国那样，有那么多的高官和国会议员，把那么多的精力放在推责中国上。人们可以设想，如果这些官员和政治人物把精力投入到抗疫上，可以拯救多少生命呢！

在西方国家中，德国无疑是抗疫的一个典范。德国新型冠状病毒感染者死亡率仅 2%，远远低于意大利的 13% 和西班牙的 10%。这里面的因素有很多，但德国领导层能够在政治和科学之间达成平衡，无疑是关键因素。正如美国人把美国疫情的扩散归之于总统特朗普，德国人把德国抗疫的成功归于其总理默克尔的强有力领导。尽管在疫情早期，默克尔因在欧洲未能发挥足够有力的领导作用而受到批评，但德国采取的有效应对举措，受到广泛的赞誉。

作为科班出身的物理学家，她遵循科学建议，并虚心地从其他国家的最佳实践中学习。美国拥有一些世界上最杰出以及最聪明的科学人才，但特朗普不仅没有听取他们的意见，反而经常与科学家闹意见。默克尔则全然不同，她所依靠的德国国家科学院团队，不仅包括医学专家和经济学家，还包括行为心理学家、教育专家、社会学家、哲学家和宪法专家。

在任何国家，政治是客观存在的，也不可或缺。在民主国家，政治被视为是防止政治人物为了自己的个人利益，或者其所代表的党派利益而去专权的有效途径。但如果政治凌驾了科学，就很难找到最有效的方法去挽救老百姓的生命。恢复经济活动也并非没有道理，因为如果社会停摆，经济垮了，就会产生其他更多的问题。

历史地看，随着企业的大量倒闭，失业人口大量上升，民众生计困难，大规模的社会恐慌不可避免；同时也会造成成千上万的人因吸毒、心脏病、抑郁症等跟经济受挫有关的问题而死亡。因此，恢复经济运转有其必要性。问题在于如何科学地逐步开放，而非根据意识形态来进行。

如何达成政治和科学之间的平衡？这是各国政府所面临的问题。至少到目前为止，东亚社会在这方面的表现要远远优于西方社会。

五、人们所熟悉的中美关系一去不复返

中美关系作为世界上最重要的双边关系，这些年来进行得很是辛苦。美国总统特朗普上台之后，美国就发动了中美"贸易战"。两个最大经济体之间的贸易摩擦，已经给世界经济蒙上巨大的阴影。经过艰苦的谈判，好不容易达成了第一阶段的协议，2019新型冠状病毒疫情却出现了。这个时候最需要两个大国的合作，结果却是渐行渐远。

尽管中国国家主席习近平和特朗普就新冠疫情的应对和合作，进行了友好的电话交谈，特朗普也答应会亲自监督落实两国元首所达成的共识，但现实地说，即使两国的医疗合作可以进行，人们曾经所见的中美关系，也已经一去不复返。

两国的合作是主流，冲突是非主流，并且是可以解决的。在贸易摩擦之前，这几乎是中美精英圈的共识，所以才会有"中美国"（美方）和"婚姻关系"（中方）这样的概念出现。这些概念无非是想说明两国经济上互相依赖，冲突变得不可能，因为冲突的成本实在太高了。不过，事实并非如此。谁都知道冲突成本高，两国的贸易摩擦对谁都会是巨大的伤害，但贸易摩擦的确发生了。

新型冠状病毒的扩散使得两国的合作更为紧迫。两国的合作既有客观需要，也符合两国人民的利益。因为在疫情早期的时候，中国更需要美国的合作。美国也是答应合作的，但美国的很多承诺并没有落实。在中国的疫情得到控制，而在美国大规模流行开来时，人们觉得美国更需要中国的帮助。

的确，美国需要中国供应医疗物资。不仅如此，中国拥有疫情的关键信息（包括对病毒本身的研究、病毒传播方式、病毒大数据等）和抗疫的经验。在经验层面，两国的科学家也的确在进行各个方面的合作，但这些客观需要并没有把两国的合作彰显出来。人们没有感觉到两国合作的气氛，倒是闻到了浓浓的"硝烟味"。

1. 中美合作为何变得越来越难？

为什么会变成这样？因为无论是围绕着贸易还是新型冠状病毒，两国间日益紧张的政治气氛，使得本来可以发生的合作烟消云散。

新型冠状病毒暴发以来，中美两国一直在两个领域进行着越来越激烈的较量，一是病毒的冠名，二是媒体战。

首先是病毒冠名之争。早期人们对新病毒没有统一的名称，但在世界卫生组织（WHO）有了统一的名称之后，各国理应根据 WHO 的标准叫法，美国的政治人物却没有这样做。

在美国的一些人包括政治人物毫无道理地把新冠病毒"种族主义化"之后，中美两国就展开了病毒的冠名权之争。蓬佩奥一直把病毒称为"武汉病毒"，尽管中国的抗议声不断。特朗普在关于新冠病毒的全国电视讲话中，扭扭捏捏地称病毒为开始于中国的"外国病毒"；但就在杨洁篪和蓬佩奥通话当晚，特朗普在其推特上直呼病毒为"中国病毒"。

美国政客的种族主义很快激起了中国社会的愤怒，无论是纸媒还是网络空间，都充满了声讨文字。中下层官员也不例外地加入了愤怒的队伍。特朗普对此似乎很有准备，接下来，他在各个场合直呼"中国病毒"。特朗普的行为更激起了中国的愤怒，外交系统官员连续反应。就这样，冲突就螺旋式地往上升。直到习近平和特朗普通电话之后，有关病毒冠名权的言论战才有所缓和。

另一战场是媒体。《华尔街日报》发表具有种族主义色彩的污蔑中国人的文章，导致中国驱逐该报在华的三名记者。美国跟进限制中国五家媒体在美国的记者数量，并且要把这些中国媒体登记为外国政府代理人。中国自然进行反制，作出驱逐美国几家主要媒体在华记者，同时限制为美国媒体工作的中方人员的决定。美国也照本宣科地作同样的反应。冲突的升级也是螺旋式的。

不过，无论是病毒的冠名权还是媒体战，这些可能仅仅是中美间冲突的表象。实际上，双方都以为自己知道这些冲突背后，对方所具有的真实议程。在美国看来，中国是想利用这次机会在全球范围内取代美国，从而称霸全球。在中国看来，美国这样做是为了遏制和围堵中国。很显然，双方的这种担忧并不新鲜，至少从 20 世纪 90 年代就开始了，只不过是借新冠病毒危机的机会再次表露出来，并且得到了升级。

一些评论员说美国把病毒"种族主义化"，是为了推卸政府抗疫不力的责任。尽管病毒在武汉暴发，但早期美国政府把此视为普通的流感，没有加以重视，延误了时机。正如特朗普所言，美国具有世界上最发达、最大的经济体，也有发达的公共卫生体系，对病毒并不担心，更无须恐惧。

尽管如此，美国并没有有效阻挡住病毒的快速扩散。这对美国政治人物的信心是一个沉重的打击。不难理解，没有自信心的人更会找机会把错误推给别人，国家也是如此。实际上，直到今天，美国的很多政客都还在热衷于推卸责任，没有把心思和精力放在抗疫上。

不过，把病毒种族主义化在美国政界并没有共识。国会民主党人普遍批评特朗普和行政当局对于美国新冠疫情的应对。民主党联邦众议员麦戈文（Jim McGovern）表示，他担心共和党人在对中国采取调查的做法将引起种族歧视，甚至种族仇恨。马萨诸塞州参议员沃伦（Elizabeth

Warren）也公开叫板特朗普。很多民主党人也认为，行政当局这样做是为了推卸责任。

这里值得注意的是，问题并不是推卸责任那么简单。新冠病毒考验着美国的内政外交，很多方面促成了美国对中国的真实而深刻的忧虑，这种真实性和深刻性，是正常时期所不能感受到的。

2. 美国担忧经济高度依赖中国

首先是对经济高度依赖中国的忧虑。谁都知道中美两国经济的相互依赖性，但谁都没有对这种高度依赖的后果有过如此深切的感受。正如美国国会众议院外交事务委员会共和党议员麦考尔（Michael McCaul）所说："我确实认为我们要审视我们的供应链，我们80%的医疗物资供应来自中国。如果我们在这样的危机时刻还必须依赖中国，当他们威胁我们，说要把我们置身于新冠病毒的地狱，拒绝提供医疗物资给我们，美国就必须重新审视，思考我们能否在美国制造这些产品。"

的确，自20世纪80年代始的全球化，使得美国资本主义高度异化，政府完全失去了经济主权。在新自由主义旗帜下，美国资本主义为了逐利，把大部分经济活动迁往海外，包括和人民生命息息相关的医疗物资。当特朗普大谈美国拥有世界上最强大的经济、最好的医疗卫生体制的时候，老百姓需要的只是简单的口罩、洗手液、防护服、呼吸机等；而正是这些能够给人民带来安全的物资，美国已经不再生产或者产能不足了。

这个现实无论是美国的精英还是民众都是难以接受的。正是这个现实，今天的美国出现了"去全球化"就是"去中国化"的论调。但很显然，这并非是因为中国，而是因为资本主导的全球化，使得经济利益完全同社会的需要脱离开来。经济本来是社会的一部分，但经济脱离社会时，危机便是必然的。

3. 美国忧虑中国体制

其次是对中国体制的忧虑。中美之争说到底就是体制之争。中国的"举国体制"在抗疫过程中所体现出来的有效性，更加强化了美国精英对中国体制的担忧。就美国体制而言，如美国政治学者福山所说，美国这次抗疫不力并非美国体制之故，美国总统要负更大的责任。如果说美国精英对美国体制没有有效的反思，对中国体制的恐惧感则是显然的。

中国媒体对中国体制的弘扬和美国精英对中国体制的攻击，不仅形成了鲜明的对比，而且两者是互相激化的，即中国越是高调张扬，美国越是恐惧。

共和党联邦参议员霍利（Josh Hawley）和同党籍的联邦众议员斯坦弗尼克（Elise Stefanik）在参众两院分别提出议案，呼吁对在新冠疫情暴发初期"中国"隐瞒疫情扩散的情况启动国际调查，同时要求中国对受影响的世界各国作出赔偿。

同时，还有一组跨党派联邦众议员提出另一项议案，把新冠病毒在全球流行归因于中国，并呼吁中国公开承认新冠病毒起源于中国。如果意识到美国精英对中国体制的恐惧，类似的举动就不难理解，而且这种举动今后也会越来越甚。

4. 美国忧虑被中国取代

第三是对美国全球地位被中国取代的忧虑。疫情在美国快速扩散，美国自顾不暇。新冠病毒把特朗普的"美国中心论"推向一个极端，显示出美国的自私性，单边主义盛行。美国不仅单边对中国断航，也对欧洲盟友断航。新冠病毒几乎断了美国世界领导力之臂。相反，中国在本土疫情得到控制之后，开始展现其疫情外交，不仅对发展中国家，而且对美国的欧洲盟友，甚至对美国提供援助。更使美国担忧的是，这些国家为了应对危机而纷纷投向中国的"怀抱"，无条件地接受中国的援助。

这种情形是美国所不能接受的，美国担心新冠疫情会深刻地弱化甚至消除美国地缘政治的影响力，而使得中国得到一个史无前例的机会来主导世界地缘政治。蓬佩奥在七国集团外长视频会议上，号召各国在联合国等国际机构抗击他所说的"中国的恶意影响"。还应当指出的是，尽管欧洲国家需要中国的援助，但各国对中国援助所能产生的地缘政治影响，也保持高度的警惕。

在中美两国关系上，更加糟糕也更加重要的是，今天冲突双方越来越具有深厚的社会基础，即两国内部日益萌生的民族主义情绪。来自美国的各种民调显示，美国人对中国的好感度已经到了中美建交之后的最低点。中国尽管没有类似的民调，但从数以亿计的网民高涨的民族主义和民粹主义情绪来看，民众对美国的好感度之低也是史无前例的。

不可否认，新冠疫情已经促成中美冷战的升级。现在越来越多的人开始担心，随着疫情在美国的继续扩散，和美国政治人物把责任推给中国，随着反华浪潮在美国的快速崛起，加之被疫情恶化的经济危机、社会恐惧和美国内部治理危机，中美之间的关系前景不容乐观。在历史上，战争和瘟疫是一对孪生兄弟。对这一点，谁也没有理由加以轻视。

六、中西"抗疫"话语权之争的谬误

在本土冠状病毒疫情基本得到控制后，中国政府宣布向那些需要中国帮助的国家和世界卫生组织、非盟提供援助，包括检测试剂、口罩、防护服、呼吸机等。这属必然。

疫情在世界各地横行，各国政府忙于应对抗疫，需要大量的抗疫物资。因为很多西方国家基本上已经把很多生产链转移到国外，不再生产附加值不那么高的医疗物资，或者产能不足，疫情到来的时候，也不可能马上把生产线转移到国内，恢复生产，因此只能向国外采购。而中国刚好是世界工厂，具有庞大的产能。中国在疫情期间已经开始大量生产医疗物资。现在中国本身疫情控制下来，自然就可以支援其他国家来抗疫了。

中国出口大量医疗物资，尽管是各国之迫切所需，但西方对中国的外援反应强烈，大多持批评甚至指责的态度。一些西方媒体在中国医疗产品的质量上大做文章，挑毛病，对中国发难，认为中国出口劣质医疗产品。一些国家的医疗管理机构甚至不批准使用中国的产品。总体上看，西方内部精英之间就中国对他们国家的支援，不仅没有共识，反而加速分化。在很多西方精英的眼中，中国对外援助变成了"口罩外交"、"影响力之争"和"地缘政治之争"。

新型冠状病毒在无情扩散，每天有大量的群体被感染，有大量的病人死去，"死亡"成为世界各国的共同敌人。也就是说，人类因为新冠病毒疾病而上演着一场全球性的人道主义危机。疫情中心从中国转移到了美国和欧洲，并且在迅速地向南方延伸。欧美是世界上经济最发达的地区，并且医疗体制和公共卫生体系也很发达。

疫情在欧美都造成了如此深刻的人道危机，一旦到了那些贫穷和公共卫生体制能力低下的国家，情形不堪设想。病毒没有边界，没有任何个人、任何社会、任何国家能够独善其身，唯独合作才是出路。今天，一个重要的问题并不是哪一个国家控制住了疫情，而是哪一个国家没有控制好疫情。只要有国家没有控制好，病毒照样会扩散到全球，这只是时间问题，而非可能性问题。

如果一方需要他人帮助，也乐意接受他人帮助，而另一方愿意帮助，也有能力帮助，这便是一个明显的双赢格局。但为什么会出现今天这样令人费解的局面呢？

在国际舞台上，好像没有任何事物是没有政治性的。应对冠状病毒演变成了国家间的权力之争并不难理解。这确切地表现在中国和西方的关系上。今天人们所看到的世界体系是西方确立起来的，舞台上的主角一直是西方国家。现在西方诸国因为疫情自顾不暇，忙于抗疫，好像只有中国在这个本来属于他们的舞台上活动。这使得很多国家感到失落。

1. 西方政治人物的考虑

被视为行为科学界的达尔文的哈罗德·拉斯韦尔（Harold Lasswell），把政治定义为"谁得到什么？什么时候和如何得到？"（"Politics：Who Gets What，When，How"）。西方政治人物的考虑，显然不是如何通过国际合作有效抗疫；相反，他们的首要考虑是在这场病毒战争中谁会获得最多；或者说，他们的问题是：谁是赢家，谁是输家？

新冠疫情这样深刻的危机，并没有丝毫改变政治人物的态度。对这些政治人物来说，"国家利益"高于一切。这不光是针对中国，一些西方国家针对内部问题也经常抱这个态度。因此，美国党派之间曾经争论是抗疫重要还是维持经济生活重要，很多保守派提倡用牺牲生命来保经济，而英国首相约翰逊则倡导"群体免疫"。

美国政治人物担忧的是疫情是否会导致美国的最终衰落。曾经在奥巴马时期任东亚及太平洋事务助理国务卿的坎贝尔（Kurt M. Campbell）和学者杜如松（Rush Doshi），最近在《外交事务》上发表文章，把这一点说得很清楚了。他们指出："美国过去70多年来建立国际领导者的地位，不单是因为其财富和实力，更重要的是美国国内管治、供应全球公共物品、有能力和愿意集合和协调国际力量去应对危机所带出的认受性。"

不过，这场大流行"考验上述美国领导能力的全部三要素，但到目前为止华盛顿并不合格，在其步履蹒跚时，北京正在迅速而熟练地采取行动，利用美国失误造成的缺口，填补其空缺，把自己呈现成应对这场大流行的全球领导者"。

他们担忧，中国通过在大流行病中对其他国家的帮助，试图建立新的基准，把中国塑造成为不可或缺的强国（essential power），并以此和各国建立关系。这已经明显表现在中国与日本、韩国联合应对疫情，向欧盟提供重要卫生设备的行为上。美国更应当担心的是，尽管其欧洲盟友并没有公开批评特朗普政府，但在一些关键问题上，美国的盟友已经不是和美国站在同一战线上了，例如是否采用华为技术和伊朗问题。

如果英国 1956 年夺取苏伊士运河的行动，标志着大英帝国的最后衰落，如果美国继续这样下去，冠状病毒大流行将会是美国的"苏伊士时刻"。

这样的担忧并非只有美国存在，而且已蔓延到整个西方。欧盟外交与安全政策高级代表博雷利（Josep Borrell）3 月 23 日在欧盟对外行动署网站上，发表一篇题为《冠状病毒大流行及其正在建立的新世界》的文章，从地缘政治的角度来审视中国外交，对中国在抗击疫情期间的"慷慨政治"发出警告，敦促欧盟国家准备好迎接一场"全球话语权之战"中的"影响力之争"。他认为，中国有针对性地帮助某些国家，给他们提供抗击疫情物资以"展示团结和友谊"。

博雷利说，"一场全球性话语权之战正在进行"，中国通过大举帮助欧洲，"在大张旗鼓地传递一个信息，那就是，与美国不同，中国是个负责任和可靠的伙伴"。这位作者警告说："对于欧洲来说，我们能肯定的是，随着疫情的暴发和我们应对疫情的进展，人们的看法会再次改变。但是我们必须明白，这其中有地缘政治的成分，包括通过杜撰和'慷慨政治'来争夺影响力的斗争。有了事实，我们需要保卫欧洲不受诽谤者的攻击。"

当意大利和塞尔维亚等国向欧盟求救时，德、法等欧盟大国都感到无能为力，无动于衷，因此这些国家只好转向中国，中国也及时地提供了援助。但当这种"地缘政治论"被炒热之后，德国和法国领导人也出来表示关切，并且声言要帮助意大利等国，以维护欧洲的团结。

2. 西方缺乏自我反思

美国和整个西方显然没有自我反思能力。正如一个国家的外部影响力是其内部崛起的外部反映一样，一个国家的外部衰落也是其内部衰落的反映。简单地说，英国的衰落并非因为美国的崛起，或者美国的衰落并非因为中国的崛起。

美国在国际舞台上领导力的衰落，不仅是因为其内部问题，更是因为它成为唯一的霸权之后开始实行单边主义。自"9·11"开始，美国因为实施单边主义，就已经和其欧洲盟友渐行渐远。之后的很多年，因为美国在国际舞台上扩张过度，不得不作收缩战线的调整。尤其在特朗普上台之后，美国急速地从各种国际协议中退出，在"美国优先"思路的主导下，美国已经不能在国际舞台上扮演领导者角色了。

欧盟也一样。欧盟在很长时间里被视为不仅是欧洲的未来，更是人类区域合作的典范。但欧盟的衰落甚至远比人们想象得快。这些年来，英国脱欧，欧盟成员国怨声四起。这次新冠疫情更是显露出欧盟的软肋。人们没有看到欧盟共同体的存在，只感觉到欧洲回到了绝对主权的时代，各国显露出极端的自私性。成员国之间的合作精神荡然无存，内部右派民粹主义的崛起更是增加了合作的困难。德国不仅没有力量向意大利提供帮助，反而截留了本来要运往其他欧洲国家的抗疫物资。

意大利等国并非有意和欧盟作对，这些国家只是在向欧盟求助无望的情况下转而求助中国。再者，中国和意大利或者欧洲其他国家的合作，并没有任何地缘政治的考量。中国的地缘政治重心永远在亚洲，和欧洲的关系充其量不过是经贸关系罢了。所谓的"地缘政治"之争，无疑是西方文化的想象。

导致美国（西方）内部衰落更重要的原因，则是20世纪80年代以来的新自由主义经济政策所导致的资本主义的异化。在资本的主导下，意在塑造国际劳动分工的全球化，把西方诸国产业大多转移到了其他国家。尽管国际劳动分工有助于提高劳动生产率，但导致了西方内部经济和社会的分离。经济本来是嵌入社会的，但现在经济活动高度国际化，没有了主权性质，更不是社会所能控制的。美国和西方国家这次抗疫如此无能，不仅是因为治理体制，更是因为这些国家已经不再生产简单的医疗物资。

美国高度依赖中国的医疗物资供应，80%的医疗物资来自中国，97%的抗生素来自中国。欧洲和其他主要资本主义国家也是如此。中国作为医疗物资生产大国有意愿有能力，并且有道义上的必要性来帮助其他国家，这再正常不过了。但西方诸国又担忧中国的医疗物资，会影响本国人民对中国的看法。西方政治人物对意识形态的着迷，使得他们对自己的老百姓失去了自信。

如果说美国和西方的意识形态偏见、对地缘政治影响力的担忧等因素，导向了它们对中国的错误认知，中国本身是否也有可以检讨的地方呢？

3. 中国的言行有让人误解之处

实际上，在中西之间根本不存在西方所说的"话语权"之争，因为中国从来就没有确立过自己的话语权，中国所做的只是对西方话语权的回应。一个文明大国进入了国际体系，但从来就没有建立起自己的国际话语体系，人云亦云，步人后尘。因此，中国被西方误解，中国自己的言行有让人误解之处。

这个问题并非因新冠疫情引起，只不过疫情再次把这个问题暴露了出来。例如，中国的"一带一路"和东欧国家的"16+1机制"等，根本不是地缘政治项目，而只是商贸交往。但受西方话语影响，中国本身的学者也把此视为是中国领导世界的路径，官方的"倡议"概念被转化成为"战略"的概念。同时，也受西方影响，不管具体情况，到处滥用"多边主义"方式，使得中国和西方的"团团伙伙"趋同。

这次新冠疫情发生以来的行为也一样。中国应当以什么样的一种精神进行外交呢？没有人会否认，新冠病毒已经导致了一场全球范围内的人道主义危机，并且随着病毒的到处扩散，危机在加深。如果明了这场危机的性质，如何进行外交也就明了，即这是一场意在缓解人道主义危机的外交。

其实，中国本身能够在很短时间里控制住疫情，也和领导层把老百姓的生命放在第一位有关。如此大规模地封城、封省、断航，肯定会影响国民经济的正常运行，中国实际上也遭受了巨大的经济损失，但领导层仍然果断地这么做了。抗疫优先还是经济优先？这在中国没有成为问题。类似"佛系抗疫"或者"群体免疫"这样的概念，更不会出现在中国的政治话语上。

但很可惜，人们并没有把这个大好的机遇利用起来，把中国本身的话语建立起来，媒体、大众诉诸民族主义和民粹主义精神，和西方以牙还牙，针锋相对，纠缠在一些非本质性的问题上。很多人以为这样做至少在语言上占了优势。不过，语言不是话语，声音很响，但话语全无。更为重要的是，这种语言战有效地消耗了中国从行动上所赢得的国际信誉和信用。新冠疫情无疑正在成为改变世界历史进程的事件。

中国如何在这个进程中定位自身，离不开自己话语的塑造。因此，我们不能以为自己已经拥有了话语和话语权，这个艰巨的任务仍然是中国所面临的最大国际挑战。

七、疫情之后的"有限全球化"

新冠肺炎疫情之后，各国都会想方设法收回更多经济主权，全球化方向会发生变化，即变为"有限的全球化"。

具体来看，这次疫情中，美国欧洲等发达经济体，虽然具有最发达的医疗系统、公共卫生系统，但疫情发生后情况依然很惨烈，一个重要原因是20世纪80年代以来的全球产业转移，使得口罩、洗手液、呼吸机等医疗物资产业链大量转移到中国等发展中国家，欧美国家自身的生产能力大幅降低。

中国在抗击新冠肺炎疫情中，之所以能在短期内取得巨大成效，不仅缘于全国统一行动的制度优势，也因为医疗物资产能相对充裕的经济优势。虽然刚开始医疗物资也曾出现短缺，但是随着产能快速提升，目前供应已经基本缓解。因此，疫情之后，各国无论从国民生命安全还是经济安全考虑，都会更多地把经济主权掌握在自己手里，全球化将转变为"有限的全球化"。

事实上，从历史上看，20世纪80年代以前的全球化也是有限的全球化，即每个国家都掌握自己的经济主权，并在此基础上进行贸易和投资。80年代后的全球化是更深层次的全球化，生产要素在全球市场进行优化配置。但此次疫情之后，全球化会出现回落，部分产业链将迁回西方发达国家。

1. 不是"去中国化"的过程

我不同意有人认为这是"去中国化"。"去中国化"是指美国等国家将其在中国的企业迁到越南、印度等其他国家。实际上，美国等国家主要把境外企业迁回本土，迁出的区域不仅包括中国也包括其他国家。一些国家想投资分散化，即避免投资过度集中在一个国家，这也是正常的经济考量。

同时要看到，欧美不会把所有企业都搬回本国，而是主要集中于两个领域：第一，与国家安全有关的企业，这在中美贸易摩擦中已经体现出来；第二，与公共卫生医疗物资相关的企业。

从短期看，"有限的全球化"会对中国经济产生较大冲击。近年来，外贸占中国 GDP 的比重都在 30% 以上，外资、外商在中国经济中也占有重要位置。此次疫情对中国企业的影响至少体现在两个方面：其一，中国很多地方的企业复工之后，由于欧美国家的订单减少乃至消失，无法恢复正常生产；其二，疫情结束后，随着美国、日本等国家的企业迁出，将给中国带来比较大的产业调整成本。

但从长期看，中国将从"有限的全球化"中获益。一方面，西方产业不可能全部撤离；另一方面，西方企业撤离后让出的国内市场空间，中国企业可以迅速占领。目前中国是世界上产业链最齐全的国家，而且国内市场广阔，"有限的全球化"对中国企业来说也可以是很好的机会，不仅可以占领西方企业留下的产业链空间，还可以向产业链中的高附加值环节发展。

"有限的全球化"下，美国、日本等国家即使将企业迁回本国，也是一个较长的过程，不可能在一年半载之内完成，对中国，比如具体到对广东来说，会有一个缓冲期。要看到，外资企业来到中国的主要原因就是看中了中国市场，这些企业迁出后，就为中国企业腾出市场空间。特别是，珠三角是外向企业最集中的地区之一，在新的全球化格局下，可以借机发展内需市场。

2. 中日韩区域发展方向值得肯定

中日韩的地理距离不远，文化相近，产业链的区域分布也非常好。这次应对疫情，三国互帮互助，体现出三国政府之间高度互信，整体表现好于欧盟。这样的区域发展方向是值得肯定、有利于区域安全稳定的，应该继续推进。

不过，日本也提出把企业搬迁回去，说明日本对经济形势存在一定担忧。接下来就需要通过进一步加强协作，共同应对危机，避免各国各自为战。

此外，东南亚有很多国家，面积、人口和经济体量上比较小，疫情之后，关乎国计民生的产业可能会放在本国，但是不可能把所有的产业链迁回。就像我常说的"一个世界、两个市场"，即世界上存在分别以中国、美国为中心的两个巨大市场，东南亚不会放弃美国市场，但从产业关联上与中国会更加紧密。

八、国际体系摇摇欲坠，中国接下来怎么办

面对突发疫情，没有哪个国家是准备好的，难免会有一定的滞后和恐慌。

但这次新冠疫情，我们看到了中国"举国体制"的优势，整个国家即刻都动起来了。如果换成其他一些国家，难以做到。

中国有一点做得非常明确，无论封城、封路，还是封小区，最终围绕

的都是"治病救人"、生命第一位，并非是为了稳定而稳定。这表明中国共产党是一个使命型政党，是把老百姓的生命放在最优先的。

目前疫情在中国已经基本得到控制，但却在世界呈现出"大流行病"的态势，许多国家仍处在上升期，仍有许多不确定性。此次疫情对世界的影响，可以用"史无前例"来形容，主要有这三点：

1. 经济：重新反思全球化

这次疫情对经济的冲击，我认为会远超 2008 年，可能会比 1929—1933 年大萧条时还糟。从经济层面上来说，疫情使人们对全球化产生了怀疑。20 世纪 80 年代开始的这波全球化，毫无疑问创造了史无前例的巨大财富。但也产生了许多问题，财富只是流到一些国家和极少数人手中，出现了收入差异加大、社会分化、政府税收、就业流失等现象。

全球化原本是为促进资源和产业在世界范围内的自由配置、梯次分工。但在疫情笼罩下，一些规则突然不灵了。许多国家发现，产业链一受影响，自己连普通的口罩和防护服都生产不了。国家、政府的经济主权没有了。

他们就重新反思，全球化到底带来了什么？有人就说，疫情可能敲响了全球化的丧钟，是对全球化的最后一击。但我认为，疫情并不会完全终止全球化，而是会回到 20 世纪 80 年代以前的状态——传统的投资与贸易的形式，是一种"有限的全球化"。各个国家会重新去争取对自己国家经济主权的掌握，通过"产业回归"的方式调整产业结构，将重要的、与安全民生相关的产业放回自己国家以及交通、沟通都相对方便的国家之中。

2. 政治：种族主义抬头

在政治上，大家能看到这次疫情带来的最大影响是什么？种族主义抬头。尤其是美国，此前一直揪着"新冠病毒到底是哪个国家的呢"这个问题做文章；《华尔街日报》还说中国是"亚洲病夫"。这段时间的中美关系，实际上就是围绕着种族主义和反种族主义展开的。再举个例子，欧盟原本是作为欧洲区域人类共同体的典范的，但这次疫情一来，欧盟国家又都回到了主权国家的时代。意大利、塞尔维亚亟须帮助，但没有哪些欧洲国家可以帮它们。大家又走向了自私。

未来10年，将会是一个民粹主义高涨的时代，也是一个动荡的时代。资本可以在全球流动，知识可以在全球流动，但是老百姓不能自由流动，贫困也无法流动，政治权力更是无法流动，所以各国主权意识势必日益强化，民粹主义日益高涨。

3. 国际关系："二战"后的国际体系摇摇欲坠

从国际关系来说，以往国际关系的基石正在慢慢消解，"二战"以来建立的国际秩序已经是摇摇欲坠了。疫情大大加速了这个进程。这不仅是对西方的挑战，也是对中国的挑战。该如何解决？目前为止整个世界都还没有方案。

谁都不知道新的体系是什么样的，由谁来建立，而且也不是说美国主导的世界不行了，中国就可以主导。因为任何一个国家再强大，也不可能提供足够的国际公共品。

但不管怎么说，"逆全球化"已经是一个世界性的趋势了，中国再怎么努力都很难逆转。它的主要动力来自中美关系的恶化，从科技到意识形态，现在中美在科学技术上的人员交流几乎处于停顿状态，两国意识形态对立。

此次中美贸易摩擦的核心，美国主要是想借机打压中国高端制造，不希望中国在技术层面往上爬，期望通过一场"技术战"拖延中国的现代化进程，促使中国陷入"中等收入陷阱"。

所以对未来的中美关系不能那么乐观，中国需要两条腿走路，一条腿是合作，另一条腿是斗争，后者不可避免。

未来的全球化，或许是"一个世界、两个市场"和"一个世界、两个体制"，一个以美国为中心的市场，另一个以中国为中心的市场。一些国家跟美国多做些生意，另一些跟中国多做些生意，也有些国家两边的生意都做。

中美两个市场之间也不会完全脱钩，会有一定程度的交往，但两个相对独立的市场已是不可避免，接下来中美贸易依存度必然会有所下降。这未必是坏事。中国政府和民间，都不想与美国交恶，但这已经不是以中国的意志为转移的了。因为美国视中国为"眼中钉"，我们只能"以直报怨"。

4. 未来 10 年中国要避开陷阱：我的六点建议

所以说，未来 10 年，中国或许将会面对一个更加不确定的时代，前方"陷阱"重重："中等收入陷阱""修昔底德陷阱"等。对此，我有六点建议：

（1）做好制度建设

在这场抗疫过程中，也有一些值得再深思的地方，许多人讨论中央政府足够果断，但早期一些地方政府还比较自我，甚至隐瞒信息"不作为"。然而光是"谴责"地方政府就足够了吗？

一般来说，今天地方的行政机构里，可以发现 3 类群体：一类是唱赞歌的，热衷讲大政治和大话，"口惠而实不至"；另一类是不作为的，准时上下班，上班读书看报写文件，但没有行动；还有一类是想作为的。

三种群体，三个结果。每天吹牛拍马、唱赞歌的，被上级领导注意到，被提拔了；不作为，也不干活的，他不犯错误，也有机会提拔。那些想作为的却困难重重，一旦做点事情，就容易触动其他人的利益。利益被触动的人就会变成告状者，就有人来查你。因此，对想作为的干部来说，不作为便是最"理想"的选择。这样的情况下，谁来干活呢？大家都学着吹牛拍马，大都学着不干活。这就是为什么这几年"低级红，高级黑"多了起来，要从制度上找原因，从制度上去改进。

就人性来说，不管什么样的体制，总会出现这3类群体。但要想促成领导干部有所作为，就必须从制度的角度来分析。体制的设计就是要克服人性的弱点。最高领导人这几年也反复强调要反对"形式主义""官僚主义"。

所以地方政府为什么"不负责任"？你不能光指着某个领导说：你不负责。新冠疫情的扩散就说明了这点：武汉市长辩说他不报也是根据法律和政府规定来的，没有权力把这个公之于众，他也有他的说法。我多次说过，一个国家崛起的核心就是制度崛起，而外部崛起只是内部崛起的延伸而已。没有一个制度是十全十美的。所以面对未来的不确定，从体制角度来说，中央、地方还是需要改革，目标就在于如何使得地方政府更具责任感。

不能光从人的角度来说"你不作为"，要从制度上找到不作为的原因。核心是找到"谁来承担责任"，我觉得这一点中央政府要明确，中央政府谁承担责任，地方政府又是谁承担责任，然后从体制上保证他们能承担这个责任，而不是说光去批评。

我觉得现在中国的情况是，有些该集权的地方没有集好权，该放权的地方没有放好权，这样地方政府的权力就不足。所谓"使命型政党"不是说不会犯错误，也是会犯错误，但是它有使命，可以自己去纠正错误。这一点上，新加坡的经验值得借鉴：比如不到600万人口的新加坡只有一级政府。武汉市有几级政府？至少三级半。中国哪怕像新加坡这样规模的城市都是三级半政府，需要这么多层级的政府干什么呢？中国从秦朝、汉朝到晚清都是三级政府，现在有这么多级别政府，还是需要改革的。

怎么激发公务员、官员的积极性呢？除了强调意识形态，或许还需要物质。新加坡是世界上公务员工资最高的国家。当然不是说中国公务员的工资都要像新加坡这么高，还是要根据自己的经济发展水平。公务员也是人，也要过体面生活的。

还有一个要法治，要是太讲政治，法治就会受到影响。政治都是比较主观的，不像法治比较客观，依法治国是国家现代性的主要表征。我一直在说，利益的困局始终是需要利益来突破的。要让责任跟利益正相关。你不能叫我承担无限的责任，而没有利益。有多少利益就有多少责任，我想这个道理整个世界是普适的。

（2）破除"唯 GDP 主义"

这次疫情给处于转型期的中国，带来了更多的不确定性。从国际经验来看，任何一个处于转型期的社会，都容易出现社会问题；但如果越来越多的社会问题积累起来，最终就会造成社会失序的局面。经验地看，这不仅是中国的问题，也是许多国家的问题。我们需要重视起来，防止中国未来陷入到各种陷阱之中。

目前的中国，主要存在着两条政策思路：第一条就是盛行多年的 GDP 主义。在改革开放的特定历史时期，GDP 主义发挥过积极的作用。但说穿了，GDP 主义就是要把中国社会货币化、商品化。可以相信，如果不能改变 GDP 主义的状况，就会有越来越多的社会领域被商品化、货币化，比如医疗、教育、公共住房等。从这次疫情也能看出，中国现在最主要的不光是追求 GDP 的增长，还应该搞社会建设。所以我一直说，中国改革要分三步走，先经济改革，再社会改革，以后条件够了，中产阶层做大了，再去做政治改革。这几年我觉得最遗憾的就是社会改革比较缓慢。

第二种政策思路就是通过社会政策的改革，来寻找新的经济增长源。和第一种把社会商品化的思路相反，第二种思路就是要通过保护社会，建立消费社会来取得经济和社会的可持续发展。中国未来的核心在哪里？就在于其日渐成长的"消费社会"。这也正是美国、特朗普所害怕的地方。中国成为"消费社会"对美国意味着什么？意味着中国的"大市场"，也就是经济力量。真正可以促成中国改变整个世界格局的，是其庞大的"消费市场"，而非其他因素。这些年来，中国开始加速成为区域乃至可以和美国博弈的世界经济中心，主要原因就是中国的消费水平。

（3）做大中产阶层

2008 年金融危机前，美国中产阶层占 70% 以上，现在已经降到不足 50%。美国、欧洲为什么现在不稳定？就是因为中产阶层变小了。任何一个政党，无论是左派还是右派，都照顾中产阶层的利益，就不会走向极端。像泰国那样，如果 50% 是穷人、50% 是富人，那么农民选出来的总理城里人不接受，城里人选出来的总理农民不接受，永远都会是一个斗争的局面。

从收入分配的角度来看，中国目前面临这样一个困境：少部分人得到了与其劳动不对称的过高收入，而其他人没有得到与其劳动相对称的收入。所以，要做大中产阶层的规模。但培养中产阶层的关键并不是"杀富济贫"，光是分蛋糕的话，这个蛋糕马上就分完了。所以还是需要做大蛋糕，比较有效的选择是改善"一次分配"，而劳动者工资的提高是一次分配过程中最为关键的。在这一点上，日本有着丰富的经验。日本是东亚第一个成功的工业化国家。20 世纪经济起飞后，日本政府实施了有效的工资倍增计划，再加上日本企业"终身雇佣制"，在短短几十年内成功培植了中产阶层社会，使日本成为世界上最大的消费社会之一。

（4）辅助好中小型企业

从汉朝到现在，除了几个很短的历史阶段外，中国呈现出"三层资本"的经济结构：顶层以国有企业为代表的国有资本，底层以中小型企业为主体的民营资本，和一个国有资本、民营资本互动的中间层。只要这三者的力量是均衡的，经济发展就会是稳定、可持续的；反之，就会出现经济问题。

当下要做好的是扶持好中小型企业。对大多数中小型企业而言，目前仍然缺少投资空间。新的空间从哪里来？一方面需要国有企业让渡一些自己不作为，也很难作为的空间；另一方面需要通过技术创新。第二个问题是缺少为中小企业服务的金融机构。因此需要金融系统的结构性改革，比如设立大量为中小型企业服务的中小型银行。

（5）重视社会改革

中国现在最重要的是今后几十年社会制度的建设。因为社会秩序、社会稳定有它的制度基础所在。像在英国，老百姓的存款率很低，有钱主要用于消费。房子很便宜、看病不需要很多钱、读书不需要很多钱，那么存钱干什么用？这就是社会政策在起作用。所以我觉得我们还需要一个更加注重社会公平的发展，而不是说社会分化的发展，比如在一二线城市外，着力发展三四线城市，包括产业、卫生、教育等资源和服务，增强国家综合抗风险能力。

（6）避免陷入"明朝陷阱"

从整个世界史来看，进步需要改革开放。所谓改革就是内部改革、外面开放。1500 年世界海洋时代拉开帷幕，拥有着强大海上力量的明朝却实行了"海禁政策"，中国由此失去了一个时代。但即便是在"闭关锁国"的状态下，中国的瓷器也远销欧洲，在当时中国瓷器受追捧的程度超过了今天的 iPhone。中国要吸取这个教训，切勿陷入"明朝陷阱"。改革开放的道路，不管遇到多大的困难，也要持之以恒地走下去，将改革开放进行到底。国家领导人这些年宣布的几项重大改革，比如海南自贸区、粤港澳大湾区、长江经济带等，都必须是在开放的条件下才能做起来、发展下去的。当下，需要社会上每个人负起责任来。当每个人对社会有担当时，这个社会才能是一个生命共同体，就可以减少内耗、增进团结。再大的困难也可以克服。

图书在版编目（CIP）数据

大趋势：中国下一步 / 郑永年著 . —北京：东方出版社，2019.3
ISBN 978-7-5207-0753-4

Ⅰ . ①大… Ⅱ . ①郑… Ⅲ . ①中国经济—经济发展—研究
Ⅳ . ① F124

中国版本图书馆 CIP 数据核字（2019）第 003629 号

大趋势：中国下一步（增订版）
（DA QUSHI : ZHONGGUO XIAYIBU）

作　　者：郑永年
责任编辑：陈丽娜　吴　俊
出　　版：东方出版社
发　　行：人民东方出版传媒有限公司
地　　址：北京市西城区北三环中路 6 号
邮政编码：100120
印　　刷：北京市大兴县新魏印刷厂
版　　次：2019 年 3 月第 1 版
印　　次：2020 年 12 月第 10 次印刷
印　　数：115 001—125 000 册
开　　本：710 毫米 ×1000 毫米　1/16
印　　张：38
字　　数：467 千字
书　　号：ISBN 978-7-5207-0753-4-01
定　　价：79.80 元
发行电话：（010）85924663　85924644　85924641
